管理类各专业适用

企业管理

（第二版）

Enterprise Management

2nd edition

秦志华 ◎ 著

东北财经大学出版社
Dongbei University of Finance & Economics Press
国家一级出版社
全国百佳图书出版单位

图书在版编目(CIP)数据

企业管理/秦志华著. —2版. —大连：东北财经大学出版社，2015.8
ISBN 978-7-5654-2050-4

Ⅰ. 企… Ⅱ. 秦… Ⅲ. 企业管理-高等学校-教材 Ⅳ. F270

中国版本图书馆CIP数据核字(2015)第174016号

东北财经大学出版社出版
(大连市黑石礁尖山街217号 邮政编码 116025)
教学支持：(0411) 84710309
营 销 部：(0411) 84710711
总 编 室：(0411) 84710523
网 址：http://www.dufep.cn
读者信箱：dufep@dufe.edu.cn
大连雪莲彩印有限公司印刷 东北财经大学出版社发行

幅面尺寸：185mm×260mm 字数：424千字 印张：20 1/2 插页：1

2015年8月第2版 2015年8月第2次印刷

责任编辑：石真珍 石建华 赵 楠 责任校对：刘咏宁
封面设计：冀贵收 版式设计：钟福建

定价：38.00元

第二版序

随着互联网的发展，教育特别是商科教育面临新的挑战。大量商业知识可以从网上获得，成功、失败的企业经验随处可以查到，经济社会的变化每天都在身边发生，人们的生活需求和供给能力出现了全新状况。在这样的情况下，大学商科教育应该教什么、能够教什么、应该怎么教，引起了讨论与反思。

有一种观点认为，在新时代里知识传授已经过时了，需要的是能力培养。只要有了能力，知识在互联网上可以随时找到，因为只要敲入关键词就能找到大量相关内容。互联网已经为人们建立了有效的知识输送渠道与应用平台。既然在生活中创新比学习更重要，那么在教育上促进创新比传授知识更为重要。这种思路正在被付诸实践。一些大学特别是研究型大学，商科教育的主线不再是为学生建立知识结构，而是为学生提供研究方法，特别是定量研究的技术方法。

那么，知识结构还要吗？没有人说不需要，但把建立知识结构的任务交给了学生自己。这不仅体现在研究生教育中，而且涉及本科教育。例如，低年级本科生的基础课教育，不再把教学重点放在系统介绍知识点与逻辑体系，而是引入案例教学，强调对于问题的思考与讨论。这一教学方式的潜在假设，是认为只要以案例讨论引入问题情境，学生就能在思考问题的过程中自己构建知识体系。由于管理学与实践的关系密切，管理实践的变化迅速，相应管理知识结构的调整频率也最快，因此从案例教学入手推动学生自建知识体系的努力，在商科教育中尤其广泛。

这就提出了一个问题：学生怎么才能从案例分析中自建知识体系？与已经工作过的MBA学生不同，本科生与学术型研究生往往从校门到校门，没有管理实践积累，难以通过经验反思来提炼知识点，因此还是要从间接知识的学习中想办法。其实，即使具有管理工作经验的MBA学生，为了从管理现象中把握本质规律，也不能不学习间接知识。好的间接知识，其价值不仅在于具有启发性，更在于具有理论性，即来自于对大量现象的概括分析与逻辑整理。依靠这种逻辑整理，人们能够通过现象把握本质，从当前推导未来。实际上，即使在信息获取极为容易的互联网时代，为了理解信息内容和有效利用信息，仍然依赖理论思考能力；否则在信息爆炸的时代我们会被信息淹没。

困难在于，理论分析能力不能在信息收集过程中获得，甚至不能在应用数据分析方法处理信息的过程中自然形成，而是需要进行专门训练。怎么训练呢？在理解知识体系的过程中进行学习是非常重要的方法。这是因为，知识体系中蕴含着逻辑结构，理解知识体系的过程也就是掌握理论分析能力的过程。随着教学改革的推进，在课堂教学不再以传授知识体系为主要任务的情况下，教学参考书就成了一个最重要的依托。学生需要通过自己对于教科书的学习和把握，来掌握知识体系和训练自己的理论思维能力。不管是没有管理经验的本科生和研究生，还是具有一定管理经验的MBA学生和其他求学者，都是如此。

与此相应，一本合格的教科书必须具有知识体系的完整性与逻辑性。所谓完整性，是说能够覆盖某一学科某一分支领域的基本知识，而不是选择性地探讨其中某个或者某些问题。在这个意义上，涉及的学科越广泛，需要概括的知识也就越多。例如，以一级学科管理学命名的教科书，要比以二级学科工商管理、公共管理命名的教科书，涵盖的知识领域更广泛。所谓逻辑性，是说能够对所涉及领域中的各种现象作出严谨的理论解释，而不是从个人领悟的角度选择性地强调某些现象或者经验。在这个意义上，涉及的领域越专门，理论解释的深度越重要。例如，以工商管理为主题的教科书，在介绍管理理论与方法的时候，不仅要符合管理学的一般规律，而且要符合工商行为主体的活动特征。

上述两个方面的要求不仅把教科书与工作随笔、经验总结区分开来，而且与专题研究、专门著作区分开来。一本好的教科书，要全面吸取特定领域的相关知识，在此基础上进行严谨的逻辑建构，并考虑到不同读者的特点和阅读能力，明确思路、选择内容、设计结构、突出重点、规范表述。因此，一本好的教科书，本身就是一种重要的科研结果，是在整理前人知识基础上对于知识的再创造。因此萨缪尔森撰写的经济学教科书，足以使其成为诺贝尔经济学奖的获得者。也正因为这样，写出一本高质量的教科书是不容易的，需要付出极大的努力。

本书以“企业管理”命名，目的是为工商管理教育提供一本综合性教材，帮助读者在学习了工商管理各门基础课与专业课以后，对已经学习的知识进行梳理与整合，把握不同课程之间的联系，建立工商企业管理的知识框架。为此，笔者参阅了很多已经出版的教材，阅读了很多企业经营管理的资料与案例。虽然作了很大努力，但由于水平有限，拿出来的成果仍然差强人意。

本书第一版面世后，多少还能适应一些读者的需要，现应出版社的要求进行修改和再版。这次修改主要是对前几章内容的表述方式进行调整，使表述更为准确，主要内容的变化不大。虽然书中案例涉及的一些企业发生了很大变化，有的甚至已经被淘汰出局，但由于这些案例反映的事实并未过时，体现的规律仍然有效，因此在书中留了下来。

书虽再版，但与好教科书的差距仍然很大，期望得到同行和读者的批评指正，使之经过不断的修改与更新，更臻完善。

谢谢大家。

秦志华

2015年5月7日于中国人民大学明德商学楼

第一版序

管理与企业管理不是一回事，这是常识。但在目前的教科书中，这一常识问题没有很好解决。打开《管理学原理》教科书，大量内容属于企业管理范畴，例如关于企业战略、经营计划、事业部组织结构的介绍等。再打开《企业管理学》教科书，主要内容还是上述知识的介绍，新增知识点不多，特别重要的是，对企业这一微观效益组织的本质特征和运行方式探讨不多，未能说明企业管理研究对象的特殊性。其结果，不管对于管理活动一般规律的探讨，还是对于企业管理特殊规律的探讨，都难以深入与系统。

教科书的编写方式与高等学校的课程开设方式相关。

目前的教学安排，“管理学原理”通常作为基础课和公共课开设，教学对象是管理类专业低年级学生或其他专业的不同年级学生。这一课程的教学目的，是说明管理活动的一般规律，培养用人办事的一般能力。由于管理规律广泛存在于一切组织之中，因此课程教学内容应该覆盖不同类型的组织，不能局限于企业；否则不仅可能造成误导，使学生把营利组织的管理当成一般管理，而且低年级学生由于缺乏企业知识，难以理解和把握教学内容。

与此不同，“企业管理”是商学院和经济管理学院的专业课，教学对象是企业管理专业和相关专业的高年级学生。这一课程的教学目的，是说明企业作为有计划的生产经营组织，如何提高资源配置的投入产出效益，在市场竞争中获得生存与发展。这是复杂的专门问题，需要从多方面进行探讨，各门专业课程由此产生，包括企业战略、市场营销、生产运营、财务会计、人力资源、经济法规等。“企业管理”作为一门特殊的专业课，目的是在各门业务课程讲完之后，帮助学生进行知识整合，通过构建企业管理的知识体系，使学生形成从事企业管理工作的整体思路。

然而，目前情况不是如此。很多学院的课程设置中，只在低年级开设“管理学原理”作为基础课，不在高年级开设“企业管理”专业课，试图在“管理学原理”中介绍企业管理知识。由此产生的结果是：一方面，学习“管理学原理”的低年级学生，既难以理解企业管理的特殊要求，又未能深入把握一般管理活动的规律；另一方面，学了一系列专业课程之后的高年级学生，迫切需要进行知识整合，却缺乏相应的指导。从目前情况看，企业管理专业的学生普遍存在知识广而不深，能力杂而不专，灵活有余、基础不牢的现象，就业情况不好。

改变这种状况需要专门努力进行课程调整和加强教材编写。其中一个重要环节，是把“管理学原理”与“企业管理”区分开来，前一课程集中讲述管理活动一般规律，后一课程集中探讨企业管理特殊要求。通过对低年级和高年级学生讲授不同的内容，达到循序渐进推进学生知识体系建构的目的。本书是为此而作的努力。

根据上述思路，本书的编写目的是：在学生已经系统学习相关课程的基础上，对企业这一微观效益组织的性质、结构与功能进行整体介绍，从提高生产经营效益的角度说明企业管理各项职能的应用。也就是说，本书不是从“管理学原理”的内容出发，介绍一般管理规律在企业中的表现，把企业作为说明管理规律的事例，而是从企业的特殊本质出发，介绍生产经营活动对于管理的需求，说明如何通过管理工作促进企业发展。

与此相应，本书内容安排的方式是：首先分析企业在市场竞争中生存发展的方式，然后对企业管理各项职能进行专题探讨。由此构成内容结构的两大部分：第一部分以企业理论、企业战略、企业运营为线索，对企业的生产经营活动进行整体刻画。在这部分内容中，补充了现有教材涉及不多的企业管理理论，强调了有计划分工协作的特殊要求，从市场竞争的需要引出对于企业管理的要求。这是前三章的内容。第二部分以管理活动的职能划分为框架，探讨如何通过加强管理提高企业效益。在这部分内容中，把管理学原理与企业生产经营活动结合起来，具体分析各项管理职能的任务与方法。

促成本书编写的动力来自三个方面。首先是笔者自身的教学实践。在中国人民大学多年的教学工作中，比较全面地经历了企业管理专业的教学改革过程，对于以“管理学原理”取代“企业管理”的利弊体会很深。其次是学生的学习需求。从前后执教的十多届企业管理学生情况看，近几年来经常听到的反映是：“管理学原理”不好学、没学好、学不好。到了高年级甚至研究生阶段，企业管理专业的学生也难以说清什么叫企业和企业管理。最后是学生就业的压力。企业管理专业学生就业不好是个普遍现象，原因不仅在于过大的招生规模，而且在于培养出来的学生质量。企业之所以不愿意招收企业管理专业学生，是认为这些学生眼高手低、泛泛而谈，干不了实际工作。

出于上述原因，笔者在这些年的教学工作中，一直尝试着把“管理学原理”与“企业管理”区分开来，作为两门不同的课程开设，已经坚持了四年。为此所编写的教学大纲和讲义内容，多次在教学中使用，受到同学们的欢迎。本书的编写，是对这些年来教学实践的一种总结，也是为了满足教学工作的需要。

因此，教材编写工作经历了很长时间，从2005年启动直到2010年才初步完成。两本教材分别定名为《管理学》与《企业管理》，均由东北财经大学出版社出版。之所以如此命名，而不叫《管理学原理》和《企业管理学》，是因为对通行的教学内容作了一些调整，希望形成新的逻辑结构。由于能力有限，教材还存在很多不尽如人意的地方，需要接受检验和批评，因此未敢对教材冠以原理或学说的名称，为以后的修改留下余地。

在本书编写过程中，我的历届研究生团队做了很多协助工作，其中余静同学的帮助尤其重要。余静同学以其扎实的理论功底和严谨的工作方式落实编写方案，对各章节内容前后多次进行调整与修改，以至毕业后到中国航空信息集团工作期间，这一修改工作仍在持续。没有余静同学和其他同学的协助，本书难以按期完成。

本书前后四易其稿，主要内容已经多次在高年级本科生和研究生教学中使用，与此同时听取了很多企业实际工作者的意见，也希望得到各方面的批评意见，作为再版时的修改依据。

作　者

2011年11月于中国人民大学商学院

目　录

第1章 企业管理

导入案例　娃哈哈的管理

可口可乐中国总裁杜达夫曾说："可口可乐今后在中国最大的挑战来自娃哈哈。"

宗庆后，杭州娃哈哈集团公司董事长兼总经理，担任中国工业经济协会常务理事、中国保健食品协会副会长、浙江省饮料工业协会会长等职务。

娃哈哈如何成为可乐巨人担忧的对手？其有什么特别之处?娃哈哈如何实现有效管理?宗庆后提出了"管理创新三阶段"论。

第一阶段：经验管理

宗庆后所经历的管理第一阶段是经验管理，具有英雄主义色彩。特征是能人治厂，凭感觉、靠经验管理。这是一种火车头式的方式，企业的整个运作都靠能人拉动，靠个人的能力、素质、经验和风格在发挥着巨大的作用。在这个阶段宗庆后事必躬亲、身先士卒，与员工一起起早贪黑地干，这个阶段是娃哈哈大家庭形成的时代。在娃哈哈凭借着儿童营养液、AD钙奶等产品驰骋天下的同时，宗庆后确立了自己的权威。

这个阶段宗庆后最大的管理特色是以亲情塑造团队、以权威建立秩序，管理上比较粗放，但凝聚力强，锻造了可以一扫天下的"子弟兵"队伍。

第二阶段：科学管理

20世纪90年代中期娃哈哈迎来了一个重要的转型时期，宗庆后的管理也进入了第二个阶段。在此阶段，宗庆后完成了娃哈哈的两大管理创新：一是改变企业资本结构，重组企业股权，与法国达能合资；二是形成联销体营销网络，建立以通路为平台的企业运作模式。这一阶段最重要的管理变革是分层授权，以适应企业做大做强的形势。

这之后的娃哈哈，在宗庆后的领导下屡战屡胜，"宗氏兵法"开始名扬天下，"非常营销"成为饮料行业的标杆。娃哈哈靠战略领先创造优势，攀上中国食品饮料行业的龙头宝座。我们发现娃哈哈的每一个产品，都不是先吃螃蟹，但在"宗氏兵法"的指导下，娃哈哈做一个赚一个，当娃哈哈出现充裕的现金流和优美的企业增长曲线时，不断惹来企业界对其神化的追逐。

第三阶段：现代管理

在进入跨国竞争和全面竞争时代之后，娃哈哈的管理再次转型，这是第三次管理创新。宗庆后给出的解决方案是企业流程再造。相比于以通路为平台的“组织流程再造”，主要区别是从企业结构层面上升到信息整合层面，提高企业整体运作水平，使管理层从经验决策变成科学决策。

在经过多方面考虑之后，宗庆后聘请美国埃森哲公司作为娃哈哈企业流程再造的“外脑”。主要内容包括：实施应用SAP软件、供应链优化系统（APO）、管理信息系统（MIS），建立科学的分级授权体制。

从经验管理到科学管理再到现代管理，是娃哈哈的企业变革进程。如果没有弄清本企业所处的阶段，盲目套用所谓先进的管理方式和方法，可能导致大起大落的结局。

小结

宗庆后认为，从“有为”到“无为”，是企业家推动企业从人治走向法治的路径：一是要充分地信任下属、充分地授权，实现责权利相统一；二是推行契约化的管理，也就是制度化的管理，让契约成为管理中的一只“有形的手”；三是设置一种能减少交易成本的分配机制；四是依靠企业文化从根本上去改变人的价值观念，改变人的意识，使企业文化成为管理过程中一只“无形的手”；五是减少管理的内耗，尽可能将一些事务性工作交给社会，比如住房问题、社会保险问题、子女教育问题，因为管理内容的减少是实施有效管理的重要因素。

从“有为”到“无为”，宗庆后成功地完成了娃哈哈的“管理三阶段”，依靠后天的修炼进入中国当代一流企业家行列。其“宗氏兵法”作为娃哈哈市场制胜的法宝，造就了独一无二的“娃哈哈模式”，这些成功方法的背后是宗庆后个人思想的结晶。所以很多学者将宗庆后与张瑞敏相提并论，于是就有了“北有张瑞敏，南有宗庆后”之说。

资料来源 改编自高超.娃哈哈方法[M].北京：中国工人出版社，2005.

问题与思考：

1.企业是什么?与市场有什么联系和区别?

2.“宗氏兵法”反映了企业管理的哪些特征?

3.宗庆后为何能成为卓越的企业家?他在娃哈哈的发展中扮演什么角色?

本章提要

企业是以营利为目的的生产经营组织。企业作为与市场相对应的资源配置方式，以有计划的分工协作体系代替市场价格机制，从利用市场机会、发挥比较优势、节约交易成本的角度提升企业效率。企业管理是一般管理原理与方法在企业中的应用，其核心是从用人办事的角度提升企业生产经营效益。在这个过程中，企业管理者发挥着关键作用。

1.1 企业

企业管理是企业为了实现经营效益而进行的管理。为了理解企业管理，必须把握企业是什么、企业的形态、现代企业制度与企业权力结构这四个方面的内容；它们解释了企业的性质、功能和演化，说明了企业管理的工作基础。

1.1.1 企业

企业是有计划的生产经营组织，以实现微观效益为中心。对于企业性质可以从四个方面加以理解：第一，企业是生产经营组织；第二，企业是风险契约组织；第三，企业是权威管理组织；第四，企业是分工协作组织。

1.生产经营组织

每一个社会，都是由个人和组织构成的。现代社会中，组织可以分为三大类，即政府组织、营利组织和非营利组织。企业是从事生产、流通、服务等经济活动，以产品或服务满足社会需要，实行自主经营、独立核算、依法设立且具有法人资格的一种营利性组织。

作为生产经营组织的企业，通过投入产出方式实现微观效益，通过实现微观效益为社会创造财富。在此过程中，生产经营、投入产出、微观效益、社会财富，构成了经济活动的基本线索，促进经济与社会的不断发展。

所谓生产经营活动，包含两个方面的意义：一是生产，二是经营。所谓生产，是产品服务的使用价值创造过程，作用在于把资源要素转变为产品服务。所谓经营，是产品服务的交换价值提升过程，作用在于把资源要素转变为社会最为需要的产品服务。两方面密切相关，融为一体，通过生产什么、生产多少、如何生产、为谁生产等生产经营决策加以处理。企业的生产经营活动效果，可以从投入产出效率来衡量。只有当产品服务的产出价值大于资源投入的成本价值时，企业才有获利空间，才能履行其社会职能；否则，企业则处于亏损状态，难以持续生存。

2.风险契约组织

生产经营活动是一种投入产出活动，先投入后产出，投入的状况与产出的状况不是线性关系，存在风险和不确定性。在市场经济条件下，这种风险通过不同企业之间的竞争集中体现出来，其结果是优胜劣汰。成功的企业不断发展壮大，失败的企业破产倒闭，退出市场。

如何对待市场风险，是生产经营活动必须处理的问题。对此有两种不同的态度：一是承担风险获取超出一般收益的风险收益；二是回避风险获取社会一般收益。两种不同的态度产生了人们之间不同的协作方式，企业就是一种特殊的风险组织，服从风险承担者获取风险收益、风险制造者承担风险责任的组织原则。实现这一原则的依托是企业契约。

按照企业契约的安排，承担风险的投资者也是企业生产经营活动的指挥者，有权指挥其他企业成员进行分工协作，开展生产经营活动。因而企业是一个由不同企业成员构成的风险契约组织，涉及投资者、经营者、劳动者、债权人等多方面关系。通过契约安排，不同的企业成员具有不同的责任和权利。

3.权威管理组织

在企业契约关系中，投资者、经营者和劳动者之间的关系占有基础地位。

投资者与劳动者之间的契约关系，是围绕剩余权益配置形成的劳动契约关系，即投资者以承担经营风险的方式，作为企业所有者雇佣劳动者进行生产活动。在此契约基础上产生了企业对于员工的管理权，即经营管理者对于员工劳动能力的支配权。企业组织结构的本质，是以经营职能专业化为基础的责任权利安排，其中责任、权力和控制的不可分割性是这一安排的核心，即企业作为一种生产经营性的制度安排，不仅是企业组织成员之间的分工协作体系，而且是企业管理者和雇员之间的命令服从体系。经营管理者在承担风险时获得生产经营活动的指挥权，而雇员则通过回避风险获得固定工资，服从经营管理者的指挥。

在实际生活中，如何建立企业契约，谁在企业契约中成为投资者和劳动者，既取决于人们资源占有情况的比较，又取决于人们对于经营风险的不同态度。其中既具有经济优势又愿意承担经营管理风险的人，常常成为投资者，在企业中处于主导地位。

4.分工协作组织

仅仅建立了生产经营的风险契约与管理权威还不够，还不能保证企业能够提高生产经营效率。为此必须在企业契约基础上，建立有计划的分工协作体系，这是通过组织设计和职务界定实现的。

一般来说，市场经济就是分工协作经济，人们所提供的产品与服务，大都是为了满足他人的需要而生产，通过专业生产和互通有无来更好地实现自身利益。这种以专业化为基础的社会分工，能够使人们更好地发挥自己的比较优势，从而提高经济效率。但是，分工协作受到很多条件限制。在人们互通有无的生产经营活动中，如何发现对方的需要，如何确定自己生产的数量和价格，如何保证相互之间交易的有效实施，都需要花费时间和精力来解决，为此往往耗费大量人力、财力、物力资源。因此，如果在一定范围内以计划方式协调人们之间的生产经营活动，可以解决很多市场交易难以解决的问题，从而大大提高经济效率。

企业作为一个权威管理组织，能够根据生产经营需要，有计划地把企业成员组织起来，形成有序的分工协作体系，从而减少交易成本、提高整体效率，实现经营效益。在此过程中，工作职务的科学界定与合理安排具有重要意义，能够为每个企业成员安排合适的工作位置，使其工作能力的比较优势得以发挥，在相互协作中获得1+1>2的效果。与此相应，企业在风险契约基础上，依靠管理权威的运作，成为有计划的分工协作组织。

【补充资料1-1】

“企业”的概念来源

“企业”一词并非我国文化所固有，是在清末变法之际由日本借鉴而来，而日本则是在明治维新以后，从西文翻译而成。因此，探询企业的语源只能着眼于“母体”，即西方语汇。

与企业一词相对应，英语中称为“enterprise”，法语中称为“entreprise”，德语中称为“unternehmen”。以英语为例，“企业”一词由两个部分构成，“enter”和“prise”，前者具有“获得、开始享有”的含义，可引申为“盈利、收益”；后者则有“撬起、撑起”的意思，引申为“杠杆、工具”。两个部分结合在一起，表示“获取盈利的工具”。

日本在引进该词时，意译为“企业”，表示商事主体企图从事某项事业且持续经营。据此可以认为，企业是“主体从事经营活动，借以获取盈利的工具和手段”，其目的是帮助创立者“谋求自我利益的极大化”。

“企业”的英文解释

enterprise: An enterprise is a company or business, often a small one.

company: A company is a business organization that makes money by selling goods or services.

business: A business is an organization which produces and sells goods or which provides a service.

资料来源　百度百科.企业[EB/OL].[2015-05-28].http://baike.baidu.com/link?url=rkkNI1QSIlPW1-SaCiiNo-nE-7CyROtTMAOyG1bFZ7CS7CIqKzX56L24Ky545S7TsoTjAJ0QqUgZtXSQX2QkaK.

1.1.2 企业的形态

企业作为社会生产与生活中越来越重要的经济组织，具有多种多样的形态，体现出一定的发展规律。简单地说，企业因节约交易费用而产生，成为与市场相对应的资源配置方式，随着社会生产的发展，从手工作坊式逐步演化成为现代的跨国公司。

1.为何产生

企业之所以能存在，是因为企业具有特殊的价值。对此，经济学家与管理学家进行了多方面探讨。

在传统经济理论中，价格机制被认为是最有效率的资源配置手段，是经济运行中进行资源优化配置的“看不见的手”。那么，为什么还要有企业的存在?经济学家科斯对这个问题进行了深入的思考，其答案是：“主要理由似乎在于使用价格机制是需要支付成本的。产生这种成本的最明显的原因在于要发现相对价格是什么……在市场中每发生一笔交易的协商和签订合同的费用也必须考虑进去。”而通过形成一个组织并让某种权力来支配资源，价格机制的使用费用就可以节省。因此，在科斯看来，“企业最显著的特征是：它是价格机制的替代物”。企业和市场是两种可以相互替代的“协调生产的不同方式”。

科斯的分析，开创了从交易成本出发理解企业本质的思路。交易成本是随着交易活动而产生的一系列成本，包括信息成本、协商成本、监督管理成本和违约处理成本等，简言之，包括一切不直接发生在物质生产过程中的商品成本。按照这一观点，企业的价值在于通过以内部化方式节约交易成本，从而提高投入产出效益。而以命令服从方式体现出来的权威关系的建立，是内部化本质特征。在这一思路的基础上，形成了企业契约理论和团队生产理论。

从历史上看，企业是商品经济发展到一定阶段的产物，早期的家庭经济或手工作坊都不是企业。随着西方雇佣劳动制度和手工业工厂的发展，企业才成为社会的基本经济单位，其特征是由投资者雇佣劳动者，在统一权威的指挥下，通过计划、组织、领导、控制的方式，分工协作、共同努力，从而建立一定的生产经营体系，提高投入产出效率。这种生产效率可以通过一组生产函数加以定量刻画。

2.如何演化

（1）企业形态的演进

①业主制。业主制是最简单的企业形态，在这种形态中，企业投资主体是单一自然人，因此也称为个人独资企业。个人独资企业是人类历史上出现最早的企业形式。私人业主享有生产决策和经营管理的全部权力，并对企业债务承担无限责任，即以自己的全部财产对企业债务承担责任。这种形式的企业可以减少管理费用，但只有在企业规模较小，单个人可以进行有效管理，各种行为比较容易受到监督和计量的情况下才适用。

②合伙制。这是由两个或两个以上的人共同投资，投资人对企业债务负无限连带责任的企业。其特征是：合伙人对企业负有出资责任，享有经营决策和利润分配的权利，每个合伙人都承担清偿企业全部债务的责任。合伙人之间的契约关系建立在人际关系基础之上，当人际关系变更时，合伙制也终止。由于合伙制企业存在合伙人之间的道德风险问题、存在人际关系容易变更以及无限连带责任等特点，现代企业中已经较少采用。只有在某些个人信誉极为重要的行业，如律师事务所、会计师事务所、私人诊所等行业，才要求必须实行合伙制。

③公司制。包括股份有限公司和有限责任公司，都是由多个投资者共同投资兴办的企业，其特征是投资者以其出资额对企业债务负有有限责任，企业以其全部资产对债务承担责任。公司制企业是享有民事权利、承担民事责任的法人实体，对出资者承担资产保值增值的责任。在公司制企业中，股份可以转让，企业控制权通过资本话语权和能力话语权的平衡来实现。

（2）现代企业的形式

①无限责任公司。无限责任公司是由两个以上的少数股东组成的、对公司债务负有无限连带清偿责任的公司。其主要特征是：公司财产与股东个人财产没有明确的划分，股东以个人财产对公司债务承担无限连带责任；股东人数少，以个人信用

为基础，共同管理公司事务，所有权与经营权统一；无须公开公司账目，可以任意增加或减少公司资本。

②有限责任公司。有限责任公司是指由两个或两个以上、一定数额以下的股东共同出资（我国规定股东人数为2~50人），每个股东以其出资额为限对公司承担责任，公司以其全部资产对其债务承担责任的企业法人。股东按其出资份额享有权利，承担义务。有限责任公司的注册资本额度要求比较低，财务也不必对外公开。

③两合公司。两合公司是指由少数负无限责任的股东和多数负有限责任的股东共同组成的公司。负无限责任的股东要对公司债务负无限连带清偿责任，并代表其他股东管理公司业务，他们处于公司的核心层。两合公司的优点是公司既有很高的信誉（因为股东要负无限责任），又可以比较广泛地筹资（因为有的股东可以负有限责任）。其缺点是两部分股东之间的责任关系和利益关系不好处理，时常发生矛盾。现在，许多国家和地区的公司法已将两合公司条款删除。

④股份有限公司。股份有限公司是指全部注册资本划分为等额股份，股东以其所持股份为限对公司承担责任，公司以其全部资产对公司债务承担责任的企业法人。

股份有限公司的主要特征是：资本划分为等额股份，股份是资本等额划分的最小单位；股东人数只有下限（我国为5人），没有上限；股份可以采取股票的形式向社会公开发行；实行公司财务公开制度。

股份有限公司是唯一可以向社会公开发行股票募集资本的公司，是股份制企业的典型形式，股份有限公司的股票在证券交易所里挂牌交易，称为“上市”，该公司也就叫上市公司。上市公司是一种“公众公司”，社会上所有投资者都可以购买它的股票而成为其股东。上市公司必须实行财务公开制度和信息披露制度，以便社会公众及时了解公司的经营状况。各国公司法都对上市公司作出了非常严格的规定，以保护广大投资者的利益。

1.1.3　现代企业制度

企业实战1-1　家族企业的两难选择

据统计，目前在中国内地的非公有制经济中，家族式经营的企业至少占到了90%以上。有资料表明，家族企业在世界各国经济中发挥着重要作用。在全球500强中，有175家家族控制的企业。

从家族企业发展的过程来看，两权分离是一种趋势。企业发展初期，由于规模较小，家族化管理具有灵活性、市场应变快的优势。但企业规模扩大到一定程度时，会出现所有权和管理权相分离的要求，把经营管理权部分交给职业经理人，以弥补家族企业在管理方面的不足。明晰企业产权，对企业所有权与经营权进行合理分离，能够提升企业经营管理的决策能力和执行能力，促进企业可持续发展。

然而，在两权分离过程中出现了一些不和谐的音符。

1999年10月28日，中国灶具行业排名第一的广东华帝集团爆出新闻，七位创业股东集体隐退，原公司董事、营销部经理姚吉庆受聘为公司总经理和中山华帝燃具有限公司总经理。一年后，华帝集团销售额比上年同期增长15%，“两权分离”改革成效显著。然而，2002年3月21日，姚吉庆从华帝出走。

2001年，哈慈集团的企划和销售的副总经理——哈慈二次创业的功臣——何坊、段炬红，先后于9月份、12月份离职，并带走了10多位企划和营销骨干。之后，哈慈最高层职位全部由哈慈创办人的直系亲属担任，已经向“两权分离”方向迈出的脚步又缩了回来。

那么究竟是两权合一好还是两权分离好？

“家族制是目前中国现有条件下最好的企业模式。”方太集团董事长茅理翔不止一次重复这样一句话。“目前中国法制还不甚健全，信用体系也有待形成，职业经理人阶层也处于萌芽阶段，在这种情况下，家族制无疑是成本最低的企业模式。”

经济学家钟朋荣用了一个“保姆和太太”的比方：请保姆的目的本来是让太太轻松一点，把家务料理得好一点，但是如果这个保姆当了三天保姆之后也想当太太，那么原来的太太还不如自己辛苦一点，就不要请保姆了，免得出事。

万向集团的鲁冠球也不主张子承父业。2001年6月14日，他向全公司下发了一道关于接班人标准的“手谕”，大致内容是：有德有才，大胆起用，大胆聘用，可以三顾茅庐，高薪礼聘；有德无才，可以试用，通过教育培训，视其发展而定；无德无才，可以不用，因为一看就知道，不易混入，但可让其自食其力；无德有才，绝对不用，让其伪装混入，后患无穷。

姚吉庆说：“如果一个企业不能彻底解决治理结构和激励机制的话，职业经理人的生存空间始终有限，也不能充分发挥自己的价值。”

东方希望集团投资部部长唐勇说：“作为一个企业的两权分离，我们不能单一说好还是不好，我想关键是产权的所有者和企业的经营者，如果同时都很优秀的话，这两个也是可以合二为一的，如果产权所有者在经营上不是很优秀，就必须两权分离，就必须聘请更加优秀的CEO经营企业，如果这个产权所有者也是非常优秀的CEO的话，完全是可以的。但是更多的管理层次，我们需要进行大量的职业经理人来进行经营，所以，从企业发展来看，两权分离是一个必然的趋势，特别是加入WTO之后，更是一个必然趋势。”

世界著名管理大师彼得·德鲁克曾说过：“家族企业要想生存和保持有效的运作，在高层管理人员中，无论有多少家族成员，也无论他们有多么出色，也至少要有一位非家族成员。”

资料来源 郭朝阳.管理学（中国版）[M].北京:北京大学出版社，2006:19-21.

随着社会经济的发展，股份有限公司因为结构性强、制度规范、融资快等优势，在企业形式中占据了主导地位，成为现代企业制度的典型。股份有限公司的特点在于，存在着大量不参加企业生产经营活动的外部投资者，这些投资者的权益必须通过实际进行生产经营活动的经营管理者来实现。这是企业所有权与经营权的分离。如何保证经营者按照投资者的意愿进行经营管理，是现代企业必须解决的一个根本问题，法人治理结构由此产生。加强法人治理机制建设，是通过现代企业制度建设促进企业发展的关键环节。

1.企业两权分离

企业作为一个契约组织，必须处理好企业成员之间的关系，特别是投资者、经营者、劳动者之间的关系。其关键问题是企业经营权的归属方式。

在简单企业中，投资者自身就是经营者，以业主的方式指挥工人劳动。早期简单的生产要求和有限的规模，使业主具备管理企业所有资源的能力。但随着市场竞争的加剧、企业的分化和重组以及分工协作程度的提高，经营环境日益呈现出复杂性和专业性，单一依靠所有者自身经营已经不再现实；依据效率的法则，他们纷纷雇佣具有专业技能和管理知识的经营者帮助自己管理企业，并进行相应的责任与权利分配。

也就是说，虽然投资者拥有资金，但其本身并非总是具有足够的经营能力。为获取更好的收益，投资者们将资产委托给可信赖的、有能力的人来经营管理，后者称为经营者。投资者对企业具有最终所有权，但不直接参与经营管理；经营者掌握企业经营权，以股东利益为目标进行企业运作，指挥劳动者进行生产经营活动。这样，投资者、经营者和劳动者各展所长、各得其所，可以使公司提高经营效益。

这是企业所有权与经营权的分离：投资者提供货币资本，承担经营风险，成为企业所有者；职业经理人提供经营管理能力，进行生产经营指挥，成为企业经营者。二者按一定方式组织起来，雇佣劳动者进行生产劳动，进行有计划的资源配置，从而形成以两权分离为特征的公司制企业。

2.企业经营者控制

现代企业的不同利益群体中，经营者往往比投资者的作用更大，在企业行为选择中占据主导地位。之所以如此，有如下方面的原因。

首先是经营者与投资者之间的能力不对称。这种能力不对称又可以分为两个方面来理解：一是二者之间固有能力的差异。投资者之所以需要经营者，正是因为其自身企业经营管理的能力不足。二是二者之间工作地位的差异。投资者之所以需要经营者，是因为企业经营管理活动需要内行加以具体的及时的处理。这两方面综合作用的结果，是使具有经营管理能力的人处于最了解经营管理情况的地位，因而在企业经营管理活动中最有话语权。

其次是股东所有权的分散。随着现代企业规模越来越大，从社会各方面吸取的资本越来越多，相应，股东的数量也越来越多，单个股东所持股份在企业总资本中的比重明显下降。股权的分散不仅使单个股东不容易形成控股权，而且使股东联合行动的磨合成本越来越大，从而使股东对企业财产经营的控制越来越困难。

最后是企业公司有限责任的设计方式。在股份公司中，股票的不可抽回性和可转让性，既解决了企业对资本稳定性的要求，又解决了投资者减少投资风险的要求。但股票可转让性不是为了应付企业经营风险，而是为了应付个人投资风险而设计的，因此隐含着股东放弃企业控制权的可能，即通过抛出股票来回避风险。这种可能性的存在，进一步弱化了股东对企业控制权的要求，使企业控制权更容易转移到管理者手中。

上述方面原因的综合作用，导致了“所有者不能控制财产经营，而财产经营的实际控制者不是所有者”的情况。于是，“毫无控制权的财产所有权与毫无所有权的财产控制权将作为股份公司发展的逻辑结果而出现”。这种不以在企业中的投资为基础所掌握的企业财产控制权，即经营者控制权，或称之为管理者控制权。

3.企业法人治理

经营者以其经营管理能力掌握企业控制权，这是提高企业效率的需要。但是，经营者是受托于股东来支配企业财产的，其所拥有的权力与其承担的风险极不对称；如果公司经营失败，投资者面临破产的命运，经营者难以赔偿损失。不仅如此，经营者作为理性人，还具有不同于股东利益的目标函数，有可能利用其所拥有的权力来牟利。

因此，面对经营者控制问题，必须建立一套有效的约束激励机制，这就提出了企业治理（corporate governance）要求。企业治理的目的，是通过严格界定投资者与经营者的权利与义务，对企业控制者进行控制，使企业作为一个承担经济社会责任的法人组织，具有恰当的行为自律能力，以此提高企业效益。

从理论上讲，下面两个原因决定了企业治理制度性安排的必要性。首先是代理问题的存在：由于现代公司中所有者、经营者、劳动者之间的委托代理关系，公司组织成员相互间存在利益矛盾，需要一套解决代理问题的制度性权力安排；其次是契约的不完全性：由于人们理性的有限性，以及条件的约束性，作为企业基础的经济与法律契约是不可能完全的，交易费用的存在，使成员之间的利益冲突需要通过契约之外的组织权力来加以解决。这两个方面的原因，促成了企业法人治理结构的形成与发展。

企业治理一般包括这样几个方面的要求：①如何安排公司的产权制度，在出资者所有权与法人财产权分离的基础上，合理配置和行使公司的控制权；②如何监督和评价董事会、高级经理人员的业绩，避免由于出资者与经理人员信息“不对称性”所导致的“道德风险”；③如何设计和实施有效的经理人员激励和约束机制，鼓励他们尽职尽责地为企业的整体利益工作。这样一组制度安排的目的，在于通过建立一定的相互制衡的权利机制，使得公司资产的诸方面权利在分离状态中，能够保持有效的使用和约束，从而达到诸方面利益均衡的目的，提高企业资产运营效率。

为了达到上述目的，企业依靠两类机制来进行法人治理。一类是外部治理，指来自企业外部主体（如政府、中介机构等）和市场的监督约束机制，包括产品市场、资本市场和人才市场等方面的影响，特别是兼并、收购和接管等资本市场对高级管理人员控制权的约束作用。另一类是内部治理，是通过企业有关规章制度和权力运行机制，从内部明确投资者与高级经理人员之间的权力分配和制衡关系，是企业成员之间的利益平衡机制对高级管理人员控制权的约束作用。

无论是外部治理还是内部治理，为了约束经理行为，降低代理成本，均离不开公司机关的合理设计与运行。

4.公司治理结构

国际上通用的公司治理结构定义为：

公司治理结构是一种对工商公司进行管理和控制的体系。公司治理结构明确规定了公司各个参与者的责任和权利分布，诸如董事会、经理层、股东和其他利害相关者，并且清楚地说明了公司事务决策时所应遵循的规则和程序。同时，它还提供了一种程序，用以设置公司目标，提供达到这些目标和监控的手段。

公司治理结构通常由股东大会、董事会和监事会、高级经营管理人员构成，并以公司章程、董事会规则、决策权力分配等一系列企业规章制度加以明确。通过划分股东、董事会和经理人员各方的权利、责任和利益关系，建立企业利益相关者之间的互动与平衡。其基本结构是：首先，股东作为所有者掌握着企业最终控制权，选举董事会为自己的利益代表。其次，董事会受股东的委托经营公司，是公司的法定代表人，全权主持公司事务。再次，经理人员由董事会聘任，作为管理公司的代理人负责企业日常经营管理，在董事会授权范围内管理公司。最后，由于所有者与经理人员和董事会之间存在严重的信息不对称，股东任命监事会对高层经理人员和董事会进行广泛的监督。以这样的方式，对不同利益相关者的权利进行相互制约，把企业行为纳入一定的运行轨道。

建立公司治理结构的目的，最终不是权力制约而是效益增长。因此在加强企业成员相互制衡的同时，还要使其能够有效地联合起来参加市场竞争。

1.1.4 企业权力结构

经营者按照投资者的委托雇佣劳动者进行生产经营活动，对企业各项工作进行决策指挥，由此形成企业权力结构。企业作为一个正式组织，权力结构具有制度化特征，包括明文规定的正式制度与约定俗成的非正式制度。企业只有通过制度的合理制定与有效实施，才能形成强有力的指挥管理权，保证生产经营活动有计划高效率地进行。

1.企业制度体系

企业权力与企业制度有关，了解企业权力必须了解企业制度。

什么叫制度?在人与人的交往中，会形成一些稳定的关系，其中体现着人们公认的行为规则。把这些规则概括起来，使之系统化，用来指导人们的行动，这是人类理性的作用。当这些系统化的准则不仅存在于人们的意识之中，而且取得了外在的表现形式，并通过物质力量加以维持时，就产生了制度。这是因为，这些准则不仅是认识的结果，而且是实践的要求；不仅要求人们自觉履行，而且要求人们必须履行。在实际活动中，由于各种原因，人们会出现违规行为，因此需要进行约束和控制。怎么才能约束和控制人们的行为活动呢?仅凭思想引导是不够的，还需要相应的物质手段。因此制度有两个特征，一是有明确的成文表现形式；二是有强制性的物质维护手段。正因为如此，可以说制度是在一定准则指导下自觉建立起来的行为调整体系。

企业权力是制度化权力，离开了制度就无从产生。企业制度是一个复杂的体系，大致可以分为产权制度、组织制度、管理制度等几个方面的内容。产权制度解决如何通过财产关系的合理界定和调节，使企业能够有效地获得和使用要素资源。企业资源的形成与可支配，是产权制度的具体体现和运行结果。通过产权制度，企业成员分别拥有的资源，被集合成为一种整体资源。组织制度解决如何通过企业成员责、权、利的合理界定和调节，使企业构成统一指挥下的分工协作体。企业资源配置的责权划分，就是组织制度的具体体现和运行结果。通过有序的资源使用与开发，企业成员形成了一个行动整体。管理制度解决如何通过对生产经营活动各个环节的界定和调节，使企业有效地实现组织目标和企业成员利益。生产经营计划的制订、实施、控制，就是管理制度的具体体现和运行结果。通过确定和维护这些环节的行为准则，保证生产经营活动的效率与效益。

在企业经营管理实践中，这三方面制度是紧密联系的。其中产权制度是基础，其状况决定企业能否产生；组织制度是支柱，其状况决定企业具有什么结构；管理制度是功能设施，其状况决定企业以什么方式发挥作用。

2.企业组织结构

在企业制度体系中，组织制度具有特殊地位，它的状况决定企业的权力结构。

组织制度的内容，是关于企业决策指挥与分工协作体系的建立与维护，包括决策体制、部门划分、等级界定、指挥途径等，其中心线索是企业不同成员之间责、权、利关系的界定。在企业组织体系中，不同部门和职务具有不同的责、权、利，因而对体系的运行具有不同的影响。越重要的职务，对体系的影响越大，相应，其任职者的意志就越需要也越能够得到他人的服从。正因为如此，人们习惯上常常把企业权力当成由制度规定的职务权力总和，把职权看成企业权力的主干。

所谓职权，指的是法定的组织机构或组织成员，按照制度具有的作出决定、发布命令并期待下属服从的权力，这种权力受到组织体系的支持与维护。它的特征来自于组织体系，与组织中的特定工作职位相结合，具有超越个人的外在独立性。

企业职权的特点可以概括为资源的控制和分配权。也就是说，企业作为一种生产函数的形成机制，掌握着一定的组织资源，这是通过企业成员之间的资源交易契约形成的，并以实现企业成员的利益要求为目的。企业职权的核心内容是这种资源支配权，并通过对于资源的计划调配集中体现出来。因此，围绕着资源的来源和使用形成了不同层次、不同角度的权力，形成不同的企业权力架构。

在实际运行中，企业的职务权力架构以股东大会、董事会、经营者、管理者、劳动者的等级关系体现出来（见图1-1），他们以命令服从的方式，使企业资源得以有序运用。

图1-1 企业权力结构示意图

在图1-1中，不同职位权力的大小，随其在垂直层次的不同位置而不同。位置越高，其权力越大。也就是说，一个人在组织垂直管理层级中的职位越高，他影响他人行为的能力就越大，反之则小。

3.企业权力体系

一般而言，只要是能够影响他人行为的人物，都可以看成是有权力的人。在实际工作中，权力与职权是有区别的，权力不一定来自于组织的正式制度规定，而可能来自于制度之外，与个人属性、个人特点相关。因此，可以把职权（authority）看做权力（power）的一种特殊形态，即制度化的权力形态。

影响企业行为的权力，其基础在于制度化的职权，但其内容却不局限于此，还包括非制度的个人影响力。职权来自于组织结构，具有非人格化的特征。只要你在组织的某一职位上，你就拥有该职位赋予的正式权力；而一旦你离开了职位，你就不再拥有该职位的权力。而非职位的权力不是如此，其范围要广阔得多，包括影响他人行为的各种能力，并且常常具有人格化的特征。例如，张博士是一个信息管理系统方面的专家，他在企业内虽没有指挥他人工作的职权，但由于其专业能力对组织运行非常重要，因此对于他人行为就有很大的影响力。又如，小东是企业总经理的朋友，从职位上讲，他没有生产、市场、营销、人事等部门经理的职位等级高。但因为总经理对小陈很信任，小陈的建议对总经理决策可能有相当影响力，所以也会被看成企业中比部门经理更有权力的人物。这些权力都与职务无关，而与个人特点有关，可以称之为个人权力。企业的实际权力运行，是职务权力与个人权力综合作用的结果。

在职务权力与非职位权力的综合作用下，形成企业的权力体系，如图1-2所示。

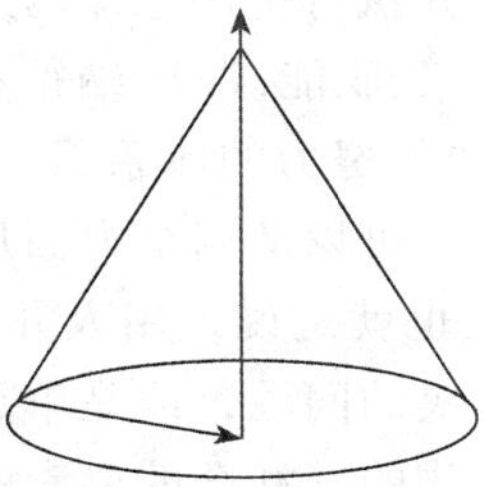

图1-2 权力锥型示意图

图1-2构成企业权力体系的锥体。锥体的中心是组织权力轴心，锥体的尖端是组织权力核心。图1-1中企业不同机构的等级，可以看成图1-2中锥体轴心线的层

次；锥体的尖端是最高层，锥体的中部为中间层，以此类推。

从图1-2中的锥体可以看到：①在组织中的管理层级越高，也就越靠近组织的权力核心，其职权就越大，权力就越大。②在组织中即使职权层次不变，也可以通过向权力轴心的水平推移来靠近权力核心，以此提高权力水平。一个人如果很接近组织高层决策核心，就可能具有很大权力——影响企业决策或影响他人决策行为的权力。

由于企业作为一个微观效益组织，其组织行为的灵活性与可控性取决于企业内部权力的综合配置，因此对职权与权力之间区别与联系的分析，有助于理解权力体系对企业竞争力的影响。

1.2 企业管理

管理是通过影响他人行为，促使组织成员为实现组织目标而努力的措施与过程；企业管理作为微观效益组织的管理，目的是通过有计划的分工协作提高生产经营效益。

1.2.1 管理

管理是一种工作，其特点在于不是仅仅依靠自己的能力办事，而是动员大家一起来共同办事。与此相应，管理工作的内容，是从特定目标出发用人办事，围绕分工协作体系的建立和运作展开，目的在于提高合作效率，产生“1+1>2”的效果。与此相应，管理活动包括制定目标、采取行动、提高效率三个方面的内容。在此过程中，管理者促成整体组织行为、推进分工协作方式的措施包括制度、计划、行政指挥和权威方法；将这些管理措施系统化、体系化，就形成管理的计划、组织、领导和控制职能。

1.管理的本质

管理活动的本质是将大家的力量集中起来，为了一个共同目标而努力。马克思在《资本论》中指出：“一个规模较大的直接社会活动或共同劳动，都或多或少地需要指挥，以协调个人活动，并执行生产总体的运动——不同于这一总体的独立器官的运动——所产生的各种一般职能。”巴纳德在《经理人员的职能》中也指出：“经理人员的职能是维持一个协作努力的体系。”

对于管理活动的产生原因，可以从四个方面加以理解：

一是个人力量的有限性。也就是说，用人办事中的“人”，能力是有限的，他们有着单靠自己的能力无法解决的问题，或是单靠自己的努力无法满足的需要。按照巴纳德的观点，人是各种生物的、社会的要素的结合体，人们的行为选择会受到上述要素的限制，因此人们的选择能力总是有限的；此外，当人们遇到过多机会和很多选择时，选择能力也会处于麻痹状态。

二是共同努力的可能性。个体能力的有限性使合作成为可能。当面临依靠个体能力所无法满足的需要或无法解决的问题时，如果遇到的问题不能以一人之力或是合作解决，个体只好放弃这种需要的满足或是回避无法解决的问题；但如果遇到的问题可以通过合作解决时，个体就有可能选择合作的方式，通过共同努力来克服自身能力的限制。

三是集体合作的重要性。当面临上述限制时，选择集体合作可以克服困难实现目标。因此，集体合作对于克服个体能力限制是重要的。不仅如此，合作还能产生“1+1>2”的倍增效果。科学家研究发现，大雁有一种合作的本能，它们飞行时都呈v型。这些雁飞行时定期变换领导者，因为为首的雁在前面开路，能帮助它两边的雁形成局部真空，减少飞行阻力。单位时间内雁以这和形式飞行，要比单独飞行多出12%的距离。

四是统一指挥的必要性。个体为了实现自己的目标而选择集体合作，因此不能按照某一个人的目标办事，否则，行为将是无秩序的。也就是说，必须有一个共同的目标，通过这个共同的目标来统一大家的行动。

2.管理的内容

管理活动围绕着用人办事的规律展开，其中确立目标、采取行动、提高效率是三个主要的环节。

（1）确立目标

确立目标是管理活动的起点。关键在于这里所说的目标不是个人目标，而是共同目标。正如巴纳德在《经理人员的职能》中强调的那样：“协作目的显然是非个人和社会化的，而是作为一个整体的协作体系的目的。”只有共同目标才能够把人们聚集起来进行共同努力，这是管理赖以实现的基础。

如何能更好地理解共同目标，需要把握三个方面的内容：

首先，共同目标是构成个体目标的共同因素。这是因为每个自愿进入组织参与合作的人都有自己的个人目标，但是只有多个人有着共同的需要、共同关心的问题时，个人目标才可能整合成为共同目标，个人才可能参与到合作的组织中去。这里的共同需要指的是通过协作以克服自身能力的限制，而共同目标的实现成为参加者共同关心的问题，因为这关系到个体需要的满足，所以共同目标是个体目标的共同因素。

其次，共同目标是影响个体目标的共同条件，因为当协作目标实现之后，个人需要或动机的满足要借助于媒介的过程也就是分配的过程，将协作行为的成果分配给协作体系的参与者，也就是说组织目标的实现也就为个人目标或动机的满足提供了基础和条件。

最后，共同目标明确了实现共同目标的共同手段，因为对于共同目标而言，其本身也包含着一系列的目标体系，某一层次的共同目标是实现更高层次共同目标的一种手段，同时又是较低层次行动的一个目标。

（2）采取行动

目标确立只是明确了要办的事是什么，而目标的实现需要大家共同参与，相互配合，包括分解目标、落实任务、协调关系、处理矛盾几个方面的内容，才能使大家的活动形成实现共同目标的合力。

①分解目标。目标分解的过程即“专业化”或是“分工”的一个过程。目标分解包括两个方面的内容：第一是目标的纵向分解，即建立纵向的权力体系，其要点在于确定从上到下的办事权力与责任；第二是目标的横向分解，即工作任务的分解细化，其要点在于按照比较优势的原理将共同目标变成能由每个个体承担的事。

②落实任务。把共同目标分解成一项一项的具体任务之后，要把任务落实到一个一个的工作人员身上。首先，每个工作人员要清楚自己所承担的任务是什么，需要什么时候以什么样的标准完成以及它与其他任务之间的关系等；其次，落实任务的过程，也是权限和职责的确立过程，每个工作人员对此也要有清晰的认识，知道自己处于何种位置，拥有什么样的权限配置资源以实现任务。

③协调关系。组织成员的行为，一般被认为是指向“组织目标”的。这就出现了协调其行为的问题，也就是向每个成员提供有关别人行为的信息，使之依此作出自己的决策的问题。如果没有协调，那么，无论参加者意向如何，协作通常是低效的——达不到目标。例如，两个行政长官可能会就同一件事情，给同一个人写信，而两封信的内容又是矛盾的。相反，如果他们两人都预料对方会处理此事，那就可能导致无人过问，即谁也不写信。关于协调的方式，既可以通过制订计划的方式统一成员的行动，也可以通过权力体系明确成员之间的行为关系，还可以运用组织图、作业程序等方式明确成员完成任务的程序。

④处理矛盾。管理过程中的矛盾包括个人之间的矛盾、部门之间的矛盾以及个人与部门或组织之间的矛盾。个人之间以及部门之间的矛盾源于手段-目的的层级系统的不完整性或者不清晰性；个人与组织之间的矛盾则源于个人目标与组织目标的冲突，即组织中的个体可能会站在组织整体立场上从组织成员角度客观地理解组织共同目标，也可能站在个人立场主观地理解共同目标。当个人目标同组织目标冲突时，两种理解也会存在冲突和矛盾。因此，管理者处理矛盾的方式有二：一是明确组织的目标体系；二是增强组织成员对组织目标的理解与认同。

（3）提高效率

人们的努力有可能产生不同的成效。如何在资源数量和组织目标已经给定的情况下，用最短的路径、最省钱的方法，去达到预期的目的，这就需要了解工作情况，分析出现的偏差和问题，采取有针对性的措施。在此过程中，强化人们的工作动力、提高人们的工作技能、改进人们的工作方式，对于提高工作效率具有重要影响。

①强化工作动力。工作动力即组织成员作贡献的意愿，或者称为协作意愿，也就是日常所说的工作积极性。协作意愿是个人由于为组织提供协作而得到的诱因，体现为报酬、地位、荣誉等一系列对个人有激励作用的要素。协作收获与牺牲相比较后的净效果，也是个人参加组织所得诱因相比较后的净效果。净效果的大小决定协作意愿的强度。判断净效果大小的标准是个人的，同样的激励因素由于个人需求

结构的不同，会产生不同的效果。

因此，强化工作动机可以从两个方面进行：一方面，改变员工的工作动机或是需求结构；另一方面，提供诱因满足员工需要。由于个人的需求或动机是一个不断膨胀的量，现实中组织能够提供的诱因可能永远比不上个人需求增长的速度。因此，仅仅依靠满足个人需求这一途径无法有效达到强化工作动力的目的，必须设法改变个人的动机。与此同时，由于个人的需求结构不同，同样的激励因素会在不同的人身上产生不同的效果，因而，对于不同的人要采用不同的激励方式以强化工作动力。

②提高工作技能。工作技能是工作人员完成任务过程的技艺和能力。工作技能的提高，是从工作人员自身角度着手提高工作效率的一种方式。提高工作技能的途径主要有两种：培训和基于信息沟通基础上的学习。前者是组织促使成员进行有意识的学习以提高技能的过程；后者是组织创造一种信息沟通的环境，引导组织成员自觉自愿自主的学习以提高工作技能的过程，这是基于人的行为中的学习特征。

③改进工作方式。工作方式是工作人员在完成任务过程中所使用的手段，如工具和设备的使用。工作方式与员工的工作技能是联系在一起的，我们不可能指望一个不会操作计算机的人用计算机编辑资料。工作方式是员工完成所承担任务的外在手段，它较工作技能更容易提升，对工作效率的提高有着更为直接的影响。

对于如何改进工作方式以提高效率的问题，以泰勒为代表的科学管理理论以及近代发展起来的管理科学学派最具代表性。泰勒的科学管理的中心问题是提高劳动生产率，为此，泰勒通过科学的观察、记录和分析，致力于"时间动作研究"，探讨提高劳动生产率的最佳办法，制定出合理的日工作量。其中一个最佳办法即改进工作方式，使工作者掌握标准化的操作方法，使用标准化的工具、机器和材料，在标准化的工作环境中操作。而近代的管理科学学派则在吸收泰勒科学管理思想的基础上，开发了一系列的数学模型、管理信息系统、人工智能等工具，改进了人们的工作方式，从而提高了生产效率。

3. 管理的措施

为了使用人办事的活动有效开展，管理者需要采取必要的措施，其中制度、计划、行政以及引导是四种有效的方式，既赋予管理者越来越权变的手段，也提高了管理的艺术性。

（1）制度

制度的特性是规范性——制度产生于利益关系结构，是稳定的协作交往规定，是稳定的禁止与允许范畴，是稳定的行为参照体系。因而在管理措施中运用制度是最基本的手段。

运用制度的关键在于制度所代表的行为方式得到利益相关各方的共同理解、认同乃至自觉遵守。这种理解、认同和自觉遵守的基础，是制度将他们的利益目标及其实现方式固定下来，一旦利益关系得以固定，行为方式就具有了一定的模式，使企业成员在企业中有了明确的行为方式和工作内容。这是分工协作的基础。不仅如此，制度的激励功能将按照企业要求强化这种模式。行为模式的重复操作以及制度的推动，会使企业成员在共同行为中更深地认识到制度是自己利益的代表，从被动服从转为自觉维护制度。

（2）计划

计划的特点在于目标性。计划和制度有所不同，在企业分工协作体系活动中，计划针对结果，制度针对过程。计划是基于制度体系的。也就是说，在制度平台上演什么戏，由计划来决定。因此，计划是基于制度结构的工作内容设定。

企业都有自己的目标体系。在企业中，从企业整体到各个部门，乃至每个员工的工作，都有一定的目标，而且这些目标是相互联系的，具有确定的层次结构和相互作用。把这些目标联系起来的纽带就是计划。计划通过对分工协作不同环节工作内容的预先确定，把企业成员联结成一个整体，使之向共同目标奋进。因此，计划与制度一样，是企业成员相互关系的结构化处理，但由于计划是在制度平台上根据实际情况制订的，具有较短的周期性，因此比制度更为具体、明确，能对企业成员的活动起更为直接的指导和约束作用。在管理活动中强调计划的作用，不仅更强调计划的具体内容及其指标的可操作性，而且更重视为组织成员提供实现目标的稳定动力。

（3）行政

计划的目标和内容是预先设定的，然而现实在不断变化，不一定符合预想，如果出现偏差怎么办?这就需要行政手段来解决。从广义而言，行政权力是制度规定内容的一种，但是制度不能界定所有的行为方式。在复杂多变的市场竞争中，试图通过稳定的制度来界定一切行为是不可能的，不能适应企业对市场反应的要求。为了维持企业的灵活性，必须为创新留出探索的空间。随机决策和不确定性的应对等，都是在制度没有清晰规定的情况下作出的，这就是制度剩余。在制度剩余空间下，管理者运用自己的权威和智慧进行管理，这是行政的本质。因此，行政机制是制度剩余的运作机制，也是企业灵活性的实现机制。

（4）引导

引导的特点是强调自觉性。行政权力是职务权力，职权规定具有外在性和不完备性。如果行政管理对象不合作，就难以避免机会主义行为的产生。对此，仅凭行政权力是难以解决的，必须以管理者的威望来补充。威望的特征在于，它以人们对于管理者的信任为基础，因而能达到自觉服从的境界。正是这种服从的自觉性，体现了企业作为一种组织的整体力量，这是组织有效性的最终依托。

4.管理的职能

管理的职能是对管理活动方式的归纳提炼，通过管理职权加以实现。区分管理的职能对管理工作具有指导性和规范性，主要表现在，使管理人员明确工作任务、程序与方法，可以符合逻辑地开展管理工作，保证管理目标高效实现。一般来说，管理的职能分为计划、组织、领导和控制四个方面。

（1）计划

计划的主要工作是确定用人办事的目标，解决办什么事、怎么办事的问题。在计划工作中，任务分解和资源调配是基本线索。前者把整体目标转化为不同的工作项目，使每一个组织成员都有可操作的具体工作内容；后者为不同工作项目提供必要的条件，使每一项工作内容都能得到实际可行的落实。一项合理的计划，能够为有效的分工协作提供指导和依据。

（2）组织

计划的实施有赖于组织。组织解决谁来办事、如何协作的问题。组织工作的职能，是通过建立稳定的结构化工作体系，使人们之间的分工协作方式具有可预期性和可规范性。与此相应，组织工作的依据不是一次性业务的内容，而是重复性业务的工作流程。通过流程分析，找出目标分解的不同层次和重点环节，确定工作部门的设置方式和责权安排，形成由业务划分和管理层级复合而成的组织结构。

（3）领导

组织的有效运行依赖于组织的领导。领导工作的主要内容则是从具体情境出发，为用人办事提供动力，以提高管理活动的效率。因为参与组织的个体，有不同的价值观和目标，如何让个人为组织目标而努力，对个人行为进行协调和引导，是领导工作要解决的问题。由于领导活动是决策者对追随者施加影响的活动，因此不仅与工作职权相关，而且有较强的个人色彩。

（4）控制

控制工作的主要内容是保证以正确的方式办正确的事，以提高管理活动的效率。控制的任务，是根据既定的工作计划及其衡量标准，检查工作的实际情况及进展，总结经验、发现问题、采取措施、改进工作。

1.2.2 企业管理

企业实战1-2　　裂帛：创业后的经营管理

裂帛是姐妹俩在淘宝网上创立的一个设计师品牌。当初，做平面设计的姐姐大风和妹妹小风只因为厌倦了平面设计工作，才开始自己的创业。

2006年11月份，裂帛品牌正式诞生。大风和小风两个设计师，一个裁缝，一台缝纫机。大风当模特，小风当摄影师，开始了“设计漂亮的衣服，卖给喜欢它们的人”这样的梦想。

“裂帛的字面意思是撕裂丝帛，当然也一样可以撕裂礼服，撕裂规则，撕裂那些委屈而难以割舍的情感，撕裂常规的苍白人生，人生需要裂帛的勇气。”大风、小风用这样的语言表达自己的品牌主张。而恰恰淘宝本来就是一个长尾市场，在主流的日韩风和欧美风消费群体之外，裂帛也迅速吸引了一大批粉丝。

从亲自设计到风格把关

鲜明的品牌主张，让裂帛在网络上迅速蹿红，每月的销售额都在翻番。最夸张的时候，一个月卖出去好几万件衣服。2008年，大风和小风雄心勃勃地定了年度目标。但是定了目标却感到更痛苦。大风和小风不是那种喜欢遵守规则的人，她们喜欢偷懒，喜欢出去旅游。但是让大风痛苦的是，随着公司规模的扩大，她开始坐班了，要开始去管理各种事务。对于管理工作，大风和小风显然不是很在行。她们喜欢设计衣服、做衣服，用服装表达自己的内心，仅此而已。

设计师品牌并不仅仅只有设计师就能成为现实，客服、售后、工厂、财务、物流，所有的环节构成一个整体的系统，需要专业的人来管理。而网络渠道似乎是一个放大器，当一个品牌还没有足够的力量来应付爆发性增长的需求时，需求已经涌上门来。大风告诉记者，公司有一段时间甚至经常遇到无货可发的情况，顾客下单后要等待，等待的过程降低了顾客的消费体验。

当大风和小风为管理事务感到痛苦和疲于奔命的时候，设计却一刻也不敢放下。大风和小风终于认识到设计才是自己擅长的。2009年年初，大风和小风退出管理，把全部精力放在自己喜欢的设计上，把管理和运营交给了职业经理人。

记者采访大风时了解到，裂帛最初基本上是没有库存的，设计出什么产品，都挂在店铺里，有订单才去生产。而2010年，裂帛开始有库存了。大风承认，以前的那种运营模式是不适合做大一个企业的。裂帛已经不是小店了，而是拥有30万顾客收藏的店铺。对于这样的规模，设计师的扩充和管理是一个设计师品牌成功与否的重要内容。

大风坦言，裂帛也曾一度走过弯路。新晋设计师的主观意识比较强，对市场不敏感，风格偏离裂帛风格。在这个问题上，大风用“痛下杀手”来表达自己的果断和决绝。大风告诉记者，品牌风格就像一棵树，在成长的过程中，一定要砍去那些旁生的枝杈，来保证品牌风格的统一。设计创意不可能标准化，正因为如此，新的设计师就很容易在风格上无法掌控。裂帛的某些元素，诸如浪漫、民族、边缘、冲撞感、手工痕迹要在服装设计中体现出来，但是整体风格是不是裂帛想要的，这就需要设计总监来掌控。目前脱离了管理工作的大风和小风除了自己设计服装外，还对其他设计师从最初的创意到手稿的所有设计流程进行整体掌控。这样一方面可以培养新的设计力量，同时也能保证风格的传承性。

从小于淘宝到大于淘宝

目前，裂帛的网站上开始出现诸如“安博作品”这样的单元。大风告诉记者，这就像是文章的署名，把设计师推出来，也是为了适当地增加设计师的压力，同时体现其价值感。但是最重要的是，希望通过这样的方式让设计师快速成长。小风说，现在裂帛的设计师设计出来的服装，都是自己去和摄影师商定拍摄方案、模特的选择，甚至是模特的化妆和道具的选择都由自己去完成。未来，设计师的作品在某种程度上会与业绩考核挂起钩来。

2009年11月份，裂帛实现了5倍的增长，一个月卖掉了几万件衣服，此时，消费端的需求迅速膨胀，上了ERP系统虽然能够减轻一些流程的压力，但是一个设计师品牌的真正成长在于管理团队。大风告诉记者，目前裂帛的高层结构基本完善了，设计、企划、运营都有分管负责人。

作为设计师品牌，目前裂帛只是在淘宝上开了C店和商城店，但是一个设计师品牌未来的发展不可能仅靠单一的渠道。在大风的计划中，裂帛品牌要想成长，在渠道上必须经历一个从小于淘宝到大于淘宝的过程。也就是说，最初是在淘宝上开店，未来会有自己独立的品牌商城。最重要的是，会从线上渠道走到线下渠道。

但是大风和小风最初从网络平台创业，没有做过线下渠道，未来的招商、加盟都需要专人去打理。在管理架构中，中层的架构至关重要。人才梯队的成长是设计师品牌从一个小品牌变成一个知名品牌的必经之途。因此，大风和小风在培训设计师的同时，分管运营的总经理也将人力资源部、IT部、客服部完善起来，并且开始培养新的中层管理者。设计师品牌需要的不仅仅是设计人才，还需要各个环节中的经营管理人才。裂帛的做法是：人力资源有限，有了人再去做新市场、新的事。

资料来源 佚名.设计师品牌的网络成长[N].中国经营报，2010-05-17（C13）.

企业管理是经营管理，目的是通过有计划的分工协作提高企业经营效益。在此过程中，要把生产经营任务分解到每一个员工，使之各司其职、相互配合，积极主动地为实现企业目标而努力，从而提高生产经营效率与效益。

1.企业经营

所谓经营，是利用市场机会进行资源配置从而实现微观效益的活动，以投入产出方式体现出来。企业作为一种经营主体，以内部有计划分工协作应对外部复杂多变的市场竞争，发挥比较优势，节约交易成本，提高经营效益。

（1）市场经营

经营活动复杂多变，都是为了实现微观效益，使主体收益最大化。在古典经济学看来，个体收益最大化的追求，在市场这只无形的手的协调下，会带来社会总收益的增长。因此，个人以自身利益最大化为行为目的，不仅在生活中是现实的，而且在道德上是正当的。

市场之所以能够把个体收益转化为社会收益，是因为存在着价格机制。价格机制的作用在于，把作为人们经济活动基础的社会供求关系，以价格波动的方式体现出来。当某种商品供不应求的时候，商品价格会上升，从而引导人们生产这种商品并从中获得收益。因此利用市场波动获取价差，是经营活动的本质特征。

经营活动的简单形式是个人行为，复杂形式是组织行为。在经济发展过程中，企业组织逐渐取代个人成了市场经营的主体。

（2）资源配置

企业是以追求微观效益为中心的经营组织，通过有计划的分工协作优化资源配置，提高投入产出效率。对此可以从三个方面加以理解：

①资源要素的稀缺性。企业资源是稀缺的，付出一定代价才能获取，比如物

料、设备需要花费金钱从市场上购买，金钱货币的使用需要支付利息，人力资源的使用也以支付员工工资为前提条件。

②稀缺资源的整合性。用于生产经营的稀缺资源，在企业生产经营平台中，通过优化组合与加工改造能够转化为产品服务；产品服务如果适销对路，可以获得较高的销售价格，以销售收入抵消资源成本，为企业创造价值。

③资源整合的结构性。不同资源要素以不同比例进行配置与加工，会出现不同的投入产出情况，产生出不同状况的微观效益。以合理的方式进行资源配置，企业才能创造价值，获得发展；否则就会因为入不敷出而破产倒闭。

(3) 分工协作

企业经营之所以能够提高投入产出效益，原因在于能够提供有计划的分工协作，建立比较优势，降低交易费用。

首先，市场经济的优越性在于，通过社会分工的细化，能够发挥不同利益主体的比较优势，使有限资源得到有效配置，提高每个市场参与者的经济收益。对不同协作者比较优势的认识和利用，是提高经济效益的基本条件。而企业所进行的有计划分工协作，能够更好地识别和利用企业成员的比较优势，通过合作系统的构建，提高合作者的整体收益。

其次，对协作者比较优势的识别和利用是有成本的，这是市场经济的交易费用，体现为发现交易价格的费用、建立和履行合作契约的费用。随着经济社会的发展，交易费用在生产经营活动费用中所占的比例越来越大。企业作为一种有计划的分工协作体系，能够节约交易费用，即通过建立一定的企业制度结构，确立生产经营活动的指挥权，对企业成员的分工协作进行计划安排和统一指挥，以权威管理降低企业成员之间协商谈判的交易费用，从而提高投入产出效益。

与此相应，企业经营离不开管理，是通过管理实现的经营。

2.企业经营管理

管理的本质是用人办事，即通过有计划的分工协作实现组织目标。企业的组织目标在于提高投入产出效率，实现生产经营效益，各项管理活动围绕这一中心展开。企业经营管理的根本任务，是以内部行动的一致性保证外部竞争的灵活性，从而节约交易费用、提高经济效率。在企业经营管理中，只有明确经营管理权的性质，把握经营管理职能的内容和形式，才能更好地完成经营管理的工作任务。

(1) 经营管理权

企业作为一个有计划的生产经营组织，依靠具有权威的指挥中心来安排和组织活动。谁在企业中指挥生产经营，是企业经营管理首先要解决的问题。交易费用理论为此提供了解释。

企业因节约交易费用而产生，企业的价值在于，通过计划机制的建立提高生产经营效益。与此相应，企业存在的基础，是构建对资源的统一调配权。只有建立起这样的权力结构，将外部市场关系转化为内部服从关系，才有可能对生产经营活动进行统一指挥。在具体实践中，这一权力结构的构建方式，是建立利益相关者之间的经济社会契约，因此企业作为一个有计划的生产经营组织，也是一个契约组织；它与其他市场交易契约的区别，在于以特定的一揽子契约替代了其他分散契约，这个一揽子契约有一个中心缔约者，围绕这个中心缔约者会形成分工协作的资源调配权和行为指挥权。这是企业有计划生产经营活动的基础。

进一步的问题在于，以谁作为中心缔约者合适呢?怎样确定生产经营指挥权的归属才恰当呢?由于企业经营与其他经营活动一样，作为一种投入产出活动存在着风险，需要在风险处理中实现不确定的经营效益，并承担经营不成功所可能造成的损失，因此建立企业契约的基本原则，是风险收益与风险责任匹配、风险责任与风险承担匹配，即识别在有计划的生产经营活动中谁承担的风险最大，让风险最大的企业成员作为生产经营的指挥者，以此保证协作组织的有效运行。而这一组织机制的关键，在于企业剩余权益匹配方式的界定。

所谓企业剩余权益，包括剩余收益权和剩余控制权。前者指经营收益减掉经营成本之后的收益，表现为经营利润；后者指生产经营过程中不能由制度界定的行为指挥权，表现为经营决策。所谓企业剩余权益匹配方式，即剩余收益的归属者拥有企业决策权。以这样的方式，保证企业生产经营指挥者的决策合理性，使之为提高企业整体效益而努力，而不至于滥用职权，以损害其他企业成员的方式获取自己的私利。

因此，企业经营管理的本质，是通过剩余权益匹配机制确定经营管理权归属，在此基础上对生产经营活动进行有计划的统一指挥，从而提高企业的整体效益。

（2）经营管理职能

把经营管理权应用于实际工作，需要找到实现途径和操作办法。经营管理职能由此产生。所谓管理职能，是指广泛存在、普遍有效、不断重复的管理工作内容与形式，大致分为计划、组织、领导、控制等类型。

首先是计划。计划工作的任务，是通过对未来发展趋势的认识，分析可能的应对办法，制订相应的工作方案，以此统一企业成员的行动。计划工作不仅可以明确企业成员分工协作的方式，而且可以节省企业中一系列信息成本、协商成本、监督管理成本和违约成本。

其次是组织。计划需要落实到企业成员的行动中，为此必须界定每个企业成员的责任和权利，以及相应的分工协作关系，这种关系的建立和维护，就是企业的组织工作。当企业成员分工协作的方式以明确的制度化形式固化下来时，企业的组织体系就形成了。在组织体系中，每个企业成员都可以按照自己的职责开展工作并获得相应报酬，而不再需要事事都临时商量决定。这样就将市场交易的讨价还价，转变成为组织中的职责活动。

再次是领导。尽管组织安排可以解决大部分日常工作问题，但面对随时变化的环境还不够，还必须以快速灵活的决策加以补充。这种情境化决策与指挥往往没有惯例可以参照，需要根据情况进行权变处理，并激励企业成员为此而共同努力。这是经营管理又一基本职能。

最后是控制。所谓“控制”，是根据内外部变化进行调整以实现既定目标的活动。在企业生产经营活动中，由于各种原因会产生各种各样的问题，必须加以及时处理，因此管理控制随处可见，表现为收集相关信息以调整工作方向，目的在于确保组织适应环境变化，并促使企业成员不断检查自己的工作状况，防止偏差，解决问题，提高工作效率。

3.经营管理工作任务

通过管理活动提高经营效益，关键在于以市场供求关系的变化为依据，改进资源整合方式，提高分工协作效率。这是企业经营管理的基本任务。

（1）改进资源整合方式

资源整合包含人、财、物、技术、信息等方面内容，涉及资源获取与资源利用两个方面。市场需求是资源整合的起点。市场需要什么产品，提供这些产品需要投入哪些资源，决定了企业需要什么资源，以什么方式整合资源。在此过程中，生产经营的技术要求具有重要影响。仅此还不够，还要看到一个重要事实，即同样的产品可以用不同的方式来生产。也就是说，在生产同样产品的过程中，存在着对不同类型资源按不同比例进行配置的可能性。由于不同类型的资源具有不同购入价格和整合方式，因此依据资源性能与市场价格，确定资源配置的具体方式，对于提高经营效益具有重大影响。

（2）提高分工协作效率

企业资源是企业利益相关者的资源，如何把资源从不同利益相关者手中集中起来，按照经营需要加以统一安排和使用，涉及一系列问题。经营管理者必须根据市场需要和自身能力，选择恰当的经营项目并进行系统安排和组织，使决策与计划为大多数企业成员认同，按计划有步骤地加以组织和实施，才能使整个企业有序运作起来。在此过程中，根据把资源加工成为产品所需的条件和技术步骤，把不同资源类型的配置活动与不同企业成员的工作行为结合在一起，才能形成有序的生产经营活动。为了便于生产经营活动的安排和组织，通常会按照产品形成步骤和资源类型差异，建立不同的工作子系统。在实际工作中，对生产经营活动的有计划安排，就通过这些子系统的建立和运作加以实现。其中最为常见的有生产子系统、采购子系统、销售子系统、财务子系统、信息子系统和人事子系统等。这样一来，对企业经营管理机构的分析，就可以通过这些子系统在企业效益创造过程中的作用来把握。

由于不同企业满足市场需要实现经营效益的方式不一样，对企业效益实现过程中不同环节的重视程度不一样，因此经营管理活动也会出现不同的模式。但不管什么模式，都有一个基本的共同点，即把资源整合过程与产品形成过程结合在一起，通过对重点环节资源配置的特别关注，达到提高企业效益的最终目的。因此在一定意义上可以说，企业经营管理也是资源配置的流程管理。把资源配置的流程管理和企业效益的形成方式结合起来，可以进行企业经营管理活动的价值链分析，从中把握企业效益的形成方式。

1.3 企业管理者

如何通过有计划的分工协作体系，将组织成员行为整合为组织整体行为，参与市场竞争，提高经营效益，是企业管理者的责任。能承担这种责任的人，必须扮演具有多样化又协调一致的角色，这就需要具备相应的管理技能。

企业实战1-3	钱力的一天

钱力是珠海有名的女强人，典型的职业女性，今年46岁，担任海滨宾馆的总经理已经有10年了，在此期间，她曾四次被评为“三八红旗手”并出席全省表彰会，多次被评为省级劳动模范。海滨宾馆为商务和旅游者提供高质量的宾馆服务，拥有150名员工，4个分部，每年上缴国家利税2 000多万元。

钱力信奉“业精于勤”这四个字。2004年3月12日这天，她早晨5：00起床，穿衣、洗脸、化妆、吃饭。5：30上路，16分钟后到办公室里。坐下来后开始浏览桌上的报纸，今天的日程已经安排好了：6：00准时召开高层领导班子碰头会；上午视察第三分部；下午写一篇10分钟的演讲稿，以便在明天的旅游协会上致辞。

现在是5：50，报上没有什么可看的，钱力不禁联想到自己刚到海滨的时候，那时高中刚毕业，一开始是服务员，每天迎接客人、登记业务、搬运行李、打扫卫生等。5年后，由于工作认真负责，服务热情周到，被选为领班，2年后升为前厅经理，28岁结婚生子，32岁当上了副总经理，原以为这辈子与大学无缘了，在孩子4岁那年却有机会到北京大学管理学院经理班学习了一年，虽说撇家舍业，但这一年太重要了，要不我就不会有今天的成就……

敲门声，钱力的思绪被打断了，一看表，5：58，原定高层领导班子碰头会时间到了。会议的议题有：运营副总经理汇报TQM计划的进展情况；讨论下一年资金预算情况；解决二分部在春节期间由于供热系统问题而引起的顾客投诉；如何针对今年的“五一”旅游黄金周做广告来提高宾馆全年的收入。钱力对会议的内容和结果基本满意，因为人们发言踊跃，大家对备选的解决方案都准备充分。会议用了1小时20分。

7：30是公司雷打不动的早操、早歌时间，“一日之计在于晨”，钱力认为这是企业文化的一项重要内容，早操锻炼身体，早歌凝聚人心。10年来，她基本上就是利用这个时间和这种形式激励员工，使每位员工一天都有好心情和奋斗力。她也以身作则，带领大家不断进步。

7：50钱力登上了前往第三分部的汽车。虽然总部有一个复杂的计算机决策支持系统，可以让她根据各分部的入住率、客人抱怨次数和其他的服务质量指标来评估业务，并在问题出现时作出快速的反应，但她仍坚持每月一次的实地考察。她说：“走动管理至少有三个好处：一是可以直接获取计算机不能提供的更可靠的信息，有时这些信息非常重要；二是可以激励员工，振奋人心；三是可以拉近与顾客的距离，使我更加准确地知道他们想要什么样的服务。”

8：40到达目的地，她走访了每一位员工、每一位顾客，与他们进行了亲切的交谈，员工和顾客对她的到来都感到非常兴奋。同时他们也提了一些问题，她都记录在笔记本上，以备改进。后来又查看了餐厅、客房、游艺厅等。

11：30视察结束，简单的工作午餐后，于13：00回到办公室，冲上咖啡后，铺开稿纸，准备讲稿。

13：30秘书王珠进来告诉她说华美装饰公司经理胡文来了。钱力想公司是胡文的老客户，以前胡文对公司非常优惠，装饰质量也不错，但最近装饰材料价格上涨，公司若按以前的报价，胡文肯定不会承揽即将要进行的总部翻新工程。翻新工程不大不小，领导班子决定预算在30万元以内，假如胡文不同意这个价格，公司将在全市公开招标，她知道毕竟他们也不想失去老客户。

15：00送走胡文后，钱力的注意力又回到了讲稿上。

16：00讲稿写完。

钱力就喜欢像今天这样紧张而有序的工作安排，她觉得这样才过得充实、有意义。每当总结一天的情况，进而看到公司在一天天发展壮大，钱力浑身的疲倦就会烟消云散，取而代之的是全身的兴奋和喜悦。

资料来源 杨宝宏.管理学教学案例选编[M].北京:中国社会科学出版社，2005:6-8.

1.3.1 企业管理者的内涵及类型

企业管理者是运用企业经营管理权来提高企业效益的工作者，在企业中具有特殊地位与作用，对企业生产经营状况具有全局性影响。研究企业管理必须了解企业管理者的特殊性。

1.企业管理者

作为企业经营管理权的掌握与运用者，企业管理者有广义与狭义之分：广义的企业管理者包括企业中所有用人办事的工作人员，有下属的非基层工作人员；狭义的企业管理者主要指中高层管理者，即具有经营决策权的管理者。由于狭义管理者在企业中的地位特别重要，因此受到更大的关注。在这个层面上，需要理解企业管理者与企业家的联系与区别。

什么是企业家?新古典经济学认为，企业家是具备特殊技能的经理人。发展经济学认为，企业家的本质在于打破原有的经济均衡，从而推动社会经济发展。创业经济学认为，“企业家”是在资源缺乏的情况下锐意创新、发掘并实现潜在机会的创业者（希斯瑞克，2000）。

国内学者也对企业家和企业管理者进行了区分。例如，张维迎（1995）认为，资本是成为企业家的必要条件，只有那些经营才能出众、个人财富丰裕和风险规避度低者才能成为企业家，而经营才能出众、个人财富匮乏者可以成为资本家选择的企业管理者。杨瑞龙、杨其静（2001）认为，当企业已经建立，企业家的使命就大致完成了，维持企业正常运行的任务就交给了企业管理者。只有极少数的企业经营管理者难以替代，大多数人都具有可替代性。

在管理实践中，企业管理者与企业家常常难以区分；具有创业精神的管理者往往能够成为企业家，成为领袖式人物带领企业前进，为企业带来卓越绩效。

2.企业管理者的类型

根据在企业中的地位及所承担的工作任务不同，可以把企业管理者分为三种类型——基层管理者、中层管理者和高层管理者。

（1）基层管理者

处于管理等级底层的是基层管理者，通常称为主管。如汽车生产车间工作小组的主管人员，他们的职责是对从事产品生产或服务等特定活动的工作人员进行日常监督管理。基层管理者遍布于企业的各个部门。

（2）中层管理者

中层管理者的地位介于高层与基层之间，负责上下沟通、左右协调，为上级提出工作建议，对下级转达改造要求与落实工作任务。中层管理者中一部分人员是职能部门工作者，负责从专业管理的角度提高企业效益。

（3）高层管理者

高层管理者是企业生产经营活动决策者，责任是确定企业发展目标，协调各部门工作，推动整个企业不断发展。在不同企业和不同管理体制下，高层管理者的地位、作用和范围不一样。通常一个企业的董事长、总经理、总监等，属于该企业的高层管理者。

不同类型的管理者，因在管理层级中处于不同的位置，运用管理职能进行管理工作的重点会表现出差异。高层管理者花费大部分时间从事对组织长期绩效至关重要的计划和组织工作，基层管理者主要关注当前的工作任务。

1.3.2 企业管理者的角色

不同管理者由于不同的地位和作用，体现为不同的管理者角色。所谓角色，是处于某一位置的人所需要做的一系列特定的任务，包含他人对其地位作用的期望，以及自己对他人期望的理解和认同。管理学家明茨伯格将管理者的职责简化为三大类型十种角色，见表1-1。

1.人际关系型角色

管理者的人际关系型角色，是通过与他人的沟通交流，使企业成员与社会理解企业发展方向，参与和支持企业活动。

管理者的第一个人际关系型角色是挂名首脑，即所在组织和部门的象征。作为挂名首脑，管理者需要决定组织的使命与目标，并传达给员工和其他有关的群体。处于各个等级的管理者扮演挂名首脑这一角色，通过在组织内建立行为方式而成为人们的角色模型。

表1-1 明茨伯格界定的管理者角色[①]

角色类型	特定角色	角色活动例子
人际关系型	挂名首脑	在公司会议上向员工展示组织未来目标；主持公司一家新的总部大楼的开业；阐述组织的伦理原则和员工在与顾客、供应商等打交道时的行为准则
	领导者	为员工树立学习榜样；对下属直接发布命令与指标；作出关于人力、技术等资源决定；发动员工支持拥护特定的组织目标
	联络人	协调不同部门管理者的工作；在不同组织之间建立联盟以实现资源共享并提供产品和服务
信息型	监听者	从不同角度评估管理者的工作，并采取措施提高他们的绩效；监控组织内外环境中可能对组织未来产生影响的变化
	传播者	告知员工组织内外环境中可能对他们及组织产生影响的变动；向员工传达组织的愿景
	发言人	发动全国性的广告宣传活动以促销新产品和新服务；对当地社区发表关于组织未来的演讲
决策型	企业家	利用组织资源开发创新性产品和服务；决定国际化扩张以获取新客户
	混乱驾驭者	对组织内外部发生的突发性事件如石油危机、不合格产品等采取快速的应对措施
	资源分配者	在组织的不同部门之间分配资源，为中层和一线管理者设置预算和报酬计划
	谈判者	与供应商、分销商、工会在投入、技术、人力资源的数量和价格等方面达成一致；与其他组织达成协议以集合资源共同完成合作项目

管理者的第二个人际关系角色是担任领导者，这一角色意味着他要鼓励下级发挥出高水平的绩效，还需要有计划地去培训、指导下级以促使他们发挥潜能。领导者的个人行为影响着员工的态度和行为。事实上，下属是否想要发挥出高的绩效水平，在很大程度上取决于他们是否信任和追随领导者。

管理者的第三个人际关系角色是充当联络人，这一角色意味着他要对组织内外个人和群体的行为进行联系与协调。在组织内部，管理者要协调各个不同部门的活动以提高其合作水平；在组织外部，管理者需要与供应商、消费者等建立联系，以获得稀缺资源。

2.信息型角色

信息型角色与获取、传递、利用信息的工作相关。

管理者作为分工协作的指挥者与控制者，需要了解企业内外的情况，掌握和分析各种信息，以此作为决策指挥的依据。

管理者的决策指挥活动，需要通过信息的发布和交流来进行；作为传播者，管

① 琼斯，乔治，希尔．当代管理学[M]．李建伟，等，译．2版．北京：人民邮电出版社，2003:9.

理者要把信息传达给组织内外的相关人员，影响他们的态度和行为。

在传递信息的过程中，管理者的意见不仅是个人意见，而且代表了组织的意见。作为组织的发言人，管理者运用信息影响他人，使组织内部和外部的人对组织有积极的反应。

3.决策型角色

决策型角色与管理者所从事的战略规划、资源应用等工作相关。

作为企业家，管理者必须把握市场机会，决定在何种情况下从事何种项目或计划，决定怎样利用资源以提高组织绩效。

作为混乱驾驭者，管理者需要处理影响组织运营的突发事件或危机，获得解决问题或危机所需要的资源。

作为资源分配者，管理者要决定怎样才能够最佳地运用各种资源来提高组织绩效。

作为谈判者，管理者必须扮演谈判者的角色，与组织内外部群体如投资者、消费者等在资源分配方面达成共识。

管理者的十种角色类型高度相关，少了任何一样，管理者的工作就不再完整。

1.3.3 企业管理者技能

管理者能否有效扮演起管理者角色，在很大程度上取决于其是否具备了管理技能。管理技能是管理者为了达到管理目标而使用各种管理方法、工具的技巧和能力，包括概念技能、人际技能和技术技能三个方面的内容。三方面的技能因管理者层级不同而有所侧重，形成不同类型管理者所需的技能结构。

1.管理技能的类型

（1）概念技能

概念技能（conceptual skills）指在分析诊断某一情况、识别因果关系过程中所表现出的技能。在管理过程中，计划和组织工作需要较高水平的概念技能。高层管理者对于概念技能的要求最高，因为他们的主要职责在于计划和组织工作。

（2）人际技能

人际技能（human skills）指理解、改变、领导、控制其他人员和群体行为的能力。有效管理者的突出特征之一是其具有良好的沟通、协调能力，能够激励人们使其融合为一个团结一致的团队。

（3）技术技能

技术技能（technical skills）指与特定岗位有关的专业知识与操作技能。生产技能、财务技能、营销技能等，都属于技术能力的范畴。管理者要有效地进行管理，需要具备相应的技术能力。具体需要何种技术能力，取决于管理者在组织中所处的职位。

2.管理技能的结构

不同管理者对于上述技能的要求不一样，其掌握这三种技能的水平，取决于他在管理层级中所处的位置，由此产生不同类型管理者的管理技能结构模型，如图

1-3所示。

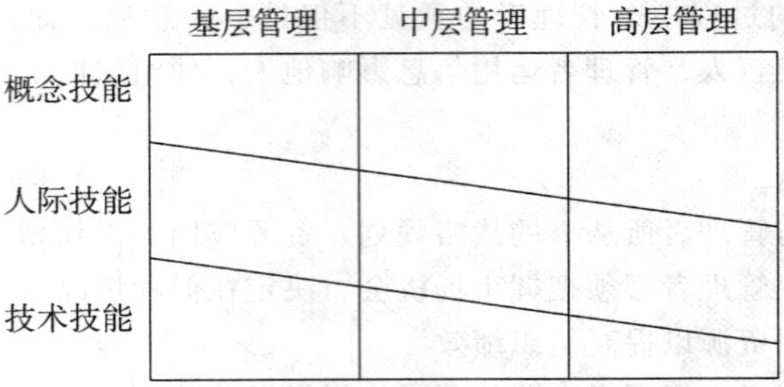

图1-3　管理层级与管理技能要求

图1-3中，不同层级的管理者对于管理技能的要求不一样，高层管理者更重视概念技能，因为其工作重点是决策指挥；基层管理者更重视技术技能，因为其工作重点是执行任务。

管理者的职能、角色与技能是紧密联系的，管理者需要不断通过教育培训以提高其技能水平，以适应企业内外部不断变化的环境。

小　结

1.企业是有计划的生产经营组织，以实现微观效益为中心。

2.企业的产生是历史现象，从家庭经济或手工作坊演化而来。

3.随着企业所有权与控制权分离，产生了对于企业法人治理的要求。

4.企业法人治理结构的关键，在于剩余收益权与剩余控制权的匹配。

5.在企业法人治理结构的基础上，企业管理权得以产生和运作。

6.企业管理是经营管理，目的是通过有计划的分工协作提高企业经营效益。

7.企业之所以能够以计划代替市场，是因为能够节约交易费用，提高经营效益。

8.如何通过市场竞争促进企业的生存与发展，是企业管理者的责任。

9.承担企业管理责任的人需要相应的素质和能力。

问题与思考

1.什么叫企业?企业为何产生?

2.企业有哪些不同形式?现代企业有何特征?

3.什么叫经营?企业经营与企业管理是什么关系?

4.企业管理的任务是什么?与一般管理有什么异同?

5.进行企业管理要处理哪些问题?通过什么方式来处理?

6.什么叫企业管理职能?不同职能之间是什么关系?

7.企业管理者要扮演哪些角色？为此需要具备哪些能力？

参考案例

海底捞密码

考核标准：顾客满意度和员工满意度

从四川街头的麻辣小摊，到今天全国的20多家店，海底捞用了15年的时间。作为海底捞的创办人，张勇常被邀请去为知名的企业和学校作演讲，好奇的学生对教育程度并不高的他如何提升员工的热情充满兴趣，因为以人力资源为研究方向的北京理工大学工商管理系副教授王奋发现，海底捞服务员对职业的认同感，远远高于她所带的MBA班学生。

也许，一个简单的例子可以看出海底捞的价值标准，海底捞考核一个店长或区域经理的主要标准只有两个，顾客满意度和员工满意度。出乎意料，被很多企业视为最高指标的营业额和利润居然没有入围。用海底捞副总经理袁华强的话说："超越顾客期望为海底捞赢得了名声，而让为顾客创造感觉的员工过得舒适才是海底捞的安身立命之道。"

为服务疯狂

擦皮鞋、美甲；发圈、眼镜布……众多看似微不足道的创新赢来了顾客心甘情愿的等待。

把功夫下在服务上的理念，来源于张勇的创业经历。海底捞的前身是四川路边并不起眼的小摊位。15年前，下岗工人张勇在家乡简阳支起了4张桌子，利用业余时间卖起了麻辣烫。那时的他对饮食业一窍不通，按照他的话来说，"店址和东西都不好，想要生存下去只能态度好些，别人要什么快一点，有什么不满意多陪笑脸。结果大家都说我的东西不好吃，却又都愿意过来吃"。

这个经历让海底捞获益匪浅。张勇发现，在低附加值的餐饮服务业，已经被倡导了无数年的顾客至上并不像想象中那样被大多数同行所重视。这让他确定了海底捞的宗旨：服务为王。

把服务作为海底捞的招牌，需要的是海底捞人的共同努力。在海底捞，你会经常看见员工端着菜盆跑步前进，用极快的速度抹桌子、铺桌。

很多人都在问同一个问题：这些海底捞人的笑容和激情是如何培训出来的?

袁华强给出的答案发人深省：无法培训，只需要提供他们想要的。

平等主义

员工是品牌的代言人、尊重员工……这些被奉为圣经的管理理念自然地发生在中国一家小企业的身上，而仅仅是依靠"与生俱来的本能"。

作为北方区总负责人的袁华强认为，要想让员工在工作中充满激情和自信去面对顾客，首先要给他们提供良好的生活环境。海底捞在简阳建了一所私立寄宿制学校，海底捞员工的孩子可以免费在那里上学，只需要交书本费。在2007年春节，海底捞北京地区的2 000多名员工坐上公司统一雇的豪华大巴，一同去郊区享受温泉浴。

这让海底捞的运营成本相对较高。袁华强给记者算了一笔账，海底捞一年中单店仅仅给员工租房的费用就得花费50万。这么高的成本费用，必须靠高营业额才能支撑。据袁华强介绍，海底捞较出色的店一天翻台的次数是7次，而最差的不会小于4次。因为按照餐饮业的一般规律，除去高端饭店外，一天3轮的利用率是要亏本的。“在这么大众化的消费群体里，要尽可能地多翻台。”

“按照这么高强度的工作量，我们给员工所提供的仍然是不够的”，在他看来，员工和企业之间这种相辅相成的关系，可以让员工感觉到物有所值。企业为员工考虑得更多一些，就会增加他们对企业的责任感。

开放平台

鼓励创新，允许犯错，给员工成长的平台……

但与这种福利工资相比，一些员工更为看重的是公司为他们提供的平台。张勇也在寻找合适的人力资源公司来辅助海底捞进行人员招聘，但是，在张勇看来，“制造”海底捞员工的真正关键并不在培训，而在于创造让员工愿意留下的工作环境。

海底捞的内刊上，有两行让人印象深刻的字：倡双手改变命运之理，树公司公平公正之风。在海底捞，员工可以享受一个特权：基层服务员享有打折、换菜甚至免单的权利，只要事后口头说明即可。“因为相对于高层管理人员，每天与顾客直接打交道的只能是普通员工。顾客愿意来海底捞，并不是因为创始人，也不是我，而是和他们面对面接触的那些员工”，袁华强说，这样做的优点还在于，避免了层级之间传递消息的麻烦，能够最短时间内解决客人的问题。

关于海底捞被人广为称道的细节服务，发圈、眼镜布等，最初只是一个自发的想法。袁华强说：“员工提出新建议，大家讨论后觉得可行就会去实施。”在袁华强看来，管理者一个人的智慧是不够的，在海底捞，很多富有创意的服务都是由员工创意出来的，因为他们离顾客最近。

当然，不是每一个创意都可以得到应用和推广，但海底捞鼓励员工自由提出想法，允许员工犯错误。为了鼓励员工创新，现在海底捞已经形成了一个代表着创新意识的红黄蓝榜机制。在海底捞总部的办公室墙上，每月以店为单位进行创意统计。每个月9号，各个片区的店经理都要向总部提交一个创新的评估和报告，上面详细列出各店员工最近的一些想法和创意，而几位核心高层则会在月底进行讨论，负责对此进行总结和评比，确定哪些是在本店可行的，哪些是可以推广到全国连锁应用的。“如果一个店这个月是蓝榜，那代表无创新，黄榜代表本店应用，红榜则代表全国可以推广。”

除了以发放推广奖金和以命名的方式带给员工自豪感外，海底捞也在根据时间的变化关注推广的后续情况。“如果在使用的过程中发现效果更好，我们会给员工发奖金，希望给员工制造一个创新的氛围。”目前海底捞的创新机制并没有具体的评定标准，对袁华强来说，只要是能够为顾客带来方便的，或者可以改善工作的建议，都在这个创新的范围之内。

海底捞这种开放的平台还体现在培养员工的兴趣爱好上。一名员工在和外国顾客交流时，说起了流利的英语，随后公司为此举行了一次英语竞赛，并为优胜者请来了外语老师。“让员工能够发挥自己的特长，从而在工作中获得乐趣，使工作变得更有价值。”

“在这里我很踏实”，来自四川的小伙子说这句话的时候，笑容单纯。今年19岁的他在海底捞生活了将近一年的时间，现在他已经是另外两个年轻男孩子的“师傅”。服务的闲暇时，他也会向徒弟们分享他的经验，讨论如何让顾客获得更好的体验。

管理挑战

“跟着感觉走”为海底捞创造了一个理想王国，未来它需要从“摸着石头过河”过渡到清晰规划的阶段。

但是，海底捞的成长和扩张，也为其赖以生存的企业和价值观的延续带来了挑战。张勇曾经表示，“海底捞的企业目标一共有三个：第一个是创造一个公平公正的工作环境，第二个是致力于用双手改变命运的价值观在海底捞变成现实，第三个目标才是把海底捞开到全国”。到今天为止，海底捞全国的店面加起来也不过20多家，每年的扩张不超过5家，这离张勇理想中的“把海底捞开到全国去”的愿望还很远。

这种稳扎稳打式的扩张速度很大一部分出自于张勇所说的时机未到。在他看来，没能拥有足够满足扩张需要的合格员工之前，拿钱拼店数，可能是让海底捞品牌消失最快的死法。

储备更多拥有“海底捞”思维的管理者和一线员工是海底捞目前必须面对的一大难题。现在的海底捞有4 000名员工，最常采用的培训方式是核心员工的言传身教。很难想象，当员工人数增加到四万名后，海底捞还能采用这样的方式而不走样。海底捞显然认识到了问题的严重性，为此，特别成立了一个培训学校。在培训学校里，袁华强们请来教授把自己的多年经验变成统一的教材，避免了培训内容不一致的情况，在此基础上对优秀员工进行培训。这种新的尝试能否达到预期目标，还有待观察。

同时，在个性化消费的今天，海底捞引以为傲的服务，也渐渐显露出来一些隐忧。一位在海底捞用过餐的客人在论坛上说，他承认海底捞的确有着非常周到的服务，但他其实更想拥有自己的空间，“屡次被服务生插话和打扰的感觉并不好”。能感受到这个问题的不仅是顾客。在海底捞最近一期的内刊上，一位员工以锐利的笔墨指出了海底捞面临的问题。他这样发问：有些老员工尽和客人高谈阔论、争辩，手舞足蹈，言谈举止更胜一位演说家……我们并不是反对服务员跟客人打成一片，而是做什么事情都应该适中，把握好一个度。

将海底捞这种独特的文化机制传承下去，为这种自发的服务制定一个统一的标准，海底捞目前还没有找到比较合适的方式。“海底捞这种员工自发形成的创新服务很难标准化，制定相应的规章反而会扼杀他们的热情。”袁华强说，“因为员工服务的本意是好的”。但海底捞毕竟是一个连锁企业，标准化是一个绕不过的坎，何去何从，海底捞仍在摸索之中。

不可否认，在感性摸索中成长起来的海底捞仍然不失为理想主义的典范，但未来它也不得不调整自己来面对这个多变和复杂的世界。

资料来源　改编自郑彦．“海底捞”密码[J].销售与管理，2008（4）.

第2章 企业战略

导入案例　波导转型

这个年关，宁波波导股份有限公司董事长徐立华有些犯难，面对全年亏损的业绩，徐立华该如何与股东分红？拿什么向员工派发年终奖金？此时的徐立华可能特别懊悔，1999年与法国萨基姆SAGEM公司签订合作协议，进行移动电话技术开发和生产合作时，只追求了销售量而没有真正将眼光放长远，大力发展自主品牌。在转折时，也没有抓住机遇，像当初拿下手机牌照一样，攻下生产汽车发动机的资格证，或者真正利用资金大力发展商业地产。

异军突起

1992年10月28日，满怀“将科学知识转化为生产力”抱负的徐立华、蒲杰、徐锡广、隋波等人于宁波市奉化大桥镇合作创立了奉化波导公司，当时众人以技术入股，占总比例的49%。

在随后的7年间，创业团队凭借技术优势，在传呼机市场淘到了第一桶金。不仅引进海外投资者和技术，更为波导在2003年的辉煌奠定了基础。

2003年，信息产业部第一季度统计数据显示，这年上半年国产品牌手机国内市场份额首次超过50%，其中波导手机销售337万台，超过摩托罗拉、诺基亚，位居国内市场第一位。面对这样的成绩，很多人将其归结为强大的销售渠道。波导的销售触角一直延伸到县、乡镇级经销商，全国分销商达16 000个，上万个零售点。这在当时的手机市场，其他品牌是无法企及的。此外，除了国内销售渠道外，波导还有可供出口的产品，出口量占据国内手机厂家出口量的半壁江山。

“当时，波导排名仅在诺基亚与摩托罗拉之后，且通话质量并不亚于诺基亚。”一位曾经供职波导的人士这样叙述波导手机。可是，与其说波导靠强大的销售渠道和良好的质量获得了市场，还不如说是因为徐立华当时为获得国家移动电话生产许可证，而作出的破釜沉舟的“英明决策”。

在首批获得国家移动电话生产许可证的企业中，波导作为唯一的一个民营企业入围，在当时实属不易。上述人士透露：“当初信息产业部是被逼无奈才给了波导一个牌照。”

波导在向信息产业部申请手机生产牌照之初，并没有被批准。可是当时的徐立华果断地作出决定，花费30个亿组建手机生产线，同时请信息产业部的领导到现场考察。在这一招“先斩后奏”后，徐立华给信产部的领导又抛来一个难题，投入的资金中徐立华个人资金很少，大多是从银行贷款，如果没有牌照，银行的贷款就成了死账。

就这样，1999年9月15日波导成为首批获得国家移动电话生产许可证的企业，首批波导移动电话投放市场，并开始在中央电视台等全国媒体抢先宣传波导移动电话品牌。

合作的遗憾

然而在享受辉煌战果的时候，波导也为自己日后的发展种下了苦果。

1999年，波导与法国的萨基姆公司开始进行移动电话技术开发和生产合作，并于2002年8月29日决定共同投资组建宁波波导萨基姆电子有限公司，建立年产2 000万台移动电话生产厂。

这一转变也将波导与萨基姆的合作由量变转到质变。通过波导，曾经是全球第六大手机厂商的法国萨基姆终于迈出了把生产外包给中国厂商的第一步，而波导则借此把产能扩展到了千万级以上，并提出2年1 000万台、4年1 500万台的目标。

可是产能的扩大，并没带来品牌的壮大，徐立华多次表示了解“手机制造”的特殊性，因为国内上游厂商的“跟不上”，70%的元器件要依赖进口，所以希望国产手机在国际化的产业舞台上好好练步。

于是，徐立华一直在苦苦寻求与美国、法国、德国、日本等国家的众多世界一流公司建立战略联盟。波导除了与萨基姆合作外，还直接与欧洲电信运营商沃达丰、Orange、法国电信、T-Mobile握手，为这几家全球运营商巨头定制手机；与美国最大的网络运营商AT&T公司签署协议，生产基于美国市场的三频手机；波导与西门子建立战略同盟，试图利用自己的渠道优势与对方的技术优势进行“资源共享”。

可是结果却并不尽如人意，“很多基地最后成为一些知名国外手机厂商的代工工厂”。引进的技术并没有一直使用下去，虽然波导在引进这个战略合作伙伴的同时，也在引进该公司的管理模式。“遗憾的是，波导只是照搬这种管理模式并没有创新”。上述不愿意透露姓名的人士这样解释离职原因。

同时，追逐销售量，且主要面向三、四级市场，自建销售渠道庞大难以维护，利润逐渐被摊薄，成了波导的双刃剑。

艰难转型

与此同时，徐立华也在做着几乎所有民营企业做大后都会做的事情，开始多元化发展，试水房地产和汽车行业。

在房地产方面，波导首先在公司的驻地奉化拍到500亩地，面对自己的员工销售，但因为种种原因，波导并没有转向地产开发。

在广泛的造车热掀起的时候，2004年波导也在汽车行业转了一圈，与南汽成立合资公司，但很快又因为双方出现的不可调和的矛盾，毅然选择“出走”，从合资公司中撤资单飞。

单飞后的波导可没有上次那么幸运。在没有抢得先机的情况下，又在2005年上半年，向国家发改委呈送关于轿车立项报告，未获批准。无奈之下，波导只得暗中收购宁波神马汽车公司，企图借壳进入汽车业。

近日，国家发改委发布公告称，波导已经获得发改委的正式批文，波导可生产汽车发动机。徐立华应该高兴，终于可以正大光明地进入汽车行业了。

同时，2007年以来，波导的公告显示波导一直在回笼资金。不仅将持有的控股子公司重庆波导科技有限责任公司（注册资本200万元人民币，公司持有其70%股权）23%的股权转让给重庆瑞驰达科技发展有限公司，获得441 332元，波导还将持有的控股子公司重庆波导信息技术有限公司全部股权以3 000 040.54元转让给原下属控股子公司高管周光志。随后，又将持有的控股子公司宁波萨基姆波导研发有限公司全部股权以协议价2 200万元人民币转让给法国萨基姆移动公司。

如今波导虽然持续亏损，可是负债并不多，上述人士说："波导在银行的信誉很好，动用资金的能力很强。"

"波导和银行的关系一向要好。"该人士指出，在2003年波导年销售额达到108个亿的时候，20个亿的流动资金存进了银行，"虽然称为流动资金，可是并没有用在公司的业务上，反而成了死钱"。如果波导想到银行借债，当时至少可以借出100个亿。

波导有了新的投资者"新纪元"的加入，并获得了汽车生产制造的牌照，因而很多人揣测，坚持了多年的波导或许会转型到汽车制造业。

可是面对产能已经过剩的汽车行业，能否突破重围值得期待，能否放下已经拥有的国产手机老大的地位以及现有的生产、销售能力也需要慎重。

资料来源 王荣.波导折翼[N].华夏时报，2008-02-01.

问题与思考：

1.企业战略是什么?

2.战略失误如何导致波导转型?

3.波导未来如何定位?怎么确定下一步发展战略?

4.为了成功转型，波导需要做哪些工作?

本章提要

企业通过有计划的分工协作提高生产经营效益，其中如何把握和利用市场机会具有根本意义。由于市场所需要的每一种产品服务都不是仅由某个企业提供的，而是很多企业在生产，由此出现企业之间的竞争。不同企业由于不同的生产经营方式，出现不同的投入产出效益，导致优胜劣汰的结果。为了在激烈的市场竞争中胜出，企业必须找到自己的生存空间和发展方向，通过合理的资源配置发挥自己的比较优势，企业战略由此产生。制定和执行企业战略是企业管理的核心工作。有效的战略管理一方面使企业在环境中准确定位，从而在市场竞争中胜出；另一方面促使企业形成自身独有的核心能力，参与和赢得市场竞争。

2.1 战略概述

企业实战2-1　　联想海外投资战略

如果将企业比作一艘航行中的船，那么战略管理无疑是舵，它指引着方向，指引着未来，联想集团的发展战略给我们研究企业战略提供了宝贵的经验。

（一）从“提篮小卖”到“一叶小舟”

1.“提篮小卖”

1984年11月1日，联想集团的前身——中国科学院计算技术研究所技术发展公司正式成立。当时只有20万元的投资，由于缺乏资本，他们为人家维修机器、讲课、攻克技术难题、做销售维修代理等业务。几个月过去了，他们居然赚了70万元人民币和6万美元。这70万元为他们开发拳头产品提供了必要的资金。后来，柳传志把创业初期这一段拼搏形容为“提篮小卖”。

2.“一叶小舟”

联想自成立起，始终坚持一个宗旨：“以科研成果为国民经济作贡献。”1985年11月“联想式汉卡”正式通过了中国科学院的鉴定。联想由开发联想汉卡为起点，公司也由此而得名。经过几年奋斗，联想生产的高技术产品被广泛应用于各行各业，产品遍及全国各地，有些还远销国际市场。同时公司的资产、人员、营业额、利税等也迅速增长。但是，公司总裁柳传志认为，联想“还只是一叶飘零小舟，经不起大风大浪的冲击”。他明确提出：“争取在几年内创办成全国第一流的外向型计算机企业，为国民经济作出更多的贡献。”为实现这一战略目标，1988年公司便制定并实施了一个海外发展战略，探索进军海外市场的途径。

（二）进军海外市场

创建外向型高科技企业是联想的目标。为实现这个战略目标，联想制定了一个海外发展战略。这个战略主要包括“三部曲”和“三个发展策略”。

1.“三部曲”

第一，在海外建立一个贸易公司，进入国际流通领域，作为寻求开发外向型产品的突破口。1988年4月，联想电脑有限公司在香港成立，开业仅投资90万港币，3个月就收回全部投资。第二，建立一个有研究开发中心、生产基地、国际经销网点的跨国集团公司。这是整个外向型事业的重心所在，是关键的一步。1989年11月14日，北京联想计算机集团公司正式宣告成立，是实现这一步的重要标志。第三，1993年在海外股票市场上市，形成规模经济，努力跻身于发达国家计算机产业之中。

2.三个发展策略

一是“瞎子背瘸子”的产业发展策略。

所谓“瞎子背瘸子”，即取其优势互补之意。香港联想公司是由3家各有优势的公司合资而成。其中，香港导运公司熟悉当地和欧美市场，有长期海外贸易经验。另一家中国技术转让公司能提供可行的法律保证和坚实的贷款来源。北京联想公司的优势在于技术和人才实力在香港无与伦比。在海内外产业结构上，联想也运用了互补原理。香港是国际贸易窗口，信息灵敏，适合搞开发和贸易，而生产基地则需要建在内地，因为香港地皮、劳动力昂贵。同时，香港移民倾向严重，缺少技术人才，基于这种情况，公司决定派一批高技术人员在香港成立研究开发中心，而把生产基地主要放在国内。

二是“田忌赛马”的研究开发策略。

战国时代，齐国有个田忌与齐威王赛马，以上马对中马，以中马对下马，最后三局两胜。现在联想的做法是，摸准市场需求，选准突破点，集中优势兵力，断其一指。当时286微机在欧美有极广阔的市场，而充斥这个市场的主要是中国台湾和韩国的产品，联想微机可以与它们较量。从技术上说，在国际市场上286属于中马、下马的范围，联想决定拿出上马来和它们对阵。于是，公司投入较为充裕的资金，调动一流技术人才，运用先进的设计思路，选用国际通用的、集成度最高的、最新生产的元器件，使设计出来的机器成为上乘产品，性能远远优于中国台湾、韩国和中国香港当地的产品。

三是“汾酒与二锅头酒”的产品经营策略。

公司领导几次去欧美参观计算机展览会，几乎没有看到中国的产品。由此他们认识到，要想跻身国际市场就必须优质低价。由于公司技术人才实力强，国内劳动力便宜，生产成本低，完全可以做到这一点，联想286可以说达到了“汾酒”质量，但卖的却是“二锅头”的价格。这就使联想产品挤进了国际市场。

（三）“大船结构”管理模式

联想的决策者认识到，没有一支组织严密、战斗力很强的队伍，企业就成不了气候，进军海外市场也就无从谈起。

1.“大船结构”

这种模式主要是“集中指挥，分工协作”。具体包括四层意思：集中指挥、统一协调、人员统一调动、资金统一管理。“船舱”实行经济承包合同制。1988年，联想按工作性质划分了各专业部，实行“船舱式”管理，任务明确，流水作业，有利于提高工作质量和效率，有利于实现按劳分配，调动职工积极性，体现企业主人翁的地位。同时，逐步实行制度化管理。从1998年起，公司开始完善各种企业管理制度，着力进行规范化企业管理，为创建大规模外向型企业作准备。

2.“大船文化”

“大船文化”是联想在改革开放的历史条件下，在创建新兴科技企业的过程中提炼升华而成的企业文化。

（四）面向未来

为把联想办成一个长久的、有规模的高科技企业，最终成为具有世界级水平的高科技产业集团，联想制定了企业发展的近期、中期和远期目标，在2010年之前以一个高技术企业的形象进入世界500强企业之中。

企业作为市场经济的独立主体，为了生存发展必须与其他企业竞争，为此需要制定竞争战略，以找准市场位置，整合资源要素，以统一的组织行为参与市场竞争。

2.1.1 企业战略

企业为了以统一的组织行为适应不断变化的环境，需要决定如何参与市场竞争，制定企业战略。企业战略是企业在市场竞争中的长远目标及根本手段，既需要进行精心设计，又包含对于变化的适应结果，并受到利益相关者之间的博弈状况制约。

1.市场竞争

企业的功能在于为社会提供适销对路的产品和服务。在满足社会需要的生产经营过程中，不同企业以不同方式进行生产经营，出现不同的投入产出情况，导致优胜劣汰的市场竞争结果。为提高投入产出效率，在市场竞争中胜出，企业必须制定竞争战略。

（1）竞争的必然性

因为资源的稀缺性，竞争成为企业生存的基本规律，最能适应环境的企业才能在竞争中持续发展。如何有效竞争，既需要盯住外部环境，又需要整合组织行为，前者与市场机会的把握有关，后者与市场机会的利用有关。

其实，所有生命的生存能力都离不开竞争。当资源稀缺时，为了获取资源以维持生存发展就会发生竞争。自然界中各种生物，为阳光、空气和水分而争夺，市场经济条件下，每个参与者为自身利益最大化而竞争。企业作为微观效益主体，为了最大化投入产出效益必然与其他企业进行竞争。这种争夺比比皆是，如中国移动与中国联通围绕移动业务进行的竞争、苏宁与国美之间围绕零售渠道进行的竞争、华为与联想等企业为了走向世界而参与的国际竞争等。

（2）竞争的规律性

市场竞争的本质是超越竞争对手，在激烈的竞争中必然有大批企业被市场淘汰。这种淘汰的过程是有规律可循的，既不是跑得最快的必然会赢得竞争，也不是做得最大的就会基业长青，而是“适者生存，优胜劣汰”。与自然界的生物竞争一样，优胜劣汰是市场竞争的唯一结果。类似于物种竞争，各个经济主体之间存在着“吃”与“被吃”，即并购或倒闭或破产的现象。只有最能适应市场环境的企业，才能存在乃至持续发展。

（3）竞争的有效性

众多企业在长期激烈的市场竞争中生生死死，连绵不绝。有些企业在经过或长或短的繁荣期之后就衰退甚至破产了；有些企业从小到大持续成长，历经百年而不衰。究其原因，是一些企业较之其他企业更加具有竞争力。因此竞争过程中的优胜劣汰，能够保证资源配置权掌握在最有效率的企业之中；而合理的竞争秩序与竞争结果，为经济社会的持续发展提供动力来源。

2.企业竞争战略

为了提高资源配置效率，在市场竞争中胜出，企业必须制定竞争战略。企业竞争战略的本质内容，是明确企业在市场竞争中所要达到的目标，确定实现这些目标的根本方法，并明确实施的步骤。

（1）企业竞争战略的含义

什么是企业竞争战略?对这个问题有不同的理解与解释，见表2-1。

表2-1 **企业竞争战略的含义**[①]

学者	含义
安德鲁斯	战略是目标、意图或目的以及为达到这些目的而制订的主要方针和计划的一种模式，这种模式界定企业的经营范围和经营类型
奎因	企业竞争战略是一种计划，它将企业的主要目标、政策与活动按照一定的顺序结合成一个紧密的整体
安索夫	企业竞争战略是贯穿于企业经营与产品及市场之间的一条共同经营主线，它主要包括四个要素：产品与市场范围、增长向量、竞争优势、协同作用
明茨伯格	企业竞争战略是一种组合，即计划(plan)、计谋(ploy)、模式(pattern)、定位(position)等的某种适当组合
波特	企业竞争战略的本质在于它是一种选择，战略的目标是企业获得相对于竞争对手的持续竞争优势
霍弗	战略是“设计寻求外在环境的机遇与风险及利用这些机遇的组织的能力与资源之间的切实可行的匹配”
戴维	战略就是实现长期目标的方法，它把企业经营战略归纳为地域扩张、多元化经营、收购兼并、产品开发、市场渗透、收缩、剥离、清算及合资
伊丹敬之	战略决定公司业务活动的框架并对协调活动提供指导，以使公司能应付不断变化的环境

对于企业竞争战略的不同界定，强调不同方面的属性，由此出现了不同的战略学派。明茨伯格在《战略历程》一书中，将战略研究划分为十个学派，基本主张如下：

设计学派：战略形成是一个孕育过程。

计划学派：战略形成是一个程序化过程。

定位学派：战略形成是一个分析过程。

① 张阳，等.战略管理[M].北京:科学出版社，2009:9.

企业家学派：战略形成是一个构筑愿景的过程。

认知学派：战略形成是一个心智过程。

学习学派：战略形成是一个自发过程。

权力学派：战略形成是一个协商过程。

文化学派：战略形成是一个集体思维过程。

环境学派：战略形成是一个适应性过程。

结构学派：战略形成是一个变革过程。

（2）企业竞争战略的本质

上述观点是对于战略的不同解读，从不同侧面揭示战略的本质和规律，其中有三个方面需要把握。

第一，战略是设计的结果，即在企业高层的主持下，运用战略分析的技术与工具，精心研究制定战略方案并加以推行。在这种情况下，战略制定的过程通常需要自上而下加以反复分析和决策，由多个部门共同参与，是一个理性的分析过程和结构化的分工协作过程。

第二，战略是适应的结果。在企业实践中，许多战略不是有计划制定的。一个著名的例子是本田汽车成功进入美国市场。按照战略设计的思想，战略应该通过理性分析来制定。当时波士顿咨询公司认为，本田应该通过规模经济和成本优势来进军国际市场。但随后对本田美国市场经理的访问却显示，本田对于美国市场的进入却是偶然的，几乎没有什么严密分析和明确计划。这对关注理性分析和精心设计的战略管理思想提出了挑战。

第三，战略是博弈的结果。企业利益相关者之所以愿意将资源投入企业，有两个基本方面的原因：其一，这些资源具有互补性，单靠某一个或几个利益主体的资源无法实现其收益目标，必须整合起来才能实现目标；其二，资源最大化增值的愿望和动力，促使利益相关者选择投入产出效益最高的投资方式。因而企业战略必然包含各个利益主体的诉求，这些利益诉求既相互不同又彼此联系，通过协商和博弈加以协调，企业竞争战略就是这种协调博弈的平衡结果。

2.1.2 企业战略管理

企业战略管理是战略制定与执行过程的管理，由战略分析、战略决策、战略实施等环节构成。企业战略管理的任务，是形成可操作、能衡量的整体目标体系并加以有效实现，以优化企业资源配置、建立企业竞争优势。

1.战略管理的探讨

各个不同学派对企业战略有不同认识，其中将战略视为管理过程的观点是主流观点。安东尼（R.N.Anthony）、安索夫（H.I.Ansoff）和安德鲁斯（K.R.Andrews）奠定了战略管理的理论基础。他们认为，战略管理就是高层管理者研究、制定、实施组织的长期目标、成长方式与组织架构的过程。

战略设计学派沿袭过程学派的基本思想，强调战略管理是决定企业长期目标与任务、制订行动方案、配置必要资源以实现这些目标的过程。钱德勒指出，战略主要关注企业的长期健康，而日常管理措施保证经营的高效与顺畅。斯坦纳认为，企业战略管理的任务是确立企业使命，根据企业外部环境和内部经营要素设定企业目标，保证目标的正确落实，并使企业使命最终实现。

梅森、贝恩以及波特等倡导的产业组织学派认为：企业竞争战略必须将企业与它所处的环境相联系。行业是企业经营最直接的环境，行业结构决定了企业竞争范围和潜在利润水平。企业要获得竞争优势，首先要选择进入有吸引力的行业，并争取在该行业中赢得相对较好的地位。

资源基础理论将企业看作一系列资源的组合，主张从企业内部寻找企业成长的动因。这一理论认为，企业战略的核心在于挖掘和培养公司有价值的、无法仿制的、难以替代的资源和能力，企业盈利能力来自于它对这些核心资源的掌握和利用。这一理论的代表人物有彭罗斯、哈默、普拉哈拉德等。资源基础学派在解释企业持久竞争力来源方面具有较强说服力。

2.战略管理的定义

概括不同的战略管理思想，可以围绕两个视角展开：一是企业去哪里（Where do you want to go），二是企业如何去（How do you want to go there）。由此可以对企业战略管理给出如下定义：

企业战略管理的任务，是在符合企业使命的前提下，根据企业同环境的关系规定其经营范围、成长方向和竞争原则，调整企业结构和配置企业资源，使企业获得市场竞争优势。

上述定义强调，一方面，战略管理是一种选择，体现着意志的决断性，因为战略过程是制定者向其目标前进的过程，这中间存在着各种障碍，需要其通过意志决断来确保战略的稳定性。企业必须清楚，在某些时候必须放弃一些具有诱惑力的机会，而在另一些时候必须排除困难和挑战，坚持原先的判断和决定。另一方面，战略管理是一种思路，是从企业未来发展过程着眼，关于如何有效使用企业资源去达成目标的思路。这种思路是过程性的，因此企业战略的实现，必须持续性地将其同外界环境以及企业的资源能力相统一；这种思路是实践性的，因此企业战略的落实，必须借助于一系列具有操作性的其他工具来实现。

在实践中，企业战略管理具有以下要求：①经营性。它是以微观效益为中心对企业进行的管理。②长远性。它着眼于企业的未来，通常会考虑3~5年甚至更长的发展远景。③稳定性。由于战略管理涉及的内容属于全局性、方向性的，因此一经制定就具有相对的稳定性。④竞争性。企业战略是适应市场竞争的需要制定的，常常有一定的竞争对手，必须在与竞争对手的较量中发挥作用和加以改进。⑤应变性。由于企业在环境变化与市场竞争中发展，因此企业战略需要根据企业内外条件的变化，适时加以适应性调整。

总之，战略管理的意义，在于为实现企业使命，建立企业的核心竞争力，保证企业的长期可持续发展，对企业未来发展目标和方式进行根本决策和整体安排。

3.战略管理的过程

战略管理是战略分析、决策和实施的过程，是公司实现战略目标的一系列任务、决策和行动，是一个不断循环的动态管理过程。战略管理的过程如图2-1所示。

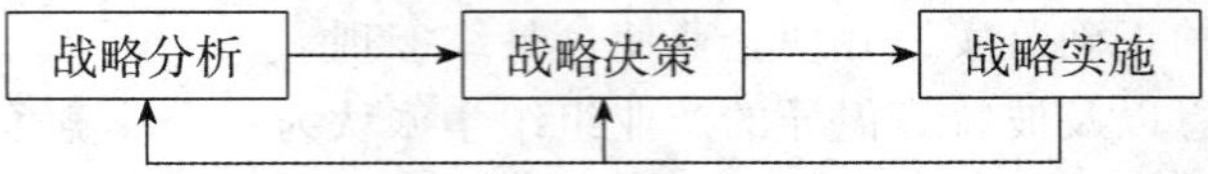

图2-1 战略管理的过程

（1）战略分析

战略分析是战略思考的开端。要想制定一个明智的战略，管理者首先必须对企业所处的状况有一个深入的认识。通过环境分析，认清企业宏观环境的发展趋势，以及企业所直接面对的行业环境的竞争态势，并以此为背景来识别企业内部结构中与外部环境不适应的部分，寻找出问题所在以及协调内外环境的途径。

（2）战略决策

战略决策是战略管理过程中的关键环节，其宗旨在于制定并选择一个能够最好实现企业使命与战略目标的行动方案。通常情况下，企业总是面临着多种备选的战略行动方案，每一种方案都各有利弊。企业必须借助于战略评价的方法，确定各个备选方案的优势、劣势、成本和收益等，并依据一定的条件，从中选择最有利的战略方案。

（3）战略实施

战略只有通过实施才能发挥影响，出色的战略是在一组和谐、连贯的行动中完成的。据调查，70%的失败企业不是失败于没有能力制定战略，而是失败于不能有效地实施战略。战略实施是战略管理过程的行动阶段，表现为一个组织的运营流程及能力，这些都需要根据组织的既定战略进行有效的管理。

战略管理的关键是战略选择，即决策者依据一定的标准对已经制订的战略方案进行比较，从两种或两种以上备选方案中选定一种最合理的战略方案。这是一个复杂的决策过程，需要多方面权衡。

（1）评价标准

战略评价与选择的标准主要有三个：适用性、可行性和可接受性。它们之间有密切的联系，也存在一定区别。

①适用性。所谓适用性是指提出的战略与企业环境以及自身资源的匹配性。一个适用的企业战略应该保持企业目标、资源条件与外部环境的一致性。

②可行性。所谓可行性是指企业有能力实施既定战略。可行性战略的特征，是企业依靠当前的资源和能力就可以实施且能够达到既定的目标。在评价战略的可行性时，需要注意以下问题：是否有足够的物力和财力支持实施该战略?是否具有有效竞争的技术和手段?是否能够保证获得所需要的管理能力?是否有能力达到所要求的经营水平?是否能够取得所需要的相对竞争地位?是否有能力处理竞争性活动?当环境突然变化时，是否有能力处理因此而产生的危机事件?

③可接受性。所谓可接受性是指战略目标和途径与企业利益相关者的期望能够较好衔接。由于企业成员的利益差异，一些人认为“可接受”的战略对另外一些人而言可能是不可接受的，尤其是在二者期望相矛盾的情况下会导致冲突，使战略无法实施。在评估战略的可接受性时，要充分考虑各个利益相关者的态度。

（2）评价方法

战略选择将使组织在相当长时期内与特定的产品、市场、资源和技术相联系，进而决定企业的竞争优势。这是一个复杂的过程，需要采取合适的评价方法。实际工作中常用的战略评价方法分为经验直觉判断和理性分析比较两种。

①经验直觉判断。战略选择经常需要决策者以往的经验、判断和感觉。从这一点来说，战略选择有的时候并非是一种精密科学，许多高层管理人员在作出重大战略决策时，凭借的是“直觉”、“本能”、“预感”或“内心的声音”。在战略选择具有不确定性或没有先例的情况下，直觉尤为重要。当决策者就决策是否正确承受巨大压力时，或者必须在数种战略间作出选择时，直觉对于决策也很有帮助。

什么是战略直觉?纽约哥伦比亚商学院的比尔·达根认为，战略直觉不是一种模糊的感觉，也不是一种反应，而是突然闪过的洞察力，能够解决你可能冥思苦想了几个月的问题。首先，长期在大脑“架子”上存储信息；其次，放松或者清理大脑；第三，不同信息的有选择汇聚导致突然出现思路；第四，形成行动的决心。

②理性分析比较。经验直觉不能代表全部，德鲁克认为：“只有受纪律约束的直觉才是可信的。”长期以来，由于无法获取完全信息等因素，使“完全理性”决策只能停留于假设，但是人们还是希望能遵循理性过程提高决策质量。决策学派创始人赫伯特·西蒙将“有限理性”概念引入管理决策模型之中，通过把问题本质抽象为简单的模型，而不直接处理全部复杂性，以此提高决策行为的科学性与合理性。在信息处理的限制和约束下，管理者在简单模型下采取理性行动，其结果能够获得较好的决策但不是最优决策，即一个“满意”决策。在此过程中，必须注重对分析工具的理性运用，在了解各种分析工具的基础上，以适宜的分析方法为战略选择提供支持。常用的战略分析工具有SWOT分析模型、BCG矩阵等。

2.2　战略分析

企业实战2-2　　首创的水务项目

首创集团于1995年成立，当时公司的总资产只有几百万元。经过9年时间，首创集团净资产达到12亿元，总资产达到140亿元。首创集团的梦想是几年之内总资产上升到1 000亿元人民币，成为中国的水业大王、房地产大王和中国最好的金融集团。这家国有企业是如何发展到今天的呢？

首创发展的关键是用真正市场化的眼光和机制来运作国有企业。对于企业来说最重要的首先是进行战略定位。他们分析的结果是：首创做地产肯定做不过万科，做电器肯定做不过海尔。但由于首创的重要员工来自于前北京市计委，有着长期从事投资工作的经验，因此首创确定了以投资银行为先导的模式。光有投资银行还不行，只有强大的产业才能给资本提供利润，而资本又给产业输送血液。“以投资银行为先导，以实业为基础，两个轮子相互促进，共同发展”的企业战略最终被确定了。

2001年，首创股份最初在选择投资方向时，有通信、中药、水务几个行业可以选择。首先被考虑的是通信行业，首创把收购目标定在中国电信制造产业“巨大中华”四大公司中资格最老但也唯一走了下坡路的巨龙公司。首创总经理潘文堂专门去洛阳和郑州考察，但半年后就决定放弃。潘文堂认为，通信行业实际上已经是一个过度开放、全面竞争的行业，首创要进去可以，但是必须要拿到一个在这个行业里有一定地位的公司。根据他的判断，当时的巨龙承担不起这个角色。由于同样面临缺乏切入点的问题，中药随即成为首创放弃的第二个行业。只有水务，当潘文堂考察了一圈后，像是发现了沙漠下埋着的金子。

公用事业在中国一直是由政府主管的垄断事业。两年前，水务才开始开放，处于市场化萌芽的起步阶段，在这一领域还没有形成大规模的水务公司，竞争对手少；而且投资水务需要较大的资金实力，一般的小公司做不了；同时，水务改革是一种政府主导型改革，需要很强的政府资源背景，这又恰是首创的强项；此外，在人力资源方面，进入任何一个行业，即使有不错的战略，没有一个执行队伍是没有用的，但水务行业可以在短期内解决没有人的问题。每个城市只有为数不多的几个水厂，员工选择职业范围小，很少有跳槽的情况，这恰可以解决首创以前主要是以投资见长，缺乏产业背景人员的不足。

选择以水务作为主营业务，很快为首创带来了市场回报，2003年的水务投资和扩张战略取得了明显的进展，多个项目在2004年进入收获期。现在首创股份每天有650吨的处理能力，与世界级水务企业每天1 000吨～1 500吨的能力差不多。而未来几年是中国水务市场化进程的加速、水价逐步市场化、逐步提升到位的时段，首创已经建立了先入优势。

资料来源 徐蕾.首创模式:用投行的手段做企业[J].商务周刊，2004（8）.

企业战略管理是企业与环境对话调适的过程，必须进行环境分析，以识别企业成长的机会与威胁，同时对自身资源条件进行分析，以确定竞争中的优势与劣势。企业环境可分为四个层次，即宏观环境、行业环境、竞争环境以及内部环境。通过对于环境与自身状况的分析，以此为依据确定应对方法。由此出现战略分析的四个方面内容与任务。

2.2.1 宏观环境分析

宏观环境指对企业生产经营产生影响的一般经济与社会状况。它们不针对某个企业，而是影响所有企业。主要包括人口因素、经济因素、技术因素、政治法律因素、社会文化因素和全球化因素。

1.人口因素

企业的功能是生产适销对路的产品与服务，更好满足不断变化的社会生产生活需要，因此人口状况对于企业生产经营具有广泛的影响，其中人口数量、年龄结构、区域分布、民族构成等，尤其值得关注。

世界人口的持续增长，预计到2200年总人口将达到100亿，但发达国家会出现人口负增长。人们的平均寿命在延长，使人口结构趋向老龄化，老龄人口对产品和服务的特殊需求，以及发展中国家人口的快速增长，给企业带来商机。发达国家人口的老龄化需要移民来补充劳动力资源。移民的流入使民族结构多元化，就业人口多元化。企业必须研究不同族群的特殊需求，开发并销售能够满足这样的需求的产品和服务。

企业还需要收集人们收入分布的具体信息，这些信息可以帮助它们了解不同群体的实际购买力，然后可以有针对性地为某一群体提供符合需求的产品和服务。

2.经济因素

经济环境是指企业所在的或者可能参与的经济体特征和发展方向。比较重要的经济因素包括经济增长、利率、通货膨胀、汇率等。

经济增长描述了一个经济体的经济总量发展变化情况，一般用国内生产总值（GDP）的变化来衡量。经济增长反映了一个经济体的市场容量和市场潜力，影响到企业的目标定位、产品设计等多个方面。

利率主要从两个方面影响企业。第一，利率影响企业的融资成本和投资收益。企业往往需要通过金融市场进行融资，利率直接决定了其融资成本。第二，利率影响消费者的购买成本。消费者如果通过贷款消费，利率提高，导致经营成本提高，会减少其购买动力，从而影响企业的市场销售。

通货膨胀影响企业业绩。经济生活中物价在上涨，企业效益需要经过物价上涨的通货膨胀率计算之后才能明确真实的收益。正常的物价上涨对企业影响不大，但如果出现通货膨胀就会破坏经济发展，对企业是不利的。

汇率影响企业海外投资或进出口业务的进行。如果企业同时在多个国家进行投资，那么在其收益的计算中，汇率就是一个重要的指标。如果企业需要从国外进口材料、设备或者需要将自己的产品出口到国外，汇率也是一个重要的问题。

3.技术因素

技术因素包括与企业生产经营有关的新技术、新工艺、新材料，其出现和发展及应用前景影响企业战略。

一方面，技术革新为企业创造了机遇。表现在：第一，新技术的出现使得社会和新兴行业增加对产品的需求，使企业可以开辟新的市场和新的经营范围；第二，技术进步使企业通过新的生产方法、工艺过程或新材料等各种途径，生产出高质量、高性能的产品，使产品成本大大降低。例如，贝氏转炉的出现使得炼钢生产效率大大提高，生产成本降低；连铸技术的出现，简化了钢铁加工工艺过程，提高了生产效率，也节约了大量的能源，从而降低了产品成本。

另一方面，新技术的出现也使企业面临着挑战。技术进步会使社会对产品和服务的需求发生重大变化。技术进步对某一个产业形成机遇，可能会对另一个产业形成威胁。塑料制品业的发展就在一定程度上对钢铁业形成了威胁，许多塑料制品成为钢铁产品的代用品。此外，竞争对手的技术进步可能使得本企业的产品或服务陈旧过时，也可能使得本企业的产品价格过高，从而失去竞争力。在国际贸易中，某个国家在产品生产中采用先进技术，就会导致另一个国家的同类产品价格偏高。

4.政治法律因素

政治法律因素，是指对企业生产经营活动具有影响的政治力量，以及对企业生产经营活动加以规范的法律法规等。政治法律因素涉及国家政局、政府政策，例如产业政策、税收政策、政府补贴政策等。

在政治法律因素中，各种法律法规的作用尤其重要。为了促进和指导经济发展，国家颁布了合同法、破产法、商标法、质量法、专利法和中外合资企业法等法律。此外，国家还有对工业污染程度的规定、卫生要求、产品安全要求、对某些产品定价的规定等。这类法律和法规对企业活动有直接制约作用。

5.社会文化因素

社会文化蕴含着一个社会的价值观和心理习惯，影响人口、经济、政治法律、技术的变革。不同的国家继承各自不同特色的文化传统，影响企业经营方式和人们的购买决策。企业生产经营活动只有融入当地文化，才能提供符合消费者需求的产品和服务，才能取得成功。因此必须了解社会行业准则、社会习俗、社会道德观念等文化因素的变化对企业的影响。

6.全球化因素

全球化是当今时代的重要特征。科技的进步使通讯不断改善，越来越多的国家已经门户大开，跨国贸易、投资已经成为许多大型企业对外开放扩张、实现全球经营的首要手段。随着经济全球化的迅猛发展，世界经济相互依赖、相互制约的程度加深，大多数企业不愿意只局限于本国市场，它们把目光投向周边国家乃至全球市场。

企业实战2-3　　最大玩具代工企业倒在金融海啸中

合俊集团旗下在东莞樟木头的两家工厂——合俊玩具厂和俊领玩具厂同时宣布倒闭，6 000余名工人失业，东莞樟木头政府紧急垫付2 400万元工资。

合俊是港资上市公司，在玩具界举足轻重。世界玩具五大品牌中，合俊已是其中三个品牌的制造商。在两个工厂宣布倒闭的当天，合俊股票也宣布停牌，停牌前每股只值0.08港元。

合俊在樟木头有两家工厂，员工总数约6 500人。昨天下午，记者从樟木头政府有关方面获悉，目前樟木头政府已经准备出手救助，将垫付2 400万元作为员工工资补助，以维护社会稳定，尽力确保6 000余名企业员工的合法权益。政府有关人士称，将在3天内解决员工去留和工资等相关问题。

从前天到昨天，记者多次联系合俊集团高层负责人，但无论手机还是香港固定电话，均无法联络成功，在企业宣布倒闭的同时，这些之前曾多次出现在媒体面前的负责人，仿佛突然失踪。而在合俊的工厂门口，“由于企业经营者经营不善，导致企业关闭”的政府通告仍贴在醒目位置。

作为全球最大玩具代工厂的代表，合俊集团旗下两个大型工厂的倒闭影响巨大。2007年9月，在玩具行业出现信誉危机、大批玩具召回时，合俊集团曾邀请粤港两地媒体参观了其在樟木头的两家工厂，向记者开放整个生产流程，期望借此恢复消费者的信心。“我们希望借此让海外进口商和消费者真正认识中国厂商，使他们知悉我们如何认真处理与重视供应链的品质控制和风险管理，期望能够逐渐恢复消费者的信心。”合俊集团相关负责人当时公开表示。

然而仅仅过去一年，挽回的信誉就像是一个泡影，阻挡不了美国金融风暴和次贷危机。在玩具行业，合俊集团可谓大名鼎鼎，作为全球最大玩具代工厂的代表，其主要按OEM（贴牌加工）基准从事制造及销售玩具，在世界五大玩具品牌中，合俊已是其中三个品牌的制造商，包括为全球最大的玩具商美泰公司提供OEM业务，知名代工产品包括美泰、孩之宝等。有专家分析指出，“合俊集团东莞樟木头工厂的产品主要销往美国，其倒闭显然是受金融风暴和次贷冲击，从影响和知名度来看，这可以说是美国金融危机波及中国实体经济企业关闭的第一案”。

专家表示，代工企业受金融危机影响最大。数据显示，今年中国玩具出口额前8个月虽然有51亿美元，却只比上年同期增长了1个百分点，大幅回落了近22%。东莞的情况则更糟糕，今年上半年，东莞玩具出口5.5亿美元，比去年同期下降1.5%，成为近年来的首度下降。公开资料显示，玩具业已经形成世界玩具生产中国占七成、中国玩具广东占七成、广东玩具东莞占近六成的格局。

一份被公开的中国海关报告指出，玩具属传统劳动密集型产品，今年以来，国内原材料和人力成本上涨、人民币加速升值、融资困难、出口退税率下调，加上国外检测费用增加，都是导致中国玩具企业大规模倒闭的原因。

更有熟悉内情的学者称，合俊集团“撑到现在已经很不容易了”，受人民币持续升值、原材料与人工成本继续飞速攀升以及政府削减出口增值税退款等众多因素影响，来年的经营环境将继续恶劣。

资料来源　陈志强．最大玩具代工企业倒在金融海啸中[N]．南方日报，2008-10-17.

2.2.2　行业环境分析

在企业战略分析中，对于行业环境的分析具有重要地位。所谓行业，是生产相似产品服务的企业系列。不同行业由于面对的需求对象不同，原料来源不同，竞争对手不同，需要采取不同的发展战略。

迈克尔·波特的“五力模型”是分析行业结构的基本工具如图2-2所示。该模型提出了影响行业竞争强度和潜在收益的五种基本力量，即行业潜在进入者的威胁、产业竞争对手和现有公司间的争夺、供方议价能力、买方议价能力和替代产品或服务的威胁。行业的结构和竞争现状决定了企业可能采取的战略，因此明确每种力量的强弱至关重要，这些力量是由一系列的经济因素决定的。

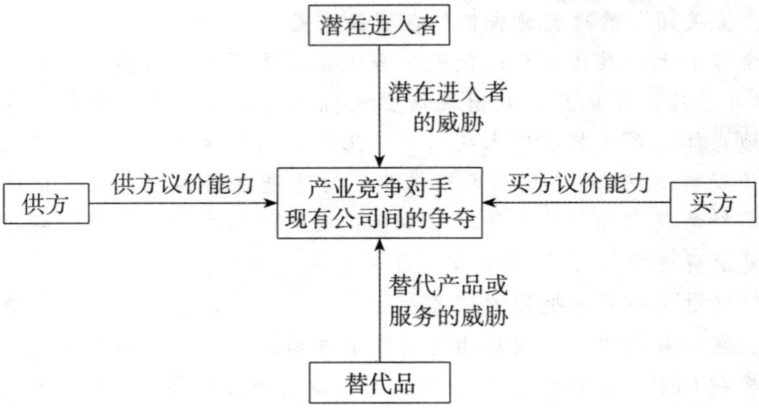

图2-2 驱动产业竞争的五种力量

1.购买者分析

企业产品服务是为需求者提供的，如何生产适销对路的产品服务是企业的首要任务，因此对于需求者的购买能力分析具有首要地位。在市场竞争中，购买者通过要求质优价廉的产品服务影响企业的生产供应，这种影响集中体现在购买者的讨价还价能力上。

一般来说，满足如下条件的购买者具有较强的讨价还价力量：购买者的总数较少，而每个购买者的购买量较大，占了卖方销售量的很大比例；购买者所购买的基本上是标准化产品，可以同时向多个卖主购买产品；卖方由大量规模较小的企业所组成，企业之间的竞争激烈；购买者有能力实现后向一体化，而卖主不可能前向一体化；产品对购买者的产品质量和服务影响小，若本行业的产品对购买者产品和服务至关重要，则购买者通常不计较价格；购买者的利润低，对价格非常敏感，千方百计压低成本；购买者掌握的信息充分，充分了解市场状况，甚至供应商的成本情况，则会处于有利位置。

2.供应商的议价能力

产品服务的生产需要投入原材料资源条件，这些资源条件通过供应商来提供。供应商主要通过原材料的质量、数量、品质、价格来影响企业，这种影响体现了供应商的讨价还价能力。供方力量的强弱取决于他们提供给买主什么投入要素。当供方的投入要素对产品服务生产过程非常重要，严重影响产品服务质量时，对买主的讨价还价力量则大大增强。

一般来说，满足如下条件的供应商会具有比较强大的讨价还价力量：供方行业为具有稳固市场地位而不受市场竞争困扰的企业所控制，其产品的买主很多，以至于每一单个买主都不可能成为供方的重要客户；供应商无须与替代产品竞争，在某一期间内，市场很难出现有竞争力的替代产品；供应商的产品是购买者的重要投入要素，当这种投入要素对购买者的生产或产品质量起关键性作用时，供应商的讨价还价能力会上升；各供方产品都具有一定特色，以至于买主难以转换供应商或转换成本太高，很难找到可与供方企业产品相竞争的替代品；企业不是供应商的重要顾客，如果购买额占供应商销售额的比重不大时，供应商更易于运用其讨价还价能力；供方能够方便地实行前向联合或一体化，而买主难以进行后向联合或一体化。

3.新进入者的威胁

新进入者在给行业带来新生产能力、新资源的同时，会努力在现有企业瓜分完毕的市场中赢得一席之地，这就有可能与现有企业发生竞争，最终导致现有企业盈利水平降低，严重的话还可能危及这些企业的生存。竞争性进入威胁的严重程度取决于两方面的因素，即进入新领域的障碍大小与现有企业对于进入者的反应。

进入障碍主要包括规模经济、产品差异、资本需要、转换成本、销售渠道开拓、政府行为与政策（如国家综合平衡统一建设的石化企业）、不受规模支配的成本劣势（如商业秘密、产供销关系、学习与经验曲线效应等）、自然资源（如冶金业对矿产的拥有）、地理环境（如造船厂只能建在海滨城市）等方面，这其中的有些障碍是很难借助复制或仿造的方式来突破的。预期现有企业对进入者的反应情况，主要是采取报复行动的可能性大小，取决于有关厂商的财力情况、报复记录、固定资产规模、行业增长速度等。总之，新企业进入一个行业的可能性大小，取决于进入者主观估计进入所能带来的潜在利益、所需花费的代价与所要承担的风险这三者的相对大小情况。

4.替代品威胁

两个处于同行业或不同行业中的企业，可能会由于所生产的产品是互为替代品，从而在它们之间产生相互竞争行为，这种源自替代品的竞争会以各种形式影响行业中现有企业的竞争战略。第一，现有企业产品售价以及获利潜力的提高，将由于存在着能被用户方便接受的替代品而受到限制；第二，由于替代品生产者的侵入，使得现有企业必须提高产品质量，或者通过降低成本来降低售价，或者使其产品具有特色，否则其销量与利润增长的目标就有可能受挫；第三，源自替代品生产者的竞争强度，受产品买主转换成本高低的影响。总之，替代品价格越低、质量越好、用户转换成本越低，其所能产生的竞争压力就越强，而这种来自替代品生产者的竞争压力的强度，可以通过考察替代品销售增长率、替代品厂家生产能力与盈利扩张情况来加以描述。

5.同业竞争程度

行业中的企业相互之间利益是紧密相关的，各企业竞争战略目标都在于使得自己的企业获得相对于竞争对手的优势，所以，在实施中就必然会产生冲突与对抗现象，这些冲突与对抗就构成了现有企业之间的竞争。现有企业之间的竞争常常表现在价格、广告、产品介绍、售后服务等方面，其竞争强度与许多因素有关。

一般来说，下述情况意味着行业中现有企业之间竞争加剧，这就是：行业进入障碍较低，势均力敌的竞争对手较多，竞争参与者范围广泛；市场趋于成熟，产品需求增长缓慢；竞争者企图采用降价等手段促销；竞争者提供几乎相同的产品或服务，用户转换成本很低；一个战略行动如果取得成功，其收入相当可观；行业外部实力强大的公司在接收了行业中实力薄弱的企业后，发起进攻性行动，结果使得刚被接收的企业成为市场的主要竞争者；退出障碍较高，即退出竞争要比继续参与竞争代价更高。在这里，退出障碍主要受经济、战略、感情以及社会政治关系等方面的影响，具体包括：资产的专用性、退出的固定费用、战略上的相互牵制、情绪上的难以接受、政府和社会的各种限制等。

2.2.3 竞争对手分析

竞争对手是企业生产经营最直接的影响者和被影响者，这种直接的互动关系决定了竞争对手分析在外部环境分析中的重要性。分析竞争对手的目的在于了解每个竞争对手可能采取的行动以及其他公司的反应。竞争对手的分析涉及四个方面：竞争对手的目标、战略、假设和能力。

1. 竞争对手的目标

竞争对手目标的了解包括公司级的、经营单位级的，甚至职能部门以及个别经理的目标了解。了解竞争对手目标可以知道竞争对手对其目前位置是否满意，预测将如何改变战略，以及对于外部事件或其他公司行动的反应。此外，对竞争对手目标的了解还有助于解释竞争对手所采取的行动的严重性。

2. 竞争对手的战略

这一分析在于了解竞争对手正在做什么，正在哪些领域开展业务，竞争对手是如何开展竞争的。企业还可以通过了解竞争对手的各职能部门制定了哪些经营方针，来了解竞争对手的职能战略。

3. 竞争对手的假设

竞争对手的假设包括两个方面：一是竞争对手对自己的假设，每个公司都对自己的情况有所假设，比如它可能把自己看成是行业中的老大、低成本的生产者、著名公司等；二是竞争对手对产业及产业中其他公司的假设，竞争对手常借此分析和解释产业内各企业的竞争行为和可能采取的竞争手段。

4. 竞争对手的能力

这是指了解竞争对手的优势与劣势是什么，有哪些资源，形成了何种优势，与竞争对手相比，自身企业的实力如何。对于竞争对手能力的了解，能够为如何制定应对竞争对手的策略提供直接依据。

2.2.4　企业内部条件分析

在市场竞争中，如何有效地利用企业已有的资源条件，是获取竞争优势的最基本条件，因此战略管理必须进行内部条件分析。只有使内部条件与市场机会合理契合，企业才能获得竞争优势和超额回报。在内部条件分析中，资源条件分析与能力状况分析是两个基本方面的内容。

1. 资源条件

资源是经济活动赖以进行的客观要素，具有效用性和稀缺性特点，企业生产经营活动中投入的资源主要有人、财、物力资源，以及信息、技术等方面内容，通过人员、资金、设备、原材料、专利技术、信息数据等形式体现出来。随着经济社会的发展，企业所需的资源条件范围也越来越广。

资源可以分为有形资源和无形资源。有形资源是指可见资产，包括企业的人力资源、财务资源、实物资源和技术资源、组织资源等。无形资源是根植于企业历史、长期以来积累下来的无形资产。它不依托于某种具体实体存在，而是存在于某种相互关系之中，体现为人们的思想意识与知识状况。例如组织知识、员工之间的信任、创新能力和企业的品牌、声誉等。由于无形资源更难被竞争对手了解、购买、模仿或替代，因此日益成为企业核心竞争力的基础。

随着知识经济的发展，无形资产及其载体人力资源的地位越来越重要。企业生产经营活动是一个生产劳动过程，从活劳动与物化劳动的角度，可以把企业资源从广义上划分为人力资源与物力资源。人力资源指人所拥有的并能够被企业用来创造价值的能力、技术、经验、知识等；物力资源指生产经营活动所需的一些实物条件，如土地、厂房、建筑物、机器设备、原材料等。由于知识经济条件下，人的能动性日益重要，因此人力资源逐渐成为企业生产经营活动中的第一资源。

企业实战2-4　　NY公司资源条件

自主知识产权

（1）本企业负责人陆江拥有中国发明专利权。发明创造名称：离子水瓶；发明专利号：ZL95120925.6；申请日：1995.12.28；授权日：1999.6.26；专利有效期至2015年12月28日。专利权长期稳定有效。

（2）本企业拥有南宁卓康医疗器械研究所申请的，已经国家工商管理局注册的“卓康”商标使用权。

企业文化资源

本企业将继承曾在南宁市工商局注册过的“南宁卓康医疗器械研究所”的名称。该所去年在全国十多家报刊上发表了详细的通讯报道，许多文章长达四五千字，同时配发了广告，并产生积累效应，让许多经销商和消费者了解其研制依据是我国医学研究成果，以及产品机理和功效，使人理解并相信饮用2～4个月能取得良好的疗效，长期饮用能祛疾防病、养生益寿，成为深厚而宝贵的文化资源。

人才资源

本企业负责人陆江是本产品的发明人和专利权人，自1990年5月起从事磁处理水的应用研究，近年在国内外核心刊物上发表多篇相关论文。陆江曾任广西一建公司科技处主任工程师、高级工程师，有过多项职务性的发明创造和革新，荣获过区、市级科技进步奖，工作中能和同事共同完成创新工程，曾开发过两项专利技术产品，并向全国推广，获得良好的经济效益和社会效益。今后也一定能在企业发展过程中物色职业经理人才和专业技术人才，建立激励机制，发挥他们的创造性和积极性，共同搞好企业的管理创新、技术创新和产品创新，使产品占领国内外市场，为广西的经济发展作出贡献。

商务资源

(1) 品牌资源

一年来在全国报刊上发表的文章，绝大部分以高丽霞（本企业负责人之一）署名，或用笔名，或由报刊记者署名，同时配发广告，产品用“卓康”商标。广告中对消费者的疗效作出特殊的承诺：使用180天内无明显疗效退货款。一年来消费者没有要求退货的，普遍反映使用疗效好，美誉度高，建立起良好的“口碑”，形成一定的品牌资源。

(2) 商界信息资源

经过一年多的商业运作，国内许多经销商和有心在商界创业的创业者，看了文章、网页和广告之后，有的通过用户向他们介绍之后，有意经销该产品，愿在许多省市做独家总代理，如北京、上海、重庆、广州、成都、南京、深圳、长沙、青岛、太原、石家庄、哈尔滨、唐山、开封等。国外企业如美国奥斯卡商贸集团、美国中皇集团以及马来西亚、韩国、新加坡等国的商务公司，先后通过电话、传真和电子邮件表示要大量购买。因而当本所具备大量稳定的生产条件之后，产品会行销国内外市场。

2.能力状况

资源条件需要转变为企业能力，企业能力是合理制定生产经营目标并使之成为现实的能力；由于生产经营活动主要由生产活动、营销活动、研发活动等活动方式构成，因此对于企业能力的分析也主要关注生产能力、营销能力和研发能力。企业这些能力的强弱与关系产生能力结构，决定企业的战略发展的状况。

(1) 生产能力

生产是进行资源转换的环节，企业必须在数量、质量、成本和时间等方面符合要求的条件下，形成有市场竞争性的生产能力。由于生产能力的结构特点，企业决策必须考虑以下几个方面的问题：①加工工艺和流程决策。这一决策涉及生产系统的设计，具体内容包括工艺技术的选择、工厂设施的设计、生产流程的分析、工艺的综合配套、生产控制和运输的安排。②生产能力的决策。这一决策主要涉及企业生产能力的最佳结构与使用，包括产量预测、生产设施应用、生产日程安排等。③库存决策。这一决策是要确定原材料、在制品和产成品的合理水平，包括订货的品种、时间、数量以及原材料的存放等。④劳动力决策。这一决策主要涉及职务设计、绩效测定、工作的丰富化、工作标准和激励方法等内容。⑤质量决策。这一决策是要确保企业提供高质量的产品和服务，包括质量的控制、样品、质量监测、质量保证和成本控制。以上五个方面直接体现企业生产能力状况。

（2）营销能力

营销能力是企业的第二项基本能力。随着市场竞争的加剧，买方市场的形成，营销能力在企业中的地位越来越重要。这一能力的本质，是企业在消费者心目中的形象与生活中的地位；这一能力的开发，也是企业改善形象、提高地位所作的努力。其中企业品牌、营销渠道、客户关系等，是衡量企业营销能力的重要标准。①品牌分析。这一分析通过企业或企业产品在消费者中的影响力和美誉度来测量。一个知名品牌，对于企业具有极高的价值。②渠道分析。这一分析通过对于企业与消费者之间关联方式的考察，揭示企业适应市场、影响市场的能量。③客户关系分析。这一分析通过了解企业与业务相关者之间的互动状况，把握企业市场地位的稳定性及其发展趋势。

（3）研发能力

科研与开发能力是企业又一基本能力，影响企业的可持续发展。把握企业研发能力可以从以下几个方面入手：①企业科研开发成果分析。企业已有的科研与开发成果是其研发能力的具体体现。如技术改造、新技术、新产品、专利以及商品化程度，给企业带来的经济效益等。②科研与开发组合分析。科研与开发有四个层次：科学发现、新产品开发、老产品改进、设备工艺的技术改造。一个企业的科研与开发水平处于哪个层次，什么样的组合状况，决定着企业在科研、开发方面的长处和短处，也决定着企业发展的方向。③科研与开发队伍分析。企业研发队伍的现状和变化，从根本上决定着企业的科研开发能力和水平。分析科研队伍的现状和趋势，是要了解他们是否有能力根据企业发展来开发研制新产品，是否有能力改进生产设备与生产工艺。④科研与开发经费分析。企业的科研设施、科研人才和科研活动，都要有相应的经费予以支持，通过研发经费状况分析，可以看出企业的研发实力。

2.3 战略类型

企业实战2-5　　澳柯玛集团的失利

2006年4月10日，G澳柯玛公告称，澳柯玛集团以及系数关联企业累计占用上市公司资金19.47亿元，公司2005年年度净利润同比下降幅度超过50%；公司的主营业务之一空调接近停产。经研究，4月13日青岛市有关部门终于作出决定：由国资系统下的青岛市企业发展投资公司向澳柯玛伸出援手，同时免去鲁群生的澳柯玛集团董事局主席职务。澳柯玛成为又一个企业盲目多元化经营遭遇惨败的例子。

20世纪90年代初，澳柯玛还是一家濒临破产的冰柜厂，在鲁群生的主动请缨和领导下，到1994年已经发展到冰柜产销量占到全国第一。从1995年开始，它在家电领域迅速扩张——空调、彩电、饮水机、电热水器、电冰箱等项目纷纷上马。同年，澳柯玛被第50届世界统计大会、国家技术进步评价中心认定为"中国电冰柜大王"；1997年，"澳柯玛"被国家工商行政管理总局授予"中国驰名商标"；2002年，澳柯玛被国家质量检验总局评为"中国名牌产品"生产企业；2005年，澳柯玛电风扇、饮水机、电饭锅、电暖器和浴霸五大类小家电产品的市场销量跃居全国同行业前五名，跻身"小家电行业销量领先品牌"行列。

到2000年，其主营业务销售收入已经达到30亿元，集团控股的G澳柯玛在上交所上市，募集资金7.84亿元。在确立了冷柜行业的霸主地位后，2002年后，澳柯玛开始向其他行业进军，投资领域令人眼花缭乱，主要经营冷柜系列、冷冻冷藏箱系列、制冰机系列、饮水机系列、自动售货机系列、锂离子电池系列的制造、销售、技术开发、技术咨询、技术服务。拥有150万台冰柜、60万台冰箱、30万台展示柜、20万台电热水器、300万台小家电、6万台酒柜的生产能力。

澳柯玛期望介入新的领域，尽快摆脱家电行业技术趋同、产品趋同、市场趋同和战略趋同的状态。但是事与愿违，在这些行业投入大量资金后，带来的不是新的盈利增长点，而是部分项目变成了澳柯玛的负担。尽管企业把发展高科技产业定位于未来主要发展方向，但所有人都不明白澳柯玛到底要干什么。

资料来源　王礼.澳柯玛盛衰记[N].南方周末，2006-04-27.

企业战略按其主体和影响范围，可以分为公司战略、经营战略和职能战略三大类型。公司战略确定整个企业的发展目标与实现路径；经营战略处理产品服务领域的竞争与发展问题；职能战略从不同资源要素配置方式的角度解决如何提高投入产出效率。在长期实践中，三个层次的战略管理都已经形成了一些具有普遍意义的方法与技术。

2.3.1　公司战略

公司战略是企业如何在市场中谋求生存发展的整体战略。由于企业生存发展依靠对于市场机会的把握与利用，市场机会在不同的领域中存在，因此企业在自身资源能力有限的情况下，首先要决定在什么领域中发展，是在单一领域中谋求竞争优势还是在多个领域利用市场机会？与此相应，公司战略主要有两种类型：多元化战略和专业化战略。

1.多元化战略

多元化战略是指企业在两个以上行业里开展生产经营活动。当市场发展具有不确定性，不同领域都存在风险或出现机会时，企业为了分散风险、利用机会和提高资源配置效率，会采取多元化战略。根据不同业务之间的关联程度，多元化战略又细分为复合多元化、同心多元化、垂直多元化、水平多元化等。

（1）复合多元化

复合多元化是指产品或劳务没有共同主线和统一核心的多元化，这类企业进入的是没有任何技术、经济关联的多项业务领域。如美国杜邦公司除经营化学产品外还经营摄影器材、印刷设备、生物医学产品。首都钢铁公司除主营钢铁外，将经营范围扩展至电子、机械、建筑等行业。

（2）同心多元化

同心多元化是指以相似市场或技术为核心的多元化。具有三种形式：第一种形式，多种产品或劳务都以相同市场为核心，如一家公司生产电视机、电冰箱、洗衣机等各种产品，这些产品都统一于“家电”市场。第二种形式，各种产品或劳务都以相同技术为核心，如冶金厂同时开展多种金属的冶炼业务，这些产品之间可以共享其冶炼技术等。第三种形式，各种产品或劳务都以相同的市场和技术为核心，如收音机、录音机、电视机等，都以电子技术为基础而统一于家电市场。

（3）垂直多元化

垂直多元化是指在一个产品服务价值链中，企业对生产经营环节向前或向后拓展。如果向价值链的前端发展，称为前向垂直多元化，如汽车制造厂在进行整车装配的基础上，向前推进生产车轮或轮胎，印刷企业投资生产油墨等。如果是向价值链的后端发展，称为后向垂直多元化。如一家轧钢厂也同时生产钢管，或者生产企业在相关产品市场上发展销售等。

（4）水平多元化

水平多元化是企业利用原有市场，在同一专业领域内进行多品种经营。例如，汽车制造厂生产轿车、卡车等各种不同类型的车辆。

企业多元化经营可以通过内部增长或外部增长的方式来进行。内部增长即建立新的生产设施和营销网络，将业务扩张至其他行业和产品领域。可以通过投资新厂或者研究开发新产品等形式来实现。外部增长即通过兼并和收购其他企业，将业务扩至其他行业和产品领域，从而实现企业多元化经营。

2.专业化战略

专业化战略是指企业仅在一个行业集中生产经营某些相关产品或服务。

由于专业化生产，企业可以集中生产能力和资源要素，实现规模经济效应。实行专业化战略的企业，还可以为目标客户提供更多品种和规格的产品服务。此外，由于可以更集中地研究目标顾客的消费偏好及变化趋势，并对这种变化更快地采取适应性行动，因而实行专业化战略的企业，可以以更快的速度提供符合顾客不断变化需求的产品。

专业化战略有利于企业集中优势资源，但面临着市场变化、需求萎缩的风险。

2.3.2 经营战略

经营战略即企业在具体业务领域中进行竞争发展的战略，目的是在特定产业领域中赢得竞争优势，获得更快发展。一般而言，企业可以选择三种不同的经营战略，即成本领先战略、差异化战略和集中化战略。

1.成本领先战略

成本领先战略是通过降低成本赢得竞争优势，主要通过生产经营活动的规模效益来实现。实行成本领先战略的企业，可以在行业中筑起较高的进入壁垒，进入成本-规模的良性循环。

企业之所以采取成本领先战略，主要源于以下益处：①即便行业内存在很多竞争对手，具有低成本地位的企业仍可获得高于行业平均水平的利润。②能有效地防御来自对手的竞争，因为较低的成本意味着当竞争对手由于对抗而把利润消耗殆尽以后，仍能获得适当的收益。③能对抗强有力的买方，因为买方讨价还价的前提是行业内仍有其他企业向其提供产品或服务，一旦价格下降到最有竞争力的对手水平之下，购买者也就失去了讨价还价的能力。④无论是规模经济还是在其他方面，导致成本降低的因素也成了潜在进入者的进入障碍。⑤可以有效应付来自替代品的竞争。

成本领先战略可以通过以下方式进行：①控制成本，即对已有成本支出进行控制。重点放在成本比较重大的项目上，或与计划成本偏差较大的成本项目上。②采用先进设备。先进的专用设备可以大幅度提高劳动生产率，但要求企业具备足够的资金以及市场支持，只有生产销售的产品批量足够大，形成规模效益，才能最终降低产品的单位成本。

虽然成本领先战略可以给企业带来竞争优势，但也面临一定的风险。首先，技术的迅速变化可能使用于扩大规模的投资或大型设备失效；其次，实施成本领先战略，可能将注意力过多集中在成本控制上，忽略消费者需求的变化；最后，为降低成本而采用的大规模生产技术和设备过于标准化，可能会使产品缺乏柔性和适应能力。

2.差异化战略

差异化战略是向顾客提供独具特色的产品或服务。由于产品独具特色，因而可以带来额外价值。每个企业都可以在产品和服务的某些特征上与竞争企业不同，所以差异化机会是无限的。

为了保证差异化的有效性，企业必须注意两个方面：第一，了解自己的资源和能力是否能创造出独特的产品；第二，深入了解顾客的需要和选择偏好。企业所能提供的独特性与顾客需要的吻合，是取得差异化优势的基础和前提。采用差异化战略的企业，需要投入特殊的生产工艺、技术和机械设备，所以要支付比低成本战略更高的成本。

差异化战略能带来以下益处：①使顾客产生品牌忠诚，并降低对价格的敏感性，削弱讨价还价能力。②给企业产品带来较高的溢价，不仅足以补偿因差异化所增加的成本，而且能带来较高的利润。产品的差异化程度越大，顾客越愿意为这种差异化支付较高的费用，企业获得的差异化优势也就越大。③在对付替代品竞争时处于更有利地位。由于顾客注重差异化带来的品牌与形象，一般情况下不愿意接受替代品。

追求差异化的企业也会遇到风险。首先，顾客选择差异化产品和服务，不仅取决于产品和服务的差异化程度，也取决于顾客的相对购买水平。其次，竞争对手的模仿可能减少产品的差异化。企业能否通过差异化取得竞争优势，在一定程度上取决于其技术和产品是否易于被模仿。企业的技术水平越高，形成产品差异化时需要的资源和能力越具有综合性，竞争对手模仿的可能性越小。

3.集中化战略

集中化战略的特点，是将经营活动集中于某一类特定购买者、产品线的某一部分，或者某一地域市场。

成本领先战略和差异化战略，都是力图在整个行业范围内达到目的。集中化战略不同，目的是强化某一特定优势，在较窄的市场目标范围内取得低成本或差异化。同其他战略一样，集中化战略也能获得高于一般水平的收益。它表现在：第一，便于集中力量和资源，更好地服务于某一个特定目标。第二，将目标集中于特定的部分市场，可以更好地调查研究与产品有关的技术、市场、顾客以及竞争对手。第三，战略目标集中明确，经济成果易于评价，战略管理过程也易于控制，从而带来管理上的简便。因此集中化战略对中小企业来说可能是最适宜的。

集中化战略也有风险：第一，由于全部力量和资源都投入到一种产品、服务或特定市场上，当顾客偏好发生变化时、技术出现创新或有新的替代品出现时，会受到很大冲击；第二，竞争者易于打入企业选定的市场，采取更集中化的战略；第三，产品销量可能变少，产品要求不断更新，造成生产费用增加，使集中化战略的成本优势削弱。

成本领先战略、差异化战略和集中化战略的差别如图2-3所示。

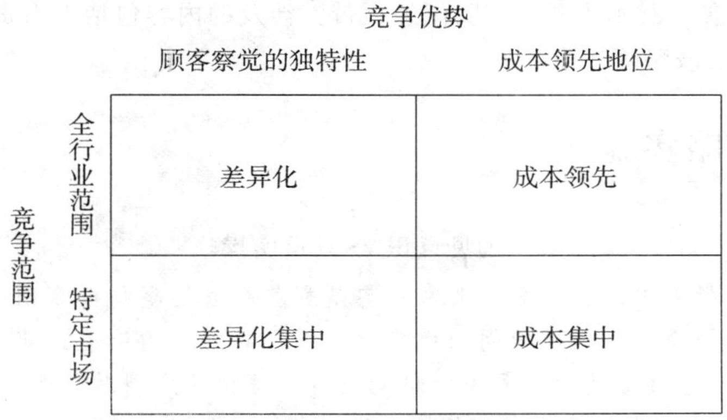

图2-3　三种经营战略的差别

2.3.3 职能战略

职能战略是根据公司战略与经营战略，对生产经营管理过程中某些业务环节或者领域所进行的系统安排，主要包括生产战略、营销战略、研发战略、财务战略、人力资源战略等。

1.生产战略

生产战略是从生产成本、数量、质量等方面进行安排控制的战略，规定企业在生产制造和采购等方面的任务。制定生产战略时要考虑企业的市场竞争地位，了解产品服务的特性，在评估自身能力的基础上确定生产能力，制订生产计划、存货计划、设备计划等。

2.营销战略

营销战略是涉及营销活动整体的方案或谋划，决定市场营销的主要目标和策略。基本内容包括：市场细分战略、市场选择战略、市场进入战略、市场竞争战略和市场营销组合战略等。

3.研发战略

研发战略是新产品服务的研究开发战略，包括产品服务类别、工艺技术改进等方面的研究与开发任务，可以帮助企业进行产品服务更新换代，保持企业竞争优势。研发战略与公司战略、经营战略紧密相关。当整体战略改变时，产品服务需要及时变化，研发战略为此提供支持。

4.财务战略

财务战略是对资金进行筹集、运用、分配以取得最大效益的系统筹划，目的是有效利用企业资金实现企业战略目标。财务战略的内容包括投融资计划、运营资金管理计划、资本经营计划等。

5.人力资源战略

人力资源战略是对人力资源管理的系统筹划与安排，使各项人力资源管理措施相互衔接，支持企业发展的战略。在实际工作中，人力资源战略围绕三个问题展开：企业依靠谁？人才从哪来？队伍怎么带？涉及的内容包括人力资源获取战略、激励战略、开发战略等方面。

2.4 战略实施

企业实战2-6　　远见卓识VS只重实操

在人们的想象中，世界级企业家一定是那些高瞻远瞩和极富创新精神的领导者，他们开阔的视野、纵横捭阖的战略思维以及对创造的痴迷，使得企业出类拔萃。可是3年来发生在惠普公司身上的奇迹却有理由使人们对此产生怀疑。

2005年3月，当惠普董事会辞掉全球知名的企业家卡莉·菲奥莉娜，换上名不见经传的马克·赫德担任公司CEO的时候，这家企业正处于内外交困之中。然而3年过去了，马克·赫德不但挽救了岌岌可危的公司，带领惠普超越老对手戴尔重夺全球PC霸主的宝座，而且还一举超过IBM历史性地成为全球最大的IT企业，惠普公司的股价扶摇直上，比3年前翻了一番。

奇迹为什么会发生？在人们聚焦惠普的战略和变革时，著名商业评论人士王育琨却对马克·赫德的企业管理方式情有独钟。

相比豪华的盛典和大型论坛，马克·赫德更喜欢挽起袖子和团队一起干活，他会花更多时间跟员工待在一起。他不是明星，只是一个普通人，反而更容易融入惠普人中。他唤醒每一个像他一样的惠普普通人，让他们对惠普的发展承担起责任。这种具体深入的工作作风，是许多大公司CEO想做而没法做到的。

深知自己，也知道每个员工的感受和兴奋点，正是马克·赫德的看家本领。但这个看家本领往往不被人们重视。"没有判断力的人才打情感牌"，"像惠普这样15万人的公司，有着健全的体系，一个CEO不懂得充分授权和发挥人的作用，而一个劲往下跑，这还不乱了秩序"？王育琨认为，"这些批评放在创造了惠普奇迹的马克·赫德身上，反映了管理这个行当的一系列真实悖论"。

一般的见识是，远见卓识的企业家铸造强势，目光短浅只注重实操的企业家走不远。而在惠普的现实中，远见卓识、开阔视野的卡莉只是造就了真正的弱势，而目光短浅、只专注实操的马克，却能铸成真正的强势。

马克·赫德的前任卡莉·菲奥莉娜，是一位令人炫目的企业家。她高瞻远瞩，可是回头一看，却没有后来者，成为独占风车的唐·吉诃德。从她出版的自传《艰难抉择》中，可以看出卡莉·菲奥莉娜是何等的孤独！下属懵懵懂懂，董事们龌龊无知，前任CEO普莱特毫无智慧与锐气，合作者时常犯一些幼稚错误，即便董事会里最坚定的支持者迪克·哈克伯恩，也是只懂技术不懂管理。诸如此类的描述，既让读者切实感受到卡莉的孤立无援，也让我们为卡莉曾经反复强调的"合作精神"之弱而瞠目。卡莉曾经说："无论是商界、政界还是家庭，有三个重要的特质是领导者必须具备的——天赋、能力和合作精神。"当下属与合作者在一个CEO心里都成了懵懂无知的代名词的时候，那么一个光杆司令注定不可能继续再带领一个有远景、有潜力的公司变革图新。

马克不是明星，不是领袖，只是一个普通人，如果不加盟惠普可能他还在继续他的默默无闻。他没有搞声势浩大的誓师大会，也不急于率领惠普的千军万马去追逐看似宏大的战略计划，而是以其惯有的冷静冷却了惠普的躁动与混乱。他的方法是不断与人见面，不断地交谈，然后深入理解这些问题。

在马克看来，CEO的职责，其一是根据公司的现状，为公司找到目标，并找到通向那一目标的最有效途径；其二是找到执行战略的合适人选。完成这两项任务，重在面对面的交流。如果一味认为自己是CEO了，有着充足和权威的信息资源，已经不屑于从一些个案上去捕捉信息了，或许就没有了马克今日之成就。

马克·赫德抓住了惠普的灵魂，而他的前任卡莉却无意间重伤了惠普人的情感和自尊，这是马克·赫德与卡莉·菲奥莉娜的最大区别。卡莉没有时间和精力用情感去触摸惠普公司和惠普人，而朴实的马克，却能从普通人的情感出发，用做事的理性和对人的情感去把握一个个机会和可能。

马克·赫德对深入一线的效能坚信不疑。在进入公司最初的4个月时间里，他会见了成千上万名员工，也会见了成百上千名客户，还有近百个合作伙伴。他花了很长时间了解惠普公司的市场，了解这个公司的财务状况，在此基础上形成了一个裁员1.5万人的重组计划。他一直以来的经验是告诉员工全部事实。他们是聪明的，他们完全知道什么是不对的，他们知道一切，而他们不知道的就是全局。

当他们通过面对面的交流，得悉公司为什么作出一些决策，为什么在一些地方投入资金，为什么在一些地方削减成本，会激发起他们的激情和智慧，交流得越多，员工的士气越高。越多地阐释公司所做的一切，他们就变得越有活力。

一个公司从顶端到底端，可能有6~30个层次，最高层高瞻远瞩的决策背景，并不为下面的员工所理解。马克·赫德甚至最大限度地与员工分享信息的妙处，最大限度地将决策出台的背景和所要达到的目标与一线员工交流，不是作秀或走过场，而是马克·赫德不断试错求真的过程。在这样的背景下形成的决策，才能被不走样地执行下去。作为最终对决策负责的人，马克清楚必须不停地保持一线鲜活的变化和动态，才能对决策的执行有个客观的判断。

一把手深入到一线中，不只是能保证决策不走样，而且还会对中高层形成一道很强势的压力，容不得你偏离。人都有惰性，当大老板都深入到第一线去了，能够掌握一手的咨询，你不深入基层，你不比你老板知道得更多，那将如何行事?这不是一个人的走向，而是一个体系的走向。这个体系是不是从群众中来，到群众中去，是不是能真正建立在每个人的基础上，关键看一把手是否能够深入。

中高层一般都喜欢CEO停留在上层，有了体系，最好不要来管自己分管的事情，还要美其名曰信任。可是，这样的信任，是建立在人的惰性基础之上的。一般人都会说要建立自下而上的体系，可是怎么建立?是停留在开誓师大会上，还是实现于现实的操作之中?这是最大的不同。

马克的成功也有很多说法，最通常的说法是，他只不过延续了卡莉的路线和战略，马克的胜利应该是卡莉的胜利。可是卡莉的战略在卡莉手里却是四面楚歌，在马克手里却是披荆斩棘。为什么?

资料来源 王育琨."惠普奇迹"引发四大管理悖论[N].广州日报，2008-05-17.

企业战略要发挥作用，就必须将概念转化为行动。战略实施的任务是动员全体企业成员，利用并协调一切可利用的资源，自觉努力地贯彻执行战略。这是战略成功落地的保障。

2.4.1 战略实施的任务

战略决策明确了企业参与市场竞争的战略方案，必须加以实施。战略实施包括实施平台的设计与运行两方面内容，与运营管理密不可分。

1.战略实施的要点

如何将战略转化为有效的实际行动，取决于两方面因素：其一是设计战略实施平台，即运营体系设计，其目的在于整合企业资源；其二是加强管理职能工作，即用人办事过程，其目的是进行内部资源的整合。

(1) 设计战略实施平台

企业战略规定了做什么以及做事的方向。设计战略实施平台的目的，是更有效率地把事做好。在设计战略实施平台过程中，关键是投入产出系统的设计，将人、财、物等投入资源，通过生产运作过程，转化为对顾客有价值的产品服务，从而使企业在市场竞争中获得生存与发展。

(2) 加强管理职能工作

战略要靠员工来实现。如何在战略实施平台的基础上，形成企业成员的工作合力，具有关键意义，为此必须加强用人办事的能力。生产经营活动的计划、组织、人事、领导以及控制工作由此产生，分别从不同角度促进企业成员为实现战略目标而努力。

2.战略实施的过程

将战略规划转化为战略行动的过程，一般有四个相互联系的阶段。

(1) 战略发动阶段

在这一阶段，要研究如何将战略目标变为员工的实际行动，调动大多数员工实现战略的积极性和主动性。要向员工灌输新思想、新观念，提出新口号、新概念，批评不利于战略实施的旧观念、旧思想，使大多数人充分认识与理解，拥护与支持战略。只有大多数人理解并支持战略，战略目标才能得以实现。

(2) 战略计划阶段

战略计划是将战略目标具体化。依据战略方案和战略重点，规定出任务的轻重缓急和时机，进一步明确工作量和期限。不编制具体的行动计划，再好的战略也是无法实施的。在制订战略计划时，企业各个层次的管理者应对组织状况进行全面考察，在总体战略的指导下提出具体实施的项目方案，编制成本预算，明确工作程序。

(3) 战略执行阶段

根据企业经营战略，设计相应的组织结构；调整各种可以利用的资源，进行资源分配与再分配；建立战略实施过程的控制机制，以及良好的内部沟通体制。

(4) 战略评估阶段

战略是在变化的环境中实施的，只有加强对战略执行过程的控制与评价，适时调整战略计划，才能适应内外部环境与条件的改变，使总体战略得以成功。

3.战略实施的管理

战略实施的过程也是计划、组织、人事、领导、控制等管理职能发挥作用的过程。不同管理职能各司其职、密切配合，支持战略的有效实施。

第一是制订计划。一方面，明确工作方向与任务，让组织成员知道什么能做，什么不能做，应该做什么，应该怎么做；另一方面，以资源分配为要点，为有效开展工作提供所需条件与依托。

第二是优化组织。一方面，以生产经营活动的过程与结构为依据，建立稳定的结构化的工作体系，保证各项工作有序展开；另一方面，以工作组织的结构为依托，明确组织成员之间责任与权利，使分工协作方式具有可预期性和可规范性。

第三是配置人员。一方面，通过人事匹配使战略任务分解落实到每一个工作者，使分工协作得以真正展开；另一方面，通过选人、用人、留人、育人等一系列人力资源管理措施，建立骨干员工队伍以支持企业发展。

第四是改进领导，即运用一定的影响方式，引导、激励和协调工作人员，以提高战略实施的效率。科学合理的领导工作有助于提升员工的行为动力、改进员工的工作态度。

第五是进行控制，即为了保证各项工作具有成效，及时了解情况和处理发生的问题，采取防范和纠正可能偏差的措施。及时有效的控制不仅是保证战略得以实现的必要条件，而且为战略改进提供支持。

2.4.2 战略执行的能力

战略实施需要能力，其中执行者对战略意图的理解和贯彻具有根本意义，由此形成战略执行能力。为了提高企业战略执行力，需要从战略、人员、运营三个角度进行努力。其中战略是做事的方向，人员是做事的主体，运营是做事的方式。

1.战略执行能力的含义

所谓战略执行能力，是贯彻战略意图、完成既定目标的操作能力。执行贯穿于企业经营管理的全过程，是企业竞争力的核心要素之一，是把企业战略转化为效益和成果的关键。由于执行工作有赖于系统、组织和团队，因此企业执行力也是系统、组织和团队的执行力。

对于战略执行能力，可以从以下几个方面来理解：首先，执行是一套通过提出问题、分析问题、采取行动的方式来实现目标的系统流程。包括对方法和目标的严密讨论、质疑、坚持不懈的跟进，以及责任的具体落实。其次，执行是一种意识。战略要实施，管理者和其他成员必须有强烈的执行意识，否则诸多的执行体系就无用武之地了。再次，执行是一种文化。有了执行意识，坚持不懈地运用科学工具，执行也就成了一种组织中的文化。最后，执行是行动，贯穿于企业中每一个人和每一项工作。只有适当的人在适当的时间关注适当的工作，并能采取适当的行动时，组织才能真正落实一项计划。

比尔·盖茨认为，微软在未来十年所面临的挑战是执行力。IBM前总裁郭士纳也认为：一个成功的企业应该具备三个基本特征，即明确的业务核心、卓越的执行能力及优秀的领导者。

2.战略执行能力的意义

战略目标的实现依赖企业的执行能力，其重要性体现在三个方面：

（1）只有正确的执行才能让战略落地

战略是指应用于整体组织的、为组织未来较长时期设立总体目标和寻求在环境中的地位的计划。它决定着企业的发展方向，然而战略一旦制定出来，战略执行便成为战略能否成功的关键要素，因为即使是最好的战略也无法自动实施。

（2）只有准确的执行才能让战略实施

策略是战略的细化和具体措施，它解决的是战术问题。执行是策略实施的最基本环节，策略执行就是指企业为了实现其战略战术目标而将策略目标、方案和计划有效地付诸实施的过程。

（3）只有严格的执行才能让组织有效运行

企业在市场上面临复杂的竞争环境，如果缺乏严格的执行力就意味着失败。很多企业拥有完整的管理制度和众多规范，但由于缺乏严格的执行，最终导致企业衰亡。

3.战略执行能力的改进

《执行》一书的作者拉里·博西迪认为，战略、人员及运营是影响企业执行力的三个基本环节和因素。

一是战略，正确的战略是执行的前提。战略的意义是将人员与运营结合起来，建立企业竞争优势。符合实际的战略是行动计划，是企业实现目标的依赖。充分考虑人员与运营的战略才具有可行性。成熟的战略具备以下特征：①战略目标看得见。公司的战略层应该让公司的战略目标显现化，而不是停留在高层的脑海中，应该是具体的。②战略目标要量化。只有能量化的战略目标，才能拿到实际中进行更为准确的检验和修正。③有效的战略评估。应该从适用性、可行性、可接受性等方面进行评估。

二是人员，人员队伍是执行的主体。因为组织要靠人来判断市场变化，并根据这些变化来制定战略，再将战略转化为运营。无论是对市场的判断、根据判断制定相应的战略，还是将战略付诸实施，人的因素至关重要。人员如果出现了问题，再高明的战略和运营也只能是纸上谈兵，不可能完成既定目标。因此一个企业要想成功，领导层首先得选对人、用对人。联想创始人柳传志曾说，“企业的执行力就是选拔合适的人到恰当的岗位上”。

三是运营，它在战略和人员之间建立起联系。战略定义了企业的发展方向，人员定义了谁来实施战略，而运营则把战略与人员结合起来，通过工作任务的具体安排和实践，保证战略目标通过人员努力得以实现。运营内容包括预定时间内完成的各项具体工作，例如新产品上市、营销计划、制造计划等。

企业执行力的改进在于人员、战略、运营三个环节的配合，必须将三者作为整体加以把握。这是提高企业执行力的基础，也是企业成功的保证。

小　结

1.战略是企业参与市场竞争的长远目标与根本手段。
2.战略既有精心设计的成分，也有适应性调整的因素。
3.战略管理是制定战略并予以实施的过程，根本任务是获取长期竞争优势。
4.战略管理包括战略分析、战略决策、战略实施等基本环节。
5.战略分析的目的，是通过情况考察找出企业的机会与威胁、优势和劣势。
6.战略决策的任务是确定企业发展目标和实现路径，为资源配置提供依据。
7.由于涉及范围的不同，企业战略分为公司战略、经营战略和职能战略。
8.战略实施与运营管理密不可分，受战略执行力影响。
9.提高企业执行力的方式是战略、人员、运营之间的紧密配合。

问题与思考

1.什么叫战略?企业为什么要进行战略管理?
2.战略管理的任务是什么?与日常管理是什么关系?
3.战略管理由哪些环节构成?哪个环节具有关键作用?
4.战略分析涉及哪些内容?有哪些常用方法?
5.公司战略和经营战略有什么联系和区别?
6.成本控制和差异化战略分别适用于什么情况?
7.怎样才能有效地实施战略?
8.什么叫执行力?如何提高执行力?

参考案例

德隆的倾塌

一、初露峥嵘，其兴也勃

1986年，一个年轻人在新疆开设了一家小型彩色照片冲印店，那时恐怕很少有人会想到，若干年后，这个年轻人旗下公司拥有的总资产高达222亿元。这是一个神话，神话的主人公就是德隆集团的掌舵人唐万里。也正是从这个小小的冲印店，“唐氏四杰”开始向世人讲述着一个从神话创立到神话终结的故事。

作为一家民营企业，在中国经济体制转型改革过程中，德隆经历了由经营计划到经营产品、由经营产品到经营资本的两个重大转变。20世纪90年代初，唐氏兄弟在法人股市场挖到“第一桶金”后，充分领略到了资本市场的巨大魔力，萌生了把产业和资本相结合的念头。德隆在介入“一级市场”和“二级市场”之后，迅速完成了资本的原始积累，随后开始谋求向“投资者”身份的转变。

1996年，在德隆历史上是值得大书特书的一年。德隆在这一年实现了在资本市场上的“大跃进”——受让新疆屯河法人股。同时，德隆的资本运作模式正式确立：通过控股新疆屯河、合金投资、湘火炬A等上市公司，以配股增发的手段融得巨资，再继续向食品、电动工具、汽车零配件等行业扩张，而这些产业投资又反过来促成了德隆系股票价格的飞涨。于是，一个庞大、复杂而神秘的德隆系就出现在了人们面前。

在德隆资本膨胀过程中，其关键词是“产业整合”。其核心思想是以资本运作为纽带，通过企业购并、整合传统产业，为传统产业引进新技术、新产品，增强其核心竞争力。为此，“唐氏四杰”率领着德隆人艰苦拼搏十几年，缔造了一个两翼并举的庞大金融产业王朝——产业一翼，德隆斥巨资收购了数百家公司，所属行业涵盖番茄酱、水泥、汽车零配件、电动工具、重型卡车、种子、矿业等；金融一翼，德隆将金新信托、厦门联合信托、德恒证券、新疆金融租赁、新世纪金融租赁等纳入麾下。按唐万里的说法，德隆真正的抱负是做金融产品的供应商——一手整合产业，一手做证券化，创造金融产品，卖给市场上各种有需求的投资者。

也正是凭借着这一精心构建但实质粗糙的产业链，德隆在中国资本市场上南征北战，东奔西闯，不断演绎着一个又一个产业并购的故事。其不计成本的扩张，不论好坏的投资，不仅使德隆帝国的版图迅速扩大，也使这一帝国显得庞杂而可怕。

德隆发展中的一些标志性事件：

1986年，德隆前身——乌鲁木齐市新产品技术开发部和天山商贸公司先后成立，从事彩相冲扩、服装批发、食品加工、计算机销售等业务。

1992年，注册成立新疆德隆实业公司，注册资本人民币800万元。成立新疆德隆房地产公司，开始进军娱乐、餐饮和房地产投资领域。

1994年，成立新疆德隆农牧业有限责任公司，注册资本人民币1亿元，在新疆进行农业开发。

1995年，成立新疆德隆国际事业总公司，注册资本人民币2亿元。建立北美联络处，扩展海外业务。

1996年，受让新疆屯河法人股，组建新疆屯河集团。

1997年，受让沈阳合金法人股，进入家用户外维护设备、电动工具制造领域；受让湘火炬法人股，进入汽车零部件制造领域。

1998年，新疆德隆国际实业总公司改为新疆德隆（集团）有限责任公司。成立中国民族旅行有限公司，进入旅游业。

1999年，成立北京喜洋洋文化发展有限公司和北京国武体育交流有限责任公司，进入文体产业，成功举办“中国武术散打争霸赛”常年赛事。

2000年，在上海浦东注册成立德隆国际投资控股有限公司，注册资本人民币2

亿元，控股新疆德隆集团和新疆屯河集团；同年8月，更名为德隆国际战略投资有限公司；同年10月，注册资本增至5亿元人民币。

2002年，董事局主席唐万里当选中华全国总工会联合会副主席。

2002年，德隆大厦落成并投入使用。

二、产业整合的实践者和梦想者

在德隆发展历程中，1997年5月的“达园会议”是不能不提的一次重要会议。在这次会议上，德隆确立了由“项目投资”转为“行业投资”的投资理念。更具体讲，也就是我们在上面讲到的产业整合。为了实现这一梦想，应该说，德隆确实是投入了几乎所有的人力、物力和财力。

德隆偏好传统产业。其基本理念是：世界制造业的接力棒先由欧美传到日本，再由日本传到我国台湾、香港地区以及东南亚，现在正在向我国大陆传递。这对中国意味着历史性的机遇。“制造业应该在中国落地生根”，在此理念指导下，德隆制造了一个又一个产业整合案例。下面是两个具有代表性的典型案例。

1.以新疆屯河为基础整合红色产业

1996年在上交所上市的新疆屯河（600737），是新疆第二大水泥企业，与本地区的“龙头老大”天山水泥为争夺市场拼杀得异常激烈。德隆入主屯河后，于2000年以屯河向天山出让51%的水泥事务资产的形式，脱去灰色水泥外壳，而后把主业转向了以番茄、胡萝卜、红花、枸杞等当地特色果蔬资源加工为核心的“红色产业”，具有亚洲第一、世界第二大番茄酱生产能力。为了打入并占领国际市场，屯河收购了一家有20多年番茄酱经营资历的外国销售公司，并与美国亨氏（Heinz）合作；在国内，屯河收购了果汁饮料市场上大名鼎鼎的汇源集团51%的股权。2003年德隆宣布大举进入乳品业，希望利用新疆屯河的原料优势，加上新疆得天独厚的畜牧草叶资源，采取“公司+政府+农户”的模式，投资3亿～4亿元，力争用3～5年时间培育出德隆乳业品牌，与全国知名乳品企业抗衡。

2.以北京中燕为平台整合纺织业

2001年底新疆德隆通过新疆屯河的运作，一举成为北京中燕（600763）的第一大股东。2003年初北京中燕受让新疆德隆及新疆三维持有的新疆天一实业70%的股权，大举进军亚麻和纺织业。而德隆在整合伊犁亚麻企业的时候，提出过一个战略目标——首先要成为中国重要的麻种植及加工商之一、中国重要的麻种子生产商之一、中国重要的麻纺厂之一，以此为契机逐步进入棉纺、毛纺等相关行业，进而整合欧洲的服装加工业及营销网络，形成全球化的德隆大纺织概念，建立德隆品牌。

三、大厦倾塌，其衰也忽

2004年4月14日，对德隆而言，是个黑色的日子，德隆的噩梦从这一天正式开始了。

德隆系旗下的“三驾马车”——湘火炬、新疆屯河和合金投资第一次集体“跌停”。尽管在此之前，德隆系所有的股票都有不同程度的下跌，但是“三驾马车”

整体跌停在德隆的历史上是前所未有的。这不仅反映了市场对德隆的“信心丧失”正在加速，也增加了市场流传的德隆资金链断裂的猜测的真实性。

事实上，早在2003年的2月16日，当德隆将所持有的湘火炬10 020万股质押后，这一数量庞大的质押就引起了市场的普遍怀疑。紧接着，德隆又用一连串的密集股票质押强化了市场的怀疑预期，湘火炬、新疆屯河、合金投资的部分股权陆续被质押，更加重了市场的怀疑。尽管德隆一再出面强调其资金链的安全，甚至搬出了国际投资者。然而，随着旗下股票价格的全面崩盘，唐万里终于低下了高昂的头，承认德隆遇到了阶段性的困难。于是德隆开始了有限变现子公司资产的步伐，ST中燕因此转手易人。

如果仅仅是股票价格暴跌所造成的打击，德隆应该是可以承受的，但接下来的德隆系统或关联系统与德隆之间的裂痕日益显现，矛盾接连暴露，直接导致德隆着力打造的产业链彻底开始瓦解。德隆的危情已到雪崩的边缘，唐万里依然不懈地寻找着拯救德隆的良方，但德隆王朝瓦解在2004年夏天成为一个不争的事实。

德隆模式的核心思想是“产业整合”。应该说，德隆在产业整合这一战略模式上的确做了大量的探索工作，也卓有成效。但是，德隆在产业整合上步子迈得太快了，战线拖得太长，一些做法太理想化，也使德隆遭到了前所未有的资金压力。而在资本市场上，“成也是钱，败也是钱”的规律告诉我们，没有坚实的资金面支持，德隆的产业整合是难以维系下去的。德隆产业整合的巨额资金（大多属于长期投资）不是来自股市，也不是直接来自银行长期贷款，而是来自长投短融的“理财”。也就是说，德隆以一年还本付息20%以上的高回报，向银行以及其他企业机构短期融资，用于自身的长期项目，而每年年底客户大笔抽走资金，使德隆的资金十分紧张，但第二年年初，客户的钱一般又会投回来，德隆正是依靠着这种“危险的游戏”发展着自己。而当围绕着德隆的质疑和央行银根收紧终于动摇客户的信心时，溜走的钱再也没法回来，德隆的“长投短融”游戏就此破局了。

2004年8月26日，新疆德隆、德隆国际、屯河集团与北京华融资产管理公司（以下简称华融）签订了《资产托管协议》，从上市公司公告的协议内容来看，华融公司全面掌控德隆。《资产托管协议》赋予华融公司绝对权力，包括有权以诉讼、转让、租赁、重组、破产等法律法规许可的任何方式，独立管理和处置资产，包括湘火炬等德隆系控股子公司，华融公司有权对德隆派出股东代表和董事、监事的经营行为进行监督。

至此，德隆大厦已经彻底倾塌。

资料来源 黄丹.战略管理研究注记·案例[M].北京:清华大学出版社，2009:219-223.

第3章 企业运营

导入案例　飒拉的霸业

无论在哪个行业，如果想成功，一定要抓住事物的本质。

时装业的本质是什么?是减少前导时间，即服装由设计到售卖所需的时间。时装产品每天贬值0.7%左右，只要提前10天卖出，就少贬值7%，使毛利率增加13%。谁更快，谁就更有可能成功，这就是时装业的本质。

近年崛起的最成功的时装企业“飒拉”（ZARA）（母公司印第迪克），不是致力于创造时尚潮流，而是对潮流进行快速反应。它收集和吸收潮流信息，挑选出最受顾客欢迎的服饰，经过改良和变种，并通过整合强大而灵活的供应链，保证产品快速投入生产和销售。

飒拉的成功奥妙，在于以产业价值链为基础的资源高效整合。一件“飒拉”时装从设计开始，到生产、物流，最后进入销售环节，平均仅为2～3周，遥遥领先于业内大多数公司数月甚至上年的前导时间。

迎合顾客口味的服装设计

飒拉不是创造者，而是快速反应者。它不热衷创造潮流，而是对已经存在的时尚潮流进行快速反应。实际上，它们只会挑选最受顾客欢迎的潮流服饰，加以改良及变种，从而轻易便可在短时间内创造出大量受顾客欢迎的衣物款式。

飒拉在西班牙西北部的拉科鲁尼亚（La Coruna）拥有着200人的设计团队，庞大的设计团队从各地收集的时尚服装信息取得设计灵感，以确保它们能迅速准确掌握顾客品位的转变，这样令飒拉每年可生产极多款式的迎合潮流的时装。单看2004年，飒拉便推出了超过12 000款时装，远远超过盖普的2 000款和H&M的4 000款。

另外，飒拉的设计师、市场专家和采购专家联合组成一个“商务团队”，以减短飒拉设计的酝酿期。他们经常聚在一起共同探讨有关将来流行的服装款式、布料的选择以及售价等问题，并尽快达成共识。然后，设计师们通过计算机绘图快速地绘出服装的样式。一旦设计款式得到批准通过，生产指令就可以马上下达到飒拉的工厂。

从设计到生产，飒拉最快可在两天完成，其前导时间最快为12天。相对于作为时装设计者的盖普，单单是设计的酝酿期，通常也达到2~3个月。屈指一算，飒拉已在这段时期出产了不少于6款的时装了。

顾客需求拉动的高效生产系统

印第迪克（飒拉的母公司）拥有自己的纺织厂及服装加工厂，而且还在欧洲一些主要地区建立独立的物流运输企业，几乎全权控制了服装设计、生产、物流以至销售的整个供应链。

印第迪克在巴塞罗那自有的布料公司Comditel生产的布料89%都供应给飒拉，增加飒拉采购的速度和灵活性。同时，飒拉还有260多家布料供货商随时候命，除了降低它们各自的议价能力外，亦保障了原材料供应。

飒拉还有一个很特别的地方就是，超过50%的布料都未染色，以保证为最新的款式提供所需的布料。通过保持对染色和加工领域的控制，印第迪克因此具有按需求生产的能力，从而根据销售季节实时的需求来染色。

飒拉拥有着20多家位于西班牙的资本密集、高度自动化的自有工厂，以提供实时应变。举一个例子来说明，假如飒拉的设计师设计了一件新款的紫色毛衣，那些自有的工厂就会将布料染成紫色，并加以剪裁。在时装设计出台后，自有工厂只负责染布、剪裁等非劳工密集的工序，并以机械代替人工。飒拉50%的衣服均是由自有工厂生产，保证快速、灵活的特性。

当涉及劳工密集的工序时，飒拉会将工序外包给400多家协作厂商，负责大量的、烦琐的缝制工作。由于这些厂商的规模比较小，其生产的最高容量亦只能容纳飒拉生产一款服装的要求，故能达到一厂一款的模式。而代价就是相对比较高昂的生产成本。飒拉采购的布料，其中有95%都来自欧洲，而且80%的时装都会在欧洲生产，只有较基本的款式，大约20%的时装才会在低成本地区生产。

灵活高效的仓储运输

飒拉在西班牙交通枢纽拉科鲁尼亚有一个庞大的物流配送中心。有一条大约200公里的地下传送带，连接拉科鲁尼亚的物流配送中心和飒拉的工厂，以运送商品。而且，那里亦有先进的光学读取工具，每小时能挑选及分拣超过60 000件的衣服。

通过减少对人的依赖，飒拉货品运输的出错机会仅为0.5%，而这个货物配送中心实际上只是一个服装的周转地，而不是仓库。就是因为这极具效率的物流配送中心，飒拉快速的时装周期才得以实施。

在运输上，飒拉不惜以空运争取时间。在欧洲，75 %的货品由货运承包商用卡车运送，保证在2天内到达。至于运往较远的销售点，例如美国和日本，飒拉会不惜成本，以飞机运送，从而在时间上超越其他竞争对手。

快速的周转使飒拉的折扣货品远低于同业。每间飒拉的分店每星期可以向其工厂落单2次，而各分店的经理是根据其实际情况来制订货单。这样，存积货品的机会少了的同时，利用打折来减低存货的机会也减少了。

速度与成本的均衡

为了弥补飒拉创造极速前导时间时所提高的成本，在增加成本效益的大方向下，飒拉主要是采取了四个方法。

折扣促销成本降低，缘于款多量少。由于飒拉不停地推陈出新，使顾客的购物欲望得以提升，故货品大多都能以正价卖出，最多只有不超过18%的服装，需要打折销售，这只有行业平均水平35%的一半，折扣促销的成本大大减低。

除此以外，飒拉不会起用星级的设计师，因为它只是潮流的快速跟从者。飒拉亦不会有庞大的宣传攻势，其宣传成本只占总销售额的0.3%，而远低于行业平均的3%～4%。但并不是放弃沟通，取而代之的是，他们透过不同的方法来增加顾客的反馈渠道，如电子邮件、顾客服务热线等低成本通道。值得一提的是，飒拉把顾客吸引至店中更巧妙的地方是，依靠优越的商铺地理位置，对店内商品展示和橱窗设计十分讲究，都使得飒拉不用打广告也极具吸引力。

聘用非正式的工人。飒拉与西班牙和葡萄牙的一些小加工厂签订合同来生产成衣，那些工厂绝大多数的员工是非正式工人，例如母亲、祖母和年轻的小女孩，这些人大多都生活在小镇或是村庄，对工资并没有太高的要求。为飒拉工作的女裁缝工资还不到产业工人工资的一半，约500美元/月。

飒拉采用低成本的操作系统Unix，相对微软视窗或Linux，每年只需要20万欧元。飒拉所依靠的，不是先进的操作系统，减少前导时间才是飒拉最主要的优势。

资料来源　陈日新，陈振威，谭志伟，等.飒拉的霸业 我们在信息时代需要什么样的商业思维？[J].创富志，2006（12）.

问题与思考：

1.飒拉如何在速度与成本之间取得平衡?哪个对于飒拉来说更为重要?

2.产业链、产业价值链、供应链有何区别?如何进行有效管理?

3.为了实现更快的前导时间，飒拉是如何整合内外资源的?

4.飒拉的成功对于中国的服装业有哪些可借鉴的地方?

本章提要

企业战略处理企业组织与外部环境之间的均衡问题，关注提供何种产品和服务以获取竞争优势。如何以有效的内部分工协作来配置稀缺资源，低成本高效率地提供适销对路的产品和服务，从而获取竞争优势，则是企业运营的要求。企业战略管理与运营管理构成经营管理体系，前者处理企业外部竞争问题，后者处理内部管理问题；前者关注效果，后者关注效率。因此，运营管理的特点，是以资源优化配置为目标，以生产经营流程为依托，以工作效率提升为切入点。在企业经营管理活动中，运营管理是经常性工作内容。

3.1 运营

企业实战3-1　　联邦快递的中国运营策略

2003年，联邦快递已经成长为一家年营业额达160亿美元的跨国公司，具有世界上最大的全货运飞机机群，日运送能力达到2 650万磅，服务全世界378个机场。

联邦快递从1984年就开始在中国市场提供服务，但正式进入中国则是在20世纪90年代中期。1995年，联邦快递以6 750万美元收购了当时唯一可以直飞美国和中国之间的常青国际航空公司。在完成此收购之后，联邦快递成为第一家提供由美国直飞至中国的国际快递物流公司。美中主要城市之间的快递时间只需要3天。

依靠自身的出色运营能力，联邦快递在中国香港地区和中国内地大量投资飞机群、地面运输和包裹处理设施。尽管中国政府的规定不允许联邦快递在中国内地拥有自己的配送设施和运输网络，但这并不影响它发展在中国香港地区和邻近的菲律宾的包裹处理能力。联邦快递通过与中外运建立合资企业进入中国市场。联邦快递的直行航班有美国至北京、上海等主要城市，中外运则将包裹发送到中国各地。1997年，联邦快递结束与中外运的关系，转而与更加灵活的大田公司结盟。自此，联邦快递的中国运营、卡车和员工与美国的看上去基本一致。

到2003年，联邦快递每周11个航班直行往来于美国和中国的香港地区、北京、上海、广州及深圳。在所有的快递公司中，联邦快递拥有最多的美中直飞货运航班。按照联邦快递创始人和首席执行官弗雷德·史密斯的话说："我们的目标是打造网络。一旦建好了网络，而且如果我们的假设是正确的，那增长前景将无限。我们也将有望享有领导地位。"

联邦快递在中国采用了20世纪80年代它在欧洲成功使用的进攻型营销策略。在中国，它推出了非常西方式的广告。

1997年，联邦快递制作了统一的印刷广告，展示的是联邦快递飞机停泊在北京紫禁城前。广告说："给联邦快递打电话吧，这几乎不会遭人禁止。"意思是寻求联邦快递公司的服务总不会成为错误的决定。这一策略引起了许多传统中国顾客的反感。但联邦快递针对的是在中国运营的跨国公司，这些跨国公司在美国就已使用联邦快递的服务。这也针对中国的企业家，相信他们很快就会采纳联邦快递的"及时交付"信条。对于重视联邦快递高度控制的配送系统以及精确及时投递跟踪服务的客户来说，联邦快递的营销哲学相当有吸引力。

"我们是世界上最大的全货运航空公司，我们拥有出色的进攻任何市场的公式，"联邦快递营销副总裁迈克尔·格伦曾说，"不管是在中国、日本，还是德国，这并没什么不同。"

联邦快递正式进入中国市场不久，就面临了一系列挑战，首先是亚洲金融危机，这对于在亚洲国家有很大份额基础设施投资的联邦快递来说打击很大。1998年3月25日，联邦快递公布了自1996年以来第一个国际业务运营亏损季报，这主要是由亚洲的业绩不佳造成的。尽管在亚洲的财务损失巨大，联邦快递管理层依然对这一地区充满信心，认为亚洲国家锐减的空运量会通过中国对西方出口的增加得到补偿。联邦快递对中国市场也更加青睐。

在中国，联邦快递几乎垄断了华南深圳和广东市场，这一战略投资与深圳、广州地区是中国最重要的生产加工基地密不可分。为了保护这一市场，联邦快递于2001年和美国交通部及其劲敌联合包裹服务公司达成协议，联邦快递让出两条珍贵的美中航线，以此换得联合包裹服务公司货机不得进入深圳的保证。

资料来源 陈明哲.联邦快递：角逐中国市场[EB/OL].[2015-05-28].http://manage.org.cn/case/200608/36951.html.

企业战略管理解决企业发展目标及其实现途径的问题。在基本目标及其途径给定的情况下，如何有效地实现既定目标，是运营管理的任务。本书所指的运营管理，是对于战略实施过程的管理，通过生产经营活动的日常管理体现出来。

3.1.1 企业运营活动

企业运营有狭义和广义之分。狭义运营是把生产要素转变成产品服务的过程，关注生产活动的特点；广义运营是为了保障战略实现而进行的经营管理活动，关注资源整合与分工协作的优化。

1.企业运营的概念

在公司战略目标既定的条件下，如何以最有效的方式优化资源配置，提高投入产出效益，是企业运营管理工作的任务。

通常认为，运营（operations）是指“将投入人力、设备、物料、技术、信息、能源等生产要素变换为产出（包括有形产品和无形产品）的活动过程”[①]。

对于运营的关注起源于对生产制造过程的考察，一开始关注的重点是有形产品。随着服务行业的发展以及系统论的发展，开始把有形产品的生产过程和无形产品的提供过程，都作为“投入—转换—产出”过程来研究。按照赵纯均的观点，“这种扩大了的生产概念，即‘投入—产出’的概念，就被称为运作。”这是狭义的运营概念，与营销、财务等管理领域并列，如图3-1所示。

本书对于企业运营进行广义界定。认为运营管理超越了产品服务生产的直接过程，涉及战略目标给定情况下提高投入产出效率的所有活动，因此覆盖了产供销各个环节，目的是在整合各方资源的基础上，以有效的产品和服务支持企业战略目标的实现。

将企业战略与运营相比较，有助于理解广义的运营概念。

---

① 赵纯均，等.工商管理研究备要——现状、趋势和发展思路[M].北京：清华大学出版社，2003:183.

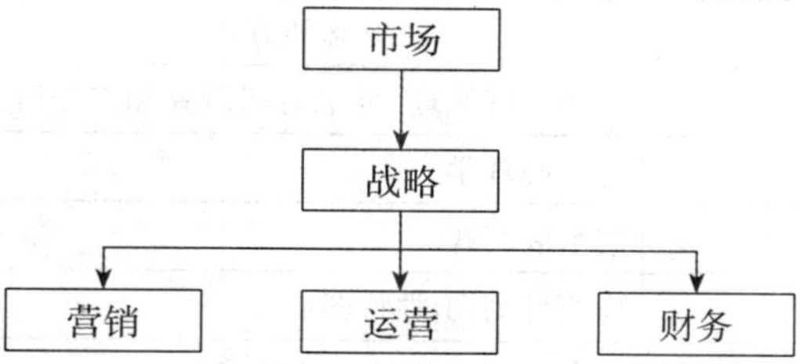

图3-1　狭义的运营概念

企业战略决定企业为客户提供何种产品和服务，明确企业具有什么功能与价值，企业运营则决定企业以何种方式提供这些产品和服务，关注企业的生产经营活动是否具有效率。因此，广义运营囊括了企业日常经营管理的全部工作，以整合方式刻画企业如何通过日常运营适应环境变化和战略要求，如图3-2所示。

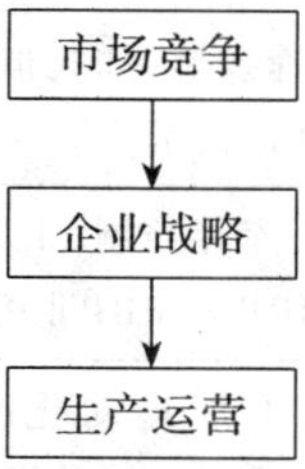

图3-2　广义的运营概念

广义运营概念的产生，是企业经营管理发展的结果。从历史上看，运营概念的演化经历了三个主要阶段，如图3-3所示。

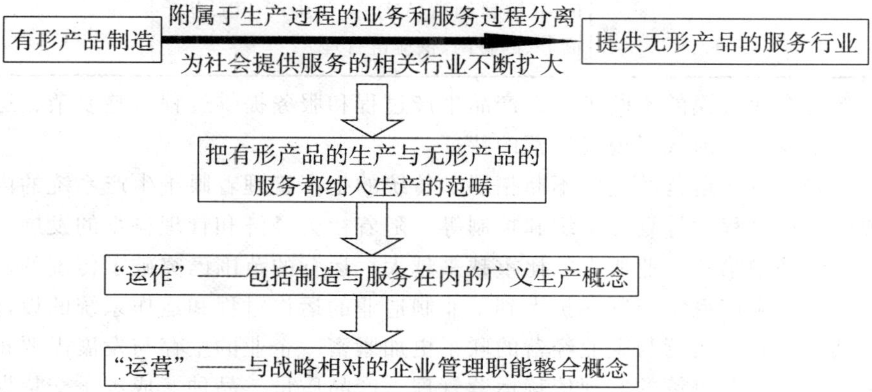

图3-3　运营概念的发展

2.企业运营的发展

企业日常经营管理在不同历史时期具有不同特点，每个阶段的运营特点，通过生产经营管理经验加以总结，体现为不同的管理思想和方法，见表3-1。

表3-1 **20世纪以来企业运营发展的不同管理思想和方法**

年份	概念和方法	发源地
1917	科学管理原理、标准时间研究和工作研究	美国
1931	工业心理学	美国
1927—1933	流水装配线	美国
1934	作业计划图(甘特图)	美国
1940	库存控制中的经济批量模型	美国
1947	抽样检验和统计图技术在质量控制中的应用	美国
1950—1960	霍桑实验、人际关系学说	美国
	工作抽样分析	英国
	处理复杂系统问题的多种训练小组方法	英国
1970	线性规划中的单纯形解法	美国
1980	运筹学快速发展，如模拟技术、排队论、决策论、计算机技术	美国和欧洲
1990	车间计划、库存控制、工厂布置、预测和项目管理、MRP和MRPⅡ等	美国和欧洲
	JIT、TQC、工厂自动化(CIM、FMS、CAD、CAM、机器人等)	美国、日本和欧洲
	TQM普及化、各国推行ISO9000、流程再造(BPR)、企业资源计划(ERP)、并行工程(CE)、敏捷制造(AM)、精益生产(LP)、电子商务、因特网、供应链管理	美国、日本和欧洲

随着企业规模的不断扩大，产品生产过程和服务提供过程日趋复杂，运营方式也在不断变化，形成了现代运营的特征。

首先，现代运营的范围不断拓展。传统的生产管理着眼于生产系统的内部，主要关注生产过程的计划、组织和控制等。随着社会经济和管理科学的发展，以及整个国民经济中第三产业所占的比重越来越大，运营的范围已突破了传统的制造业的生产过程和生产系统控制，扩大到了非制造业的运作过程和运作系统的设计上。

其次，企业运营与企业经营的联系更加紧密。企业的生存与发展需要正确的经营决策，而经营决策的实现依赖运营管理。产品质量、品种、成本、交货期等运营指标，直接影响产品的市场竞争力。此外，为了更好地适应市场需求，生产系统的柔性化要求产品研究与开发、设计与调整同步进行。

再次，运营方法越来越复杂。随着市场需求的多样化，大批量生产方式正逐渐丧失其优势，多品种、小批量生产方式越来越成为主流。生产方式的这种转变，使运营管理面临着多品种、小批量生产与降低成本的新挑战，给运营管理带来了从组织结构到技术方法上的一系列变化。

最后，计算机技术在运营中得到广泛运用。近20年来，计算机技术已经给企业的生产经营活动带来了惊人的变化，给企业带来了巨大的效益。例如CAD、CAPP、CAM、MRPⅡ、GT、FMS和CIMS等，这些技术的潜在效力，是传统的生产方式无法比拟的。

3.1.2　企业运营管理

运营管理是对于运营活动的计划、组织、领导与控制。作为实现企业战略目标的手段，运营管理围绕如何有效提供产品服务这一中心线索展开，其中产品服务的品种、规格、质量、速度、成本等，具有特别重要的地位，需要统一起来，进行整体运作和优化处理。

1.运营管理的概念

与运营相应，运营管理也要从两个层面理解：一种是与营销管理、财务管理相对应的狭义运营管理概念，主要关注生产管理职能，即狭义的运营管理。另一种是与战略管理相对应的运营管理概念，以生产管理为基础，拓展到整个生产经营的日常管理，即广义的运营管理。

（1）基于生产职能的运营管理

运营管理（operations management）由制造管理（manufacturing management）和生产管理（production management）发展而来。

制造管理的概念源于18世纪的亚当·斯密，他认为："劳动分工似乎使生产力获得了最大程度的提高并且使劳动技能和判断能力在工作中发挥了更大的作用。"①那时人们注重研究制造过程中的分工、运作与时间、工艺过程、任务安排等，并创造了很多沿用至今的管理方法。

从20世纪30年代开始，生产管理的概念为人们广泛接受，泰罗的科学管理思想和方法得到普遍应用，在制造业中形成了以经济效率为重点的管理方法，内容涉及生产过程中的计划、组织和控制。20世纪60年代以后，计算机科学被广泛运用于企业管理，产生了MRP（物料需求计划），以后又发展成MRPⅡ（制造资源计划），制造业的生产管理学科已经成熟。

随着社会经济的发展，服务业在经济活动中的比例不断上升，服务提供过程的管理日益受到重视。虽然制造业和服务业在产品形态上存在很大差异，但都需要面对市场，为用户提供有竞争力的产品；都要把设备和人员组织起来，使之形成生产能力；都要对设备和作业进行计划和控制，使之成为有效的系统。因此，制造业中成熟的管理理论和方法可以移植到服务业，运营管理的范围随之扩大，但仍然关注

① 斯密.论劳动分工[M]// 李国洁.管理与组织行为经典文选.北京:机械工业出版社,2000:5.

产品服务的直接生产过程。因此，拓展了的狭义运营管理体系如图3-4所示。

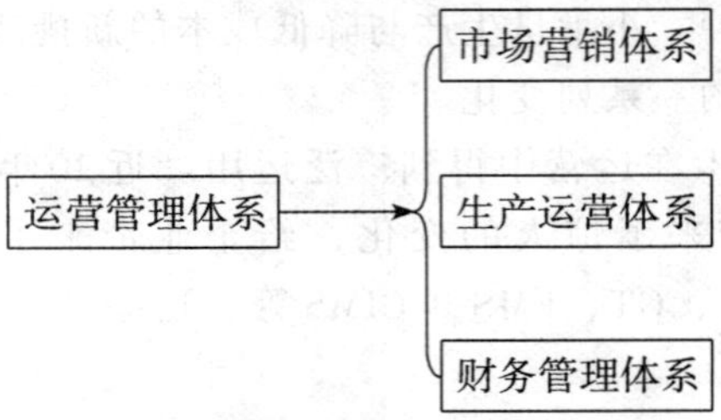

图3-4 基于生产职能的运营管理概念

（2）与战略管理相对应的运营管理

市场竞争的发展和互联网技术的应用，使狭义的运营管理概念不适应变化了的经营环境，主要表现在：

由于市场竞争和客户需求的多样性，生产经营管理的关键不完全在于以较低成本提供高质量的产品，而在于能够感知并快速响应客户的需求，在客户认可的时间限度内以合适成本提供满意的定制化产品服务。这就要求企业运营体系能够整合内外部资源，使营销、研发、生产、物流等协同运作，狭义的运营管理就不够了。

从技术方面来看，互联网的应用和电子商务的发展，改变了企业与客户、供应商、合作伙伴的沟通方式，使企业可以超越时间和空间限制保持实时在线联系，并大大降低了成本。这为扩大运营管理的范围和视野提供了条件。

因此，企业运营管理的范围应该超越产品服务生产的直接过程，成为在企业战略指导下快速响应客户需求、为客户创造价值并传递价值的全过程。

与此相应，企业经营管理活动可以分为战略管理和运营管理两个层面，如图3-5所示。

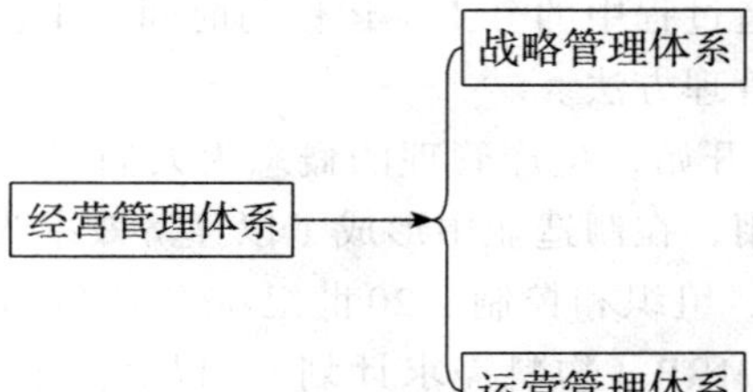

图3-5 与战略管理相对应的运营管理概念

2.运营管理的内容

广义运营管理是企业参与市场竞争的凭借，从产品服务有效提供角度建立竞争优势，使企业在市场上赢得竞争。与此相应，从运营角度影响企业竞争力的因素，主要是交货期、质量、成本、制造柔性。

（1）交货期（time）

交货期指比竞争对手更快捷地响应顾客的需求，体现在新产品的推出与交付等方面。对交货期的要求表现在两个方面：快速交货和按约交货。快速交货是指向市场快速提供产品服务的能力，对于企业争取订单意义重大；按约交货是指按照合同的约定按时交货的能力，对顾客满意度有重要影响。影响交货能力的因素很多，诸如采购与供应、企业研发柔性和设备管理等。

(2) 质量（quality）

质量指产品服务的性能可靠性，既包括产品本身的质量，也包括生产过程的质量。企业一方面要以满足顾客需求为目标，建立适当的产品服务标准，设计、提供消费者所期望的产品；另一方面以产品零缺陷为目标，保证产品的可靠性，提高顾客的满意度。此外，良好的物资采购与供应控制、包装运输和使用的便利性以及售后服务等对质量也有很大影响。

(3) 成本（cost）

成本包括生产成本、制造成本、流通成本和使用成本等诸项。降低成本对于提高企业产品的竞争能力、增强生产运作对市场的应变能力和抵御市场风险的能力具有十分重要的意义。企业降低成本、提高效益的措施很多，诸如：优化产品设计与流程设计、降低单位产品的材料及能源消耗、降低设备故障率、提高质量、缩短生产运作周期、提高产能利用率和减少库存等。

(4) 制造柔性（fragility）

制造柔性是指企业面临市场机遇时在组织和生产方面体现出来的快速而又低成本地适应市场需求，反映了企业生产运作系统对外部环境作出反应的能力。随着市场需求的日益个性化、多元化趋势，多品种、小批量生产成为与此需求特征相匹配的方式，因此，增强制造柔性已成为企业形成竞争优势的重要因素。关键柔性主要包括产品产量柔性、新产品开发及投产柔性和产品组合柔性等，由此又涉及生产运作系统的设备柔性、人员柔性和能力柔性等，甚至对供应商也会在这方面提出相应的要求。

企业要想在TQCF四个方面同时优于竞争对手是不太现实的。企业必须从具体情况出发，集中主要资源形成自己的竞争优势。特别是当TQCF发生冲突时，就产生了多目标平衡问题，需要对此进行认真分析、动态协调。这就产生了运营管理的根本任务和特殊要求。

3.运营管理的体系

从经营管理整体的高度审视企业运营过程，需要建立与之相应的全方位运营管理体系，该运营管理体系以企业战略为导向，从资源整合优化的角度，提高企业经营效益。

首先是以企业战略目标为导向。企业战略确定了企业在市场中竞争的方式以及要实现的经营目标，这些经营目标决定了企业生产什么、为谁生产。企业运营管理体系在此框架下工作，即企业运营管理体系的焦点是关注如何生产以提高企业经营效率。

其次是改进生产经营的状况。不同的企业战略、经营方式，需要不同的运营状况。确定企业所需的生产经营状况时，需要采取相应的措施对之进行改进。为此需要研究企业战略目标、生产经营方式与企业运营管理的关联方式，探讨可能的改进措施。把改进生产经营状况作为企业运营管理的目标，能够明确运营管理的切入方式和工作路径。

最后是优化运营状况的措施。生产经营状况的改进需要相应的办法。由于企业运营以资源的优化配置为核心，涉及资源获取及整合、资源整合过程及方式、资源整合效果及改进等不同环节，这些环节各有不同的管理要求和技术方法，因此需要企业根据实际情况加以合理的选择和使用。把优化生产经营状况的措施选择作为企业运营管理的要求，有助于确定运营管理的具体手段，使企业运营管理体系有效运行。

上述工作相互联系，构成运营管理的目标与手段体系，其中生产经营状况改进居于中间地位，既是实施运营管理措施的目的，又是实现企业战略目标的条件。

企业运营管理体系的作用机理如图3-6所示。

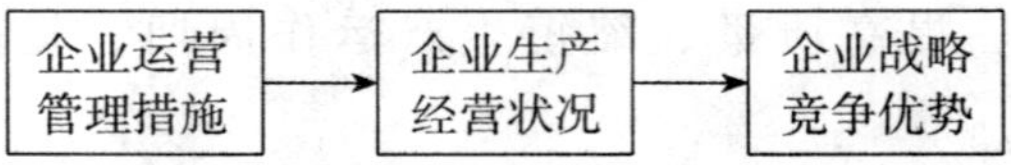

图3-6 运营管理体系的作用机理

3.2 运营状况

企业目标决定了所需要的运营状况。一个企业的运营状况可以从运营流程与运营能力两个方面加以刻画。前者是运营活动的业务过程刻画，以产品服务的形成为主线；后者是运营活动的业务效率刻画，表现企业有计划地进行资源配置从而发挥协同作用的能力。

3.2.1 运营流程

企业的生产经营过程也是产品服务的形成和提供过程，由一系列前后衔接的环节构成，由此构成运营流程。对于生产经营状况的把握可以从运营流程入手，通过流程中不同环节的改进，以及各环节之间关系的改进，提高分工协作效率。对于生产经营过程的分析，按照流程所涉及的范围大小，可以区分为业务工作流程和企业价值链。

1.业务工作流程

(1) 业务工作流程的概念

什么是企业的业务工作流程，对此有不同解释，见表3-2。

表3-2　业务工作流程的定义

定义人	定义内容	强调点
哈默	把一个或多个输入转化为对顾客有用的输出的一系列活动	围绕顾客需要设计工作流程
J.佩帕、P.罗兰	一系列有规律的连续行动，这些行动以确定的方式发生或执行，每一活动都有一定的输入和输出	工作流程本身的特点
芮明杰	流程的构成要素包括：活动、活动间的关系、活动的方式以及活动的承担者	由工作流程到分工协作
T. H. Davenport，J. E. Short	为达到某个具体输出而进行的一系列逻辑相关的任务的集合。它接收某一个输入，对它进行处理并产生某一个输出，应该对输入进行增值，产生更加有用和有效的输出	工作流程的增值和输出有效性

从不同定义可以看出，对于业务流程的界定有几个基本点：输入和输出；确定的转换方式；对输出结果的关注。目前的研究多是针对这些方面进行的，其中识别流程结构和提高流程输出输入比率是研究重点。业务流程再造的基本思想，就是通过对于流程结构的重新识别和塑造来减少流程冗余，提高最终输出结果的效率。

（2）流程的确定

企业生产经营活动是一个将原材料输入转化为产品服务输出的工作流程，产品服务的价值增值在工作流程的不同环节实现，因此流程管理极为重要。进行流程管理，需要重点确定的问题如下：

第一，输入输出的确定。主要解决企业生产什么的问题。企业要做什么事情，取决于是否拥有可供组合配置的资源：如果拥有，资源配置过程的不同环节就体现为业务工作流程。因此业务流程是企业在现有资源能力基础上提供产品或服务等一系列活动的过程。

第二，资源配置方式的确定。主要解决企业如何生产的问题，体现生产经营活动的技术性约束特征。企业生产活动是经营运作的底层基础，必须符合产品服务生产的技术规律，在此前提下进行合理分工。企业生产经营的一系列技术手段必须加载到生产流程中才能具体实施。

第三，信息流动方式的确定。主要解决生产经营过程中的协调问题。企业生产经营体系是一个由多个子系统、多个环节构成的整体，要协调这些子系统以及不同环节的关系，关键是信息的通畅。因而工作流程中必须要明确信息流向以及传递方式。

第四，投入产出率的确定。主要解决企业工作流程的效率衡量问题。企业所有生产经营活动都通过流程表现出来，每一组流程都可以看做一个投入产出函数，因此流程管理可以直接控制投入产出效率。

2.企业价值链

业务工作流程作为生产经营活动的技术性过程安排，要与产品服务的价值提升相联系。价值链分析方法提供了结合价值提升分析业务流程的思路。

波特把业务流程作为重要对象来分析企业竞争优势。波特认为，“每一个企业都是在设计、生产、销售、发送和辅助其产品的过程中进行种种活动的集合体。所有这些活动可以用一个价值链来表明”。也就是说，企业的价值创造是通过一系列相关活动来实现的，由原材料作为投入资源开始，直至原材料通过不同过程转化为产品服务，最终满足顾客的需要为止。在此过程中，所有业务活动环节对于价值增值的影响构成企业价值链。企业创造的价值，最终由顾客购买的产品服务价格和数量来决定。因此，通过界定企业流程的价值增值方式，能够把企业一系列输入输出过程和企业的市场经营效益相联系。

（1）企业价值链的结构

每个企业的生产经营活动都要进行采购、设计、生产、销售，这些活动可以用波特的价值链加以刻画。波特的企业价值链如图3-7所示。

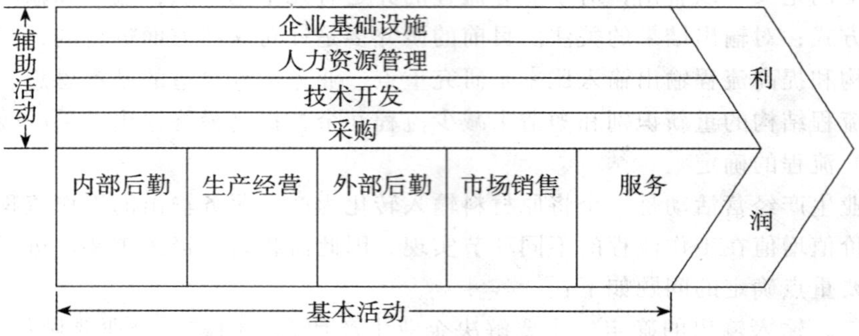

图3-7 波特的企业价值链

图3-7中，企业生产经营活动分为基本活动和辅助活动两大类。列在图3-7中最下面一行的是基本活动，以生产与销售为主线，体现为原料采购、产品制造、运输贮藏、销售服务等不同生产性职能，最终结果是为社会提供适销对路的产品服务。列在上面几层的是辅助活动，并不直接生产产品服务，但为产品服务的生产提供支持，目的是提高生产经营活动的效率。

（2）企业价值活动的环节

在企业价值链中，基本价值活动是基础，其中最重要的环节有：

内部后勤（inbound logistics）：是为企业提供保障的活动。内容包括：从供应商处接收生产所需的原材料，原材料的质量检查、仓储、库存管理，车辆调度，向供应厂商退货等。

外部后勤（outbound logistics）：是指集中存储将产成品发送给买方的各种活动。内容包括：产品库存管理、送货车辆调度管理、订单处理、进度安排等。

生产经营（operations）：是将有关原材料与设备投入转化为最终产品的活动。有五大构成要素：生产过程、生产能力、生产库存、生产质量和生产人员管理。

市场营销（marketing and sales）：指产品服务销售和市场促销活动。内容包括：销售渠道选择、广告策略决策、市场调查与定位、促销、定价等。

服务（service）：是为产品使用提供服务以增加或保持产品价值的活动，分为售前、售中和售后服务。

企业价值链中，辅助活动也极为重要，包括：

采购（procurement）：指购买生产经营必需品的活动。包括原材料采购；办公消耗品与企业设施采购；无形资产（知识专利）的采购；同供应商打交道的程度、手段；供应商的资格审定等。

技术开发（technology development）：价值链中每个业务操作环节所需技巧、步骤和技术输入。

人力资源管理（human resource management）：由对各类人员的招聘、雇佣、培训、开发和报酬管理所包括的活动组成。

企业基础设施（firm infrastructure）：由全面管理、计划、财务、会计、法律、政府事务和质量管理等活动组成。

企业实战3-2　　某建筑施工企业价值链

某建筑施工企业的价值链如图3-8所示。

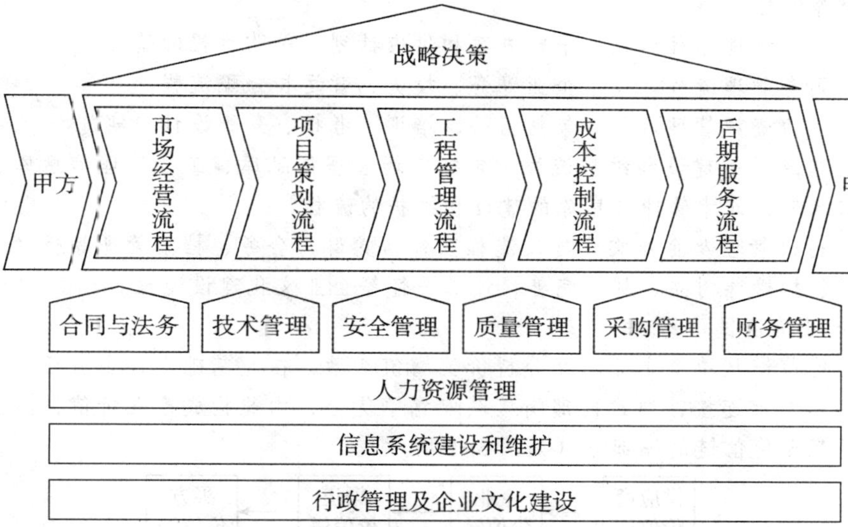

图3-8　企业价值链

1. 主价值链

这是企业生产经营活动过程中直接的增值环节。

（1）市场经营流程。包括从发现市场信息到签订施工合同这一过程的所有活动，如市场信息的跟踪与开拓、资格预审、投标管理、产品及合同要求评审等活动。

（2）项目策划流程。包括项目部组建、项目承包集体责任书的签订、项目责任目标的分解落实、项目实施、项目考评、责任合同兑现一系列的策划活动。项目策划的实质是明确项目承包集体的责、权、利。

（3）工程管理流程。包括工程项目管理各项目标的编制及实施，涉及进度、质量、安全实施计划，材料需求计划，机具需求计划，分包施工队伍需求计划的编制及实施。

（4）成本控制流程。以工程项目为成本控制对象，包括施工图预算、成本指标的制定及实施。

（5）后期服务流程。包括顾客档案的建立、工程回访以及顾客满意度调查、投诉受理、工程维修等活动。

2．价值链辅助环节

这是企业生产经营活动过程中间接的增值环节。这些活动不直接面向客户，但却支持着价值链主链的运行。

（1）合同与法务流程。包括合同评审、合同履约管理流程。

（2）技术管理流程。包括“四新”推广应用、技术支持与服务等流程。

（3）安全管理流程。包括安全措施、应急预案、安全检察监督等流程。

（4）质量管理流程。包括QC小组、质量标准制定、质量监督和控制、质量奖项申报等流程。

（5）采购管理流程。包括采购方案和供应计划、采购过程的管控。

（6）财务管理流程。包括企业筹资、投资、营运和分配流程。

（7）人力资源管理流程。包括招聘、培训、考核、薪酬设计与实施。

（8）信息系统建设和维护流程。包括市场管理信息库、工程管理信息库、技术管理信息库、人才管理信息库的建设和维护的流程。

（9）行政管理及企业文化建设流程。包括党群、会务、档案管理等行政管理流程，还包括榜样树立、制度完善、员工关怀等企业文化建设流程。

3．产业价值链

企业价值链从单个企业角度分析价值增值活动，在此基础上，企业还要与供应商、顾客发生连接，通过内部衔接获取竞争优势，由此构成产业价值链。企业价值链是产业价值链的一部分（如图3-9所示）。

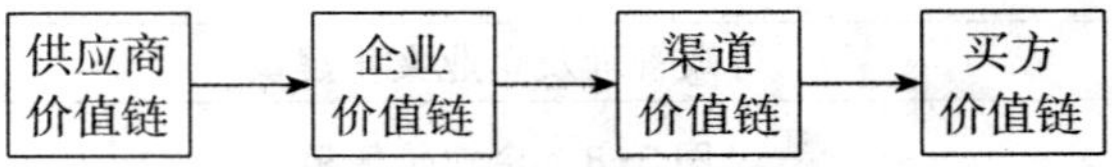

图3-9 波特的价值链系统

产业价值链是企业与上游供应商、下游分销商及顾客组成的更大的价值增值系统。在产业价值链中，供应商具有影响企业投入的能力，通过原材料供应环节的价值链体现出来；企业产品通过一定的渠道销售出去，又会构成买方价值链。这些价值链存在于企业外部，但都影响企业价值链的状况。也就是说，企业价值链蕴藏于范围更广阔的价值系统中，作为产业价值链的一个部分存在。

产业价值链是企业内部和企业之间，为满足用户特定需求或进行特定产品生产服务所经历的价值增值活动，涉及采购、生产、销售、服务等一系列环节。理解产业价值链需要把握两点：首先，产业价值链是产业分工细化和竞争压力增强的产物，是企业价值链的产业延伸研究；其次，当研究产业价值链上的某个企业时，其企业价值链是产业价值链的一个区段。运营管理通过企业价值链的运作，帮助企业在产业价值链中找到合适地位，实现生产经营效益。

【补充资料3-1】

建筑安装行业所处的产业价值链

建筑安装行业价值链如图3-10所示：

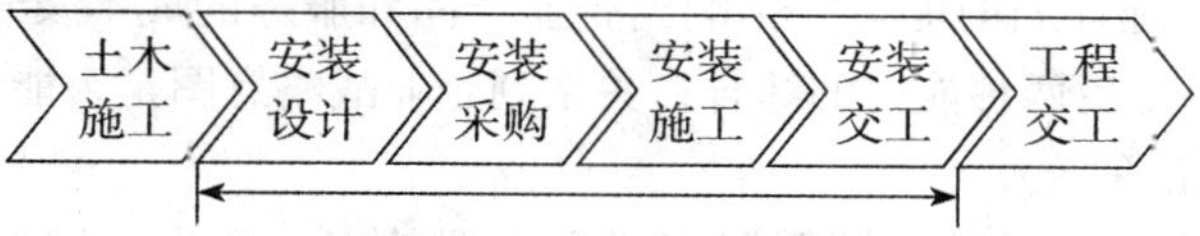

图3-10 建筑安装行业价值链

建筑安装是在土建的基础上完成建筑物的风水电等设施的安装工作，这是安装公司涉及的产业价值链主要环节，分为安装总承包和专业分包两种经营形式。在产业价值链中，和上游建设施工的衔接环节，是和安装工程（总承包）甲方衔接的环节，甲方负责把整体的工程移交给最终客户，安装工程（总承包）方则负责把安装工程部分移交给其甲方。在安装环节，安装工程方把工程设计由图纸转为现实，也是安装企业将移交给甲方的产品实现的过程。安装工程方采购安装材料、设备和劳务，进行技术、劳务加工，把设计图纸转为现实。

因此，在建筑安装类公司，设计和土建施工方是公司的客户，公司是材料、设备和劳务提供方的客户。对前者通过增加收入来增值，对后者和施工的本身通过节约成本来增值。

3.2.2 运营能力

当企业将有限资源投向价值增值环节时，需要相应的资源利用与整合能力，即企业运营能力。这种能力一旦超越竞争对手，就能够为企业带来竞争优势。稀缺的、稳定的、难以模仿的运营能力，作为生产经营能力的重要组成部分，将转化为企业的核心能力，成为企业战略竞争的依托。

1.生产经营能力

生产经营能力是通过提供适销对路的产品和服务从而获取经营收益的能力，包括生产运营能力和市场竞争能力两个方面。

（1）生产运营能力

生产运营能力即狭义的企业运营能力，即在战略目标给定的情况下，整合内外部资源从而提供有价值产品和服务的能力。理解运营能力需从两个角度进行把握。

首先，运营能力是整合生产要素的能力。企业是生产经营单位，企业的产品生产需要多种生产要素。这些生产要素不会自动产出东西来，需要与其他资源以一定方式相结合，这种结合通过资源整合能力来实现，即运营能力。例如，麦当劳在产品开发、市场研究、人力资源管理、财务控制和生产管理等方面有突出能力，麦当劳成功的关键在于整合这些功能，从而在全球数以万家特许经营店创造持久的高品质产品和服务。

其次，企业运营能力在战略框架下发挥作用。从战略角度看，一个企业的成功需要三种能力，即产业洞察能力、系统整合能力和组织运行能力。产业洞察能力是将“生产机会”与“现有资源”联系在一起的能力，也就是对于产业发展的预见能力；系统整合能力是企业确定生产经营方式的能力，明确企业从事的核心活动范围；组织运行能力是企业实施计划的能力，影响到企业产品和服务的成本及管理费用的高低。企业运营能力主要是后两种能力的综合，关系到企业战略意图是否能够被有效实施。

（2）市场竞争能力

企业对于要素资源的不同配置方式和配置效率，产生不同的投入产出结果，从而在市场竞争中具有不同的地位，这是企业的市场竞争能力。不同的市场竞争能力不仅能够产生不同的经营效益，而且能够使这种效益转化为企业的租金收益。

在市场竞争中，每个企业通过技术领先或者其他方法降低成本，提高销量，由此获取超额收益。在这方面取得突出成就的企业，利用自己所获取的经营利润，能够引入先进设备，扩大生产规模，加强产品服务创新，设置建立各种有形与无形的产业进入壁垒，从而在市场竞争中占据有利地位，获取竞争优势，这是企业的市场竞争能力。

无疑，企业的市场竞争能力与运营能力密切相关。如果不能有效地实现战略目标，把市场竞争的战略规划转化为实际行动，通过生产经营的有效运作提高投入产出效率，企业的市场竞争能力就无从谈起。

2.核心竞争能力

企业核心竞争能力是一种特殊能力，从根本上决定企业在市场上的竞争优势，其实质是有效整合自身资源以利用市场机会的稳定能力，通过整合资源要素的知识和技能体现出来。对于企业核心竞争能力的把握，需要了解核心竞争能力的重要意义和塑造方式。

（1）核心竞争能力的意义

在市场竞争中，企业获取超额收益的方式时时受到挑战，会由于其他企业的学习和进一步创新而消失，因此超额收益往往是暂时的。但如果一个企业获取超额收益的方式不仅具有稳定性，而且难以模仿，那么由此获得的超额收益就会转化为租金。所谓企业核心竞争能力，是能够帮助企业获取经济租的生产经营能力。

所谓租金，指生产要素的超边际收益。如果某种资源使用方式，给所有者带来的收益是最大的，超过了任何其他用途获得的收益，这种超过机会成本的收入就是租金。租金分为“经济租”和“准租”两种：如果一种资源能够长久使用而不受这种使用的支付额影响，被称作“经济租”；如果可供使用的资源只是暂时不受支付额影响，则被称作“准租”。在市场中，如果一个企业拥有稳定的、难以取代的竞争能力，就会获取“准租”甚至“经济租”。获取稳定的、持久的“经济租”，使企业利润由暂时转化为稳定，是企业努力的方向。

判别一种能力是否是核心竞争能力，要看其是否满足四个标准：有价值的、稀有的、难以模仿的和不可替代的。四个标准结合的结果见表3-3。

表3-3 **核心竞争能力的四个标准结合的结果**①

资源和能力是否有价值	资源和能力是否稀有	资源和能力是否难以模仿	资源和能力是否不可替代	竞争后果	业绩评价
否	否	否	否	竞争无优势	低于平均回报
是	否	否	是/否	竞争对等	平均回报
是	否	否	是/否	暂时性竞争优势	高于平均回报
是	是	是	是	持久性竞争优势	高于平均回报

因此，如何塑造有价值的、稀有的、难以模仿的和不可替代的生产经营能力，成为企业经营管理的战略目标。

（2）企业核心竞争能力的塑造

由于企业核心竞争能力的重要性，引起了广泛关注和深入探讨。人们对什么是企业核心竞争能力提出了不同的观点，由此产生了进行企业核心竞争能力塑造的不同建议。其中代表性观点见表3-4。

表3-4 **核心竞争能力研究总结**

核心竞争能力定义	代表人物	强调重点	能力特征
是组织中的积累性学识，特别是关于协调不同的生产技能和有机结合多种技术流派的学识	Prahalad and Hamel	基于技术技能的知识整合	用户价值，独特性，延展性
公司专有的，优异的，扎根于组织之中的和适应市场机会的，更有可能实现可持续竞争优势，获得超平均水平利润的一种复合型、整合性能力	Faulkner & Bowman(1995)	运行能力（技术），制度能力（价值保障，提升与创新）	专有的，优异的，持续的
是组织资本和社会资本的有机结合，组织资本反映了协调和组织生产的技术方面，而社会资本显示了社会环境的重要性	埃里克森和米克尔森	组织资本，社会资本	有价值的，异质的，不能模仿的，难以代替的
是公司区别于其他公司并对公司提供竞争优势的一种知识群，是一种行动能力，是一个组织能够长期形成专有能力从而为顾客提供价值的关键所在	Leonard-Barton	知识与技能的管理体系，价值观和规范	制度化关联，专有性提供，价值持久性
是某一组织内部一系列的技能和知识的结合，它具有使一项或多项业务达到世界一流水平的能力	麦肯锡管理咨询公司	洞察力/预见力前线执行能力	独特性，延展性

① 王关义，等.现代企业管理[M].北京:清华大学出版社，2007:173.

上述观点虽然有很多差异，但都强调企业核心竞争能力具有两个基本点：一是从客户的角度出发，强调这种能力的价值难以替代；二是从竞争的角度出发，强调这种能力的独特性和不可模仿。

这是因为，作为获得“经济租”的依托，企业核心竞争能力的来源大致有如下几种：第一，资源稀缺性。由于资源难以获得，给资源所有者带来额外报酬。第二，垄断性。由于某种原因，企业的生产经营方式很难被模仿和轻易学习，使超额收益长时间存在。第三，系统性。有些租金得益于资源的特殊组合方式，这是一种系统优势。第四，动态性。在存在高度不确定性的复杂环境中，组织应对环境的知识和技能积累很难被对手模仿。

上述因素中，后三种因素都与企业的生产经营方式相关，与生产经营的运作体系相关，是企业在产品服务的提供过程中积累的知识和技能，以及长期生产经营过程中形成的特有运作方式。因此，强有力的运营能力是企业核心竞争能力赖以形成的重要依托。

3.3 运营状况改进

企业实战3-3　　代工行业的优等生：鸿海

1992年，宏碁集团创始人施振荣先生为了将研发、制造、营销三者与附加价值之间的关系表示清楚，提出了微笑曲线的概念，此概念简单清楚地解释了代工产业在全球产业的分工位置。中国代工产业占据的是微笑曲线中生产制造组装的位置，此处的代工制造获利最低。所有的代工厂犹如一头头猛兽受困于产业链的笼子中，为了生存只好相互打斗，不断将资源投入生产制造领域，以实现规模经济。竞争的武器就是成本，不断压缩成本狂打价格战，当然会造成利润的不断下滑。

然而，有别于一般代工业所面临的尴尬处境，鸿海的营业额却在稳步增长，自1995年开始公布联合结算报告以后，销售额一直保持每年40%以上的增长，不但是中国的第一大民营制造企业，更于2005年超越Flextronics成为世界第一大代工厂，远远高于夏普和三洋等日本大型民用产品厂商，日本人将之形容为“一座突然浮出水面的巨大冰山”。

为何鸿海得以在这激烈的代工业战役中旗开得胜?关键一点在于鸿海逐一将内部流程优化以提升整体效率，创造出竞争对手望尘莫及的速度优势。

流程优化之一：产品开发单元

在产品开发单元，鸿海彻底贯彻一地设计的概念，全力配合重要客户在其附近进行研发设计、工程测试、样品制作等工作，以便与客户同步开发新产品，使新产品尽快上市。例如，只要英特尔推出新一代CPU，鸿海立即能与之配合，共同发展出与新一代CPU匹配的连接器架构，英特尔也会指定主机板合作厂商来做测试。这样，靠近客户的研发总部来进行鸿海研发设计与制作样品，便于新产品设计的变更，以争取客户在第一时间对鸿海新开发的产品进行确认，从而缩短产品的开发时间。

流程优化之二：产能规划单元

在产能规划方面，速度是极为重要的。新上市的产品往往会造成需求曲线的上升。

购买制造设备和建设生产线方面，鸿海的表现十分突出。在新产品获得认可之后，在最短的时间内，鸿海能在亚洲、北美、欧洲三个主要市场的制造基地布置生产所需的采购、制造、工程、质量管理等各项工作，并能依据客户的市场需求快速地扩充产能。若是熟悉的产品，生产线的准备速度更快。从接到订单建设厂房到同时引进制造设备，鸿海只需短短3个月。相对于一般电子厂建厂动辄5个月以上的准备期，连设备供应商对鸿海的神速都赞叹不已。鸿海对设备交货期要求非常严格，正常交货期为2个月，而鸿海则要求1个月交货以加快整体速度。因此，鸿海在建厂规划上总是较竞争对手有很大的速度优势。

另外，有时候在客户发出订单前，鸿海就冒着风险，建好了厂房。当订货商被告知"我们专门为贵公司建好了厂房"时，订货商不可能不动心。所以除了胆识和诚意，鸿海用的还是"速度"来抢订单。

流程优化之三：制造单元

为了优化生产线制造能力，鸿海不仅从新力等民用产品厂商，还从日本电装和爱信精机等汽车行业挖来了技术人才。比如，现鸿海集团负责手机业务的香港富士康首席运营官戴丰树就是其中之一。他从东京大学研究所毕业以后，在爱信精机尽得丰田生产方式的精髓。来到鸿海以后，他在计算机量产线的建设中，运用汽车配件生产中的经验，将各组装制程的前导时间和射出成形及冲压成形结合起来，将机壳的成形制程和组装制程融入一条生产线。这不同于一般代工业者的制造流程：他们有做模具的，有做成型加工的，有做组装的，一般代工厂客户下单后，常常是一个部门接着一个部门得到通知。在鸿海，各部门可以同步进行，真正做到效率最大化，因此不仅降低了生产成本，还提高了产能与速度。另外，鸿海亦采用"六西格玛"、每日报表解读、广告牌等先进的管理方式，郭台铭曾相当自豪地说："我们的工管系统，是一种快稳准的系统！"而这种快稳准，也来自多年的经验，把工管程序简单化。"工管是什么？就是管蓝图，而蓝图等于尺寸+规格+检验规范+操作规范！"

丰田的Andon生产方式也深植于鸿海的生产线：某一个制程中一旦发现缺陷立即停线，不让缺陷品继续沿生产线走下去，以保证质量最佳化，因此这种速度快质量佳的生产线被客户赞誉为"全球第一"。

流程优化之四：采购单元

在采购方面，鸿海一方面不断压低成本，另一方面通过引入供应商管理库存系统（VMI），将速度与库存压缩至极致。

在削减成本方面，虽然鸿海在很多代工领域都已经具备上中下游垂直整合的能力，但在选择供应对象时却不一定以内购为优先选择。这样做有两个优点，第一是内部垂直整合的上游零组件供应厂可以通过与外部厂商竞价过程得知自己在价格、质量与交货期等方面是否具备竞争优势，并加以改进；第二则是采购人员在面对外部零部件供货商时，都有很好的议价能力，鸿海也因为量能足够而议价能力相对提高。

鸿海在库存管理中采取的是供货商管理库存方式，即由零组件厂商自己承担管理库存的任务。透视VMI的运作，首先由中心厂发出1张订货单给供货商，通常这张订单只供参考用，不会被视为正式订单，待供货商确认回复后，中心厂便将未来某一时间段（通常为8～20周不等，鸿海为12周）对零组件需求量的循环预测值告知供货商，而供货商必须据此回复是否能如期交货。接着，供货商就可以根据循环预测值，主动送货至VMI仓库中。通过VMI就能将生产时间压缩至最短，因为供货商会依据中心厂的预测值定期送货至VMI仓库，所以中心厂在确保VMI货仓必定有货的情况下，其前一作业时间只剩下从VMI货仓运送至制造工厂的时间，因此可以将库存积压降至最低。这样零组件供货商与鸿海同步生产，让鸿海在速度上更是占尽优势。

此外，由于零组件厂商的销售发生在鸿海从自己的零部件仓库中提货之时，所以从财务方面看，鸿海的零部件库存一直为零，有效地控制了库存成本。

流程优化之五：配销单元

鸿海在配销方面的优化主要是在欧洲、北美洲、南美洲的国家设置电子网络中心，让鸿海与市场零时差，让“物流网络中心”和“信息流”完美结合。

网络中心主要是发货中心仓库，也就是物流中心。鸿海把物流中心直接建立在方便客户的基础上，一方面向客户提供快速服务；另一方面，客户自己不用增加备料负担，需要使用就直接由鸿海快速提供，降低了客户的成本。鸿海位于休斯敦的网络中心和组装生产线只有一门之隔，生产线做到什么程度，零件就可以提供到什么程度，而货物一旦跨过仓库大门就等于出货，可以开始向客户记账。网络中心其实就是一个小型物流公司，靠出货进货的“周转率”来自负盈亏，生产线只要拿到零件，几乎就等于出货，库存为零。

此外，鸿海依靠自己投资上千万美元的信息平台、自己编写的软件，用电子化来预测库存、掌握存货量。

因此，鸿海可以自豪地宣布，存货不会超过2天以上。这也正是贯彻郭台铭的理念：“只要停留超过15分钟，就要设仓库管制！”郭台铭认为不管是零件、物料、组件还是半成品，只要走出发货中心，还没有成为成品出货，都要在计算机上管制并随时查得流程。而“出货”、“销货”也都定义得相当清楚，出货是指从制造地到发货仓，对客户尚未收钱的一段；销货是指从发货仓到客户仓，对客户收钱的那一段。

过去几年，鸿海所建立的全球运筹系统，在2002年开始大幅发挥效力。鸿海的全球布局，加上电子网络中心的概念，让供货商几乎和市场零时差，也让鸿海与客户结合得更紧密，因此鸿海可以第一时间与客户共同成长。

小结

鸿海细心打造各个环节，能以最快的速度开发产品、制造产品、扩充产能，能以最快的速度将产品交到客户手中。因此，鸿海深得客户信任，让对手难以对抗。

资料来源 改编自郎咸平.产业链阴谋I:一场没有硝烟的战争[M].上海:东方出版社,2008:184-189.

提高企业运营能力是获取竞争优势的重要条件，为此需要加强运营管理，改进运营状况。在运营状况改进中，优化资源配置、整合运营环节、改进产品服务，是三个基本环节。

3.3.1 优化资源配置

企业作为生产经营组织，需要在整合各类资源要素的基础上，为社会提供适销对路的产品和服务，因此优化资源配置是运营管理的首要工作。现代企业所依托的主要资源，包括人力资源、财力资源、物力资源和信息资源等。对于这些资源的配置工作从两个方面展开：一是资源定位，即确定企业资源的分配领域和方式；二是资源整合，即把相关资源组合起来形成有效的生产力。

1.资源定位

资源定位确定企业资源配置的原则，解决“做正确事”的问题，取决于企业的战略目标和战略规划。

在市场经济条件下，资源配置方式首先受“看不见的手”影响。企业将资源投向哪个领域，作何用途，主要以市场需求为导向，以市场行情和价格机制为杠杆。但这一观点只注意到了资源投向的市场收益率，没有考虑资源禀赋的适应性问题。

诚然，市场状况是企业确定资源配置方向时必须首先考虑的问题，但对于企业而言，目标市场收益率只是一种潜在的或可能的收益率，能否转化为现实收益，至少还应考虑企业资源本身的禀赋，分析企业能否适应该领域的要求及竞争特性。企业资源的禀赋就如人的能力一样具有倾向性，只有在符合其禀赋倾向的领域才能更好地发挥其作用。如果忽视了这一问题，即使将大量资源投入到收益率极高的领域，也未必会给企业带来最大化的收益，相反有时会使企业跌入市场收益陷阱。因此在确定资源分配方向时，既要考虑目标市场的收益率，又要考虑企业资源的适应性；既要遵从市场机制的调节，又要发挥企业的主观能动性。在目标市场收益率与企业资源禀赋适应性之间找到最佳结合点，在遵从市场机制调节与发挥企业主观能动性之间寻求动态平衡点，这既是企业资源潜力得以有效发挥的首要前提，也是企业资源配置的核心要求之一，可称之为企业的资源定位能力。

2.资源整合

确定了资源分配方向只解决了问题的一半，问题的另一半是根据既定的目标要求，按一定规则将相关资源整合起来，从而激活和放大企业资源潜力。如果说，资源定位是解决资源配置过程中“做正确的事”的问题，资源整合则要解决“把事情做好”的问题。

资源整合的核心任务，是确定企业资源之间的动态配合关系。这些配合关系包括物质资源之间的配合关系，例如厂房、生产线以及机器设备之间、固定投入与原材料之间的配比安排等，人力资源与物质资源之间的配合关系，例如一定量活劳动所能推动的物质生产资料的量等。在企业资源分配方向既定的条件下，这一整合方式直接决定企业资源利用的效率，取决于企业对于资源要素的技术/经济整合能力。

企业人力资源的整合更为复杂，不仅涉及企业成员之间以任务为中心的横向分工协作关系，而且涉及企业成员之间以权力为中心的纵向隶属关系。随着社会的发展、企业成员素质的提高，支配人力资源整合方式的制度原则愈来愈被柔性的企业文化所取代，使人力资源的配合逐步演变为制度—文化配合。与此同时，信息技术不断进步导致的组织扁平化、网络化，使人力资源配合方式愈来愈趋向于横向的、富于弹性和灵活性的分工协作，愈来愈多地表现为动态任务团队之间的分工协作。

随着知识经济的发展，在企业资源的配合关系中，人力资源整合的地位越来越重要，不仅影响人力资源配置本身，而且影响人力资源与物质资源之间的配置方式，并间接影响物质资源本身的配合关系。在其他条件既定的前提下，人力资源配合关系愈是合理，员工积极性与创造性愈是得到发挥，则企业人力资源与物质资源之间以及物质资源之间的配合关系，就愈能接近一定技术和经济条件下所要求的理想配比，使企业资源潜力得到有效发挥。也就是说，企业的制度/文化整合力，决定着其技术/经济整合力，是企业资源潜力的深层激发器和资源配置能力的核心。

3.资源调配

资源整合的目的是扩大生产、降低成本、提高产品质量和性能，加强企业的推销和营销能力。为此需要进行合理的资源调配。

所谓资源调配，是根据企业生产经营的总体布局，对有限资源进行动态配置，保证重点环节在恰当的时候得到相应的资源安排。资源调配与资源整合的区别在于，需要改变已有的资源配置格局。运营管理大多在既定资源配置格局基础上进行，但这一格局可能与环境的变化不相适应，因此必须加以调整。实际上，资源的获取和放弃已成为现代企业进行资源调整的常见行为，如企业的兼并和剥离、技术引进和转让等。韦尔奇以快刀斩乱麻的魄力来贯彻“数一数二”的经营理念，正是靠着对资源配置的调整来实现的。企业运营管理者从决策层所得到的战略执行信息，同样要通过对既定资源配置的调整来表达和传输。

跟资源整合一样，资源调整同样有两个方面：一是资源的战略性调整，主要解决将资源向何种经营业务调整的问题；二是资源的战术性调整，主要解决在既定的业务方向内，资源在管理和生产的各个流程内向哪一阶段倾斜的问题。韦尔奇在接管通用电气的时候，公司有350个产品事业部，分属于43个战略经营单位，韦尔奇担任首席执行官（同时也是通用电气的首席运营官）后，将公司业务改组为3个核心业务群，这就是资源的战略性调整。

在实际工作中，企业的资源调配是支持企业战略目标实现的重要途径。例如，如果企业的资源配置重点是支持扩大再生产，那么凡是有利于扩大再生产的投资项目，都要竭尽全力，优先保证资源供给，而对提高产品质量和性能、新产品开发以及产品促销的资源投入则相对就少。以产品声誉为导向的企业，其资源配置的重点会从扩大再生产上转移到支持提高产品质量、性能以及新产品开发上。此时企业对于产品研制、新产品开发的资源投入会大大增加。在推销观念指导下，企业在进行资源配置时，除了考虑生产发展、质量提高以及新产品的开发以外，会加强对销售方面的资源投入，希望通过追加投入来强化自身的销售功能，创立自己的名牌，以扩大市场占有率，从而提高企业的资源效率。在市场营销观念的指导下，企业重视以顾客为导向的方针，强调调研为先，强调整体活动和长远利益。企业首先要树立“用户至上，一切为用户着想”的思想，努力满足顾客需求。因此在现代市场营销观念的指导下，企业的经营资源要向市场倾斜。

3.3.2　整合运营环节

为了通过资源优化配置为顾客提供有价值的产品和服务，必须以顾客价值的创造和传递为核心，把生产经营活动的各方面工作整合起来，形成统一的企业运营能力。其中生产管理、营销管理和研发管理，是运营管理最为重要的环节。

1.生产管理

生产管理是对企业生产活动的计划、组织、领导和控制，是针对产品服务提供过程所进行的综合管理，与“投入—变换—产出”过程直接相关。

（1）生产活动特点

生产活动的典型形式是产品制造。人们对生产活动过程的研究，从有形产品的制造过程开始，被称为“生产管理学”（Production Management）。随着经济的发展和技术进步，原来附属于生产过程的业务和服务活动相继独立出来，形成了专门的服务业，对这些无形产品运作过程的管理也就应运而生。

现代企业中，人们把有形产品和无形产品的生产和提供，都看做“投入—变换—产出”的过程，统称为生产运作。其特征表现为：①能够满足人们某种需要，即有一定的使用价值；②需要投入一定的资源、经过一定的变换过程才能实现；③在产品服务的提供过程中实现价值增值。

生产运作活动的机理如图3-11所示。

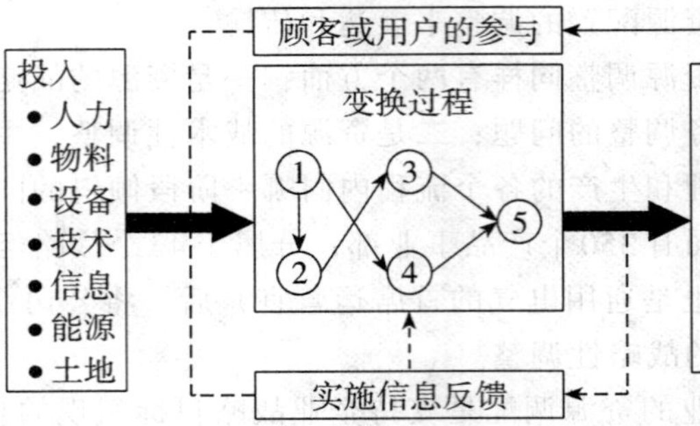

图3-11　生产活动过程

图3-11对生产过程从“投入—变换—产出”的角度进行了刻画，生产管理就是对生产过程的各种活动进行计划、组织和控制，以保证有效地提供产品服务。这一过程由物质转化系统和工作管理系统结合而成。其中物质转化系统是实体系统，由各种设施、机械、运输工具、仓库、信息传递媒介等组成。例如一个机械厂的实体系统包括车间，车间内的各种机床、天车等工具，车间与车间之间的在制品仓库等。一个化工厂的实体系统可能主要是化学反应罐和形形色色的管道。一个经营连锁快餐店的企业的实体系统又大为不同，不可能集中在一个位置，而是分布在一个城市或一个地区内各个不同的地点。工作管理系统是对物质转化系统中分工协作的计划和控制，目的是通过有计划的分工协作有效地进行物质转化，达到为社会提供适销对路产品服务的目的。

（2）生产管理内容

由于生产管理活动是“投入—变换—产出”过程的管理，因此生产管理内容可以概括为两个方面：生产系统的设计和运行。

生产系统的设计包括产品或服务的选择和设计、工艺选择、能力规划、生产设施的选择、生产设施的布置、服务交付系统设计等。生产系统的设计一般在设施建造阶段进行。生产系统的设计对其运行有重要影响。如果产品和服务选择不当，将导致方向性错误，一切人力、物力和财力都将付之东流。厂址和服务设施选择不当，将铸成大错。在何处建造生产设施对生产活动的效果有很大影响，尤其是服务业。同时，位置的选择和设施的布置决定了产品和服务的成本，决定了产品和服务在价格上的竞争力，甚至决定企业的兴衰。

生产系统运行的任务，是在既定生产系统中适应市场变化，按照用户需求生产合格的产品和提供满意的服务。生产系统的运行涉及生产计划、组织与控制三个方面：计划工作解决生产什么、生产多少和何时生产的问题，包括预测对于产品服务的需求，确定产品服务的品种和产量，确定产品交货期和服务提供方式等。组织工作解决合理配置生产要素，使有限资源得到充分利用的问题。生产要素的不同组合和配置方式，构成了各种不同的具体生产方式，例如福特式生产方式、准时制生产方式、大规模定制生产方式等。控制工作解决如何保证按计划完成生产任务的问题，包括订货控制、投料控制、生产进度控制、库存控制和成本控制等方面。

2. 营销管理

企业的产品与服务只有被消费者购买，才能为企业创造效益。营销管理的目的，是了解消费者的需要，以此引导企业产品与服务的生产，帮助顾客了解和认同企业的产品与服务。与生产管理一样，营销管理也是企业运营管理的基本环节。

（1）市场营销活动

菲利普·科特勒认为："市场营销是个人或群体通过创造，提供并同他人交换有价值的产品，以满足各自的需要和欲望的一种社会活动和管理过程。"这个定义中包含了需要、欲望和需求，产品或提供物，价值和满意，交换和交易，关系和网络，市场，营销和营销者等一系列的概念。

需要、欲望和需求，企业生产经营的基本动因是满足人们的需要和欲望。对企业而言，有购买能力的"欲望"才是有意义的，才真正构成有效需求。由于任何需要的满足都必须依靠一定的产品服务，因此好的产品服务在市场上具有较强竞争力。人们只会购买有价值的东西，并根据效用和代价的比较来认识价值的实现程度。交换是市场营销活动的核心。需要的产生使交换成为有价值的活动，产品的产生使交换成为可能，而价值认同才使交换最终实现。如何克服市场交换的障碍，顺利实现市场交换，进而达到实现企业和社会经济效益之目的，是市场营销学研究的核心内容。

从广义的角度看，市场就是一系列交换关系的总和，由"卖方"和"买方"两大群体构成。在市场营销学中，"市场"往往特指企业的顾客群体。这种对"市场"概念的认识是站在企业（卖方）的角度进行分析，市场就主要是由顾客群体（买方）所构成的了。

在现代市场营销活动中，企业为了要稳定自己的销售业绩和市场份额，希望同顾客群体之间的交易关系长期保持下去，得到不断发展。而要做到这一点，企业市场营销的目标就不能仅仅停留在一次交易的实现，而要努力发展同供应商、经销商和顾客之间的关系。企业同各种群体所形成的一系列长期稳定的交易关系，构成了企业的市场网络。在现代企业的市场营销活动中，市场网络的规模和稳定性成为企业竞争力的重要支持。

（2）市场营销管理

为了提高市场营销效益，必须进行营销管理。企业的市场营销管理由四个相互紧密联系的环节构成：分析市场机会、选择目标市场、设计市场营销组合、管理市场营销活动。

首先是分析市场机会。寻找和分析、评价市场机会，是市场营销管理的主要任务，也是市场营销管理的首要步骤。这一工作的成效，决定企业能否合适地把握市场环境，找到自己生产经营活动的空间。

其次是选择目标市场。对市场机会进行分析和评估的目的，是确定所要进入的目标市场。为此先要对市场进行细分，依据自身的资源和能力选择恰当的细分市场。这种细分市场也就是对于产品服务具有特殊需要的顾客群体。

再次是设计市场营销组合。为了有效地建立与目标市场的关系，获得自己的顾客群体，需要采取一系列相应的措施，包括产品服务的设计、定价，以及对于产品服务的宣传和促销。为了提高市场营销工作的效率，需要采取合理的策略，这种策略体现在营销组合上。营销组合为企业占领市场提供手段、方法和行动方案。

最后是管理市场营销活动。这是指将市场营销组合方案付诸实施，变成企业营销人员的实际行动。在此过程中，营销队伍的组织、营销任务的安排、营销进程的控制、营销绩效的评价、营销队伍的激励，是实施和控制营销活动的主要工作内容。

3.研发管理

为了使产品服务适应消费者的需求，低投入高产出地为市场提供适销对路的产品服务，企业必须加强研发工作，包括对于产品服务本身的研究开发，和产品服务提供方式的研究开发。随着市场经济的发展，科学技术的进步，企业研发管理的地位越来越重要。

（1）企业研发工作

所谓研究与开发（research and development，R&D），包括基础研究、应用研究和技术研究。基础研究的任务，是探索新的规律、创建基础性的知识体系；应用研究的任务，是将基础研究中的新知识、新理论应用于具体领域，提高经济与社会福利；技术研究是将应用研究取得的成果，发展为关于新产品、新系统和新工程的设计活动。三种研究的目的、性质、内容等不同，参见表3-5。

表3-5 **三种研究的比较**

	基础研究	应用研究	技术研究
目的	寻求真理，扩展知识	探讨新知识的应用可能性	将研究成果应用于实践
性质	探求发现新事物、新规律	发明新事物	完成新产品、新工艺，使之实用化、商品化
内容	发现新事物、新现象	探求基础研究应用的可能性	运用基础研究、应用研究成果从事产品设计、产品试制、工艺改进
成果	论文	论文或专利	专利设计书、图纸、样品
成功率	成功率低	成功率较高	成功率高
经费	费用较少	费用较大，控制松	费用大，控制严
人员	理论水平高、基础雄厚的科学家	创造能力强、应用能力强的发明家	知识和经验丰富、动手能力强的技术专家
管理原则	尊重科学家意见，支持个人成果，采用同行评议	尊重集体意见，支持研究组织在适当时候作出评价	尊重和支持团体合作
计划	自由度大，没有严格的指标和期限	弹性，有战略方向，期限较长	硬性，有明确目标，较短期限

企业作为微观效益组织，研发活动主要在技术领域进行，目的是为企业开发出适销对路的产品服务，建立有效的分工协作方式。在企业系统中，承担技术开发任务的子系统称为技术系统。其任务是在企业内部储备技术和创新潜力，并不失时机地将这种潜力转化为有竞争力的新产品与服务。因此，企业研发系统也称为新产品开发系统，或产品与服务的创新系统。

（2）企业研发管理

进入21世纪，科学技术突飞猛进，市场需求日新月异，消费方式的多样化和个性化越来越明显，要求企业加强产品服务的创新。与此相应，研发管理的地位越来越重要。人们普遍认为，R&D能力决定了企业的兴衰成败，R&D效率影响了企业的市场竞争能力，R&D的质量决定了企业的产品质量，R&D的成果影响企业的成本收益和可持续发展。

企业的产品研发过程，由产品服务构思、产品性能设计与操作工艺设计等环节构成。产品服务构思的任务，是根据客户需求确定可能的产品与服务形式，进行新产品的功能定位；产品设计的任务，是根据新产品的功能定位进行产品的具体性能设计；工艺设计的任务，是按照产品服务的性能设计标准，改进从原材料加工到提供产品服务的操作方式，包括加工过程、工时消耗、设备和工艺装备需求的变化。上述三个环节的工作密切相关，并与市场营销、生产制造相联系，决定企业产品服务的提供方式和经营效益。

为了使研发工作更好地为企业生产经营服务，必须进行研发管理，包括对于产品服务构思、设计和生产服务方法技术的改进。企业的研发管理，关键是使研发工作贴近市场需要，及时为市场提供适销对路的产品服务。在此过程中，发挥研发人员的能力，调动研发人员的工作积极性，具有根本意义。

3.3.3　改进产品服务

运营管理的中心线索，是通过生产经营活动的有序进行，低成本高效率地把原材料转变为适销对路的产品服务，及时、持续地满足客户群体的不同需要。在此过程中，产品服务的质量、物料流动的方式、客户关系的改进，必须高度重视。与此相应，质量管理、物流与供应链管理、客户关系管理，在运营管理中具有重要地位。

1. 质量管理

企业以产品服务满足顾客的需要，因此对于产品服务使用价值的关注，是顾客首先考虑的问题。所谓质量，即产品服务使用价值符合标准的程度，直接影响其价值的高低。随着经济社会的发展，关注质量、进行全面质量管理，已经成为企业管理的基本要求。

（1）质量管理的任务

质量管理的任务，是通过提供优质产品服务满足顾客的需要。由于优质产品服务的形成，是企业生产经营活动各环节综合作用的结果，因此质量管理涉及企业管理的各个方面，需要从不同角度进行。与此相应，现代企业强调全面质量管理。

从注重产品服务的数量和规模，到注重产品服务的性能和质量；从单一的质量检验管理，到全面质量管理，是经济社会发展和经营管理发展的结果。对此可以从如下方面把握：

首先，质量管理是技术发展的产物。20世纪50年代以来，随着社会生产力的迅速发展，科学技术日新月异，工业生产技术手段越来越现代化，工业产品更新换代日益频繁，出现了许多大型产品和复杂工程。由于这些产品和工程耗资巨大，影响重大，因此对其质量要求大大提高，特别是对产品服务的安全性和可靠性提出了空前要求。对于安全性、可靠性的强调，使产品质量占有越来越重要的地位。

其次，质量管理是买方市场的要求。随着市场经济的不断发展，消费者逐渐提高了对于产品服务的鉴别力和选择性，提高了对于自己作为消费者的权益意识。与此同时，产品种类的丰富化以及服务提供的多元化，也为人们提高对于产品性能和质量的要求，提供了现实的条件。随着消费者对品质的要求越来越高，企业也更为关注产品服务的质量。

质量管理是提高效率的手段。20世纪80年代，克劳斯比提出了“质量免费”的概念，企业也逐渐体会到，高质量的产品服务，不仅不会给企业增加成本，反而会给企业带来更高的经济回报。从质量谋生存，靠质量求发展，已经成为企业的共识。因此企业有了提高质量管理水平的内在动力。

（2）质量管理的方式

由于不同企业有不同的产品服务，因此质量管理具有极为复杂的标准。从总体上看，产品质量管理和服务质量管理，由于关注的内容和重点不同，因此具有不同的质量标准，见表3-6。

表3-6 **产品质量管理和服务质量管理标准**

产品质量管理标准	服务质量管理标准
工作情况——运行特点 特点——重要的特点 适应性——通过一段时间适应特定的运行过程 持久性——在损坏之前的总工作量 一致性——与预先设立标准的符合情况 适用性——维修和检修的复杂性和速度快慢 美观——产品的外观和给人的感受 感知的质量——对于产品质量的主观感受	时效性——在承诺的服务提供时间所提供的服务 礼貌——令人高兴的服务 一致性——一视同仁 完备性——提供了全套的服务 便利性——顾客很容易找得到 精确性——每次服务都很细心准确

资料来源 罗宾斯.管理学[M].孙健敏，等，译.7版.北京:中国人民大学出版社，2004:574.

但是，由于质量管理关注的都是使用价值，因此具有一些共同规律，由此产生了质量管理的基本原则和方式。从目前情况看，ISO 9000质量认证体系和6西格码标准，是质量管理常用的制度与方法。

ISO 9000质量认证体系，是从产品服务的提供过程入手，从过程管理角度所进行的质量管理，需要各有关部门共同努力，因此又称为全面质量管理。ISO9000质量认证体系的内容，包括了从合同审查开始，从产品设计到产品提供的所有活动环节。目前ISO 9000已经成为国际市场上公认的质量评估标准。

6西格码质量管理标准，是对产品服务质量的一种定量化要求，由美国摩托罗拉公司首先建立和使用。所谓6西格码，即6σ的译音，是指产品服务的不合格率不高于百万分之三点四。σ是统计学家用来定义正态分布曲线下的标准偏差的希腊字母，σ的个数越多，偏离均值的数量就越少。在一个σ范围内，大约有3.3%的次品数量，在两个σ范围中，大约有5%的次品数量，在6个σ范围中，几乎找不到发生次品的数量。

虽然管理人员已经认识到获得ISO 9000质量认证和实施6西格码会给公司带来很大的利益，但是真正的利益是必须在质量提高活动中产生的。也就是说，质量认证目标一定要由具体的工作过程和作业系统来实现。

2.物流与供应链管理

企业实战3-4　　美的——供应链双向挤压

中国制造企业有90%的时间花费在物流上，物流仓储成本占据了总销售成本的30%～40%，供应链上物流的速度以及成本更是令中国企业苦恼的老大难问题。美的针对供应链的库存问题，利用信息化技术手段，一方面从原材料的库存管理做起，追求零库存标准；另一方面针对销售商，以建立合理库存为目标，从供应链的两端实施挤压，加速了资金、物资的周转，实现了供应链的整合成本优势。

零库存梦想

美的虽多年名列空调产业的“三甲”之位，但是不无一朝城门失守之忧。自2000年以来，在降低市场费用、裁员、压低采购价格等方面，美的频繁变招，其路数始终围绕着成本与效率。在广东地区已经悄悄为终端经销商安装进销存软件，即实现“供应商管理库存”（以下简称VMI）和“管理经销商库存”中的一个步骤。

对于美的来说，其较为稳定的供应商共有300多家，其零配件（出口、内销产品）加起来一共有3万多种。从2002年中期开始，利用信息系统，美的集团在全国范围内实现了产销信息的共享。有了信息平台做保障，美的原有的100多个仓库精简为8个区域仓，在8小时可以运到的地方，全靠配送。这样一来美的集团流通环节的成本降低了15%～20%。运输距离长（运货时间3～5天的）的外地供应商，一般都会在美的的仓库里租赁一个片区（仓库所有权归美的），并把其零配件放到片区里面储备。

在美的需要用到这些零配件的时候，就会通知供应商，然后再进行资金划拨、取货等工作。这时，零配件的产权，才由供应商转移到美的手上——而在此之前，所有的库存成本都由供应商承担。此外，美的在ERP（企业资源计划）基础上与供应商建立了直接的交货平台。供应商在自己的办公地点，通过互联网页（WEB）就可登录到美的公司的页面上，看到美的的订单内容，品种、型号、数量和交货时间等，然后由供应商确认信息，这样一张采购订单就已经合法化了。

实施VMI后，供应商不需要像以前一样疲于应付美的的订单，而只需做一些适当的库存即可。供应商则不用备很多货，一般有能满足3天的需求即可。美的零部件库存周转率，在2002年上升到70~80次/年。其零部件库存也由原来平均的5~7天存货水平，大幅降低为3天左右，而且这3天的库存也是由供应商管理并承担相应成本。

库存周转率提高后，一系列相关的财务“风向标”也随之“由阴转晴”，让美的“欣喜不已”，资金占用降低、资金利用率提高、资金风险下降、库存成本直线下降。

消解分销链存货

在业务链后端的供应体系进行优化的同时，美的也正在加紧对前端销售体系的管理进行渗透。在经销商管理环节上，美的利用销售管理系统可以统计到经销商的销售信息（分公司、代理商、型号、数量、日期等），而近年来则公开了与经销商的部分电子化往来，以前半年一次的手工性的繁杂对账，现在则进行业务往来的实时对账和审核。

在前端销售环节，美的作为经销商的供应商，为经销商管理库存。这样的结果是，经销商不用备货了，“即使备也是5台10台这种概念”——不存在以后等淡季打款。经销商缺货，美的立刻就会自动送过去，而不需经销商提醒。经销商的库存“实际是美的自己的库存”。这种存货管理上的前移，使美的可以有效地削减和精准地控制销售渠道上昂贵的存货，而不是任其堵塞在渠道中，让其占用经销商的大量资金。

2002年，美的以空调为核心对整条供应链资源进行整合，更多的优秀供应商被纳入美的空调的供应体系，美的空调供应体系的整体素质有所提升。依照企业经营战略和重心的转变，为满足制造模式“柔性”和“速度”的要求，美的对供应资源布局进行了结构性调整，供应链布局得到优化。通过厂商的共同努力，整体供应链在“成本”、“品质”、“响应期”等方面的专业化能力得到了不同程度的发育，供应链能力得到提升。

目前，美的空调成品的年库存周转率大约是接近10次，而美的的短期目标是将成品空调的库存周转率提高1.5~2次。目前，美的空调成品的年库存周转率不仅远低于戴尔等电脑厂商，也低于年周转率大于10次的韩国厂商。库存周转率提高1次，可以直接为美的空调节省超过2 000万元人民币的费用。由于采取了一系列措施，美的已经在库存上尝到了甜头，2002年度，美的销售量同比2001年度增长50%~60%，但成品库存却降低了9万台，因而保证了在激烈的市场竞争下维持了相当的利润。

资料来源 佚名.成本控制案例：美的——供应链双向挤压[EB/OL].[2005-07-12].http://www.gaodun.com/caiwu/358921.html.

产品服务的形成和传递是一个过程，这一过程的管理对于提高企业价值意义极大，物流与供应链管理由此产生。前者强调物体在企业内部的传递，重在成本控制；后者超越企业边界，强调与供应商、分销商等外部经济体的联系，重在价值创造。二者不仅受到企业重视，也成为产业经济的研究热点。

（1）物流管理

美国物流管理协会（CLM）把物流界定为："物流是供应链流程的一部分，是为了满足客户需求而对商品、服务及相关信息从原产地到消费地的高效率、高效益的正向和反向流动及储存进行的计划、实施与控制过程。"我国的国家标准《物流术语》中的定义是："物流是物品从供应地向接受地实体流动的过程。根据实际需要，将运输、储存、搬运、包装、流通加工、配送、信息处理等基本功能实施有机结合。"与此相应把物流管理界定为："物流管理是指以最低的物流成本达到满意的服务水平，对物流活动进行计划、组织、协调和控制。"

纵观关于物流及物流管理的定义，可以总结出以下基本内容：

第一，物流是空间中的物理性移动过程，存在起点和终点，与生产经营活动相应，这个过程包括如下基本环节：运输、仓储、装卸搬运、包装等。

第二，物流需要进行管理，通过恰当的计划、实施和控制，确保物流过程中各个环节功能最优化，保证物流过程的有效性。

第三，物流管理是从原材料采购到生产过程直至营销活动的全程管理，包含回收和废弃物流、生产物流等，强调"整体性和系统性"。

第四，物流管理重视物流信息和信息化的作用。不仅是实物流程的管理，而且是相关信息的管理与控制。

第五，物流管理的目的，是提高投入产出效益，更好地满足消费者的需求，全面实现企业的战略目标。

（2）供应链管理

在物流的各项活动（运输、保管、搬运、包装、流通加工）之间，可能存在"效益背反"（trade off），要想达到其中一个方面的目的，会使另一个方面的目的受到部分损失。

例如减少库存据点并尽量减少库存，必然使库存补充变得频繁，增加了运输成本。为此，必须注重研究物流的总体效益，使系统的各个部分有机结合起来，以最低成本，实现最佳效益。"供应链管理"是针对这一现象而提出的管理方法。

所谓供应链管理，是围绕核心企业所进行的全面物流管理，通过对于信息流、物流、资金流的控制，从采购原材料开始，经过制成中间产品以及最终产品，最后由销售网络把产品送到消费者手中，将供应商、制造商、分销商、零售商直到最终用户联系起来，连成一个整体的功能网链结构模式。因此，供应链不仅是联结供应商到用户的物料链、信息链、资金链，而且是一条产品服务生产提供过程的增值链。通过供应链管理，能够把使用价值管理和价值管理结合起来，给相关企业带来收益。

典型的供应链结构如图3-12所示。

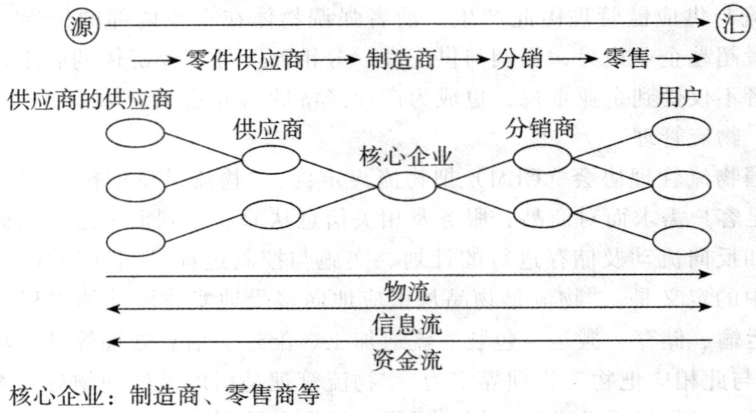

图3-12 供应链结构图

因此，供应链管理从使用价值的形成过程入手，以最小成本满足客户需要，提高企业效益，是对于供应商、制造商、分销商、零售商，直到最终用户间的整个渠道的整体管理。

3.客户关系管理

将产品与服务传递给客户之后，如何更好地创造客户价值，是客户关系管理的任务。有效的客户关系管理，既能降低成本，也能为顾客创造更大的附加价值。

所谓客户关系管理（customer relationship management，CRM），是一个加强与顾客交流，根据顾客需求对产品及服务进行改进和提高，不断满足顾客需求的连续过程。这一管理的基本思想是：企业经营管理要以客户为中心，而不是以产品或市场为中心。

客户关系管理来源于企业对于客户稳定和长期合作的观念。这种观念认为，客户是企业最重要的资产，提高客户忠诚度最终会提高公司的利润率，因此成功的客户关系将为企业提供竞争优势。客户关系管理在注重营销管理的4P功能基础上，关注营销体系中各种功能的组合，围绕赢得客户满意展开各项工作。这样，企业的营销工作重点，就从满足客户需求进一步转移到客户关系的长期保持上。与此相应，客户关系管理的内容和途径也有新的要求，主要包含以下几个方面的工作内容：

客户概况分析（profiling）：包括客户的层次、风险、爱好、习惯等。

客户忠诚度分析（persistency）：指客户对某个产品或商业机构的忠实程度、持久性、变动情况等。

客户利润分析（profitability）：指不同客户所消费产品的边缘利润、总利润额、净利润等。

客户性能分析（performance）：指不同客户所消费的产品按种类、渠道、销售地点等指标划分的销售额。

客户未来分析（prospecting）：包括客户数量、类别等情况的未来发展趋势、争取客户的手段等。

客户产品分析（product）：包括产品设计、关联性、供应链等。

客户促销分析（promotion）：包括广告、宣传等促销活动的管理。

上述7个方面的工作内容，构成客户关系管理的基本框架，并与传统的企业营销管理相结合，形成现代营销工作的7P结构。

小　结

1.狭义运营是将生产要素转变成产品服务，广义运营是战略目标的实施过程。

2.在既定目标与条件约束下提高投入产出效益是运营管理的任务。

3.运营管理以产品服务的提供为主线，涉及生产经营各方面业务内容。

4.产品数量和质量、交货期、成本、柔性竞争，是运营管理要解决的主要问题。

5.进行运营管理，要从生产经营的各业务流程入手，进行流程管理和流程改进。

6.在流程管理中，生产流程、营销流程、研发流程是必须关注的基本流程。

7.企业运营能力的改进，直接影响生产经营能力和核心竞争能力。

问题与思考

1.什么叫运营?广义运营与狭义运营有什么联系与区别?

2.运营管理围绕什么线索展开?对于企业生产经营具有什么意义?

3.运营管理与战略管理、职能管理、一线管理的关系是什么?

4.进行运营管理最关注的是哪些问题?通过哪些指标来刻画?

5.运营管理的基本环节是哪些?包括哪些基本业务流程?

6.运营管理的主要任务是什么?如何提高运营管理效率?

参考案例

失控的物流

2010年3月下旬，河南省安阳市的多家4S店突然接到大批送修车辆，这些车辆呈现出共同的“病症”——加油不顺，排气管中不断喷出红色或者黑色的液体，甚至无法启动。涉及的汽车多达上万辆。

在追根溯源之后，所有的矛头都指向了当地中石化加油站的93号乙醇汽油。

由于对成品油物流的监管失控，中石化河南石油分公司在运力和库存都吃紧的情况下，不得已向小炼厂采购了劣质油。物流问题正在拷问着中石化。

外购，中石化铤而走险

近日，中石化终于承认："受炼厂检修和省外炼厂资源调入铁路能力制约等因素的影响，炼厂生产无法完全满足不断变化的市场需求，造成供应紧张，因此采用外购油品来保证市场稳定的供应，以缓解市场供需矛盾。"

中石化河南石油分公司承认，问题出在外购油不符合规定。

外购，是指中石化为了保证市场供应从系统外单位购进油品。由于中石油和中石化占有国内绝大多数的炼油产能，并且具有油品批发能力，外购成品油的现象并不多见。

"为了保障供应，外购油品是符合规定的，"中石化北京总部人士向记者表示，"通常情况下，我们对外购成品油有十几道把关程序"。

记者了解到，其实，无论是中石化还是中石油，外购成品油都是它们的下策之选，不到万不得已，中石化和中石油都不会外购成品油"砸"自己的牌子。

一位中石油北京销售的高层向《中国经营报》记者讲解了外购油的风险，"这些油都是加工厂生产的成品油，质量非常不稳定。我们这种大型企业的成品油是'炼'出来的，而某些外购油是'调'出来的"。

该人士说的"调出来"是指，"某些小炼油厂按照检测标准，在成品油里面加氢等物质，进行调和，所以品质很差"，上述人士表示。

"小炼油厂生产的成品油每吨价格要比中石化批发价格少500元。"山东一家成品油批发公司李经理向记者透露。

即便如此，中石化河南石油分公司还是铤而走险，向山东一家民营小炼油厂采购了乙醇汽油。其实中石化本身就是成品油的批发大户，向外采购成品油非常罕见。

"资源紧张，运输能力有限，所以不得已向外界进行了采购。"中石化北京总部人士向记者解释。

油荒，发生的内在根源

记者了解到，目前河南省便有中石化大型炼化厂——洛阳炼油厂。有资料显示，2010年洛阳炼油厂原油综合加工能力达到1 000万吨，属于中部地区特大型炼化一体化生产基地。

此外，中石化在国内唯一的大型油田——中原油田同样位于河南和山东的交界处。看似天时地利的河南并不应该出现"资源短缺，运输能力有限"的问题。

但是，洛阳炼油厂的成品油并没有顺利地运往同在河南的安阳。

"河南省的成品油45%是通过成品油运输管道运输，其他的部分需要铁路和公路进行运输，"中石化北京总部人士向记者介绍该事件的原委，"我们没有办法支配铁路运输，所以会受到铁路的制约，公路运输同样运力紧张"。

该人士所指的是新建的郑州—安阳—濮阳成品油管道，只有该管道在稳定的发挥作用。

其实成品油的运输问题，一直是中石化的心头大患。

目前北方地区，中石油加油站较多，在南方地区多数加油站隶属于中石化。同时，中石化在南方地区并没有自己的石油开采基地，只能靠各种方式的运输渠道，以保障各地的供应。

在2008年前后，中国南方地区曾经发生过几次“油荒”。“这些‘油荒’一方面是产能开动不足，另一方面，就是中石化的物流能力限制，各个区域之间信息沟通能力不畅，不能及时地发布库存信号，导致供应紧张，包括这次采取外购成品油的行为。”北京石油在线研究院院长周成当向记者透露。

中石油和中石化同为成品油零售终端的巨头，双方采取的物流体系却各不相同。“中石油拥有自己的运输公司——中石油运输总公司，总部在新疆。而中石化的成品油运输则不成体系，各个区域各自为营，这直接导致了运输调配的不利”，周成当曾经担任国内能源企业物流顾问。

记者了解到，中石油运输总公司在北京设有调度中心对各地信息集中监控，同时，该公司还在各地设有运输分公司。

而中石化则在河南等地设有短程汽车运输公司，多数成品油借助铁路运输。中石化也在力推成品油管道建设，以缓解运力的不足。

很显然，依靠铁路运输的方式，主动权并不掌握在中石化的手里，而管道也只能满足部分需求。

封闭，管理严重落后

在河南安阳中石化加油站因为供应不足而对外采购之时，一位知情人士还向记者透露，“很多负责进口原油运输的油轮经常‘漂’在港口，无法靠岸”。

该人士并未指出这些油轮隶属于哪家石油公司，只是透露，“因为码头的原油仓储库已经装满了原油，所以新运进来的原油无库可放，只能在码头漂着”。

为此，中国石油公司需要支付给远洋油轮公司“巨额的租船租金”，该人士透露。

周成当认为：“国内企业无论是在石油储备库建造和设施配套，甚至物流规划问题上都非常落后，跟不上石油和成品油需求的步伐。”

“在这种情况下，中国的石油公司应该首先解决的就是物流问题，但是这一问题却被央企所忽视。”周成当在接手的案例中，见到最多的问题便是，“相互之间信息封闭，尤其是对库存的管理十分落后。”

此外，“石油公司对于涉及水运、铁路运输以及成本较高的山地公路运输，基本失去控制能力，没有能力左右铁路等部门。”周成当介绍。

周成当曾经试图建立一个透明公开的石油物流平台，但是中石油和中石化这样的央企对企业的商业库存信息却不公开。周建议：“各大石油公司应公布自己的商业库存，这不仅有利于形成价格机制，也可以优化物流资源配置。”

资料来源 索寒雪.外购，中石化铤而走险[N].中国经营报，2010-05-08.

第4章 企业计划

导入案例 XY公司的发展计划

XY公司是北美一家从事建筑工程的大型公司。其主业是从事水下建筑工程，在这一领域处于全球领先地位。20世纪80年代，水下建筑承包业的竞争变得更加激烈，而且竞争的重点也有所变化，几家大的石油公司希望与供货商发展长期的伙伴关系，而不仅仅考查价格的高低。为此XY公司重新制定了战略目标，即不仅要为这几家大型公司提供良好的产品和服务，还要从各方面采取措施，使石油公司认为XY公司是它们最好的合作伙伴。

为此必须将战略目标转化为具体计划与实际行动。XY公司通过平衡计分卡进行这一转化，将公司的远景和战略转化为绩效指标，在此基础上编制企业战略的具体实施计划。

图4-1是XY公司的战略目标及其相关绩效指标。

图4-1中，从财务、顾客、内部、发展四个角度界定了企业的绩效指标：

（1）财务角度

财务角度包含三个指标。其中，资本报酬率和现金流反映了对短期结果的偏好，并以项目盈利性指标加以具体落实，把项目作为计划和控制的基本单位。

作为一个企业，财务指标是必不可少的。没有良好的资本报酬率，必然会令股东失望，导致投资减少。项目的盈利性是前两个财务指标的保障。只有项目的盈利性比较高，才能保持和提高资本报酬率以及充足的现金流。

（2）顾客角度

公司将顾客分为两类，第一类是想建立高附加值关系的石油公司；第二类是那些根据价格选择供货商的顾客。公司设立了价格指数，以综合反映竞争信息，确保竞争加剧时可抓住生意。

正像前面所述，几家大的石油公司是想建立战略合作伙伴关系，如果能和这几家大的石油公司结成稳定的合作关系，可以给公司带来长期盈利项目，保障公司的持续发展，所以要把这类顾客摆在第一位。当竞争加剧时——这一点可以由价格指数反映的竞争信息来显示——还要争取第二类顾客，尽管它们与公司的合作不是长久稳定的，但在行业内利润率下降时，它们能够帮助公司的利润额不会有大幅下降。

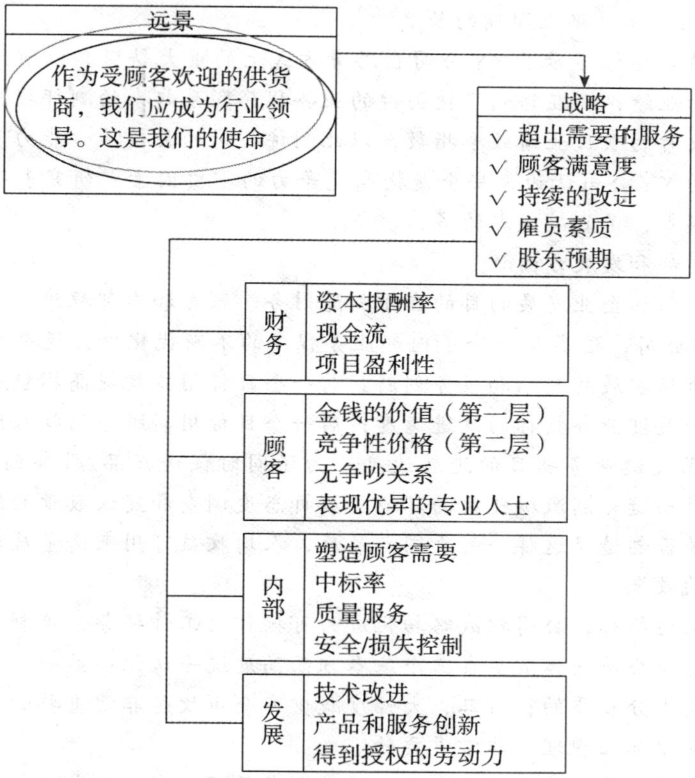

图4-1　XY公司的战略目标及其相关绩效指标

由于公司战略注重以服务满意度为基础的发展，所以每年进行一次深入的市场调查，把顾客对本公司服务的评价与对其他竞争者的评价进行比较，并排出先后顺序。此外，公司每个月还邀请第一类顾客对满意度进行评分。通过这些测评措施，使公司与顾客建立直接的联系，并达到其他公司达不到的市场反馈水平。

(3) 内部经营角度

由于公司以项目作为基本的控制单元，因此具体界定了项目从启动到完成所经过的生命周期，并对每一阶段制定评测指标，如图4-2所示。

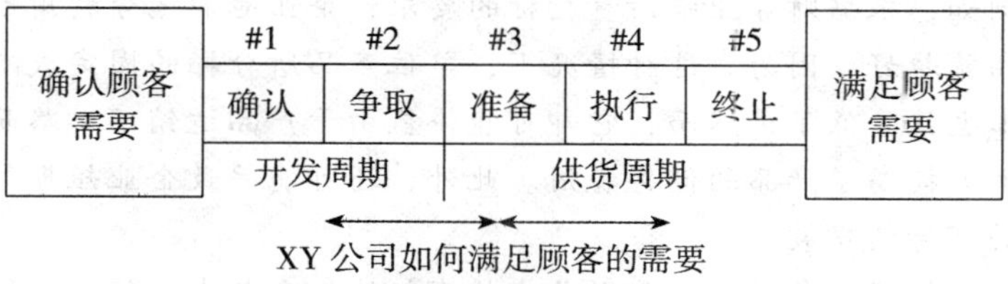

图4-2　XY公司内部绩效指标

- 确认：与潜在顾客讨论新工作的小时数
- 争取：投标成功率
- 准备和执行：项目业绩效率指数，安全/损失控制，返工

● 终止：项目终止周期的长度

内部绩效指标显示了XY公司在思考方式上的重大转变。以前，公司重视每个职能部门的业绩，现在转到了把关键的业务程序联系起来的测评指标上，开发出一个全面、及时的项目业绩效率指数，以此测评公司的关键核心能力。之所以强调安全，是因为XY公司认为，安全是提高竞争力的重要因素。研究表明，出现事故带来的间接成本，是直接成本的多倍。

（4）内部和发展方面

内部创新和企业发展的目的在于加速财务、顾客和内部程序的改进。

在XY公司，这类改进除了内部业务程序的不断优化外，还来自于产生新收入来源以及市场扩展的产品和服务创新。前一个目标用持续提高指数来衡量，该指数代表了若干关键业务指标的改进速度；后一个目标用新服务的收入比例来衡量，该比例代表了关键业务项目的进展速度。为了同时促进产品/服务创新和业务改进，必须为雇员创造充满激励气氛的环境。雇员态度调查和建议数量的统计指标，可以用来衡量是否创造了这样一种氛围。最后，人均收益可用来衡量雇员努力和培训计划所产生的效果。

通过上述指标，公司把战略转化成为可操作的工作任务，编制了具体的经营管理计划，并使公司全体成员在三个基本方面高度统一认识：第一，与关键客户建立伙伴关系是十分重要的；第二，大幅度减少安全事故是非常重要的；第三，项目每一阶段都需要加强管理是非常重要的。

上述指标体系的建立，从企业绩效的形成原因、实现方式、管理依托等方面发挥了综合作用，使经营管理活动在计划引导下形成了一个统一整体。

（1）绩效指标体系的牵动作用

如前所述，建立科学合理的战略业绩指标体系至关重要，它直接关系到管理者决策的科学合理性和企业经营业绩的正确评价。传统绩效指标只关注财务收益，然而财务指标体系只能衡量企业的短期财务和管理水平，显示的是企业过去的业绩状况，而不能从战略的角度对企业未来的业绩进行综合衡量和管理。不仅如此，单一的财务业绩衡量指标体系还可能掩盖企业存在的隐患，不利于管理者及时发现和纠正问题。例如，根据财务业绩衡量指标的要求，企业越能充分利用已有设备生产出越多的产品就越好。因为在这种情况下，单位产品所分摊的固定成本减少了，产品的生产成本也就降低了，然而，它却可能掩盖由于产品适销不对路而造成的库存积压，从而大大提高了产品的储存费用。此外，还可能导致企业短期行为的产生，不利于企业的可持续发展。

因此，必须将财务指标与非财务指标有机地结合起来，使企业绩效指标不仅反映经营管理的已有结果和短期状况，而且能够反映经营管理结果的产生原因与发展动向。平衡计分卡技术有效地解决了这一问题，通过从财务方面、客户方面、内部经营方面以及职员方面，能够全面地对企业战略业绩进行衡量和考核：通过财务业绩指标，对企业财务状况进行评价和考核；通过客户方面业绩指标，对客户满意程度及市场前景进行评价和考核；通过内部经营过程业绩指标，对企业的产品和服务质量、生产效率和管理水平作出衡量和评价；通过学习与增长指标，对职员的工作能力以及努力程度作出评价。通过上述指标体系，能使管理者及时正确地掌握企业经营成功的关键因素，对经营管理中存在的重要问题加以及时处理。

(2) 把目标转化为行动的实践作用

为了把指标变为行动，关键是把战略目标分解为具体的、可执行的工作任务，并落实到各部门和每一个员工。企业的战略目标是概括的，如“要成为本行业最成功的经营者”、“成为已有市场最具竞争力的企业”等。企业必须把战略目标转换为阶段性的、具体的、可操作的、并为大多数人所理解的二作计划与具体目标，才能有效地实施。综合指标体系的建立直接促进了这种转化。通过财务业绩指标，明确企业所要完成的财务工作任务；通过客户方面业绩指标，明确保护原有客户和吸引新客户的工作任务；通过企业内部经营过程业绩指标，明确如何通过开发新产品、提高服务质量来满足客户要求，从而达到保持原有客户、争取新客户，扩大市场份额的工作任务；通过学习与成长业绩指标，使企业和公司的管理者、职员明白，只有不断学习新知识、新技能，才能提高自身的素质，以适应不断变化的经营环境，使客户满意、股东满意，最终实现企业的战略目标。

上述指标的分解与落实过程，也就是企业经营管理计划的编制与实施过程。通过计划工作，各部门和各员工不仅明确了自己的工作任务，而且进行了有效的沟通与互动，大大加强了合作的自觉性与效率。

(3) 确保实现企业目标的管理作用

将企业的战略目标转化成具体的、可执行的工作计划和任务，就为管理提供了依托。在企业经营管理计划的基础上，企业不同层次的管理者和执行人员明确了自己在分工协作中的地位与作用，使企业的组织、人事、领导、控制工作有了基本依据。实际上，战略目标的分解落实过程，经营管理计划的编制实施过程，也就是最基本的管理过程。通过战略管理与计划工作，能够保证企业获得平衡发展，包括外部股东满意程度和客户满意程度之间的平衡，经营过程、激励机制、职员学习和销售收入之间的平衡，过去的结果考核与未来的业绩追求之间的平衡。实现这种平衡是企业管理的意义，是保证企业可持续发展的基本条件。

因此，应用平衡计分卡技术，把企业战略转化为可操作的绩效指标和工作计划，XY公司为整个经营管理工作奠定了可靠的基础，以此推动企业在新形势下的发展。

问题与思考：

1.如何理解企业战略和经营计划之间的关系？

2.企业经营计划是按照什么思路来制订的？

3.各种业务计划之间具有什么联系？应该如何协调？

4.平衡计分卡对于企业计划管理具有什么意义？

本章提要

战略与运营决定企业以什么样的产品和服务满足顾客需要，这是企业的社会功能定位。为了低成本高效率地提供这些产品服务，企业必须加强管理，通过计划、组织、领导、人事、控制等职能的发挥，提高生产经营效益。管理的本质是用人办事，即把企业成员组织起来，纳入有计划的分工协作体系之中，为实现企业目标而努力。在企业各项管理职能中，计划工作占据首要地位。这一工作的目的，是把战略目标与现实条件结合起来，把企业的方向性选择转变为具体的工作任务，明确各项任务之间的内在联系，并为完成任务提供相应的资源条件。由于企业是一个生产经营组织，企业管理为企业经营服务，因此经营计划是企业计划的中心线索。为了围绕生产经营需要制订合理的计划，必须明确企业计划体系的结构，加强企业计划编制与实施工作，在企业计划工作中选择科学有效的方法。

4.1 生产经营与企业计划

企业之所以代替市场，是因为通过有计划的分工协作和资源配置，能够节约交易费用、提高经营效益，因此，计划工作是企业运行的本质要求。通过制订合理的生产经营计划，明确企业各项工作的目标与任务，途径与步骤，能够使错综复杂的生产经营活动有序高效地进行。其中企业经营计划的制订具有牵头作用，围绕经营计划的制订与实施，形成了企业各项工作的计划体系。

4.1.1 企业经营计划

企业的生产经营目标要通过工作计划转化为企业成员的行动。因此围绕生产经营的需要，编制企业的经营计划，是各项管理工作的起点。

1.经营计划的性质

所谓经营计划，是在企业战略的指导下，根据实际资源与环境条件，对企业做什么、由谁做、何时做、如何做的预先安排。经营计划的本质要求，是围绕企业生产经营的总体目标，把各方面工作统一起来，进行综合平衡，使之有序展开，形成产品服务生产经营的整体合力，以适应市场竞争的需要。

（1）生产经营与计划

企业的生产经营活动具有计划，经营计划就是企业为了实现战略目标，在给定资源约束条件下，对未来一段时间内（通常是一个年度）生产经营工作所作出的统筹安排。对其意义可以从如下方面理解：

①前瞻性。经营计划是对于未来的工作安排，在企业各项活动正式实施前出台，是后者的依据和行动纲领。

②指导性。经营计划是对于预期目标的系统性安排，对各项工作及其相互之间

的联系起着定位作用，引导着工作的开展方式。

③操作性。经营计划是对于具体工作任务的制度性安排，对工作的目标与手段进行确认，并具体落实到工作主体上。

④控制性。经营计划一经制订就具有权威性，计划确定的工作指标和行动要求，是其他管理职能发挥作用的依据，从而引导和控制着整个生产经营活动的有序展开。

把战略目标落实为经营计划的关键，是把战略设计的基本思路与企业既有的实际条件结合起来，使战略目标找到实现途径，从而一步一步把理想转化为现实。

（2）经营计划与战略

制订经营计划是落实企业战略，但二者之间并不直接贯通。这是因为，战略是一种发展思路，涉及相当长一个时期，确定企业发展的基本方向、路径和基本原则，这些内容很难以明确的工作计划加以界定。如果说，战略分析是范围广泛的分析，探讨企业在一定环境和条件下的发展可能性，那么围绕经营计划所作的分析，则是范围相对确定的分析，探讨企业如何利用现有的环境和条件来提高生产经营效益。因此，虽然企业经营计划要以战略为指导，但不是被动的执行战略，而是一个再创造的过程。在经营计划的制订过程中，要根据环境变化和对未来的预测，使战略目标与实际条件相结合，进一步策略化与明确化。由此建立的经营计划，才能使战略目标转化为可操作的工作任务。

概括地说，经营计划与战略的区别与联系在于：战略的时效性长，计划较之战略则短；战略研究资源的投向以及发生意外时的应对原则，计划则计算资源投入的数量和起止时间，在数量和时间上确保战略的实现。因此，一个战略需要一系列计划支持，但任何计划必须只服从于一个战略。计划是连接战略与行动的媒介。

战略、计划、行动之间的关系可用图4-3表示。

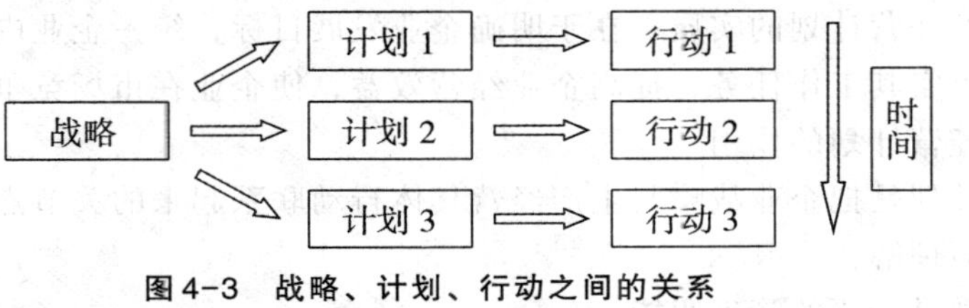

图4-3 战略、计划、行动之间的关系

2.经营计划的地位

（1）经营计划的特点

经营计划作为企业各项具体工作计划的主导，具有如下特点：

①经营计划的功利性。企业是一个盈利组织，企业战略的重心，就是如何在激烈的市场竞争中更好地实现微观效益。相应的，经营计划的中心线索，也就是如何围绕实现微观效益的要求，对企业各项工作进行全面组织与安排。具体地说，就是要把市场竞争的机会，通过企业运行的机制，转化为企业上下协调一致的具体行动，使企业成员为了一个共同目标，即提高企业经营效益而努力。以微观效益为出

发点、又以微观效益为落脚点，这是经营计划最根本的特点，这一特点把它与所有其他计划明显区分开来。

②经营计划的系统性。经营计划不是一个单项计划，也不是某一类计划，而是企业经营管理各项工作计划的整合结果，是一个以经营计划总纲为龙头的工作计划体系。企业各项活动都是经营计划的对象，企业各项业务都处于经营计划控制之下。从研发、投资、生产、销售，到人事、财务、设备、质量等，都必须为经营计划所涵盖。作为一个复杂的体系，经营计划从时间上看，有长短之分；从内容来看，有综合与专业之分；从工作主体来看，有整体与部门之分，等等。关键在于，这些不同方面的计划在经营计划总纲的整合之下，形成了有序的结构，是一个统一的体系。因此狭义的经营计划，也就是指经营计划总纲，或称之为基本经营计划。

③经营计划的操作性。功利性与系统性，还不能把经营计划与企业战略区分开来，这两种属性企业战略也具有。与企业战略相比较，经营计划的显著特征是它的操作性。就是说，经营计划能够使企业每一个部门与员工，明确自己的具体工作任务，找到相应的具体工作方法，从而脚踏实地的开展工作。经营计划的操作性，是指通过把工作目标分解为可评价的任务指标，把工作条件落实为可测量的资源配置，把工作途径确定为可规范的行为方式，使企业战略转化为具体生动的员工行动。

④经营计划的权威性。经营计划一经制订，就是一种规范性文件，不仅是企业经营管理者及其计划人员智慧和韬略的结晶，而且成为企业管理的制度性要求。计划经过讨论、审定之后，一经发布实施，就得到企业权力体系的支持和维护，具有组织系统内的强制力，要通过相应的组织措施来保证其贯彻与落实。也就是说，经营计划不是哪一个人的意志和愿望，而是整个组织的意志与愿望。否定计划也就是否定管理，也就是否定企业的经营管理权威。

总之，经营计划的实质，在于明确企业发展目标，统一企业内部各部门和员工的行为，落实其工作任务，提高企业经营效益，使企业在市场竞争中生存发展。

（2）经营计划的作用

经营计划是把企业战略与生产经营具体行动联系起来的关节点。对此可以从如下几个方面理解：

①计划是首要的管理职能。

计划是什么?计划首先是一种管理职能，而且是最基本的职能。由于管理总是对于未来的管理，而对于未来的管理总是从计划开始，因此可以说，没有计划就没有管理。关于管理职能的探讨是管理理论的一大论题，出现了不少有影响的论述。这些观点有一点是共同的，即都把计划视为管理的主要职能之一，将其置于极其重要的地位。可以择要列举如下：一是古利克将古典管理学派的管理职能理论加以系统化，提出了著名的管理七职能论，即计划、组织、人事、指挥、协调、报告、预算。二是哈罗德·孔茨在其《管理学》一书中，提出了企业主管人员的五项职能：计划、组织、人员配备、领导和控制。而且把计划工作定位于“领先地位”。三是北原贞辅从系统论的观点出发，认为管理活动包括计划活动、修正活动。

②计划是经营与管理之间的中介。

企业管理是经营管理，其作用在于为经营服务。经营的实质是把握和利用市场机会获取微观效益，为此需要两个条件：一是应对市场竞争的灵活性，二是组织行为的可控性，这两个条件必须结合起来，以高度可控的企业组织行为来抓住瞬间即逝的市场机会。由于机会是外在的、不断变化的，往往可遇不可求的，而组织是内在的、主动建立的，可以自觉调整的，因此在市场机会与组织行为之中，后者占有更重要的地位。如果没有好的组织机制，即使有了难得的机会，企业也难以抓住，机会也就丧失了。如果有了好的机制，即使机会非常难得，但一旦出现，就能把它牢牢抓住，结果机会就会落实为行动。正因为如此，所以企业越来越重视练内功，即通过加强管理来提高企业捕捉和利用机会的能力。这就是所谓把机会转化为机制的任务。

正是在这种转化中，经营计划具有不可替代的关键作用。通过经营计划，能够把企业对于市场目标的追求，通过制度化的途径，分解落实为各部门各员工的具体任务，使各项管理职能得以展开，从而建立起有序的组织行为体系，使企业上下为实现既定的经营目标而努力。

4.1.2 企业计划体系

为了把企业战略与日常工作联系起来，必须制订经营计划。在经营计划的制订过程中，需要围绕生产经营的需要，处理多方面工作问题，把企业的长期发展与短期目标结合起来，整体发展与局部目标结合起来，由此形成企业的工作计划体系，其中长期计划、年度计划、部门计划是企业计划的几种基本类型。

1.长期计划

长期计划的根本任务，是根据企业战略制定长期发展目标，为全体员工指出未来的努力方向，因此长期计划也被称之为战略规划。“如果企业以现在这种状况发展，若干年以后将会变成怎样?有哪些方面必须调整和改变?”诸如此类的问题是企业长期计划必须考虑的。

(1) 长期计划的地位

长期计划是企业确定发展方向与道路的整体计划，由战略目标、工作重点、政策原则等方面内容构成，通过中短期计划的分解逐步实现，在企业计划体系中起牵头作用。简单地说，长期计划是把企业战略与各项工作连接起来的中介环节，决定各种中短期计划的制订。在具体工作中，长期计划与中短期计划密切相关，以如下方式发生联系：

第一，中、短期计划的内容是长期计划的一部分，这样的中、短期计划，实际上是长期计划的分解，即按照计划进度把工作任务分解到不同的阶段。第二，长期计划对未来发展进行了方向性规定，但没有规定具体任务和目标。在这种情况下，中、短期计划可能不限于长期计划的分解或落实，而是根据长期计划的原则结合实际情况制订的策略性工作方案，与长期计划只是间接关系。第三，一些中、短期计划是在突变情况下制订出来的，它们和长期计划没有直接对应关系，而是对长期计划的调整和补充。

在长期计划制订以前，企业已经有了自己的发展战略，对今后发展的重点问题有了明确的方针，但这些方针是否正确，乃至以前认定的这些战略问题是否符合实际，在长期计划制订过程中仍然是可以重新研究的。因为长期计划不仅要解决“是否应该这样做”的问题，而且要解决“是否可以这样做”的问题。企业管理者要在战略原则指导下，对企业内外条件的现状及未来进行分析，以明确战略设计是否切合实际，是否具有可行性。如果其中有些需要修改或去掉，就对战略进行调整与改进。这样才能把需要在长期计划中体现和解决的战略问题最终确定下来，并真正明确企业的使命，建立实际可行的平衡计分卡来推动企业运行。

（2）长期计划的制订流程

长期计划的制订，在业务流程上大致可以分为以下几步：

第一步是确定经营思想。没有明确的经营思想，计划就失去了原则。第二步是对环境条件、企业状况和存在问题进行分析。在此基础上，通过对企业追求目标和发展趋势的预测，找出决定企业生存发展的关键因素。第三步是根据存在的差距确定改进方针，以此为依据确定长期目标、工作途径，并对能够长期安排的内容进行计划。这就进入了长期计划的具体编制阶段。编制工作必须明确企业长期努力的目标和任务，重点和难点，途径与方法，步骤与阶段。这些问题的处理也就是长期计划的内容。接下来就进入了分解落实阶段。任务是根据长期计划制订中期计划、部门或项目计划，如生产计划、销售计划、利润计划等。由此使长期计划落到实处，推动计划进入实施阶段。

在许多情况下，长期计划与中短期计划是分别制订的，这时长期计划的编制主要包括三个阶段：第一阶段，分析与长期计划相关的前提问题，提出企业未来的经营方向；第二阶段，确定相应的经营目标和经营原则，建立长期计划的指标体系；第三阶段，把长期指标与各阶段、各部门的计划指标相结合，经汇总和综合平衡后，形成长期计划方案。

（3）长期计划的制订

长期计划的制订通常以综合计划部门为中心。但综合计划部门无法单独承担此项工作，需要企业上下的支持和各个部门的配合。在企业中，不同的支持与配合方式形成不同的计划体制，其中下述三种计划工作体制比较普遍。

企业领导控制型。这种体制的特点，是以企业最高领导为核心制订长期计划。具体地讲，是先由最高领导确定计划的基本要点，包括企业的发展方向与目标，企业的经营方针和管理原则，长期计划的总体思路等内容。综合计划部门以此为依据，在征求各部门意见的基础上设计计划方案，经审查批准后加以推行。这种体制的优点在于要求明确，便于落实领导意图。其缺点在于个人色彩较重，容易出现主观片面性、业务部门进行参与。

计划部门主导型。这种体制的特点，是由计划部门征求领导意见后，提出计划工作的主要思路，作为讨论的基础，与各部门共同研讨企业长期发展的思路，然后综合各方面意见，设计长期计划方案，交企业领导审批后加以贯彻实施。这种体制的优点在于思路比较集中，容易统一意见、提高工作效率。其局限性在于，计划部门可能对企业状况把握不准，情况了解不全面，不能正确提出工作重点和难点，因而使计划工作出现偏差。

业务部门参与型。这种体制的特点，是首先由各业务部门制订出本部门工作计划，然后由综合计划部门汇总和平衡，形成长期计划，提交企业领导审查批准后，由计划部门牵头实施并归口管理。这种体制的长处，在于能够较广泛地考虑各方面情况，比较容易贴近实际并得到落实。其存在的问题是部门本位主义，各部门往往不能从企业的整体和未来出发，仅考虑本部门的当前利益，使长期计划可能成为部门计划和中、短期计划的汇总，而当企业一项业务涉及多个部门时，还会出现扯皮现象。

企业可以根据实际情况建立合适的计划体制，提高计划工作的科学性、合理性、有效性。

2. 年度计划

在企业计划体系中，年度计划具有关键地位，内容也最为丰富。企业的长期计划通过年度计划得以落实，企业的经营活动通过年度计划加以运作。

（1）年度计划的任务

年度计划的任务，是根据企业状况和客观条件，将长期计划落实到各个年度，制定年度的经营管理工作目标，确定经营管理重点和相应的工作途径，并通过资源调配和制度措施来保证目标的实现。例如，如果企业实行市场扩大战略，根据这一战略，将未来三年的长期计划定为销售收入增长80%，落实到年度目标，可能是销售增长率要达到30%。相应地，企业的人员计划、资产计划、市场开发计划、销售管理计划等都必须采取相应的措施。

（2）年度计划的内容

年度计划由年度综合计划、专项计划、部门计划共同构成。

年度综合计划由企业高层管理者牵头制订，涉及企业各方面工作内容，体现企业年度经营管理工作的主要指标、原则、方法，是统管全局的计划。专项计划通常由各职能部门制订，是从专业分工角度制订的局部计划，通常称之为条条计划。部门计划是直线部门对于本部门工作的安排，通常称之为块块计划。不管是条条计划还是块块计划，虽然由部门负责制订，但都必须纳入综合计划之中，经过企业高层管理者的审批。

年度综合计划的内容主要有：年度事业发展计划，年度利润计划，年度损益计划，年度资产负债表计划，年度生产成本计划，年度资金调度计划。在这些计划中，最重要的是年度事业计划和年度利润计划。年度专项计划和年度部门计划的内容包括：销售计划，生产计划，采购计划、库存计划，开发计划，设备计划，人事计划、工资计划，财务计划，广告计划等。这些计划构成综合计划的子项目，使其得以具体实施。

年度计划虽然是对长期计划的落实，但有时也会调整长期计划中的某些内容，这是正常的。因为长期计划所提出的要求，可能会因为形势变化和企业内外条件变化而不切合实际。在这种情况下，年度计划通过调整这些要求或任务，会使企业经营活动更切合实际。通常情况下，制订年度计划时对环境条件的把握，比制订长期计划时更确定。因此，年度计划对长期计划的某种修正是允许的。

（3）年度计划的编制

在年度计划的编制过程中，通常的做法是首先根据长期计划的要求，提出本年度的经营管理基本指标，然后以年度指标为依据，编制专项业务计划，进而对专项业务指标进行分解，制订各部门工作计划。采用这一方式时，计划编制过程较为简单。计划部门可以集中控制各业务部门的计划指标，从而直接作出经营管理的整体安排，减缓因部门利益造成的讨价还价现象。但这也意味着各具体工作部门不能更多地参与本部门计划制订。在各部门计划管理能力不强时，宜于使用这一方式。

另一种方式与此相反，首先由各部门编制本部门的计划，然后由公司计划部门汇总平衡，最后形成全公司的年度计划。这一方式有利于发挥部门积极性，能够较好地保证计划的客观性与准确性，但在汇总与平衡阶段，工作难度和工作量是很大的。

采用哪种方式编制年度计划，没有现成的固定模式，应当根据企业的具体情况确定。

（4）年度计划的难点

年度计划的难点在于综合平衡。

由于年度计划是一个复杂的体系，各项计划之间的关系错综复杂，既互相支持又互相制约，因此必须进行综合平衡。综合平衡的目的，是使各项计划之间保持适当的关系，从而对企业人力、财力、物力等资源条件进行合理配置，尽量提高经营效益。年度计划的综合平衡内容是多方面的，其中需要特别注意的是如下几点：

①人力资源平衡。人力资源是企业的首要资源，是否具有合适的人力资源，直接决定企业的经营效益。实践中，生产经营任务同人力资源之间常常会出现矛盾。进行人力资源平衡，就要对企业各环节的人力资源需要量进行全面测算。例如把生产经营任务需要的人数同实有人数比较，发现不足或多余，采取措施妥善解决。

②财力资源平衡。完成生产经营任务必须有相应的财力，财力资源平衡是保证生产经营任务顺利实现的关键条件。为此，必须测算产品的计划成本，可比产品的成本降低率和降低额，进行投入产出分析。如果财力支出不能保证实现利润目标，

就要采取措施。在财务平衡中，要尽可能减少各类资金的占用量，加速资金周转，力求做到以尽量少的资金来完成全部生产任务。

③物力资源平衡。企业生产所需要的物力，其形式、品种、规格和质量是相当复杂的，因而物力状况同生产需要之间出现矛盾是常有的事情。必须做好生产与物资的平衡工作，从各类物资的品种、规格、质量、数量以及供应期限等方面，认真测算其对生产经营的保证程度。对不足之处必须采取措施解决。

需要强调指出的是，综合平衡的难点，不仅在于如何调配资源以满足生产经营的需要，而且要在资源条件有限的情况下、在各专项任务和各部门工作对有限资源的配置方式出现分歧和争夺时，如何合理进行资源调配，在提高资源利用率的同时，保证各方面、各部门工作协调开展。为此需要对不同工作进行轻重缓急的排队和优化处理，使之保持积极有序的工作关系结构。因此，企业编制年度计划的过程，往往是上下左右反复权衡的综合平衡过程，同时也是揭露矛盾、解决矛盾的过程。

3.部门计划

企业工作任务由不同的部门承担，年度计划必须落实到具体工作部门，通过部门计划来加以落实和实施。企业部门计划可以分为两类：一类是职能部门牵头制订的业务计划，另一类是直线部门负责制订的操作计划。其中业务计划是对企业经营活动不同纬度的纵向安排；操作计划是对企业经营活动不同层次的横向分解。两类计划相互交叉、相互补充。

（1）部门计划的内容

部门计划涉及的单位众多，从原则上说，每一个部门都有自己的计划。但由于不同部门的作用不同，对企业价值的贡献不同，因此不同部门计划在企业计划体系中的地位也存在差异。一般来说，生产计划（由生产部门编制）、营销计划（由营销部门编制）、财务计划（由财务部门编制）和人员计划（由人事部门编制），是企业部门编制的最基本的工作计划。

①生产计划。企业是生产经营单位，因此生产计划占有最基本的地位。生产计划不仅是生产过程的作业安排，而且是包括原材料采购、投入、库存计划、生产过程中的人机配置、生产进度等方面的计划，以及研究开发、提高劳动生产率、降低生产成本方面的计划。生产计划不只是解决产品如何及时、按质、按量生产出来的问题，还要解决产品如何以较低的成本、较高的效率、较好的效益生产出来的问题。

②营销计划。企业是以产品服务参与市场竞争的盈利单位，因此营销计划在部门计划中起着牵头作用。企业只有把其产品和服务销售出去，才有正常收入，才能获得利润。也正因为这样，营销计划直接受制于企业的经营方针、发展计划、利润目标。营销计划的内容有：市场开发计划、销售额计划、销售费用计划、销售促进计划、销售渠道计划等。

③财务计划。企业作为一个以微观效益为中心的经济组织，必须进行严格的经济核算，因此，财务计划是一种关键计划。财务计划是对财力资源的安排，通过对生产经营活动进行经济预算（收支状况、成本状况、资金状况等），能够对企业各项工作进行硬约束。财务计划包括损益计划、成本计划、资金计划、分配计划等。

④人员计划。企业的一切生产经营活动都是依靠人进行的，因此企业人力资源开发和使用计划是涉及企业内部关系最多、最复杂的计划，能否制订合理的人力资源计划，关系着企业是否具有活力和竞争力。人力资源计划包括人员补充计划、培训开发计划、绩效管理计划、薪酬分配计划、职业管理计划等。

（2）部门计划的协调

由于各部门是从自身角度制订计划的，因此部门计划之间的协调非常重要。实际工作中，协调部门计划有两种基本途径：第一种途径是依靠体制协调；第二种途径是依靠部门沟通。

①体制协调。所谓体制协调，是指通过制度化途径，把部门计划纳入一定的关系框架之中，使之相互衔接。在体制衔接中，计划工作体制占有关键地位。通过计划的提报、协商、汇总、平衡，能够为各部门计划建立一个运行平台，使之从制订开始，就具有协调的基础。因此，部门计划的体制协调，关键在于建立合理的计划工作体制，使部门计划的产生过程成为各部门之间沟通协商的过程。

②部门沟通。为了使部门计划协调运行，人际协调的作用不可忽视，其中部门经理具有特殊地位。由于部门经理是所在部门的负责人，不仅承担着把企业领导的意图贯彻到部门中去的任务，而且必须根据本部门的实际情况，提出部门工作目标。关键在于，部门目标不仅是企业目标的分解，而且是部门本身要求的体现。部门经理作为部门的代表，在相互发生工作联系的时候，实际上是在处理部门之间的关系。因此，部门经理之间的人际互动、人际协调，对部门计划之间的协调具有直接影响。企业相关管理者必须善于通过具体的人际关系协调，来达到部门计划协调的目的。

例如，企业管理者在制订计划时这样说："今后，公司要根据消费者的个性化需要，建立研发、生产、销售体制。"这个计划和以前大批量生产、销售的计划是不同的。怎样把新的计划具体落实，使各部门理解这个计划并按新的方式协同工作呢?一个重要途径，是对各部门负责人做工作，使之在新的目标下相互理解与支持。销售部门的负责人要考虑与"个性化"的含义相适应，公司商品应当怎样改进，并详细分析对付竞争对手的策略，把其具体结合到计划中。生产部门的负责人，则要思考如何改进生产制造系统，使个性化商品能够以最低的成本生产出来，并且保证及时提供产品。研发部门的负责人，则要根据市场情报和相关信息，按照个性化的消费者需求，考虑公司新商品研发的办法，并切实贯彻下去。

4.2 企业计划制订与实施

企业实战4-1　　八佰伴：计划外失败

八佰伴集团创办人和田一夫是个传奇式人物，他曾以《八佰半——从零到亿万》的自传为全球业界熟知。八佰伴公司在他的带领下，积极开拓，曾写下了一个神话。

一开始，和田一夫是日本静冈县数家八佰伴杂货铺的小老板。他继承了父母经营的苹果店，书写了艰苦奋斗的经典故事。20世纪60年代末，当大型超市在日本兴起时，他由于力量所限，另辟蹊径，到海外创业。

1973年10月，和田一夫首先在中国香港注册了一家私人有限公司。1984年，和田一夫发威，大举进军中国香港，一连开了9家八佰伴百货公司，加上中国澳门的1家，在中国港澳地区共发展了10家分店，短短数年就建起了一个百货业王国。到1990年5月，他携11.5亿港元资金将八佰伴总部迁往中国香港，展示出他在中国香港落地生根的决心。1993年，当中国香港经济处于调整期时，他准确捕捉到中国内地的市场潜力，将八佰伴总部迁往上海，并在沙头角、上海、北京建起3家百货公司。八佰伴大举进攻中国市场的凌厉势头，令世人瞩目。公司宣布将在中国建立1 000家超级市场和100家商品批发中心，还在中国首家成立了中外合资大型零售商业企业，轰动了中国商界。

八佰伴公司成功了。凭借着勇于进取的精神，它发展成为赫赫有名的百货业航母，并且不断发展壮大。和田一夫凭借其过人的胆识和举债经营的方式，使八佰伴在日本本土迅速拥有了71家连锁店，在海外拥有了27家分店，其发展速度之快，令同行望尘莫及。

八佰伴公司敢于从资本市场直接融资、迅速发展连锁店占领市场的做法，一度为日本财经界所称颂。仅从1990年到1994年，八佰伴就发行了总值约500亿日元的可转换债券。

八佰伴成功后，却犯了扩张过快、摊子铺得太大的毛病。八佰伴日本公司总经理和田光正在接受采访时表示："当时我认为投资计划是绝对没有错误的。从结果来看，我想是因为公司对日本和海外的经济形势以及对自己企业的能力过于乐观了。"

事实上，八佰伴在企业急于扩张的同时，缺少周密有效的投资计划。八佰伴创业之初，虽然得到侨居海外的日本人的大力支持，有了一个好的开端，但由于在日本国内的资金不足，经营能力有限，因此被后来兴起的日本超市和百货商店抢走了客源。20世纪80年代后期和90年代初期，"八佰伴日本"为了快速扩张海外市场，趁着日本处于泡沫经济时期，在债券市场上大量发行可转换公司债券。这种筹资方法，虽然摆脱了从银行获取资金的限制，却也失去了有效的财务监督，极易陷入债务膨胀的危机。实际上，自1996年11月以来，八佰伴日本公司的经营状况就开始恶化。

在没有详细周密的投资计划的情况下，八佰伴公司把日本公司的利润以及通过发行公司债券这种“炼金术”聚集的大量资金投入了海外市场，结果这些资金的回收情况不尽如人意。早在20世纪70年代，八佰伴在巴西建立的首家海外公司就由于当地通货膨胀过高，最后被迫变卖资产，结束营业。日本泡沫经济出现以后，八佰伴公司业绩欠佳，股价下跌。曾通过可转换公司债券筹资600亿日元的八佰伴，从1997年12月起到2001年，每年要偿还100亿日元，压力之大可想而知。如果筹措不齐偿还资金，公司信誉必然出现危机，八佰伴急了。

由于投资计划不到位，八佰伴公司于1997年3月卖给大荣公司16家主要店铺。减少店铺也意味着赚钱机会的减少，公司救得了一时救不了长久，资金开始面临更紧张的局面。

由于投资计划不到位，20世纪80年代以后，尽管八佰伴在海外开设了40多家超市，但不少超市的经营最终都难以为继，关门了事。在中国建立1 000家超级市场和100家商品批发中心的设想，由于得不到各方面的支持，终成泡影。

有人说，八佰伴“没有一个把什么货卖给什么人的明确的经营战略”。而这，无疑是致命的。

此外，八佰伴的经营战略也漏洞多多，特别是没有周密的投资计划，八佰伴迎来了计划外的失败。

资料来源　韩江.败者为王：世界失败管理名案[M].北京:石油工业出版社，2005.

作为把企业战略转变为实际工作的关键环节，作为企业生产经营各项工作的依据，计划的制订与实施具有极为重要的意义。为了合理制订企业计划并加以有效实施，必须解决一系列相关问题。在企业计划工作中，明确计划管理的要求、规范计划编制的方式、加强计划方案的实施，是几个最基本的工作环节。

4.2.1　计划工作任务

计划作为经营管理工作的起点，必须加以科学合理的制订，使其不仅能够指导人们为实现未来目标而努力，而且能够指导人们为完成眼前的任务而操作；不仅具有促进工作发展的推动力，而且具有落实工作要求的执行力。为此，需要明确计划工作的要求，解决计划工作的困难，使计划工作具有正确的方向和科学合理的方法。

1.计划工作的要求

制订计划的目的，是使各项工作有序高效地进行。在企业经营管理职能中，计划工作具有特殊的功能，能够保证企业成员适应环境的变化，为实现企业目标而协同努力。因此，制订企业计划必须符合一定的标准。

(1) 计划的功能

计划作为管理的首要职能，必须保证企业成员适应环境变化进行有序合作，因此计划的环境适应作用、目标导向作用、行为整合作用，是计划功能的集中体现。

首先，企业处于经常变化的环境之中，如果不能适应环境变化，优胜劣汰规律将会发生作用。企业要生存、发展，就必须对环境变化进行准确判断，及时采取措施，合理制定对策。要做到这一点，仅靠随机应变或者开几次会是不行的，需要通过组织、协调和控制措施，使企业行为系统化。经营计划的又一个基本职能，是帮助企业在分析与预测未来变化的基础上，制定合理的对策，使企业能够及时适应环境的变化。

其次，企业是由隶属于不同部门的许多员工组成的整体，每个部门、每个员工和每项业务都需要统一的目标来协调。只有将每个员工的行动统一起来，使各部门工作服从于整体目标，企业才能在激烈的市场竞争中建立优势；否则，各自为战，各行其是，工作不协调，行动无纲领，必然造成内部混乱，无法在市场竞争中取胜。经营计划的基本职能之一，就是通过建立企业整体目标，将局部工作与整体需要结合起来。

最后，企业是一个谋求微观效益最大化的功利组织，每个企业成员都有具体的利益追求，他们为了更好地实现自身利益目标而进行分工协作。在这种复杂的关系下，不同部门、不同员工之间往往存在冲突，如利益分配的冲突、资源配置的冲突等。因此，统一员工的思想，协调部门的行动，化解相互之间的矛盾，避免可能出现的冲突，是企业经营管理中一项极为重要的任务。经营计划对比具有特殊作用。通过不同部门、不同员工各自工作任务的系统安排和监督实施，能够把企业内部的分工协作体系纳入制度化的轨道之中，形成为共同目标而努力的合力。

(2) 计划的标准

为了有效地发挥计划功能，促进生产经营活动有序进行，计划工作必须符合如下标准：

第一是计划的主动性。计划要求企业对未来进行判断并选择相应的对策，因而具有主动性。比利·戈茨认为：计划工作“基本上是抉择”。在计划制订过程中，方案选择是关键步骤，直接影响计划的成败。设计方案、评价方案、选择方案，是计划工作的主要内容。对首席运营官而言，制订几个计划并非难事，而如何从中选择出一个更科学、更切实可行的计划，却常使他们感到头痛。这意味着对市场、顾客和机会的选择，意味着必须放弃一些东西，承担一些责任。市场竞争的错综复杂，使任何选择都不能不付出代价，承担风险，一念之差往往导致大难。计划的这一特点，要求企业管理者和计划人员有宽广的思路、敏锐的思维、渊博的知识和高度的决策能力。

第二是计划的实践性。企业生存、发展需要通过计划来明确工作任务，但计划是否成功，关键不在于计划内容是否详尽精确，而在于能否有效地加以落实。计划越繁复，涉及的不确定因素就越多，就可能在未来变化的冲击下成为工作的枷锁，使企业付出高昂的代价。在实际工作中，企业发展常常取决于稍纵即逝的机会以及抓住机会的能力。计划的职能，在于通过有组织的努力，建立起识别机会的机制，有意识地为企业寻找可能的经营领域和机会并加以具体落实，探讨企业打开新局面的方式。在此过程中，企业可以通过计划指明机会存在的依据、特征，确定捕捉机会的角度与办法。

第三是计划的灵活性。计划凝聚着计划人员与整个企业的心血，并且通过权力机构审定，是一种制度性文件，因此计划一旦制订，轻易不能改动。以计划的规范化取代计划的人格化，这是以内部系统的稳定来对应外部环境的稳定。但正因为如此，计划有可能僵化。以不变应万变，是计划的实质性缺陷。所以必须强调计划的弹性，强调计划对于变化的适应性。计划要留有一定的余地。当有迹象表明机会和风险产生或企业内外部环境发生变化时，必须及时调整计划，应付未来事件，抓住机会，防范风险。

2.计划工作的难点

为了把战略目标转化为实际行动，促进各项工作的有序进行，企业计划必须解决一系列问题。其难点在于如何处理长期目标和短期任务之间的平衡，进行理想与现实之间的平衡，使工作计划与情况变化衔接起来。

（1）长期与短期的平衡

长期与短期如何平衡，是企业管理者在制订计划中面对的第一个难题。

对于企业管理者来说，盈利是企业经营的首要目标。但利益又可分为短期利益和长期利益。所谓短期利益，是由增加销售、减少存货、降低成本等各种努力所产生的，一般指“营利性”利益追求。重复追求这种利益，也许眼前赚钱，但放眼远看恐怕会出现问题，对公司的长远发展而言并非上策。公司一般将短期利益的一部分用于投资，进行新产品开发和市场拓展，尽力招揽顾客，承担社会责任。这些费用从短期看好像是损失，可是舍不得这种损失，将来会遭受更大损失，甚至致命的打击。对企业管理者来说，短期利益的取得是其工作能力的直接见证，而追求长远利益以使公司价值最大化才是公司所要实现的目标。因此，企业管理者如果重点考虑长远利益，有可能使人们对他的工作能力产生怀疑，但如若只考虑短期利益而忽视长远利益，则不利于公司的成长和发展。所以计划制订过程中短期与长期的平衡问题，是首席运营官必然面临的一个难点问题。

企业管理者在制订计划时，要从长期与短期两方面并行考虑，并非二者必择其一，而是从二者的均衡上来追求。由于计划与战略不同，因此在实际操作中应首先看到短期利益，其次关注长期利益。在注重短期利益的同时，要考虑其后续影响，考查它与企业长远发展目标的关系，尽可能避免二者的矛盾与冲突。

（2）理想与现实的关系

计划既是对于理想的追求，又是对于现实的安排。计划一旦设定，便成为公司行动的指南，大家都要按它的要求去做。一个看上去似乎十全十美但无法实现的计划，就好似画饼充饥，无济于事。因此，首席运营官在制订计划时，必须注意理想与现实的关系，并以可行为主，制订既容易实行效果又好的计划。

为此需要注意如下问题：一是计划要具体。计划必须明确地表示具体的行动。目的和方针可以抽象，但行动步骤应具体、明白，让负责这一计划的人了解自己该如何去做。二是计划要有限期。计划就像是一只无形的手，时刻在要求计划实施者按既定时间完成任务。三是计划要具备经济性。在费用、人员、资料等方面都有必要精打细算。四是计划要简洁。如果计划过于繁杂，实行时，往往会缺乏弹性。五是计划要有弹性。为了应对条件的变化及偶然因素的出现，拟订计划时必须考虑到修改甚至变更部分计划的可能性。六是计划要有优先顺序。对于所实施的项目，要根据重要性决定先后次序。

（3）计划与变化的衔接

计划是为了帮助企业管理者对工作进行统筹和规划，以使公司更好地运转，但如果发生了变化，千万不能让计划变成应对措施的束缚，一定要及时对计划加以调整，使计划适应变化。这是首席运营官在计划工作中必须考虑的一个问题。军队进攻计划中有“奇袭”和“强攻”之说，同样适用于企业经营。定下时间的奇袭也就是计划，随机的奇袭则是对于计划的补充。一个卓越的企业管理者，见到机会就会敏感起来，那是因为“假如发生这样的事情该怎么办”这样的问题不时在他脑海中出现。

4.2.2 计划方案的编制

企业实战4-2　　“××胶囊”商业计划书（纲要）

一、××胶囊产品概况

××胶囊是JL药业集团公司研制开发的保健食品，内含体内平衡因子。经多年的实验证明，体内平衡因子具有改善胃肠功能和抗衰老的功效，对便秘、肥胖、色斑、粉刺及并发症等现代文明病有一定的预防作用和疗效。

二、××胶囊生产计划

2012年生产500万盒、2013年生产1 000万盒、2014年生产1 500万盒、2015年生产2 000万盒（每盒60粒）。

三、××胶囊的市场前景分析

1．我国保健品市场发展现状及展望

我国保健品市场在经过前些年的风雨洗礼后，已渐渐成熟，并被誉为“朝阳产业”。2012年1月国家发改委、工业和信息化部印发的《食品工业“十二五”发展规划》指出，到2015年中国营养与保健食品产值将达到1万亿元。随着人们保健观念的深入和生活水平的提高，保健品正由保健药品向保健食品或功能食品演变，保健消费将成为人们日常生活的经常消费，花钱买健康成为消费时尚。

××胶囊是一个具有国际品质的体内环保产品。体内环保在发达国家如美国、日本等已形成一股热潮。公司审时度势，率先研制推出体内环保产品——××胶囊。

2．国际上体内环保消费及产品开发情况（略）

3．××胶囊的市场优势

人们由于年龄的增长、工作的压力、生活方式的改变和饮食环境的污染及药物的毒副作用，造成体内平衡因子不断减少，致使机理失去平衡。通过摄入××胶囊——体内平衡因子，可改善胃肠道功能，使体内保持平衡，恢复体内自然排毒除污的功能。

（1）体内环保与排毒、洗肠的区别（略）

（2）产品定位点

①××胶囊在我国首次提出“体内环保”概念，这一鲜明而独特的口号，必将冲破市场竞争的巨大压力，在市场竞争中取胜。

②科学而富有创造性的“体内平衡因子”概念，定能掀起我国体内环保的一场深刻革命和消费热潮。

（3）市场机会点

①生态环境保护已深入人心，而××胶囊所倡导的“体内环保”概念，迎合了国际体内环保的消费潮流。

②生态环境污染的破坏、工作的压力、饮食的改变等，是导致现代文明病如便秘、肥胖、色斑等的主要原因，特别是女性。便秘、粉刺、色斑、皮肤老化等病症将使她们成为以胶囊为主的庞大而稳定的消费群体，市场潜力巨大。

（4）××胶囊的消费群体分析

①从性别的角度看，女性将是××胶囊消费的主力军。

②从疗效的角度看，便秘、肥胖患者将成为××胶囊的主要消费对象。

③××胶囊正是体内肠道的“清道夫”，人人都需要天天消除宿便。

④防治“现代文明病”的人越来越多。

因此，××胶囊市场发展潜力巨大。

四、营销策略

1．市场目标。在新产品上市的第一年度，以山东、湖南、广东、福建、湖北等省为重点市场，将这些地区作为本年度的主攻市场，以东北、华北、西南为次重点市场，将这些地区作为公司下一步考虑的重点区域。在第一年里，公司不以利润为出发点，主要是做好市场部署工作，为以后部署全国市场进行演习。

2．营销策略。为达到上述目标，公司有针对性地实施差异化的市场策略，以重点市场为主要“战场”。在广告方面，以电视、报纸为主要媒体。

五、经济效益分析

六、投资风险分析

1．行业风险。保健食品品种繁多，竞争激烈。

2.广告风险。广告投资较大。在广告大战中，如不注意搞好广告策划，建好终端销售网络，有可能失败。

七、投资说明

1.资金需求及用途

2012年生产500万盒××胶囊，需原材料、包装费等630万元。投入广告费1 700万元，收入2 375万元，广告投入与收入之比约为1:1.4。2013年生产××胶囊1 000万盒，需原材料、包装费1 260万元。广告费、网络建设费3 000万元，收入4 750万元，广告投入与收入之比约为1:6。从第三年开始，可以滚动发展，因网络已建好，广告费逐渐减少，广告效应会越来越大。

2.成立股份公司

3.投资参股模式

投资方可直接为本项目主体公司进行投资，并按投资协议持有项目公司扩资后一定比例的股份。投资方可以委派人员进入董事会参与公司的经营管理，尤其是监督本项目的进展。

在企业计划工作中，计划方案的编制是中心线索。一套合理的工作方案，能够把企业发展的战略目标与当前的实际工作任务衔接起来，使生产经营的各项工作有序有效地开展。为此必须把握计划编制的步骤，明确计划编制的依据，进行企业目标的分解，进行计划指标的确定。

1.计划编制的步骤

计划编制主要有两个步骤：设定目标，制订计划。

（1）设定目标

如果没有目标，计划就没有意义，目标的设定，是计划可行性的首要要求。

对于企业来说，设定目标的第一步是回答下面几个基本问题：①企业的战略目的是什么?②谁是企业的“顾客”?③他们需要什么?④我们如何满足他们的需要?⑤哪些是我们的优势?⑥哪些领域需要改进?⑦我们希望变成什么样儿?⑧在实现目标时，哪些流程、环节或部门是关键贡献点?

目标设定之后，第二步要考虑实现目标的可能途径，把任务落实到部门和员工。对部门的关注要回答下列问题：①为了实现目标，各部门需要作出什么样的贡献?②在实现目标时，哪些是关键部门?③关键部门如何行动才能保证战略目标的实现?对员工的关注要回答下列问题：①员工需要具有哪些知识和技能?②员工对完成公司使命有多大动力?③员工面对挑战是否能从容应对?④员工对于培训的态度如何?⑤员工是否有团队合作精神?这些问题的答案对于实现计划的方式有至关重要的影响。

因此，为了有效地实现一个目标，就必须明确定义目标，确定实现目标的路线，按照路线落实工作任务。

（2）制订计划

定义目标、确定路线、落实任务的过程，也就是计划的制订过程。

一般而言，工作计划由10个部分组成：①得到清晰定义的目标。②对于目标设定原因的明确说明。③管理层对目标的赞同和支持。④找到实现目标最直接、最有效的方法。⑤向员工传达有关目标的情况，并向他们征求实现目标的最佳方案。⑥确保员工知道他们工作的原因，明白自己对于实现目标负有什么样的责任。⑦为实现目标建立明确的工作日程表。⑧制订备用措施的计划，以便在出现问题时采取行动。⑨在员工的能力范围内进行任务分派。⑩确立工作测评标准，以测量评价目标完成进度。

在计划过程中，必须对上述问题进行充分探讨和反复研究。一种思路可以激发出另一种思路，通过不同思路的碰撞使不同方案得到权衡、不同方法得到比较、不同想法得到统一、不同可能性得到考虑。这样制订出来的方案，才可能是成熟的方案，才能得到顺利实施。

为此，目标管理是一种普遍采用的途径。所谓目标管理，其特点是调动企业各层次成员的积极性，把企业战略的整体要求与各部门各员工的特殊要求结合起来，通过沟通和整合，建立企业有序的目标体系，形成推动企业发展的合力。由于企业成员的普遍参与，就使战略目标能够最广泛地与实际条件联系起来，变为具体可行而又普遍认同的行动。

具体地说，目标管理要求企业管理者在企业战略目标的基础上，将它们分解为阶段性、部门化、职能层目标，但这个目标分解过程不是一个下达指令的过程，而是上下级之间沟通协商的过程。通过这个过程，把来自企业战略的工作目标变成来自部门和员工的行为目标，使计划有着很强的可操作性与可执行性。

2.计划编制的依据

计划编制的关键在于如何把战略目标与资源配置结合起来，为实现目标提供必要的条件和可靠的基础。因此，计划编制的基本依据是组织使命和资源条件。

（1）组织使命

组织使命就是要回答组织是干什么和应该干什么的问题，明确使命是组织计划工作的基础，要在对组织使命界定的范围内制订详细的发展计划，否则组织的活动就是一盘散沙，无法形成合力。而认真审视使命正是组织高层管理者的首要职责，他们需要将使命明确阐述出来从而指导日常的经营活动。

例如，索尼公司的使命陈述是："索尼是开拓者，永远向着那未知的世界探索。"其表示索尼不步他人后尘的意志。正是从这一使命出发，索尼把最大限度地发掘人才、信任人才、鼓励人才、不断前进视为自己的唯一生命，从而在世界上最早发明家用录像机，首创电视的单枪三束彩色显像管、微型立体声单放机等，并取得了巨大成功。这说明，明确一个好的组织使命，对计划来说是基础，对组织的发展来说更是至关重要的。

（2）资源条件

企业资源条件是指企业能够用于实现经营效益的要素条件。随着企业的发展和知识经济的到来，企业资源条件也在变化和拓展，其中最主要的内容，可以概括为人力、财力、物力、时间、信息、制度、品牌、渠道、关系等。

要制订可行的活动计划，首先要认识企业现实的资源条件，要把握资源条件的客观性与可变性。资源条件是客观的，没有一定的条件支持，任何目标都只能是空想。因此，所谓有条件要上，没有条件也要上，只能是一种不切实际的蛮干，必然会在现实面前失败。正确的做法是，有条件直接上，没有条件也要创造条件间接上。就是说，不能不要条件，而是想办法创造条件，创造条件的过程，也就是为实现目标而努力的过程。

所谓创造条件，就涉及条件的可变性问题。条件是重要的，但并非是一成不变的既定事实。对于同样的条件，从不同的角度来观察和对待，往往会有不同的意义和作用。人们常说的“垃圾是放错地方的财富”就是这个道理。正因为如此，所以资源配置是重要的。对已有条件的不同配置方式，会产生完全不同的效果。一个合理计划的作用，首先就是因为它给出了一种有效的资源配置方式。

从总体上来说，对企业各种资源条件进行全面分析和优化组合，是企业高层管理者的重要职责。各个企业的资源条件各不相同，有的企业可能资金比较充足，但人才不足；有的企业可能设备能力较强，而市场开拓能力不够；也有的企业可能资金不足，人员不足，但市场前景很好。高层管理者必须根据企业的特点以及长处和短处，对资源条件作出优化配置，例如利用人力资源的长处来弥补资金不足的缺点，通过应收应付账款的调整来促进企业的市场开发等。

也就是说，企业战略在资源条件约束下向计划目标转化，而资源条件的合理配置与优化利用，是计划工作的本质要求。

3.企业目标的分解

在计划编制过程中，如何把企业目标分解到各部门和各员工头上，建立有序的分工协作体系，是一个中心问题，涉及整体与局部、组织与个人之间的复杂关系，必须着重处理。

（1）目标分解的要求

第一，目标分解应按整分整合原则进行。也就是将总体目标分解为不同层次、不同部门的分目标，各个分目标的综合又体现总体目标，并保证总体目标的实现。

第二，分目标要保持与总体目标方向一致，内容上下贯通，保证总体目标的实现。

第三，目标分解中，要注意到各分目标所需要的条件及其限制因素，如人力、物力、财力和协作条件、技术保障等。

第四，分目标之间在内容与时间上要协调、平衡并同步发展，不影响总体目标的实现。

第五，各分目标的表达要简明、扼要、明确，有具体目标值和完成时限要求。

（2）目标分解的方式

①指令式分解。指令式分解是分解前不与下级商量，由领导者确定分解方案，以指令或指示的形式下达。这种分解方法虽然容易使目标构成一个完整体系，但由于未与下级协商，对下级承担目标的困难、意见不了解，容易造成某些目标难以落实下去的局面，更由于下级感到目标是上级制定的，因而不利于下级工作积极性和能力的发挥。

②协商式分解。协商式分解是上下级对目标的分解和落实进行充分讨论，尽量取得一致意见。这种协商容易使目标落到实处，也有利于下级积极性的调动和能力的发挥，但取得统一意见的成本较高，时间较长。

由于企业目标、部门目标、员工目标之间不仅存在总体目标与局部目标的关系，而且存在目标与手段之间的链接关系，因此不论哪种目标分解方法，都可以进行目标与手段的系统分析，如图4-4所示。

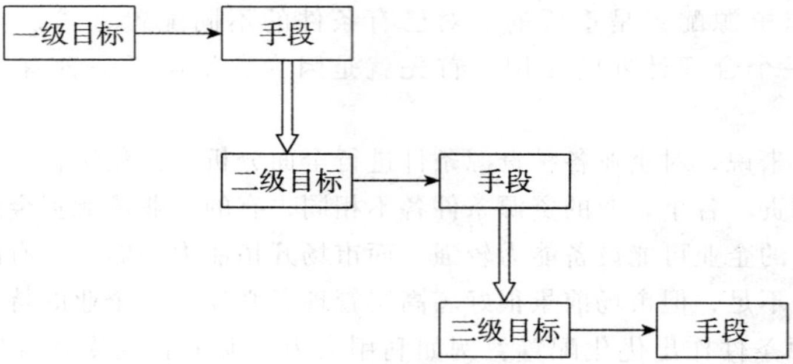

图4-4　目标分解系统图

（3）目标分解的途径

第一，按时间顺序分解，即定出目标实施进度，以便于实施中的检查和控制。这种分解形式构成目标的时间体系。

第二，按空间关系分解，其中又包括以下两种方式：一是按管理层次的纵向分解，即将目标逐级分解到每一个管理层次，一直分解到个人；二是按职能部门的横向分解，即将目标项目分解到不同职能部门。这种分解方式构成了目标的空间体系。

工作目标如能按时间关系和空间关系同时展开，形成有机的、立体的目标系统，不仅能使各级管理人员和每个人对目标的整体一目了然，也能明确各部门或个人的目标在目标系统中所处的地位，有利于调动人们的积极性、主动性和创造性。

（4）目标分解的策略

目标分解策略是制定实现目标的具体措施。对策展开应在目标分解的基础上进行。只有将对策展开，使各层次的目标都有实现的措施，并在实施中落实这些措施，才能保证目标的实现。对策展开过程中必须遵循以下要求：

第一，对策的针对性要强。要在分析现状和目标的差距、找出产生差距的主要问题及其主要原因的基础上制定对策，使对策紧紧扣住主要问题才能有的放矢地缩短现状与目标的差距。第二，对策要有力。对策的有效性不在数量多，而在于有力。第三，对策要明确、具体，以便于实施和控制。

根据对策展开的方法和要求，在对策展开的基础上，应编制对策展开表，使问题、对策清晰，并明确实施方法、实施时间和责任者。

图4-5是某公司的目标分解示意图。

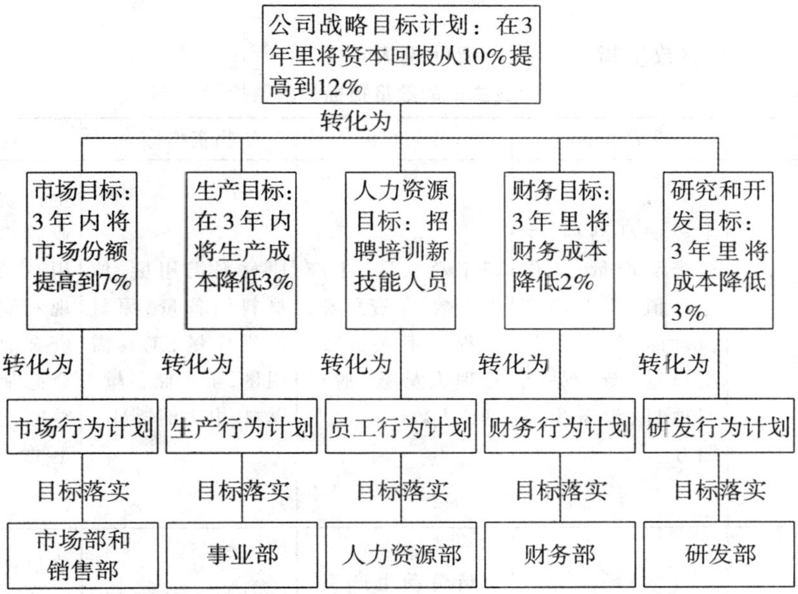

图4-5 某公司的目标分解示意图

4.计划指标的确定

工作计划必须具体、明确、可操作，这是通过一系列指标来实现的。计划指标是对于工作目标、任务要求和关键成功因素的集中刻画。通过计划指标的引导，能够帮助人们抓住关键环节，作出合理的工作安排，从而提高工作的准确性与有效性。合理地制定计划指标，是计划工作的落脚点。

（1）计划指标的含义

所谓计划指标，就是企业生产经营活动在计划期内应该达到的、可测量的目标和水平，通常以正式文件加以确定。因此可以将计划指标定义为：在计划中规定的、用数字来表示的企业生产经营活动在各方面的预期目标。

规范化与数量化是计划指标的两大特征，企业计划的内容大都是通过各项指标表示的。由于任何一个指标都只能说明某一方面的问题，为了全面反映和测评整个生产经营活动，就需要有一系列互相联系而又各自独立的指标。这些指标构成企业计划的指标体系。

（2）计划指标的内容

企业计划指标可分为数量指标和质量指标两大类。数量指标是企业在计划期内生产经营活动应该达到的规模要求，通常用绝对数来表示；质量指标是企业在计划期内的生产经营活动应该达到的性质要求，一般用相对数或平均数来表示。

企业计划中的数量指标和质量指标，是对企业生产技术经济活动的量与质两方面成果的反映。数量和质量是事物的两个方面，它们是相辅相成、相互制约、相互促进的。企业生产经营活动要求既要好的数量指标，也要好的质量指标。

企业主要的数量指标和质量指标见表4-1。

表4-1 企业主要的数量指标和质量指标

项目分类	生产指标	劳动指标	物资指标	财务指标
数量指标	主要产品品种，主要产品产量，工作总产值，工业净产值，商品产值，产品出口量，新产品试制项目，设备生产能力	职工总人数，生产工人数，工资总额，工程技术人员数，管理人员数，脱产培训人数	原材料需用量，原材料储备量，原材料供应量，工具需用量，工具储备量，燃料、电力消耗量	生产费用总额，企业管理费，车间费用，产品总成本，实现利润总额，固定资金总额，流动资金总额，财务收支总额，企业留利额，上缴税金额，创汇额
质量指标	产品合格率，成品等级品率，废品率，设备利用率，设备完好率，合同履行率	全员劳动生产率，生产工人劳动生产率，产品工时定额，工时利用率，工人出勤率，职工平均工资，工人平均技术等级	原材料消耗定额，原材料利用率，废料回收率，根据消耗定额：燃料、电力消耗定额，万元产值消耗能源	单位产品成本，可比产品成本降低率，百元产值流动资金占用额，流动资金定额，流动资金周转率，成本利润率，产品出口转换汇率

一般而言，在企业生产经营活动中，“八大指标”构成了基本的计划指标体系，即：产品产量，产品品种，产品质量，原材料、燃料、动力消耗，劳动生产率，成本，利润，百元产值流动资金占用额。八大指标具有内在的联系，彼此之间相互补充与支持，支持生产经营活动的有效进行。其中产品产量、品种和质量指标，反映企业生产的物质成果情况；劳动生产率，原材料、燃料、动力消耗和百元产值流动资金占用额指标，反映企业人财物力的利用情况；成本和利润指标，反映企业生产经营活动的经济效果情况。

企业实战4-3 移动通信公司绩效计划指标

1.公司战略目标关键成功因素一览表（见表4-2）[①]

表4-2 **公司战略目标关键成功因素一览表**

关键利益相关方	主要需求	关键成功因素	可能设计的指标类型
客户	1.网络质量保证 ● 接通率高 ● 话音质量好 ● 覆盖率高 ● 网络稳定 2.产品多样 ● 个性化产品 ● 高科技含量 ● 使用方便 3.价格优惠 ● 灵活的资费安排 ● 合理的收费 4.服务到位 ● 售前(态度/专业知识) ● 售后(反应速度/解决效果) 5.卓越品牌 ● 知晓度 ● 社会形象	保障网络质量 ● 规划 ● 建设 ● 维护 ● 优化 加快新产品开发 ● 设计 ● 开发 ● 定价 ● 推广 提高服务意识和水平 ● 销售 ● 计费 ● 客服 ● 技术支持 加大企业形象宣传和品牌建设 ● 企业形象建设 ● 产品市场宣传	客户类 内部营运类
上级公司	1.经济效益 ● 收入 ● 利润 2.组织发展 ● 盈利能力 ● 客户满意	● 加大销售力度 ● 控制成本和费用 ● 增加高价值用户 ● 提高服务意识和服务水平	财务类 客户类 学习发展类
员工	1.精神需求 ● 职业发展 ● 公平的管理体系 ● 学习的机会 ● 被认同和关怀 2.物质需求 ● 薪酬 ● 福利	● 建立公司企业文化 ● 规范管理流程和体系 ● 建立顺畅的沟通渠道 ● 增加有价值的培训 ● 设计合理的薪酬激励体系	内部营运类 学习发展类

2.企业级指标体系（见表4-3）

表4-3 企业级指标体系

财务方面	客户方面	内部经营方面	学习和成长方面
成本控制 利润指标 预算控制 应付账款控制 市场活动投入	网络覆盖率 网络可靠性 客户综合满意度 市场活动效果 新业务拓展 新增客户数量 流失客户数量	业务流程优化 扩容项目周期 客户服务改善 市场能力提升 网络规划与建设 客户服务网点建设	管理创新 组织文化建设 员工技能培训 激励政策制定

3.部门级指标体系（部分部门）

（1）客户服务中心（见表4-4）

表4-4 客户服务中心指标体系

财务方面	客户方面	内部经营方面	学习和成长方面
客户服务费用控制 新增客户服务费用 客户服务成效分析	新增客户数量 市场占有率 关键客户流失率 关键客户投诉率	投诉处理周期 投诉重点问题分析	业务流程改进 员工满意度 业务技能培训 员工激励计划 员工流失率

（2）网管中心、运维中心、通信工程建设中心（表4-5）

表4-5 网管中心、运维中心、通信工程建设中心指标体系

财务方面	客户方面	内部经营方面	学习和成长方面
预算控制 维护成本控制 项目成本控制	网络覆盖率 网络掉线率 长途接通率 客户流失率 语音质量	项目进度控制 工程建设周期 工程建设计划 工程建设质量 运营维护计划	业务流程改进 员工满意度 业务技能培训 员工激励计划 员工流失率

4.员工级指标体系（部分员工，见表4-6）

表4-6 通信建设中心项目经理个人绩效指标

财务方面	客户方面	内部经营方面	学习和成长方面
项目成本控制	内部用户对项目的满意度	项目进度控制 工程建设周期 工程建设计划 工程建设质量 部门协作	项目管理培训 个人技术考核 下属员工满意度 下属员工流失率 个人综合素质(态度、责任感、分析解决问题能力、团队工作能力)

4.2.3 企业计划的实施

计划编制是计划工作的开始，编制出来的计划必须加以实施。再好的计划如果不执行，也只是一纸空文。不仅如此，如果计划执行不好，作用也就不能充分发挥，乃至产生副作用。在计划实施过程中，计划的落实与检查是两个基本环节。

1.计划的落实

所谓计划的落实，是把计划确定的指标转化为可操作的工作任务，落实到具体工作人员头上，保证实际工作按照计划的要求有序进行。在实际工作中，计划的落实需要考虑如下工作环节。

（1）计划执行人员的管理

计划是由执行者去实现的，对计划执行者必须进行相应管理，主要检查他们是否按计划的要求去做了，有没有完成计划所确定的目标。具体办法是：制定好计划执行者的行动管理表，然后让被检查者先填好自己的工作情况及实际效果，然后由管理人员进行核查，了解其是否有不执行计划的行动，以便及时指正。

（2）计划实施的进度管理

计划的进度管理，首先是核查计划进度，一旦发现实际与计划有出入，就要研究对策设法纠正。具体办法是用进度表来进行检查、比较。进度表的横坐标一般表示时间，纵坐标一般表示计划完成进度，如销售额、生产量、实现利润等。

（3）计划完成情况的公布

计划完成的情况是相关人员都需要知道的，当计划完成情况和计划执行人员有利害关系时，更是如此。随时公布计划的完成情况，可以让完成得好的部门和个人受到鼓舞，使完成得差的部门和个人受到鞭策，从而及时掌握情况，及时采取对策。

（4）用月报告监控工作业绩

在日、周控制的基础上，应用月报告来控制业绩，使之和计划的差距尽可能缩小，是保证计划贯彻实施的又一措施。月报告一般采用图表和文字说明并用的办法。由于月报告以月为单位，所以有足够的时间单位来显示一个月中的数据变化。也可以进行不同年份同月情况的对比。在图表旁边用文字进行说明，能明确指出存在的问题。图表和文字的配合使用，不仅可以掌握现时点上的计划进行情况和趋势，而且可以追究计划未能完成的原因。

（5）用图表分析工作问题

在计划管理工作中，图表分析是运用得十分广泛的一种办法。通过图表的制作与分析，可以直观地看到计划的执行情况，以及执行计划中存在的问题。销售计划、生产计划、成本计划等，所有可以用数量指标表示的计划，都应该用图表来进行经济与技术分析。

（6）建立完善的报表体系

反映计划完成信息，需要一系列书面报告、书面材料、各种表格，简而言之，需要通过一系列企业计划报表，这就是所谓的报表体系。在报表体系中，报表项目因企业特点各异而有所不同，但资产负债表、损益计算书、成本报告书等报表是各企业必有的。通过正确运用报表，可以使计划得到严密的监控。

2.计划的检查

在计划的实施过程中，检查是不可缺少的环节。通过检查计划实施情况，可以及时发现和解决问题。再好的计划也只能近似地反映客观过程，很多潜在因素和意外情况是很难估计到的。此外，计划执行过程中的偏差也常常会发生。因此，必须经常检查计划的执行情况，一旦发现问题就加以及时改进。

（1）计划实施过程的检查

检查计划执行情况的方法多种多样。概括地说，大致分为定期检查和追踪检查。

①定期检查。定期检查通常在计划期终了时进行。如：月终检查、季终检查、年终检查等。这种检查比较全面，可以对检查结果进行详细分析，总结经验，指出完成计划的有利因素和不利因素，提出解决存在问题的办法，为下一个计划期创造有利条件。

在计划执行情况的定期检查中，应注意以下几点：

检查生产计划的完成情况。在检查生产计划时，必须把各种有关计划联系起来检查，如联系劳动工资计划，检查它是否依靠加点加人来完成；联系物资供应计划，检查它是否在加大材料消耗量的情况下完成等。

检查计划要抓住主导环节。计划没完成当然有很多因素，如劳动力调配不当，原材料、燃料、电力供应发生问题，大量产生废品等。但是要分析以哪一个因素为主。如果人力资源配置是主要问题，就要抓住这个主要环节，深入检查劳动力调配失当之所在，及时纠正偏差。

要检查计划是在怎样的情况下完成的。例如，是通过突击补救的办法来完成，还是正常地、均衡地来完成。企业发展不仅要求全面地完成年度计划，而且要求均衡地完成计划。如果没完成计划，要分析是否因为局部不均衡而影响到整个计划没完成。

检查计划时，必须分析劳动竞赛对于计划执行进度的影响。由于劳动竞赛能够不断发掘员工潜力来促使计划完成和超额完成。因此在编制、执行和检查计划的过程中，必须充分考虑到人的主观能动性问题。如发现某些车间生产不均衡，而它完成计划不靠加班加点，那么可以推测其还有潜力有待发挥。

检查计划时，要充分发动群众，要实行领导与群众相结合，自上而下的检查与自下而上的检查相结合。检查后要及时进行检查总结，表扬先进，鼓励后进，使计划执行情况的检查发挥促进生产的作用。

②追踪检查。所谓追踪，是使之对计划工作情况进行全程监控，及时发现问题

和解决问题。在计划检查中配合高效率的追踪，能够大大提高工作效率。

计划的追踪应尽可能正确掌握“计划值”与“实际值”间的差异，并进行详细分析。一般而言，计划值与实际值之间的差异种类如下：差异原因可以确定；差异原因虽无法确定，却可以推测；差异原因无法确定且难以推测。对差异类型详细分析之后，各部门应针对该项原因研究改进办法，并在定期追踪报告中，提出具体可行的解决策略。

追踪方式非常灵活，最重要的方法有两种，即非结构性追踪和结构性追踪。前者对所负责的计划进行不定期检查，以寻找问题、分析原因、提出对策。后者实际上是指对计划的定期报告，由于报告是连续的、成系列的，因此也称之为追踪检查。

（2）计划完成情况的评价

计划评价是指从一定标准出发，对计划的实施结果进行价值认定，这是保证计划得以实现、激励员工积极性的基本办法。可以用下述公式来说明评价工作的意义：

计划效果=计划能力+实施能力+追踪能力+评价能力

计划评价具有下述意义：①对企业计划的推行成果予以认定。②提高各责任单位彼此间的竞争性。③评价成果可作为年终考绩的依据。④评价结果可作为下次计划的参考。⑤建立员工对于计划评价的信赖感。

可见，计划执行过程中若能配以合理的评价，能产生相当大的积极作用，有助于计划的顺利推行和不断改进。

4.3　计划工作方法与技术

如何从企业战略出发，在现实条件的约束下，充分利用企业既有资源和现实能力，编制既积极主动又具体可行的计划，是经营管理的重点问题，产生了许多相关的方法技术。在企业生产经营活动所采用的各种计划方法技术中，波士顿矩阵和平衡计分卡具有特殊意义。

4.3.1　波士顿矩阵（BCG）

企业作为一个生产经营组织，必须对生产什么、如何生产进行具体分析和定位，波士顿矩阵是企业产品服务生产方式的组合规划方法。这一方法由波士顿咨询集团（Boston Consulting Group）首创，因此又被称为波士顿咨询集团法、四象限分析法、产品系列结构管理法。

1.波士顿矩阵的原理

随着市场竞争的激化，多数企业面临的问题是：市场容量逐渐饱和；市场需求变化大，产品寿命周期缩短；劳务费用上升，资金流动性差，经营不确定性与不稳定性增强。竞争加剧导致企业平均收益下降，这在多种经营类型的企业中表现得最为显著。

为了寻找对策，波士顿咨询集团对美国57个公司的620种产品进行了历时三年的调查，从中发现一个普遍规律，即市场占有率高的公司，研究开发及促销费用占销售额的比重高，资金利润率也高；反之，市场占有率低的公司，资金利润率也低。而在差别较大的行业中，可能存在市场占有率低而收益高，或者市场占有率高而收益低的企业类型。问题的关键在于如何使企业的产品品种及其结构适合市场需求变化，将企业的有限资源合理地分配到产品结构中去，以保证企业总体收益的上升。这是企业在激烈竞争中能否取胜的关键。

在此基础上，波士顿咨询集团开发出如图4-6所示的模型。

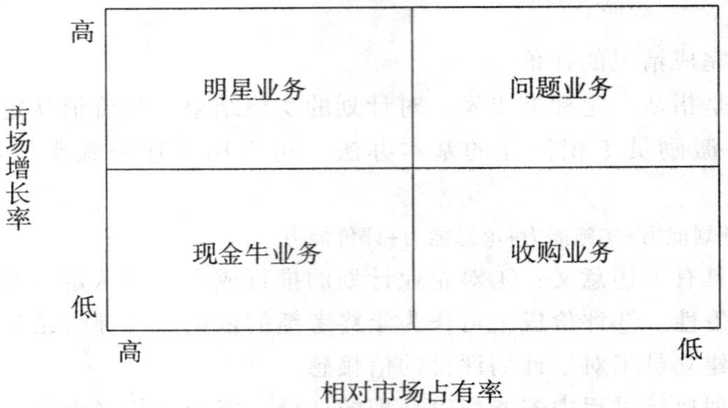

图4-6　波士顿矩阵

上述模型从市场占有率与市场增长率两个方面考察企业，认为对于一个拥有复杂产品系列的企业来说，决定产品结构的基本因素有两个：市场引力与企业实力。

市场引力中最主要的是综合指标——销售增长率，这是决定企业产品结构是否合理的外在因素。企业实力中市场占有率是关键要素，它直接显示企业竞争实力。销售增长率与市场占有率既相互影响又互为条件：市场引力大，销售增长率高，可以显示产品发展的良好前景，企业也具备相应的适应能力，实力较强；如果仅市场引力大，而没有相应的高销售增长率，则说明企业尚无足够实力，则该种产品也无法顺利发展。相反，企业实力强，而市场引力小的产品也预示了该产品的市场前景不佳。

通过以上两个因素相互作用，会出现四种不同性质的产品类型，形成不同的产品发展前景：①销售增长率和市场占有率“双高”的产品群（明星类产品）；②销售增长率和市场占有率“双低”的产品群（瘦狗类产品）；③销售增长率高、市场占有率低的产品群（问号类产品）；④销售增长率低、市场占有率高的产品群（现金牛类产品）。

对于企业来说，如果能同时具有问号类产品、明星类产品和现金牛类产品，就有希望保持企业当前的利润和长远利润的稳定，形成合理的产品结构，维持资金平衡。

2.波士顿矩阵的使用

（1）分析思路

应用波士顿矩阵，要将企业产品从销售增长率和市场占有率角度进行组合。

在坐标图上，以纵轴表示企业销售增长率，横轴表示市场占有率，各以10%和20%作为区分高、低的中点，将坐标图划分为四个象限，依次为“问号（?）”、“明星（★）”、“现金牛（￥）”、“瘦狗（×）”。在使用中，企业可将产品按各自的销售增长率和市场占有率归入不同象限，使企业现有产品组合一目了然，同时便于对处于不同象限的产品作出不同的发展决策。其目的在于通过产品所处不同象限的划分，使企业采取不同决策，以保证其不断淘汰无发展前景的产品，保持“问号”、“明星”、“现金牛”产品的合理组合，实现产品及资源分配结构的良性循环。

（2）分析步骤

应用波士顿矩阵，要采取两个基本步骤。

①核算企业各种产品的销售增长率和市场占有率。销售增长率可以用本企业的产品销售额或销售量增长率。时间可以是一年或是三年以至更长时间。市场占有率可以用相对市场占有率或绝对市场占有率，但是要用最新资料。基本计算公式为：

$$本企业某种产品绝对市场占有率=\frac{该产品本企业销售量}{该产品市场销售总量}$$

$$\begin{matrix}本企业某种产品\\相对市场占有率\end{matrix}=\frac{该产品本企业市场占有率}{该产品市场占有份额最大者（或特定的竞争对手）的市场占有率}$$

②绘制四象限图。以10%的销售增长率和20%的市场占有率为高低标准分界线，将坐标图划分为四个象限。然后把企业全部产品按其销售增长率和市场占有率的大小，在坐标图上标出其相应位置（圆心）。定位后，按每种产品当年销售额的多少，绘成面积不等的圆圈，顺序标上不同的数字代号以示区别。定位的结果即将产品划分为四种类型。

3.波士顿矩阵的建议

波士顿矩阵对于四个象限的产品服务，具有不同定义和相应对策。

（1）明星产品（stars）

它是指处于高增长率、高市场占有率象限内的产品群，这类产品可能成为企业的现金牛产品，需要加大投资以支持其迅速发展。采用的发展战略是：积极扩大经济规模和市场机会，以长远利益为目标，提高市场占有率，加强竞争地位。为满足明星产品的管理与组织的需要最好采用事业部形式，由对生产技术和销售两方面都很内行的经营者负责。

（2）现金牛产品（cash cows）

现金牛产品又称厚利产品。它是指处于低增长率、高市场占有率象限内的产品群，已进入成熟期。其财务特点是销售量大，产品利润率高、负债比率低，可以为企业提供资金，由于增长率低，也无须增加投资，可以成为企业回收资金、支持其他产品，尤其是明星产品投资的后盾。对这一象限内的大多数产品，市场占有率的下跌已成不可阻挡之势，因此可采用收获战略：即所投入资源以达到短期收益最大化为限。具体包括：①把设备投资和其他投资尽量压缩；②采用榨油式方法，争取在短时间内获取更多利润，为其他产品提供资金。对于这一象限内的销售增长率仍有所增长的产品，应进一步进行市场细分，维持现存市场增长率或延缓其下降速度。对于现金牛产品，适合于用事业部形式进行管理，其经营者最好是市场营销型人物。

（3）问号产品（question marks）

它是处于高增长率、低市场占有率象限内的产品群。前者说明市场机会大、前景好，而后者则说明在市场营销上存在问题。其财务特点是利润率较低，所需资金不足，负债比率高。例如在产品生命周期中处于引进期、因种种原因未能打开市场局面的新产品即属此类问题的产品。对问号产品应采取选择性投资战略，即首先确定对该象限中那些经过改进可能会成为明星的产品进行重点投资，提高市场占有率，使之转变成“明星产品”；对其他将来有希望成为明星的产品则在一段时期内采取扶持的对策。因此，对问号产品的改进与扶持方案一般均列入企业长期计划中。对问号产品的管理组织，最好是采取智囊团或项目组织等形式，选拔有规划能力、敢于冒风险、有才干的人负责。

（4）瘦狗产品（dogs）

瘦狗产品也称衰退类产品。它是处在低增长率、低市场占有率象限内的产品群。其财务特点是利润率低、处于保本或亏损状态、负债比率高，无法为企业带来收益。对这类产品应采用撤退战略：首先应减少批量，逐渐撤退，对那些销售增长率和市场占有率均极低的产品应立即淘汰。其次是应将剩余资源向其他产品转移。最后是整顿产品系列，最好将瘦狗产品与其他事业部合并，统一管理。

4. 波士顿矩阵的法则

按照波士顿矩阵的原理，一方面，产品市场占有率越高，创造利润的能力越大；另一方面，销售增长率越高，为了维持其增长及扩大市场占有率所需的资金就越多。这样可以使企业的产品结构实现产品互相支持、资金良性循环的局面。

按照产品在象限内的位置及移动趋势的划分，形成了波士顿矩阵的基本法则。

第一法则：成功的月牙环。在企业所从事的事业领域内各种产品的分布若显示月牙环形，这是成功企业的象征，因为盈利大的产品不止一个，而且这些产品的销售收入都比较大，还有不少明星产品。问号产品和瘦狗产品的销售量都很少。若产品结构显示为散乱分布，说明其事业内的产品结构未规划好，企业业绩必然较差。这时就应区别不同产品，采用不同策略。

第二法则：黑球失败法则。如果在第四象限内一个产品都没有，或者即使有，其销售收入也几乎近于零，可用一个大黑球表示。该种状况显示企业没有任何盈利大的产品，说明应当对现有产品结构进行撤退、缩小的战略调整，考虑向其他事业渗透，开发新的事业。

第三法则：东北方向大吉。一个企业的产品在四个象限中的分布越是集中于东北方向，则显示该企业的产品结构中明星产品越多，越有发展潜力；相反，产品的分布越是集中在西南角，说明瘦狗类产品数量越大，说明该企业产品结构衰退，经营不成功。

第四法则：踊跃移动速度法则。从每个产品的发展过程及趋势看，产品的销售增长率越高，为维持其持续增长所需资金量也相对越高，而市场占有率越大，创造利润的能力也越大，持续时间也相对长一些。按正常趋势，问号产品经明星产品最后进入现金牛产品阶段，标志着该产品从纯资金耗费到为企业提供效益的发展过程，但是这一趋势移动速度的快慢也影响到其所能提供的收益的大小。

如果某一产品从问号产品（包括瘦狗产品）变成现金牛产品的移动速度太快，说明其在高投资与高利润率的明星区域的时间很短，因此对企业提供利润的可能性及持续时间都不会太长，总的贡献也不会大；但是相反，如果产品发展速度太慢，在某一象限内停留时间过长，则该产品也会很快被淘汰。

企业经营者的任务，是通过四象限法的分析，掌握产品结构的现状及预测未来市场的变化，进而有效地、合理地分配企业经营资源。在产品结构调整中，经营者不是在产品到了“瘦狗”阶段才考虑如何撤退，而应在“现金牛”阶段时就考虑如何使产品损失最小而收益最大。

4.3.2 平衡计分卡

企业实战4-4 财务、客户、内部流程、学习与成长，一个都不能少

2002年4月，联想集团贯彻实施“自由联想，互通互联”战略，强势介入移动通信领域；2002财年联想移动过市场关、过技术关、过管理关首战告捷，手机销量达××万台，令业界瞩目；2003财年联想移动确立年度目标，销量规划直指××万台……2006财年联想移动成为国内一流、国际著名的手机厂商。

应该说，美好前景蓝图已经规划，成败与否取决于团队的执行能力。而一个团队的执行能力，取决于是否能将战略目标分解成可操作的战术动作，然后以脚踏实地的务实精神和不达目的誓不罢休的毅力，不折不扣地贯彻落实。其中构建与公司经营发展状态相适应的业绩管理体系，是将战略目标分解成可操作的战术动作的关键节点。所以，我们得思考这样一个战略性的问题：我们需要一种什么样价值导向的业绩管理体系，以保障公司的中、长期战略能有效实现，保障公司具有可持续发展所需的竞争力？是纯粹依靠手机业务拉动增长来实现呢，还是仅仅依靠强化内部管理业务流程？是依靠赶时髦的搞资金运作、资本运作和品牌运作呢，还是依靠提倡“亦虚亦实”的企业文化？答案无疑是否定的！因为同仁们内心深处都有这样的共识：我们不仅2002财年要过得好，2003财年、2004财年……要过得更好，直至我们的愿景目标完全达成！因而，我们必须构建这样一种价值导向的业绩管理体系：它能及时有效反映公司综合经营状况，使业绩评价趋于平衡和完善，利于公司中、长期平衡稳健发展。唯有如此，公司方能“长治久安”，我们方能“美梦成真”。

于是，一个能将公司策略变为行动方案的架构——“平衡计分卡”（BSC）业绩管理体系来到了我们身边。

事实上，“平衡计分卡”一点儿也不神秘，它是一个具有多维角度的绩效衡量模式，即通过四个层面：财务、客户、内部流程及员工学习与成长能力来实施策略管理。其最大的价值功能在于能保持财务指标与非财务指标之间的平衡，长期目标与短期目标之间的平衡，内部衡量与外部衡量之间的平衡，成果与成果的执行动因之间的平衡，管理业绩与经营业绩之间的平衡等。很早以前，集团CEO杨元庆就提出了广为人知的“木桶理论”。木桶理论的原理是：一个木桶的盛水量是由组成木桶的最短的木板决定的，要想提高木桶的盛水能力首先要加高木桶的短板。一个企业要不断提高自己的管理能力，就要不断加高短板，否则企业的发展就会面临危险的境地。核心意思强调的也是企业要均衡发展的理念。

下面从三个方面来探讨“平衡计分卡”业绩管理体系在公司的具体运用。

第一方面：“平衡计分卡”为什么能保障公司业绩管理体系的稳健性和平衡性。平衡计分卡从四个不同的视角，提供了一种考查价值创造的战略方法：

1. 财务视角：其目标是解决“股东如何看待我们？”这类问题。表明我们的努力是否对企业的经济收益产生了积极的作用，因此财务方面是其他三个方面的出发点和归宿。财务指标包括销售额、利润额、资产利用率等。

2. 客户视角：其目标是解决“顾客如何看待我们？”这类问题。通过顾客的眼睛来看我们公司，从时间（交货周期）、质量、服务和成本几个方面关注市场份额以及顾客的需求和满意程度。客户方面体现了公司对外界变化的反应。客户指标包括送货准时率、客户满意度、产品退货率、合同取消数等。

3. 内部运作流程视角：其目标是解决“我们擅长什么？”这类问题，关注公司内部效率，如生产率、生产周期、成本、合格品率、新产品开发速度、出勤率等。内部运作流程是公司改善经营业绩的重点。

4. 学习和成长视角：其目标是解决“我们是在进步吗？”这类问题。如员工士气、员工满意度、平均培训时间、再培训投资和关键员工流失率等。

平衡计分卡的特点是始终把战略和愿景放在其变化和管理过程中的核心地位。通过清楚地定义战略，始终如一地进行组织沟通，并将其与变化驱动因素联系起来，构建“以战略为核心的开放型闭环组织结构”，使财务、客户、内部流程和学习与成长四因素互动互联，浑然一体。利用平衡计分卡，我们就可以测量自己的公司如何为当前以及未来的顾客创造价值了。在保持对财务业绩关注的同时，它清楚地表明了卓越而长期的价值和竞争业绩的驱动因素。

财务、客户、内部流程和学习与成长四个方面的因果关系是：员工的素质决定产品质量、销售渠道等，产品/服务质量决定顾客满意度和忠诚度，顾客满意度和忠诚度及产品/服务质量等决定财务状况和市场份额。

第二方面："平衡计分卡"怎样保障公司业绩管理体系的稳健性和平衡性。

"平衡计分卡"业绩管理包含三个层面：公司整体、部门和员工。因此，作为一个完整的业绩管理方案，三个层面联系密切、缺一不可。另外，公司的战略目标是否清晰是业绩管理体系建设的一个重要前提，没有目标的企业首先考虑的不是如何考核，而是自己的方向和计划。

围绕平衡计分卡的建立流程，其实施过程大致可分为四个阶段，并构成循环：

1. 确定战略愿景。(1) 澄清愿景。(2) 取得一致。

2. 沟通和链接。(1) 沟通和培训。(2) 确定目标。(3) 绩效和激励挂钩。

3. 规划并设定指标。(1) 设定指标。(2) 制订行动计划。(3) 分配资源。(4) 设定里程碑。

4. 反馈和学习。(1) 明确共同的愿景。(2) 信息反馈。(3) 战略评审和学习。

第三方面："平衡计分卡"保障公司业绩管理体系的稳健性和平衡性的具体运用。

应该说，公司的远景目标已相当明确——2006财年成为国内一流、国际著名的手机厂商。同时，为实现此战略目标和愿景，公司也已对2002至2006财年的目标分阶段作了具体部署。因而，我们工作所有的思路和出发点都必须紧紧围绕一个中心：公司愿景和战略。

下面具体来谈谈2003财年"平衡计分卡"在保障公司业绩管理体系的稳健性和平衡性方面的运用。

一、指导思想和设计原则

公司在《落地生根、健体强身，苦练内功、决胜创新——联想移动公司2003财年规划目标策略》中明确指出："我们要强化执行力度，利用平衡计分卡的方式进行绩效考核……要把2003财年的目标分解到各个部门，各个部门也要把部门的目标分解到每一个员工身上，做到人人肩上背指标，公司指标大家挑的企业氛围。每个部门、每个员工在每个季度、每个月甚至每一天都要把指标拿出来，对照审视，看看指标完成得怎么样？要不要调整自己的目标？要不要改进实施的策略？同时，我们在工作中要建立和形成一种互为客户关系的部门间协作配合关系；我们会建立一套以平衡计分卡为基础的科学的绩效评价体系，来监督、推进和考核各部门、每个员工的指标完成情况；试行业务单元的模式，按事业部或利润、成本/费用中心方式进行管理评价；我们也要建立公平、公正、合情、合理的激励机制，多劳多得，形成一种绩效优先的企业文化。”根据公司的讲话精神并结合绩效考评的普遍原则，我们制定了2003财年考核的基本指导思想：

（一）以考核促发展，使业绩管理评价体系成为反映公司和部门经营管理绩效的指南针和风向标；

（二）代表GMO以考核为手段推动各部门关键能力的不断提高；

（三）应用平衡计分卡构建公司和部门绩效考评的基本架构；

（四）建立和形成一种互为客户关系的部门间协作配合关系；

（五）按业务单元模式，以事业部或利润、成本/费用中心方式构建业绩管理评价体系。

同时，为了使指导思想能在部门工作中得到贯彻落实，我们相应制定了考核指标设计的基本原则（SMART原则）：

（一）Specific——目标必须尽可能具体，缩小范围；

（二）Measurable——目标达到与否尽可能有衡量标准和尺度；

（三）Attainable——目标设定必须是通过努力可达到的；

（四）Relevant——体现其客观要求与其他任务的关联性；

（五）Time-able——计划目标的完成程度必须与时间相关联。

现在举几个例子来说明指导思想和指标设计基本原则的应用。

1.反映公司和部门经营管理绩效的指南针和风向标——销售量（额）、毛利等。

2.互为客户关系的部门间协作配合关系——内部满意度、IQC批次合格率等。

3.事业部或利润、成本/费用中心的体现：(1) 事业部或利润中心。如产品部的准事业部制，考核毛利、责任利润、产品运作成功率和自研产品销量等。(2) 成本中心。如制造部的单台制造成本、资材部的采购成本等。(3) 费用中心。如各部门的部门预算执行比等。

4.SMART原则的应用。以体现其客观要求与其他任务的关联性为例。如：资材部考核指标中的IQC批次合格率、存货周转天数和存货削价准备金相互之间就具有极强的关联性。

二、工作机制和组织保障

有了好的指导思想和符合实际的设计原则，我们还得构建有效的工作机制和组织保障，以使业绩考核真正转变为事前业绩计划、事中过程监控和事后结果考核三位一体的系统性考核。

（一）工作机制和流程。第一阶段：事前业绩计划。(1) 数据管理库——采集和积累2002财年、2003财年、2004财年的历史数据及同行业和兄弟公司的相关标准，以便业绩计划具有可比性和科学性。(2) 目标管理法 (MBO) ——同各部门一起协商制定考核的内容、目标值及权重等，使考核具有现实性和可操作性。第二阶段：事中过程监控。(1) 每月沟通会。(2) 重大项目的推动。(3) 实时沟通。第三阶段：事后结果考核。(1) 考核值的汇总统计和结果分析。(2) 面谈沟通。

(二) 组织保障。(1) 固定工作小组——由经营管理部、综合部和财务部等相关人员组成。(2) Team工作小组。由固定工作小组成员和业务部门相关人员联合组成，主要用以解决一些跨部门运作的考核指标。如存货周转天数，涉及资材部、产品部、技服部等相关部门。

三、平衡计分卡的具体应用

(一) 基本架构。根据平衡计分卡的基本原理，我们从满意度指标、财务指标、关键能力指标及业务进展评估四个维度来构建公司和部门的业绩管理体系。

(二) 重点考核关注点。"20/80原则"告诉我们，公司80%的绩效来自于20%的主要工作指标。因此，在通盘考虑影响公司经营成果因素的基础上，我们必须突出各部门考核重点关注点。

(三) 岗位平衡计分卡的设置。根据平衡计分卡所提供的架构，我们通过对公司年度规划目标进行纵横向的分解，就使得公司年度目标与部门年度目标高度一致，已初步具备可执行性（公司P值考核主要围绕此层面展开）。紧接着，各部门将2003财年年度目标根据员工岗位定位和职责再次细化目标，责、权、利落实到人（公司Q值考核主要围绕此层面展开）。因此，我们要深深明白，公司的愿景和战略（包括年度目标）不是"水中月，镜中花"，而是与你明夕相伴，如影相随。它已经通过"平衡计分卡"这个工具渗透到你日常工作中去了。

综上所述，"平衡计分卡"业绩管理体系的四个因素相辅相成，缺一不可。套用一句时髦的话："财务、客户、内部流程、学习与成长，一个都不能少"。"莫道雄关真如铁，而今迈步从头越。"让我们携起手来，以百折不挠的毅力，朝着公司规划的愿景和目标不断奋勇迈进！

资料来源　作者根据联想内部刊物整理.

企业效益是根据市场需要进行有计划生产经营活动的结果，作为企业效益集中体现的财务指标，与衡量企业生产经营活动的一系列管理指标具有内在联系，因此可以通过指标分析和指标之间关系的分析，寻找提高企业效益的途径。平衡计分卡由此产生，其目的是通过一系列指标分析和设计，为确定企业经营计划提供依据，从而促进企业战略的有效实施。这一方法由哈佛大学教授罗伯特·卡普兰 (Robert Kaplan) 和大卫·诺顿 (David P.Norton) 提出。

1.平衡计分卡的思想

平衡计分卡的最初目标，是为了解决公司绩效的评估问题，目的是提供一个从可持续发展角度计量企业绩效的指标系统。

为此，平衡计分卡将企业绩效指标分为四个维度：(1) 财务 (financial)；(2) 顾客 (customer)；(3) 内部业务流程 (internal process)；(4) 学习与成长 (learning and growth)。

四个维度的关系如图4-7所示：

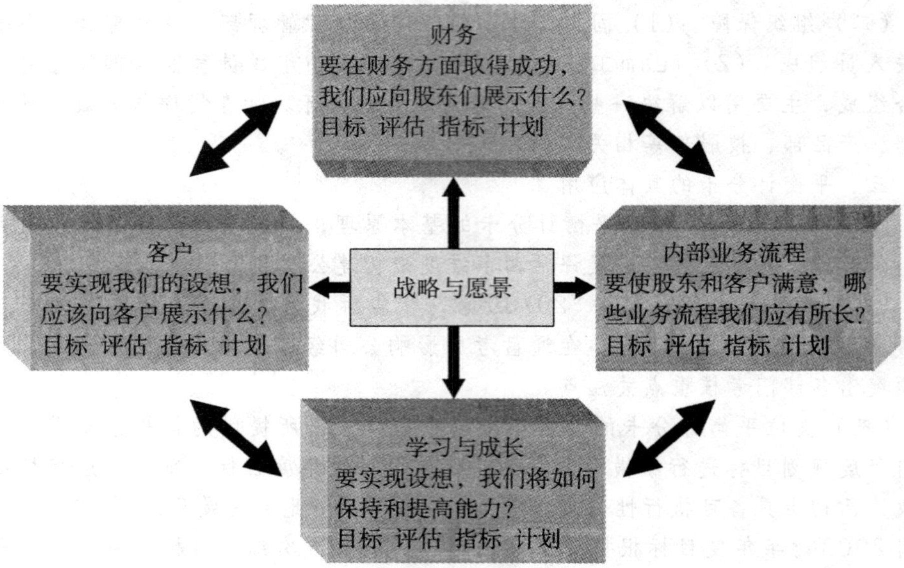

图4-7 平衡计分卡示意图

从图4-7可以看出，平衡计分卡各方面指标之间的关系非常紧密，组成一个环环相扣的整体，围绕企业的战略与愿景展开。以此为中心，逐步展示了财务、市场、流程、员工四个方面之间的关系，并以相应的指标加以刻画。

首先是财务指标。财务指标是企业对股东的交代，即怎样让股东满意。其核心内容是投资回报率、总资产收益率等指标。其次是市场指标。股东收益来源于市场销售，顾客指标由此产生，平衡计分卡考虑要实现企业投资回报率目标，应该向客户展示什么？再次是流程指标。所谓流程指标，也就是企业内部分工协作的测评指标。企业能否使顾客满意，取决于企业内部的分工协作水平。因此要向顾客提供满意的产品和服务，必须关注企业的内部业务流程。最后是员工指标。分工协作是由员工来进行的，能否建立合理的内部业务流程并加以持续改进，最终要依靠员工的积极性。只有员工不断学习与成长，企业才有生存发展的动力，这才是问题的归结点。这样，平衡计分卡就从企业经营效益出发，找到了企业持续发展的动因；从投资者的利益指标，走向了劳动者的发展指标，使企业形成了一个完整的指标体系。这个指标体系，可以成为企业计划管理的框架线索。

因此，平衡计分卡是一种战略实施的工具，也是从经营管理全局出发制订企业计划的重要方法。

2. 平衡计分卡的应用

平衡计分卡通过一系列因果关系的分析，把企业战略转化为部门和员工的工作指标，进而将个人和部门的工作计划与企业战略挂钩。为了合理建立一个企业的平衡计分卡，必须处理好以下几个环节：

（1）明确战略目标

经营管理必须具有方向，为此必须从企业战略出发，让每一位员工、合作伙伴以及利益相关者清晰企业的未来远景。没有一个清晰的企业战略，未来的方向就不明朗，会导致资源配置失效，无法提高企业效益。把企业战略具体化和操作化，这就是制订计划的过程。平衡计分卡对计划的关注，是通过财务、顾客、流程、员工四个方面的指标来落实。

（2）确立财务指标

财务指标概括了企业经营的直接效益，因此明确企业战略之后，首先要确立合理的财务指标，例如经营利润、净资产收益率及经济附加值（economic value added，EVA）等。确定了不同财务指标后，就确立了企业不同方面关键绩效指标（key performance indicator，KPI）的归结点。财务指标虽然最终由财务部门通过报表或其他方式报出，但牵涉到企业各个部门的努力，因此财务指标作为终极指标具有综合性。

（3）确立顾客指标

顾客指标是财务指标的来源，是企业效益得以实现的途径。首席运营官必须认清目标市场，锁定目标顾客，保持老顾客、引进新顾客。很多研究指出，拥有满意及忠诚顾客的企业，与没有满意及忠诚顾客的企业相比，可以赚取更多的利润。有忠诚的顾客，企业可以增加销售并减少成本。统计数据表明，增加顾客忠诚率5%，可增加利润25%～85%。在顾客方向，一般包括以下关键绩效指标：①顾客满意度；②顾客保持程度；③新顾客获得比例；④顾客账户利润；⑤市场占有程度等。

（4）确立流程指标

卓越的业务流程能使企业更有效地为顾客提供产品与服务，从而更好地吸引及保持顾客。因此在确定了顾客指标之后，紧接着应确定企业关键性的内部业务流程指标。不同行业有不同的业务流程，按照企业价值链分析，企业内部流程（如图4-8所示）一般由三个方面组成：①创新流程；②操作流程；③售后服务流程。在创新流程中，相关指标包括新产品开发、柔性制造、技术能力及研究与开发能力和效率，以及新产品在销售额中所占比重、专利产品在销售额中所占比重、在竞争对手之前推出产品的能力、开发新产品的周期等。在操作流程中，绩效指标包括时间、质量和成本。售后服务流程则用成本、质量和反馈速度等指标来考核。

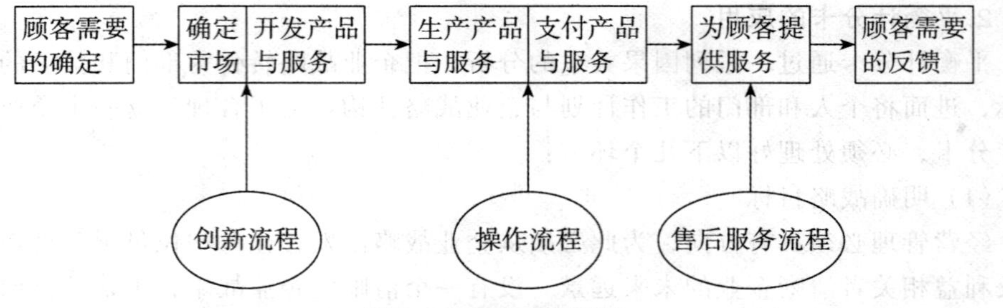

图 4-8 企业内部流程

（5）确立成长指标

业务流程要依靠员工来实施，员工的学习和成长对企业发展起很大作用。平衡计分卡的第四个维度是学习与成长，这是企业长远发展需要夯实的基础环节。在顾客及内部业务流程维度，确认了现在及未来的关键成功因素以及努力目标。然而，实现这些目标最终还是依靠人力资源实现。员工素质决定了企业是否能够在业务流程上不断创新，从而更好地满足市场，实现财务指标。

经过以上五个步骤，企业经营管理的计划指标基本确立，构成了全面的绩效管理系统。图 4-9 描述了平衡计分卡各个指标的工作主体，以及不同指标之间的依存和互动关系。明确这一关系能够为企业绩效管理提供直接依据。

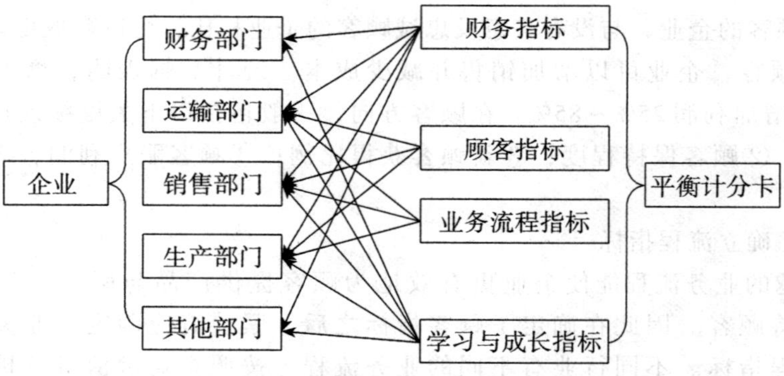

图 4-9 平衡计分卡关键业绩指标考核对象示意图

企业管理者运用平衡计分卡的最终目标是实现战略，而对战略的支持也正是平衡计分卡的根本优点。通过平衡计分卡，企业计划工作有了系统的结构，成为实现企业战略发展目标的有力依托。

小 结

1. 企业战略是企业计划制订的前提和依据。

2.计划的任务是确定企业做什么、由谁做、何时做和如何做。

3.经营计划是企业计划的中心线索，确定企业生产经营活动的安排。

4.对资源条件的分析和各种能力平衡是制订计划的基础和关键环节。

5.计划难点是平衡整体与局部、长期与短期、理想与可行、计划与变化四大关系。

6.计划指标是在计划期内在生产经营活动方面应该达到的目标和水平。

7.长期计划是未来发展方向的战略规划，通过年度计划的安排逐步实现。

8.年度计划是在计划年度内的行动纲领，又是安排季度、月度计划的重要依据。

9.可以通过每月业绩、图表分析、报表体系、会议等方式对计划实施情况进行管理。

10.波士顿矩阵是制订经营计划的工具，能够帮助企业进行合理的资源配置。

11.平衡计分卡是战略实施的工具，能够把战略规划落实到具体部门和员工。

问题与思考

1.经营计划与企业战略有什么联系与区别?

2.把企业战略落实为工作计划的难点在哪里?怎么解决?

3.企业计划体系由哪些内容构成?其中经营计划占有什么地位?

4.经营计划涉及哪些方面内容?这些内容如何构成一个统一体系?

5.计划工作具有哪些功能?如何发挥这些功能的作用?

6.编制计划的依据是什么?主要应考虑哪些方面的问题?

7.在计划工作中，目标分解具有什么意义?难点在哪里?怎么解决?

8.计划指标具有什么样的地位与作用?指标体系应该如何建立?

9.落实工作计划的关键在哪里?有哪些常用方法?

10.波士顿矩阵是一种什么方法?用来解决什么问题?

11.平衡计分卡是一种什么方法?其内容是什么?

参考案例

欧洲汽车企业的计划模式

1.计划流程（如图4-10所示）

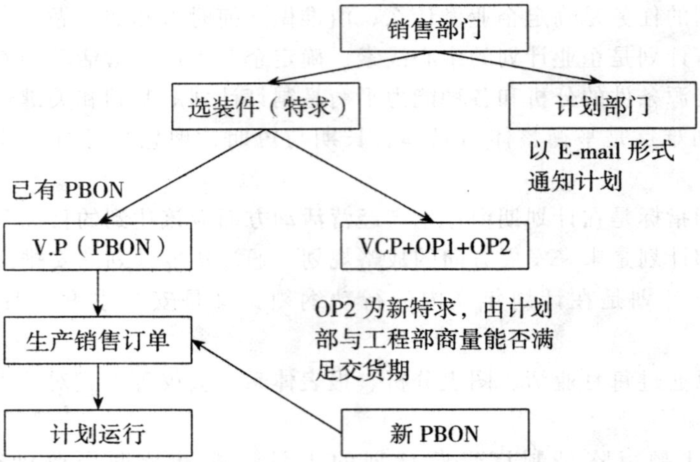

注：V.P——企业产品；
PBOM——生产物料清单；
OP——选装件新。

图 4-10　基于订单管理的流程

2.计划流程的操作

（1）年度计划

企业在每年的11月份制订明年的预测整车计划。制订来年预测计划主要根据所有市场销售人员提供的第2年以月度为单位的预测销售计划，该计划必须提供是何种型号的产品、哪个月份、是多少数量。一般有80%～90%的销售人员会提供明年的预测计划，另有10%～20%的人员只提供季度的或半年的销售预测计划，计划部门优先满足前者，后者则次考虑之。对于后者，生产部门甚至可能延迟交货，所以销售部门必须尽量提供比较正确的预测计划，以利于计划部门安排生产。

在考虑计划时，若产能不足，优先满足重要客户，若出现不能满足客户的情况，及时通知销售人员，让销售人员掌握情况，适时调整销售品种。当然计划部门首先要尽力做到满足客户要求，实在不行，则诚实告诉客户，从而能更好地协商解决问题。

销售人员用传真和E-mail的形式将来年的预测计划报计划部门，然后，计划部门根据工厂的产能和库存等情况制作一份年度生产预测计划，经公司领导及生产、供应、计划、技术和销售等部门的领导开会确认最终的年度预测计划，并把该计划以详细的每月所需产品型号、数量等信息发给供应商，使供应商能提前为本公司作好物料的生产安排。

（2）季度计划

在有年度预测计划的基础上，分4个季度作计划预测。季度预测计划时间为：2+10、5+7、8+4、11+来年。2+10中2表示2月份，+10表示预测后面10个月的计划。一方面，将季度预测计划与年度预测计划同时进行比较，找出两者之间的差异，对于差异过大的，销售部门必须说明原因，以提高以后预测的正确性，同时对发现的变化要及时通知供应商，使供应商能配合好；另一方面，通过产品的销售来预测数量的变化，及早了解一个产品的市场趋势，也就及早地掌握了市场的脉搏，从而为经营决策提供了依据。

（3）月计划

在每月的第2周制订（N+3）3个月后的计划（月计划）。本月是N月，N+1、N+2后2个月的计划已经确认，现在制订N+3后第3个月的计划，如图4-11所示。

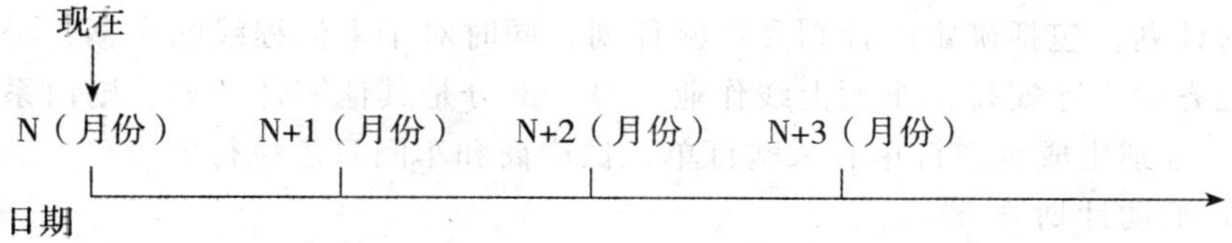

图4-11 月计划样式

①制订月计划应考虑的内容

A.该月的订单数量；

B.上月的每天平均完成数量；

C.该月的有效工作天数；

D.如果能力不够，考虑增加人员时，要考虑至少有3个月以上的恒定工作量；

E.要考虑供应商的能力。

②特殊情况处理

当生产线不平衡时，可通过调整装配线之间的人员来平衡2条线的工作量，以达到计划平衡，均衡生产。

当有计划外的订单出现时，要进行评估，如果订单很重要，且本批数量小，潜在的批量大，则一定要接下订单，在同种车型中优先供给，其他的订单则协商稍作推迟。总之，通过评估，认为值得，则接下订单，否则就不接订单。

由于年产量的原因，IRISBUS一般只作月计划，不作周计划。一般先由计划部门制定一份计划初表，然后协调销售、计划和工程等部门开会讨论，确认计划是否需要修改，哪些订单要作调整等。然后确定该月的计划，并根据该计划表进行计划模块的操作。月计划表一般有两种：一种是销售需求计划表，另一种是生产计划表。两种计划表进行比较，一是为了更好地平衡生产，二是为了更好地满足销售。月计划在每月的第2周作，经过讨论、检查和核实，一般在每月的第4周将该计划发给供应商。4大件（发动机、前桥、后桥和变速箱）的提前期为一周，价格较高或体积较大的物料提前期为10天左右，其他的小价值物料提前期一般为1个月，如图4-12所示。

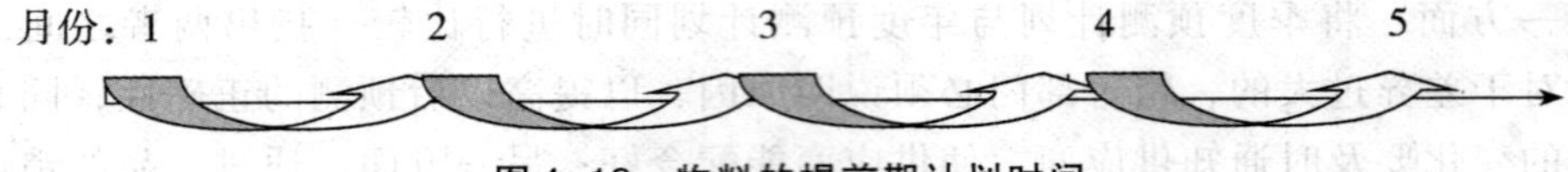

图4-12　物料的提前期计划时间

图4-12表明我们在3月份的第2周10日左右排定6月份的计划，订单给供应商的时间是3月20日左右，而6月份的生产计划，其物料必须在5月份备齐（因为大多数物料的提前期为1个月），也就是说给供应商的时间也就1个月多一点儿。

（4）零件计划

在以上作好整车计划的同时，作好零件计划，主要分为两部分。一部分是大件计划，大件是指发动机、前桥、后桥和变速箱4大件，根据整车计划必须编制好这4大件的计划，包括确定的计划和预测计划，同时对于上流程线的车辆，必须等这4大件配齐后，才安排该车辆上线作业。另一部分是其他零件计划，则由系统操作来完成。分别生成生产订单和采购订单，供应商和车间只需执行即可。

（5）滚动计划

滚动计划是指以年度计划来确定一年的生产计划，并提供给供应商来作年度的生产安排；以月度计划来指导生产作业，并同时提供3个月的预测计划给供应商；以季度计划来衔接年度计划和月计划。季度计划一方面来细化和落实年度计划，另一方面来进一步确定每月的月计划，由于季度计划的上下衔接，从而实施了整个计划的滚动操作。

资料来源　蒋卫东.欧洲汽车生产企业计划模式综述[J].城市车辆，2002（5）.

第5章 企业组织

导入案例　以机制变革推动企业发展

美的集团从最初何享健带领23位居民筹集相当于600美元的资金创办街道小厂，到现在总资产约11亿美元的大型企业集团，的确堪称一个传奇。作为中国最具规模的家电生产基地和家电出口创汇基地，美的2000年的销售额突破了12亿美元。现集团董事局主席、总裁何享健认为：在建立现代企业制度方面的不懈努力和勇于创新是美的保持活力、超越危机的关键。

“不改就是死路一条!”

何享健这样描述自己：“我的性格一是直视现实，二是不屈服于前进中的困难。我对事物的规律是有一定思考能力和判断能力的。出的问题有多大，如何解决，我的头脑很清醒，这是实践中锻炼出来的胆识。”

美的发展历史上两个决定性的事件可以印证他的话：一是1993年的股票上市。二是1997年的事业部制改革。

1996年、1997年美的在发展中遇到困难，经营业绩大幅滑坡。1990—1994年，美的空调全国销售量始终排在第三名，到了1996年则落至第七位。美的当时和中国众多乡镇企业和民营企业一样，是直线式管理，总裁既抓销售又抓生产。在乡镇企业早期，这种集权式管理发挥了“船小掉头快”的优势。企业规模大了，生产仍由总部统一管理，五大类1 000多种产品由总部统一销售，就造成产品生产与销售脱节。

在危机中也酝酿着新生。“一个人能认识的东西很多，但真正能做到不容易。”何享健已经看到了问题的症结所在，他目睹国外先进的企业管理制度，看到国外企业如何注重效率、运作灵便、善于调动人的积极性。他不信中国人过不了企业组织这一关。然而，毕竟这是一步重棋，除了胆量，更需要理智的思考。何享健自认为思维活跃并且超前。在集团面临危机时，他相信自己有魄力和策略带领美的走出低谷。他选择了事业部制。

事业部制最早起源于美国的通用汽车公司，是按照企业所经营的事业，按产品、地区、顾客（市场）等来划分部门，建立若干事业部。事业部是在企业统一领导下，拥有自己的产品和独立的市场，拥有一定的经营自主权，实行独立经营、独立核算的部门，既是受公司控制的利润中心，又是产品责任单位或市场责任单位，对产品设计、生产制造及销售活动负有统一领导的职能。这样，公司总部从琐事管理中解放出来，进行总体战略决策，控制各事业部首脑任免的人事权、规模额度和投资额度。以总部的销售部为例，它并不参与各个产品的具体销售，只负责美的整体形象推广和全国各地销售网的协调，总部只负责派出商务代表，协调各省销售利益矛盾。

事业部制改造的成效于1998年开始显现，这一年，美的空调产销100多万台，增长80%；风扇产销1 000多万台，高居全球销量冠军宝座；电饭煲产销150多万台，稳坐行业头把交椅；电机国内市场占有率高达30%～40%，成为无可争辩的行业领头羊；小家电（主营饮水机、微波炉、洗碗机等）亦名列行业前茅。除已取得的实际经营业绩外，一套运行良好的制度也是将来业绩的保障。至今，美的无亏损投资和亏损项目，产业结构和产品结构合理。

对已被证明有效的事业部制，美的在2000年进一步全面推进事业部制公司化及事业部管理下的二级子公司运作模式，进一步完善现代企业制度。何享健说："制度不是永恒不变的。一项制度随着外部环境和内部条件的变化会出现滞后或不适应。"

"放权怕什么?!"

在直线职能部制中，企业决策权、指挥权、资源调配权属于直线领导，集权成为该模式的主要特征。由于高度集权，企业总经理将相当多的精力放在经营管理上，企业系统的长远战略规划薄弱。同时，中层管理人员在直线职能模式中既不负责企业政策的制定，又不负责政策的执行，只起"上传下达"的作用，既影响了他们的积极性，也容易造成企业决策灵敏性的降低，极容易出现由于决策失误导致系统瘫痪的问题。

组织行为学认为，在处理人的积极性和惰性之间的关系时，整体的他律和局部的自律是一个较好的办法。具体到公司管理上，应该是原则问题上的集权与具体事务上的分权相结合。但讲求高度集权、严密控制是中国固有的一种文化传统。何享健已经认识到分权是主流，他在不断尝试和调整什么样的权要"集"，什么样的权要"分"。

现在已经广为人知的十六字诀"集权有道、分权有序、授权有章、用权有度"就是何享健对美的推行事业部制的原则的总结。他认为在集中关键权力的同时，要有程序、有步骤地考虑放权。对于授权给什么人、这个人具体拥有什么权力、操作范围有多大、流程是什么样的，都应该有章可循。这种对于权力的制衡既能防止权力过度集中，又能杜绝放权后的权力滥用和失控。

事实上，美的集团总部设立的资源管理中心牢牢控制了集团的资产，对利润和资金进行集中管理。投资权力的下放并不等于削弱集团的投资调控能力。事业部虽有自己独立的投资权，但每一年事业部都要提前上报投资规划，由集团企划投资部根据一年的投资规划统一安排。企划投资部的负责人说："我们是把项目当成产业来投的，而不是风险投资，所以要谨慎。一旦选准，我们就会集中投入。"

何享健敢于分权，也是基于对自身条件的审慎考虑。他认为，企业分权需要具备一些必要的条件：一是要有一支高素质的经理人队伍，能够独立担当重任；二是企业的文化氛围的认同；三是企业原有的制度比较健全、规范；四是监督机制非常强势。他说："具备了这些条件，就不用怕分权。能走到哪里去呢?总会有限度的。"

问题与思考：

1. 美的集团的机制问题是怎么出现的?有什么样的解决方法?

2. 美的集团组织工作具有什么特点?围绕哪些内容展开?

3. 美的集团如何通过责权利的统一提高组织效率?

4. 美的集团的组织关系调整怎样影响工作任务的完成?

5. 美的集团衡量组织是否合理的标准是什么?

本章提要

如果说，计划工作重在解决做什么和如何做的问题，那么计划制订之后，靠谁做的问题就至关重要了。为了有效地实施计划，必须确定分工协作方式，进行职责权力配置，协调各个方面力量，这是组织工作的任务。组织是制度化的分工协作体系，涉及对于企业资源支配权的结构性安排。企业计划的实施，依托一定的组织体系结构。为此，必须理解企业组织的特点，把握其运行规律，使之与企业计划相衔接。实际工作中，已有组织状况与企业工作任务可能发生矛盾，当这些矛盾涉及深层次问题时，必须根据企业战略对组织体系进行调整。

5.1　企业组织体系

战略与计划必须通过一定的组织才能实现。经营管理是在一定的组织中进行的，如何认识组织的结构与特点，推动组织体系为实现战略与计划而运作，是极为重要的任务。为此必须理解企业组织的本质，把握组织工作的原则与方法，推动组织有效运行。

5.1.1　企业组织体系的状况

企业是有计划的生产经营组织，通过企业成员之间的分工协作实现。组织是为了实现企业目标建立起来的分工协作体系，具有特定的结构与动力，以一定的方式运行。能否客观把握企业组织机制的性质，决定能否有效地通过组织体系实现经营计划和企业战略。

1. 企业组织的含义

企业组织有广义与狭义之分。广义的企业组织，是指市场竞争中由各种契约关系构成的生产经营主体；狭义的企业组织，仅指人们为提高经济活动效益而建立起来的有计划的分工协作体系。经营管理中所说的组织通常指狭义组织。在实际工作中这一概念又有两种不同使用方式。一是用为名词，即分工协作体系或称组织结构；二是用为动词，即分工协作过程或称组织活动。

（1）组织结构

把组织看成一种特殊的分工协作结构，这种观点的代表是著名学者马克斯·韦伯。在韦伯看来，分工协作结构是一种独立于个人特性的关系特性，以理性为存在基础。其提出了理想组织所具有的特征：

①组织中的人员有制度化的职责和职权。组织是根据已定目标通过合法程序建立的，并靠一套系统的法规制度来约束成员的行为，以期有效达到组织目标。

②组织结构是一种层层控制的体系。在组织内，按照管理地位的高低规定成员之间的命令与服从的关系，下级服从上级。

③人与工作的关系以及人与人的关系是一种非人格化关系。成员间的关系通过对于事的处理方式和相应关系来确定。

④组织成员按一定的通用标准选拔任用。每一职位根据其资格限制选择合适人员，经公开考试后选拔录用，务求人尽其才。

⑤组织不仅要对其成员进行合理分工，明确每人的工作范围及权责，而且要通过技术培训来提高工作效率。强调专业分工与技术训练的要求。

⑥组织对其成员按职位支付薪金，并建立奖惩与升迁制度，使成员认同组织，形成在组织中发展的事业心。

上述特征使组织表现出高度的理性化。通过组织及其成员的理性化行为方式，可以提高工作效率，实现组织目标。具有这种特征的组织，通常被称为正式组织。

（2）组织活动

关于组织活动的研究，以巴纳德的观点最有影响。在巴纳德看来，能否形成自觉的分工协作，取决于人们之间的信息沟通、协作意愿和共同目标。

巴纳德关注经理人员的职能，把管理工作重点放在组织工作上。在他看来，组织是一种自觉的社会协作方式，由相互协作的许多人组成，其意义在于通过有计划的统一行动，在权威的指挥下，能够解决个人需要解决但又解决不了的问题，并且通过分工协作提高工作效率，更好地实现组织成员的利益要求。

巴纳德强调，任何一个组织中，组织目标与组织成员的个体目标之间总是存在矛盾，有效的组织工作必须找到二者的结合点，使组织成员的目标在组织中得到更好的实现。为此，巴纳德提出了“效力”和“效率”两个概念。他认为，当一个组织能够有效实现组织目标时，这个组织是有“效力”的，它是组织体系存在的必要条件。而组织的“效率”，则是指组织成员个人目标的实现程度，这是组织体系成长的必要条件。一个组织只有既有效力又有效率，才能生存与发展。

组织活动的规律，就是个人与整体之间的互动关系，通过这种互动产生“1+1>2”的结果，为更好地满足组织成员的利益提供基础。

(3) 组织研究

由于组织问题的复杂性，引发了多种角度的研究。从总体上看，现代组织研究主要朝着两个方向前进：组织设计（OT）和组织行为（OB）。

组织设计理论关注各类组织的结构与流程，从组织设计和组织变革的角度出发，以企业内部以及企业间关系的结构形态和协调方式为研究重点，回答"如何有效建立一个组织"的问题。组织行为理论以组织中个体、群体的心理和行为为研究重点，围绕如何提高管理工作的效率展开，目的在于回答"如何有效地领导一个群体或下属"之类问题。组织行为理论广泛吸收了心理学和社会心理学等方面的研究成果，因此亦被称为"管理心理学"。

企业作为一个正式组织，组织结构与组织行为之间前者具有更为基本的含义。但随着知识经济的发展和知识型员工的增多，如何发挥员工积极性与主动性来提高企业生产经营效益，越来越受到关注。与此相应，组织行为学的研究也越来越受到关注。

2.企业组织的原则

不管组织结构还是组织活动，都强调组织的整体性，力图通过一定的关系结构把个体纳入整体之中，以此提高组织绩效，为此必须服从一定的组织工作原则。所谓企业组织原则，体现出把个体整合为整体的一般工作规律，包括四个方面的要求，即专业化、权责一致、统一指挥、集分权相结合。

(1) 专业化原则

所谓专业化原则，是指任何组织成员都在组织整体中承担着某种特殊任务，具有相应的特殊责任与职能，从而相互区分开来，而不是千人一面，从事同样的工作。由于每个人都集中于某种特殊工作，就能集中自己的精力、发挥自己的长处、提高自己的技能，把该项工作做得更好。而组织的整体绩效，是通过组织成员之间的互补来实现的。这种互补性不仅是组织效能的来源，而且是组织稳定性的基础。因此专业化原则是最基本的组织原则。

(2) 权责一致原则

所谓权责一致原则，是指任何组织成员都在组织中占有一定地位，这种地位不仅决定其承担的任务与责任，而且赋予其完成职责的相应权力，即组织资源支配权。这种职责与职权应该是对称的。承担什么责任，就应该具有什么职权，既不能大也不能小，否则会妨碍组织的有效运行。权责一致原则是把专业化原则纳入了一定的关系结构之中。

(3) 统一指挥原则

所谓统一指挥原则，是指企业成员必须有统一的行动目标，并在这一目标的引导下各尽其责的开展工作。组织之所以是组织，区别于普通人群的地方，是因为其有统一目标，而这种目标的形成与实现，是依靠统一指挥来进行的。在实践中，统一指挥原则可表述为：每个组织成员必须服从且只能服从一个上级的命令。通过这样的方式，避免多头领导和多头指挥，保证企业行动的统一。在这一原则基础上，企业组织中就形成了上下级之间的“指挥链”。合理建立“指挥链”是企业组织工作的一个核心问题。

（4）集分权原则

所谓集分权原则，是指集权与分权相结合原则，这是权责一致原则与统一指挥原则的综合体现，其实质在于，让每一个组织成员都有充分发挥作用的自主空间，同时这种自主空间的应用能够促成组织整体目标的实现。由于在实际工作中，组织成员的自主权与命令服从关系是一对矛盾，扩大组织成员工作自主空间会影响统一行动，强化行为一致性又可能压抑组织成员的主动性，因此集分权原则如何贯彻是组织工作的一个难点。只有把该集中的权力收到上级，该下放的权力放给下级，才能够加强组织的灵活性和适应性。

如何把一般组织原则与企业实际情况结合起来，通过建立和运作组织体系以实现计划目标，是企业经营管理的重要任务。

5.1.2 企业组织体系的运作

美国学者钱得勒指出：组织是为战略服务的。如何在企业战略的指导下，使企业组织体系支持经营管理计划的实施，是组织运作必须解决的问题。

1.组织运作的任务

组织工作首先是对于现有组织的运作，即利用已有组织体系实现企业计划。所谓组织运作，是指推动既有的组织体系来实现企业工作计划。其实质在于，为已有的组织结构提供合理可行的工作目标，把它转化为组织成员的具体行动，使之形成有序的组织行为体系。

关于组织运作的任务，可以从三个方面来把握：

（1）确定协作方式

进行组织运作，首先是指企业经营管理者通过企业计划，使各部门以及全体员工理解和接受自身职责的具体内容，从而使努力方向一体化。也就是说，企业计划为组织结构的运行提供方向与动力，组织结构为企业计划提供支持与平台。企业经营管理者制订的企业计划，由于具有为企业成员分工协作提供共同目标的聚焦作用，因而使组织结构获得了实际的生命力。对于企业战略的理解和经营方案的接受，这是组织适应计划的根本要求，也是最有意义的组织运作。

从管理效率而言，如果能够运用原有组织体系来实现新的工作计划，这是最优的办法，即成本收益率最高的办法。因此，企业经营管理者的组织工作，首先不是建立和改变组织，而是理解和运作组织，通过推动组织实施企业计划，对已有的分工协作方式加以确认与强化。

（2）提供工作动力

组织毕竟是人的组织，需要通过人的活动来运行。组织成员是否具有为组织目标而努力的积极性，从根本上决定组织的效率。因此，企业经营管理者的组织运作，还必须为已有的组织体系提供动力，这是通过为组织成员提供具有激励性的工作机会实现的。

就是说，必须使已有的分工协作体系成为企业成员发挥自身能力的平台，使之能够在这个平台上作出理想的业绩，提高自己的价值。只有这样，组织体系才是有效的分工协作体系，才是具有实际运行动力的分工协作体系，而不仅仅是一套技术性的组织结构方案。通过既有的分工协作方式，形成有效的约束激励机制，为组织成员提供工作动力，是组织运作的又一重要任务。

（3）促进结构优化

对已有组织体系的认同和运作，是为了有效地实现企业计划。也就是说，组织是手段，实现计划才是目的。这是计划与组织的基本关系，不能颠倒。由于计划是应对变化的措施，必须适应环境的变化和目标的调整不断进行周期性的重新制订，这就要求组织也必须具有不断变革的活力，以有效地实现计划。因此，企业经营管理者对于组织的运作，不仅要指出现有分工协作方式的要求，而且要明确这种要求的来源和依据，从而结合经营环境的变化和计划实施的状况，在分工协作过程中不断进行组织优化。只有这样，组织才会保持在实践中不断发展的活力。

总之，在已有组织结构基础上，通过企业计划赋予分工协作以具体内容，促使组织成员有效履行工作职责和实现企业目标，适应情况变化进行组织结构的动态调整，是组织运作的任务。

2.组织工作的依据

在实际工作中，由于企业经营有不同的内容和形式，受到不同条件的约束，因而在依托组织结构实现工作计划的过程中，要考虑与此相关的影响因素。从实际情况看，如下五个方面的因素尤为重要：

（1）企业战略

企业战略是经营管理的方向，组织运作必须服从于战略要求。

企业战略有许多类型，如扩大规模、降低成本、产品开发、品牌塑造、地区开拓、纵向发展等，不同战略需要不同的组织运作方式。当战略重点是规模扩大时，需要灵活的组织结构，以适应发展的需要；当战略重点是成本降低时，需要强化职能部门的管理，以解决标准化和专业化等问题；进入纵向发展阶段，需要强化组织协调功能，提高组织效率；到了产品多样化阶段，可能要推动组织从集权制结构转向分权制结构。

（2）管理体制

企业作为有计划的生产经营组织，通过一定的权威体系保证计划目标的实现，企业管理体制由此产生。不同管理体制使组织运作出现不同要求。例如以行政手段为主的管理体制，强调组织机构设置的上下对口，执行效率高、统一性强，但容易带来官僚主义弊端；反之，团队协作的管理方式注重横向沟通，行为自主，灵活性强，但可能协调成本高，影响企业统一行为能力。

管理体制常常与企业规模相关。小企业不需要过多的管理机构和专职管理人员，大企业则需要设置系统复杂的管理机构，并花费很多时间和精力去协调不同机构之间的关系。随着企业规模的进一步发展，组织形式也在不断创新。

（3）技术状况

生产经营的技术状况影响企业管理的各个方面，组织运行也不例外。现代企业一方面成为创造和利用技术的组织平台，另一方面也从技术发展中得到了直接推动力。

技术特点包括技术复杂程度和稳定性两个方面。技术复杂程度决定组织分工和作业的专业化程度，进而决定部门大小及构成。例如，管理层次多少、部门划分原则、分工协作方式、管理人员比例等方面，使组织结构出现极大差异。技术稳定性决定组织结构与运行的规范化程度。在比较稳定的技术基础上，组织内部以垂直的上下级关系为主，决策权比较集中；与此相反，对于多变的技术，需要具有较大弹性的组织结构。

（4）信息沟通

信息沟通贯穿于组织运作的全过程，如果说组织结构是企业的骨骼系统，那么信息系统就是组织的神经系统。信息是组织与外部环境联系的中介，也是组织内部工作联系的依托。组织机构设置、部门权限划分、工作关系协调等，都要依靠信息沟通。组织运作状况很大程度上取决于能否获得足够信息，以及能否及时正确地利用信息。为此，组织必须建立起完整、畅通、清晰、高效的信息沟通体系。

（5）环境条件

企业面临的环境条件对组织运作有很大影响。如果环境复杂多变，有较大的不确定性，就要求给中下层管理人员较多的工作自主权和随机处理权，以增强企业对环境变动的适应能力。如果企业面临的环境稳定、可预见，可以把管理权较多地集中在企业高层领导手里，设置比较稳定的组织结构，实行程序化、规范化管理。

5.2 企业组织设计

企业实战5-1　　通用电气公司的组织体制

美国各大公司的企业管理体制从20世纪60年代以后，为了适应技术进步、经济发展和市场竞争的需要，强调系统性和灵活性相结合、集权和分权相结合的体制。到了70年代中期，美国经济出现停滞，有些企业在管理体制方面又出现重新集权化的趋向。出现了一种称作“超事业部制”的管理体制，即企业最高领导之下、各个事业部之上的机构。美国通用电气公司于1979年1月开始实行“执行部制”，就是这种“超事业部”管理体制的一种形式。

1.公司的基本情况

美国通用电气公司是美国也是世界上最大的电器和电子设备制造公司，它的产值占美国电工行业全部产值的1/4左右。这家公司的电工产品技术比较成熟，产品品种繁多，据称有超过25万种品种规格。它除了生产消费电器、工业电器设备外，还是一个巨大的军火承包商，制造宇宙航空仪表、喷气飞机引航导航系统、多弹头弹道导弹系统、雷达和宇宙飞行系统等。美国《工业研究》杂志举办的1977年度一百种新产品的评选中，美国通用电气公司的新产品获奖最多。闻名于世的可载原子弹和氢弹头的阿特拉斯火箭、雷神号火箭就是这家公司生产的。

这家电气公司是由老摩根在1892年出资把爱迪生通用电气公司、汤姆逊-豪斯登国际电气公司等三家公司合并组成。在两次世界大战中，这家公司大发战争财，获得了迅速发展。第一次世界大战后，该公司在新兴的电工技术部门——无线电方面居于统治地位，1919年成立了一个子公司，即美国无线电公司，几乎独占了美国的无线电工业。第二次世界大战又使通用电气公司的产量和利润额急剧增长。

通用电气公司在创立后的80多年中，以各种方式吞并了国内外许多企业，攫取了许多企业的股份，1939年国内所辖工厂只有30多家，到了1947年就增加到125家，1976年年底在国内35个州共拥有224家制造厂。在国外，它逐步合并了意大利、法国、德国、比利时、瑞士、英国、西班牙等国的电工企业。1972年该公司在国外的子公司分别为：欧洲33家、加拿大10家、拉丁美洲24家、亚洲11家、澳大利亚3家、非洲1家。到了1976年年底，它在24个国家共拥有113家制造厂，成为一个庞大的跨国公司。

通用电气公司是摩根财团控制的一家大工业公司。它经营了几十年，攫取巨额利润，资产雄厚，规模庞大，1976年和1977年在美国大公司中都是名列第九位。据1978年5月8日美国《财富》杂志的统计，美国通用电气公司1977年的总资产达136.96亿美元，销售总额达175.15亿美元，这一年的纯利润为10.88亿美元，在美国各大公司中名列第五位，职工总人数38.4万人。该公司从1956年开始建新厂生产导弹，并向外国提供核武器。例如在日本搞原子能、原子燃料和海军鱼雷等。该公司在1976年与法国合作研制了涡轮飞机和可以装备鱼雷潜艇或运载火箭的发动机；在1973年接受美国军事订货共14.2亿美元，在各大公司中居第二位。

2.不断改革管理体制

由于通用电气公司经营多样化，品种规格繁杂，市场竞争激烈，它在企业组织管理方面也积极从事改革。20世纪50年代初，该公司就完全采用了“分权的事业部制”。当时，整个公司一共分为20个事业部。每个事业部各自独立经营，单独核算。以后随着时间的推移、企业经营的需要，该公司对组织机构不断进行调整。1963年，当波契（Boych）接任董事长时，公司的组织机构共计分为5个集团组、25个分部和110个部门。当时公司销售正处于停滞时期，5年内销售额大约只有50亿美元。到了1967年以后，公司的经营业务增长迅速，几乎每一个集团组的销售额都达到16亿美元。波契认为业务扩大之后，原有的组织机构已不能适应。于是把5个集团组扩充到10个，把25个分部扩充到50个，110个部门扩充到170个。他还改组了领导机构的成员，指派了8个新的集团总经理、33个分部经理和100个新的部门领导。同时还成立了由5人组成的董事会，他们的职责是监督整个公司，并为公司制定比较长期的基本战略。

3. 新措施——战略事业单位

在20世纪60年代末，通用电气公司在市场上遇到威斯汀豪斯电气公司的激烈竞争，公司财政一直在赤字上摇摆。公司的最高领导为力挽危机，于1971年在企业管理体制上采取了一种新的战略性措施，即在事业部内设立"战略事业单位"。这种"战略事业单位"是独立的组织部门，可以在事业部内有选择地对某些产品进行单独管理，以便事业部将人力、物力能够机动有效地集中分配使用，对各种产品、销售、设备和组织编制出严密的、有预见性的战略计划。这种"战略事业单位"可以和集团组相平，也可以相当于分部的水平，例如医疗系统、装置组成部分和化学与冶金等，还有些是相当于部门的水平如碳化钨工具和工程用塑料。通用电气公司的领导集团很重视建立"战略事业单位"，认为它是"十分有意义的步骤"，对公司的发展是一个"重要的途径"，1971年，该公司在销售额和利润额方面都创出了纪录。从该公司60年代到70年代中迅速发展的情况看，这项措施也确实起了不少作用。从1966年到1976年的11年中，通用电气公司的销售额增长了一倍，由71.77亿美元增加到156.97亿美元，纯利润由3.39亿美元增加到9.31亿美元。同时期内的固定资产总额由27.57亿美元上升到69.55亿美元。

4. 重新集权化——执行部制

20世纪70年代中期，美国经济又出现停滞，于1972年接任为通用电气公司董事长的琼斯（Jones），担心到了80年代可能会出现比较长期的经济不景气现象，到了1977年年底他又进一步改组公司的管理体制，从1978年1月起实行"执行部制"，也就是"超事业部制"。这种体制就是在各个事业部上再建立一些"超事业部"，以此来统辖和协调各事业部的活动，也就是在事业部的上面又多了一级管理。这样，一方面使最高领导机构可以减轻日常事务工作，便于集中力量掌握有关企业发展的决策性战略计划；另一方面也增强了企业的灵活性。在改组后的体制中，董事长琼斯和两名副董事长组成最高领导机构执行局，专管长期战略计划，负责和政府打交道，以及研究税制等问题。执行局下面设5个"执行部"（即"超事业部"，包括消费类产品服务执行部、工业产品零件执行部、电力设备执行部、国际执行部、技术设备材料执行部），每个执行部由一名副总经理负责。执行部下共设有9个总部（集团），50个事业部，49个战略事业单位。各事业部的日常事务，以至有关市场、产品、技术、顾客等方面的战略决策，以前都必须向公司最高领导机构报告，而现在则分别向各执行部报告就行了。这5个执行部加上其他国际公司，分别由两位副董事长领导。此外，财务、人事和法律

3个参谋部门直接由董事长领导。

5.建立网络系统

通用电气公司在企业管理中广泛应用电子计算机后，建立了一个网络系统，大大提高了工作效率。这个网络系统把分布在49个州的65个销售部门、分布在11个州的18个产品仓库，以及分布在21个州的40个制造部门（共53个制造厂）统统连接起来。在顾客打电话来订货时，销售人员就把数据输入这个网络系统，它就自动进行以下一系列工作：如查询顾客的信用状况，并查询在就近的仓库有无这种产品的存货，在这两点得到肯定的回答以后，这个网络系统就同时办理接受订货、开发票、登记仓库账目的业务，如果必要，还同时向工厂发出补充仓库存货的生产调度命令，然后通知销售人员顾客所需货物已经发货。全部过程在不到15秒钟的时间内即可完成。还有一点值得注意的是，除了办事速度快以外，这个网络系统实际上已把销售、存货管理、生产调度等不同的职能结合在一起了。

6.科研组织体制

同样，美国通用电气公司也非常重视科研工作，而且已有悠久的历史。公司成立后的第二年，就有一位德国青年数学家斯坦梅兹进行科研工作，1900年即成立实验室。据1970年《美国工业研究所》的报道，该公司共有207个研究部门，其中包括一个研究与发展中心，206个产品研究部门，共有科研人员17 200多人，占公司职工总人数的4%。1973年通用电气公司共有31 000名获得技术学位的专业人员，其中半数以上从事研究与发展工作。1972年，公司科研总费用超过8亿美元，其中3亿美元由本公司承担，5亿美元主要用于和美国政府订立合同的研究与发展工作上。

通用电气公司的科研工作分为基础理论和应用研究两个方面。它的研究与发展中心从事这两方面的工作，相比之下更着重基础理论研究，为全公司服务，同时对各行业共性的一些课题进行联合研究。这个研究与发展中心的前身是该公司在1900年成立的一个实验室，也是美国从事基础研究的第一家工业实验室。它的创始人是美国麻省理工学院的一位青年化学家怀特纳和通用电气公司的两名技术人员。这个实验室的早期研究工作主要是在电灯泡、X射线管、闸流管及有关的化学、冶金方面进行基础研究。在两次世界大战中，这个研究实验室研究战争中使用的通讯和雷达装置。第二次世界大战末期，研究实验室的研究人员扩充到600多人。1968年，这个研究实验室正式命名为研究与发展中心，到1973年共有工作人员17 000人，其中325人是物理学博士。目前，研究与发展中心主任由公司的一名副总经理兼任。这个研究与发展中心下面设2个研究部：材料学与工程部（分4个研究室）以及物理科学与工程部（分5个研究室）。此外，其有3个行政管理部：（1）研究应用部，下设对外联络、计划分析、人事研究、情报研究4个科室，负责将研究成果迅速推广到公司的各个生产部门，并在通用电气公司以外建立广泛的技术联系；(2) 研究管理部，负责管理实验工厂及服务站，领导财会科、设备科和福利科；(3) 法律顾问部，由11人组成，负责对专利的审议、发明的评价和专利应用方面的法律事务。此外，公司的206个产品研究部门则一般设在产品生产厂附近，研究人员在几十人到数百人之间，重点放在应用研究方面。

资料来源 佚名.通用电气公司的组织管理[EB/OL].[2015-05-28].http://news.51labour.com/show/40094-1.html.

企业作为有计划的生产经营组织，其产生和发展不是一个自发过程，而是通过自觉活动来实现的，其中组织结构设计具有重要意义，决定组织体系建设的目标与方法。如何根据生产经营需要设计合理的组织结构，对于企业获取竞争优势具有极为重要的意义。其中流程设计、部门设计、关系设计、协调设计是企业组织设计需要重点关注的内容。

5.2.1 流程设计

企业是为了实现一定生产经营目标建立的正式组织，在时间序列中展开一系列分工协作活动。不同工作环节之间密切相关，使目标实现过程成为前后相继的工作流程，包括业务流程和系统流程。了解流程的结构、运行和形成规律，对组织建设具有本质意义。

1.业务流程设计

业务流程是为了实现特定工作目标而展开的技术操作程序，按照涉及的范围大小可以划分为不同层级。最低层级的业务流程通过单个职位的工作人员完成，即由一个人来完成该流程中所有步骤的操作活动。这样的业务流程也就是业务处理程序，与操作规程直接联系。高层级的业务流程发生在若干部门和岗位之间，前一部门和岗位的工作成果，是后一部门和岗位的工作前提。通过这样的方式，使企业各方面工作联系起来，形成分工协作的确定形式。由于业务流程的基础是完成特定工作任务的技术规定性，这种规定性的分解是业务分工的原始基础。因此业务流程设计往往是组织设计的基本内容。

业务流程设计通常按如下程序进行：

(1) 确认流程对象

进行业务流程设计时，首先要明确所涉及的业务内容，也就是对工作内容进行分解，找出可以独立考查的项目，把这些项目作为业务流程涉及的对象。就企业经营管理者而言，由于要从企业运作的全局考查问题，因此必须选择那些对企业工作影响范围大、业务过程复杂、接口部位多和容易衔接不畅的业务项目作为对象，由此把握工作流程的关键内容。

（2）了解工作环节

选定对象之后，就要对业务流程进行分析。这里先不考虑每个业务程序的处理由谁来做和有何要求，而主要考虑工作内容的划分、步骤及时间（或逻辑）关系。现实中许多业务环节是藏而不露的，针对这种情况，可以采用如下两种方法来加以挖掘和提炼：①行为观察法，即亲临现场，自始至终追踪某项业务处理的全过程，将各处理细节记录下来，并进行分析研究，提炼出基本的程序；②调查访问法，即召集该项业务处理的各个当事人，通过个别访问和集体座谈等方式，由各方描述各自负责的工作内容，以及岗位或部门间衔接的地带及问题。这两种方法中，第一种比较适合于处理时间较为集中的管理业务；第二种更适合于参与岗位或部门较多、衔接配合特别重要的业务。

（3）明确岗位责任

业务环节分析的目的，是要明确该环节的责任人，即将业务处理过程每个环节的工作内容分离出来，进行组合与集中后，确定为稳定的工作任务，设置相应的工作岗位，安排在部门之下，解决业务工作“由谁干”的问题。在此基础上，再建立不同岗位以及不同部门之间的协作关系。比如订单交货业务流程可以划分如下：首先，销售部门接收订单并予以登录；其次，由财会部门对顾客付款信用进行审查；再次，计划部门安排订单交货与生产进度；最后，生产车间进行制造，经质量检验后入库，在成品库进行包装，按销售订单和付款审查发货并运输，完成交货任务。

（4）确认信息渠道

信息联系是业务流程的重要内容。各业务环节的衔接和运行必须依靠信息来实现。所谓信息渠道，既包括组织内部各环节的交流，也包括组织与外界的交流。不同环节如何取得信息、使用信息、发布信息，是流程设计必须解决的问题。正因为如此，企业的业务流程设计往往与信息系统设计密切相关，成为企业信息化管理的基础。

2.系统流程设计

在分工协作活动中，不仅一项业务的开展需要经过多个机构、部门或人员，而且这些机构、部门或人员的工作会涉及多个业务流程。不同业务流程之间也具有技术上的时间顺序与逻辑结构，同样可以进行有计划的流程分析和处理。这是系统流程设计的任务。

（1）系统流程的特点

系统流程是以一个组织或一个部门为单位，描述其工作要素之间关系的示意性流程，其关注不同业务流程之间的关系，强调整个组织的运行方式。

系统流程与业务流程的区别在于，它不求准确、细致地反映工作环节与程序，而是突出各业务工作之间的关系及组织与外界的联系，是对于各项业务流程的系统整合。在系统流程设计中，关键在于处理好不同业务流程之间的互动方式，找出合适的连接点。例如，为了进行制造成本的控制，需要生产部门与财务部门之间的分工与协作，其中一个重要问题是车间核算员的配置问题。车间核算员是作为制造车间的工作人员由车间管理？还是作为财务部门的派出人员归财务部管理？这将直接影响成本控制的方式与效果，在不同企业具有不同处理方式，并直接决定企业的组织结构。不同部门或人员的工作是否具有整体性，将直接影响组织运作的整体效果，因此系统流程设计具有重要意义。

（2）系统流程的结构

系统流程设计的首要步骤，是确定系统的构成要素及其与外界的联系。

在系统流程设计中，通常将系统本身的构成要素称作子系统，而将与系统发生联系的外界要素称为环境。每个子系统都被看成一个投入产出单位，作为发送/接收系统与其他系统相互作用。发送系统根据投入的来源确定，接收系统则取决于产出的去向。例如，企业组织中的子系统包括生产、销售、人事、财务等职能单位，这些单位之间围绕生产经营任务发生各种投入和产出关系，因此是组织内部其他子系统的发送系统或接收系统。

通常，一个系统或子系统可能同时扮演双重角色：一方面是其他单位产出的接收系统，另一方面又可能以提供反馈的形式成为这些单位的发送系统。例如，顾客在接受企业提供的产品或服务的同时，也向企业提供了需求信息，这些就构成了对组织的投入。与此相应，企业组织也就从发送系统变成了接收系统。因此，一个单位在系统流程中的角色和地位是相对的，重要的不是判定它究竟属于发送系统还是接收系统，而是要通过这种角色和地位的变换来全面、客观地反映系统间的投入产出关系。

3.流程结构改进

任何企业都有一定的业务流程和系统流程，但这不等于已经对这些流程进行了科学合理的设计与处理。因此，组织设计的一个重要任务，是在对企业工作流程进行科学分析的基础上，进行流程改进以及流程重建。

（1）流程分析

流程分析通常使用“六W分析法”进行。所谓六W分析法，是指通过对流程进行六个方面的分析，寻找需要改进的环节。这六个方面分别是流程的原因（why）、内容（what）、时间（when）、地点（where）、人员（who）和方法（how），见表5-1。

表5-1 **六W分析法表**

问题	结论	措施
1.原因——为什么有该工作，有无必要？	说明为何必须这么做	删除不必要环节
2.内容——做什么？有必要吗？	确定工作内容	增加必要环节
3.时间——何时做？是否必须此时做？	指定工作时间	改进不良环节
4.地点——何处做？是否一定在此做？	指定工作岗位/部门	
5.人员——由谁做？别人能否做得更好？	标明负责人	
6.方法——怎样做？有无更好的手段？	确定工作方法与程序	

（2）流程改进

确定了需要改进的对象以后，可以运用ECRSAI方法对流程中不恰当的环节进行处理。其内容如下：

①取消（eliminate），即考虑所做的工作事项及各种活动要素有无取消的可能性。对于不必要的处理、不必要的传递、不必要的检查等应设法予以取消，特别是那些既费力又耗时的非生产性工作，更应该加以省略。

②合并（combine），即把两个或两个以上的工作步骤或工作对象归并为一个。合并可以避免忙闲不均、负荷不均衡，也可以消除重复、分散的现象。

③调序（rearrange），又称为重组，即可以通过改变工作程序，或者把按先后次序排列的两项工作变为平行组合，以缩短工作时间。

④简化（simplify），是指对经删节、合并或调序后的工作进行再研究，使各项活动要素逐步得到省略，以提高工作效率。

⑤自动化（automate），即利用各种机器设备和装置系统来取代人员工作，提高工作进展的速度，稳定各项工作的质量。

⑥一体化（integrate），即对工作过程进行跨职能的再改造工程，以减少部门间的跨边界联系，使企业在质量、成本和周期等业绩指标上获得明显的改善。

5.2.2　部门设计

企业由不同工作部门构成，部门设计是组织设计的重点内容。如果说流程设计的意义，在于从业务活动的技术角度为组织设计提供了基础，那么部门设计的意义，则在于通过责任与权力的配置，使组织设计的内容得到落实。为此要首先确定分工协作的责任，然后确定相应的工作职权，最后确定部门之间的协调方式。

1.部门划分的方式

所谓部门，指承担一定工作职能的工作机构，由具有紧密联系的业务和人员所构成，分布在企业组织的各个层次上。部门划分通常称为部门化。如何把企业生产经营活动进行分类，建立不同的部门加以承担，是部门化的任务。在长期的企业实践中，形成了部门化的几种基本方式。

（1）按层次划分部门

按层次划分部门是最简单的部门化方式。其基本原理是，在一个组织中，必须通过命令服从关系来统一组织成员的行动。由于指挥者的能力有限，只能管辖有限数量的下属，因此必须进行管理层次划分。通过自上而下的层层管理，实现整个组织的统一行动。在不同层次中，任何一个中间层次都能作为单位来承担一定工作任务，因而被看成一个部门。

（2）按职能划分部门

按职能划分部门是较典型的部门化方式。在一个组织中，必须通过专业协作关系来统一组织成员的行动，提高组织的整体效率。所谓专业，是指具有不同特点的业务行为。按业务活动方式与工作技能的相似性对工作进行分类，在合并同类工作的基础上建立部门，这样不仅便于对该类业务进行统一管理，而且能够强化不同部门之间的互补性。例如，把一切同产品制造有关的活动划归生产部门，一切同市场营销有关的活动划归销售部门，一切涉及人员补充、培训、奖酬的活动纳入人事部门，一切与资金筹措、使用、核算有关的活动由财务部门负责等。按职能划分部门是一种应用最广泛的部门化方式。

（3）按产品划分部门

在开展多种经营的大中型企业中，按产品或产品线划分部门的方法日益盛行。采用这种方法的企业，原来大多是按功能划分部门的。随着企业的成长，各部门会碰到规模扩大所带来的管理工作过重的问题，包括工作量问题与协作方式问题。按产品划分部门有助于解决这一问题。这是因为，按职能划分部门的结果，容易把统一的生产经营过程割裂，产生大量的沟通协调问题。而按产品划分部门，可以把同类产品的生产经营活动合并在一起，加强部门工作的整体性和自主性，减少协作量。

（4）按地区划分部门

对于一个地理范围分布较广的组织，按地区进行部门化是十分重要的。这种办法的优点在于，能够根据不同地区的特点来组织企业的生产经营活动，使之更为具体可行。如美国电话电报公司早期都是按地区设立分公司——中南贝尔公司、新英格兰贝尔公司、太平洋贝尔公司、山地贝尔公司等。该公司在1984年进行组织结构改组后，新组建的7个贝尔公司继续保留了按地区设置的做法。许多跨国公司经营业务遍布海外各国，也经常采用按地区划分部门的办法。

（5）按顾客划分部门

按顾客划分部门是一种日益受到重视的部门划分方法。这种方法的特点，在于把组织设计与市场需要直接联系起来，促使组织更好地满足特定顾客的需求。按顾客划分的方法，常见于出版业、零售业、服务业、家具制造业中。比如，一家规模较大的家具公司，可以按常住家庭和团体（如工厂、医院、学校、旅馆、饭店）这两类不同的顾客，设立不同的事业分部——零售家具部和团体购买家具部。这两个事业分部所提供的产品可能一样或非常相似，但由于面向不同的买主，因而采用不同的销售渠道和价格策略。

（6）按渠道划分部门

按渠道划分部门与按顾客划分部门有类似之处，都从市场需要入手，但两者考虑的重点不同。后者侧重于最终顾客（消费者或用户），前者侧重于将产品分配至最终顾客所要经过的中间商。由于市场竞争的激化，按渠道划分部门的方式正在流行。美国普莱克斯公司在将职能型组织改组为分部型组织时，发现无论按产品划分部门还是按地区划分部门，都未能改善公司的经营状况，不得不将积压下来的肥皂、洗涤剂等产品塞进超级市场部和杂货店。经过深入调查，该公司发现虽然产品相同，但这两条销售渠道的销售方式不同，推广方法也不一样，必须区别对待。于是，该公司按销售渠道的特点成立超级市场部和杂货店部等部门，促进了业务发展。

（7）按项目划分部门

这是为了增强组织适应性和灵活性而采用的一种部门化方式。其特点是，围绕一次性的重要工作任务建立工作部门，部门的存在与任务的存在同步，一旦任务完成，即把相关部门撤销。例如，在工程承包公司以及建筑公司，就通行项目式的部门划分。值得注意的是，项目式部门划分不能单独存在，常与职能制部门并存。其中，项目管理机构与职能管理机构相互支持，形成矩阵式结构。

上述不同的部门化形式，使企业组织形成不同的结构形式，以不同的方式运行。根据企业的经营管理特点，选择合适的部门化形式，是企业经营管理的一个重要任务。

2.部门职权的配置

不同工作部门只有在一定职权支持之下才能完成工作任务。职权配置是部门设计的重点与难点。各部门职权是对本部门所辖业务负责的条件，如果责权配备不合理，责大权小或者责小权大，都会造成组织的紊乱。就企业经营管理而言，职权本质上是制度化的资源支配力。拥有某种职权，也就是按照制度规定能够自主地支配某种资源来实现工作目标。

在实际工作中，部门职权的配置要解决好以下几个问题：

（1）决策权、指挥权和用人权的合理配置

决策权、指挥权和用人权，是最基本的管理职权。所谓决策权，是指使用组织资源的自由裁量权，这是职权的核心。所谓指挥权，是指支配他人从事特定工作的行为命令权，这是职权的关键。所谓用人权，是指调配、约束和激动他人的关系控制权，这是职权的依托。上述三方面权力合理配置的意义，首先在于使部门具有完成特定任务的实际能力，即调动相关人员并赋予其必要资源条件以从事某项工作的能力。任何一种权力不到位或者不协调，部门都无法推动工作行为。其次还在于使部门行动成为企业整体行动的有机构成部分。因为权力配置是为了实现组织目标，如果运作失误，组织目标就无法实现。

然而，这三方面权力的合理配置并不容易。关键在于，任何部门都只是组织整体的一个部分，都必须在部门之间的配合中发挥作用。一个部门的权力，往往同时也就是其他部门的义务。权力不足，会使本部门的工作难以完成；权力过大，则可能对别的部门工作造成障碍。例如，一个部门拥有某种资源支配权，也就意味着别的部门失去这种资源的支配权，不仅如此，别的部门还必须为该部门行使这种资源的支配权服务。那么这种资源支配权应该多大？应该如何行使？这就成为职权配置的关键问题。这类问题的普遍性与复杂性，使部门职权配置成为组织建设的一大难点。

（2）直线职权和职能职权的合理配置

一般而言，决策权、指挥权和用人权属于直线职权，属于企业中对于人、财、物的直接支配权。但是，对于这些权力的使用必须符合一定的规范，必须纳入一定的制度轨道。职权使用是否具有章法，是其能否支持企业组织目标的一个关键环节。这就涉及职权应用的约束监督问题，这一问题通过直线部门与职能部门的关系体现出来。一般来说，直线部门是企业资源的使用者，职能部门是企业资源使用的规范者。直线部门和职能部门的关系状况，对企业组织的运行效率影响极大。

如果说直线部门的主要职责是执行上级的指示，完成局部工作任务，那么职能部门的职责则是把直线部门的工作纳入整体之中，使其不致偏离整体的目标。这不是一件容易的事。当直线部门拥有决策权、指挥权、用人权时，不一定能把部门职能与整体职能统一起来，而会把部门置于整体之上。由于部门工作的局部性质，这种情况是不奇怪的。然而这一问题必须解决，职能部门正是为此而产生的。职能部门通过制定一定的规章制度，把直线部门的职权行使方式纳入整体目标所需要的轨道，并以监督的方式加以实际约束。

这样一来，直线部门和职能部门就会出现职权的冲突。为了提高直线部门的工作效率，应该尽量减少职能部门的干预；为了保证直线部门行动的规范性，必须加强职能部门的干预。这是部门职权配置的又一重大问题，必须慎重处理。

（3）一线职权和二线职权的合理配置

直线部门与职能部门作为两种基本的部门，在经营管理中具有不同的位置，前者是直接创造价值的一线部门，后者是使价值创造能够有序高效实现的二线部门，二者之间的关系处理对部门设计具有全局意义。

为各部门确定职权时，一线部门对下属要有经营管理决策指挥权，这样才能组织本部门职工为完成部门任务而统一行动。而二线部门对一线部门没有决策指挥权，只有归口管理权，即按照规章制度与工作计划进行资源调配并监督其使用，以保证全局工作正常进行。

在一线部门与二线部门中，后者的职权配置更为困难。而且由于二线部门的支援性活动具有不同的具体内容，因此不同部门的职权配置也存在一定差别。

3.部门设计的分析

部门化方式已经指出企业应该按照什么原则来组合业务活动，进行部门划分。但是，只知道总体分工形式还不足以科学、合理地安排业务活动。例如，处理顾客索赔的这项业务，是放在销售部门还是交给法律部门合适?部门结构类型回答不了这个问题。如何处理分工协作中的重点问题，是部门设计的工作重点。为此需要掌握部门设计的分析方法。

（1）目标统一原则与贡献差异分析

部门设置必须为实现企业战略目标与经营计划服务，这是目标统一原则的含义，也是部门设置的出发点，即划分部门不是目的，而是组织业务活动以实现企业目标的手段。这也是部门设置的归宿点。也就是说，衡量部门设置是否合理，要看其是否有助于企业目标的实现。

目标需要分解。就企业总体而言，目标是对利益相关者的贡献；就工作部门而言，是为实现企业目标而作出的贡献。不同部门有不同的贡献要求，意味着部门业务活动的性质、地位、作用、技能等方面存在差异。这些差异正是划分部门的客观基础。如果设计部门时不尊重这个客观基础，把贡献不同的业务活动捏合在一起，或把贡献相同的业务活动强行分开，结果会矛盾丛生、内耗严重，使组织的整体效能降低。所以，对业务活动进行贡献分析，根据其贡献的不同来进行组合，是与目标任务原则相对应的一种分析方法。

德鲁克认为，按贡献区分，企业的各种活动可分为以下四大类：提供成果的活动、支援性活动、后勤服务活动、高层管理活动。对企业的各种业务活动进行贡献分析，有助于正确规定它们在组织结构中的地位与配置，从而合理地设置部门。属于同类贡献的业务，只要管理幅度允许，不论其技术专业是什么，都可以结合在一个部门中管理；而贡献性质不同的业务活动，则不应合并于同一单位。贡献不同的业务活动在组织中的地位不同，不能同等对待、水平排列，更不能颠倒位置。例如，提供收益的活动不应排在非提供收益的活动之下。

（2）效率优先原则与工作负荷分析

企业组织不仅要目标统一，而且要具有效率。为此必须做到以下两点：

第一，部门设计要正确处理部门效率与企业整体效率之间的关系，使二者统一起来。也就是说，部门设计不仅要努力提高每个部门的效率，而且要使这种努力有利于整个企业效率的提高。假若个别部门的节约反倒增加了整个企业的支出，这样的设计是不可取的。例如，企业的信息活动由于有了电子计算机和现代化通信手段，建立信息中心可大大提高信息处理的效率，这样做是必要的。但是，信息活动不仅同整个企业有关，而且同各个部门有关。在集中化的同时，也要有一定的分散化，以便于生产、销售、技术等各部门根据自己的特殊需要，及时获取并利用有价值的信息。不然，企业的信息活动全部集中到信息中心处理和分配，该部门的节约会增加其他部门的麻烦，有损于其他部门的灵活性与主动性，这对整个企业不利。

第二，部门设计应在保证实现企业目标的前提下力求节约。就组织设置而言，无论采用什么样的组织形式都不可能十全十美。机构越庞大，人员越多，组织运行过程中出现问题的机会也就越多。显然，这对提高企业的整体效率是不利的。也就是说，如同机械系统的运转必然要克服摩擦从而消耗能源一样，组织为了使其运转并保持良好状态，也都要投入一定的力量进行指挥、协调、沟通、控制等。机构越多，组织系统越复杂，消耗在摩擦点上的投入也越多，而产出并不会增加。在这种情况下，组织效率降低是必然的。因此，在完成任务目标的前提下，企业组织结构越简单越好，用人越少越好。所谓最佳的组织结构，就是能够达到目标的、最简单的组织结构。

（3）人事匹配原则与匹配方式分析

业务活动无论怎样配置终归都要由人去完成。所以组织分析不能不考虑人的因素。实际上，部门设计往往要以现有人员为前提。所谓人事匹配原则，是指部门设置时必须考虑人员状况，特别是部门主管人员的状况，做到用当其才，任当其力。

进行人事匹配，一般是在部门结构确定下来之后再作部门主管选拔，即所谓“因事用人”。但不排斥在一定情况下根据已有人员状况，进行相应的部门设计，即所谓“因人设事”。后一种方式的合理性在于，既有的人员状况是企业的人力资本，凝聚着一定的人际关系资源，合理利用这种资源对于提高组织效率具有不可忽视的意义。也就是说，部门能否有效运转，不仅取决于部门设计的技术合理性、取决于对业务活动的处理，而且取决于社会合理性、取决于对相关人员的处理。没有合适人员的组织只是纸面上的东西，不能成为实际组织。

也就是说，在部门设置中，人事匹配分析的一端是人，即部门主管人员；另一端是事，即业务活动。分析的目的在于考查二者之间的配合是否得当。其中关于人的分析，主要内容有三项：①主管人员最为关心、最有兴趣的业务工作是什么?该项业务工作是否归属在本部门的范围之内?②主管人员是否有能力领导本部门的各项业务活动?是否有更适合其能力特点的业务活动不在本部门的范围之内?③主管人员从事本部门的业务活动，能否很好地贯彻企业的有关政策，保持企业政策的准确性和一致性?

通过以上分析往往可以发现问题，据此对组织设计进行调整能使之合理可行。

5.2.3 关系设计

企业组织是一个复杂系统，其中各个部门之间存在直接或间接的联系。这就要求组织设计必须处理好各方面的关系，其关键在于解决部门责权的衔接问题。

1.责权衔接的要求

责权衔接的要求来自于责权之间的内在联系。这种联系表现在两个方面：就一个部门自身来说，权力是履行其责任的条件，与责任不对称的权力无法保证责任的合理落实；就部门之间的关系来说，任何一个部门的责任都与其他部门的权力相对应，是满足别的部门工作要求的义务。反过来，任何一个部门的权力都与相关部门的责任相对应，要求别的部门履行相应的工作义务。因此部门责任权力的界定必须使部门之间的工作相衔接，否则无法形成统一的分工协作体系。关于部门责权衔接，要注意两个要点。

（1）部门责权衔接以部门责权分立为基础

部门责权分立包含两层意思：第一，各部门责权范围不同，应该互不重复。如果两个或多个部门拥有内容相同的责权，必然会相互冲突。第二，各部门责权由各部门独立行使，其他部门和上级领导均不得随意干预，否则部门责权就会变成一纸空文。因此，组织设计必须明确规定各部门责权。然而，在实际工作中，有的部门只由领导口头规定一些责权，随意性很大，有的虽然订立了制度，但过于笼统，难以实际加以落实。

（2）部门责权衔接不以管理层次为转移

部门责权衔接是为了保证涉及多部门的业务活动协调进行，其依据是有关部门在该项业务活动中应该发挥什么作用、承担什么责任。所以，部门在组织中的地位不应当左右责权设计。例如，企业中地位高、权力大的部门，不一定在某项业务中更有发言权。它有时当主角，有时也要当配角，这是正常的。

2.责权衔接的方式

在部门责权衔接方式中，专业搭接制、组织结构图、职权系统表是常用的方法，需要着重把握。

（1）专业搭接制

所谓专业搭接，是在设计各部门的职责权力时，对业务结合部及边界处，有意识地安排一些必要的重叠与交叉，以保证协作的有效进行。

专业搭接是对部门责任制的完善和改进。部门责任制强调划清部门之间的责权界限和分工交接点，但由于部门之间的联系复杂，生产、技术和管理的情况经常变化和发展，而责任划分制度不能烦琐多变，因此实践中的部门责任往往划分不清，造成扯皮推诿。实行专业搭接，既注意划清各部门的职责权限，更强调各部门间的主动协作和工作渗透，从而能够促进部门责任制的完善。

职能部门之间的专业搭接，常常发生在对于同一业务的参与方式中。对于这类业务的处理，需要相关部门共同负责。为了防止混乱，要对各部门参与处理的方式进行责权划分，由此出现相应的专业搭接。例如，对于某项业务的责任与权力，按不同部门的参与程度划分为四种责权类型：①决定。这是该项业务的主管部门，对业务具有决定权，并负有主要责任。②确认。这是同业务有直接关联的部门，对该项业务主管部门提出的计划和措施负有参与研究并加以确认（同意或提出异议）的责任和权力。③协助。这不是该项业务的主管部门或直接关联部门，但有一定的联系。如果主管部门提出要求，有责任给予一定的协作和帮助，如提供数据资料或人力、物力支援等。④协商。这类部门的工作可能受该项业务的影响，因此主管部门开展该项业务时要与之协商，以取得一致意见。

（2）组织结构图

组织结构图是表示企业机构设置和职权关系的图表，有两种基本形式。

一是垂直图，其特点是从上到下排列出企业的组织机构和管理层次。这种图形简单清楚，便于解释，是人们最习惯使用的一种形式。二是圆形图，其特点是从内到外排列出企业的组织机构和管理层次。这种图形把最高管理者置于圆心位置，把垂直图上不同层次的工作部门画成围绕最高管理者展开的一系列同心圆，各部门及主管人员按所处管理层次标志在这些同心圆上。这种图形便于反映组织内部各机构之间的动态关系。

组织结构图应力求简明。根据需要，可以绘制总体结构图和局部结构图。前者用来反映整个企业的组织结构，是最简要、最概括的图表；后者用来表示企业某个层次或某个管理子系统的组织结构，对总体结构作进一步的说明。

（3）职权系统表

职权系统表用于说明业务项目与职权配置的相互关系。这种表采用二维结构形式。横向列出拥有职权的机构和主管人员，纵向列出各种需要处理的业务问题。通过这样的形式显示不同部门在不同问题上的不同职权。

职权系统表有两个层次：一个层次是企业总表；另一个层次是部门分表。前者表示企业主要职权的配置，比较概略，但可反映整个企业集权与分权的状况；后者用于表示各种业务职权在每一个单位的配置，便于具体指导各部门的日常工作。

5.2.4 协调设计

企业实战5-2　　部门协调

YM婚礼用品有限公司是一家私营企业，于1995年批准成立，注册资本80万元，投资总额110万元，营业执照所规定的经营范围是生产、销售婚纱礼服。YM公司目前由于经营不善，生产远未达到设计的能力，处于严重的亏损状态。

公司目前组织结构如图5-1所示：

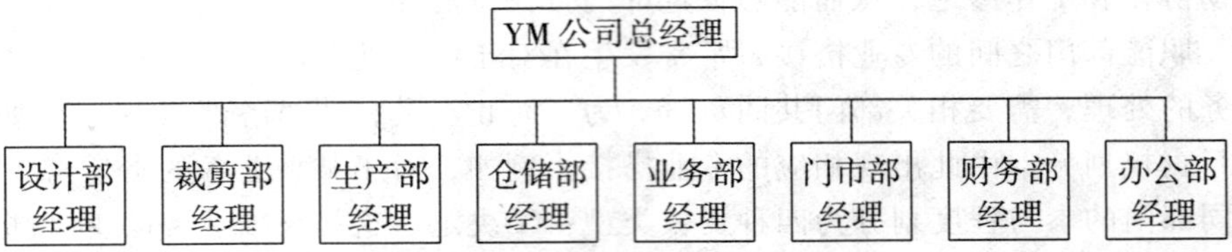

图5-1　YM公司组织结构图

以YM公司的现状而言，能扭亏为盈便是成功的第一步。所以关键是找出能扭亏为盈的首要因素。

财务部经理认为提高生产量、扩大销售很关键。因为销售的限制导致年产量大大低于设计能力，产量太低导致分配到单位产品的摊销性成本偏高，单位成本有时甚至高于单价。工资项目偏高也与产量太低有关。因为公司制定了最低工资标准，生产工人计件工资与最低工资相比取高者，由于生产任务不足，员工很多时候是按最低工资标准拿工资的，这增加了单位产品工资成本。显然，要降低生产成本、提高产量，充分利用生产能力将是成功的关键。但在以销定产方针的指导下，提高产量的前提是扩大销售。另外，扭亏为盈需要考虑的是节约开支，严格执行费用审批手续，控制经营管理费用也很重要。

生产部经理认为生产工人任务不足，生产时有停顿，生产积极性受到伤害，不时有人跳槽，而新招的人员技术又不如老员工。她认为扩大生产是关键性的问题。

业务部经理表明自己对销售萎缩事实的无奈，她觉得公司原先的业务部是虚设的，业务上的联系全部是总经理一手控制的。原先招聘的几名业务员，实质上只是送货员，由于缺乏业务提成，待遇上不去，都不干了。她认为目前市场上的客户对婚纱的质量和款式的要求较高，而公司生产的婚纱做工欠精细，且款式相对陈旧，在向顾客推销时，撇开推销员的推销技巧不说，产品本身的吸引力也不够，这又导致业务上难以开展。要想在业务上有大的拓展，质量、款式上的改进和突破是前提，而这有赖于生产部门和设计部门的努力。

设计部经理认为业务部的意见不无道理，新颖的款式确实有利于业务的开拓，但一个新的款式的推出需要灵感。设计部现有的两名人员1998年刚进公司时推出的几款样式曾大受欢迎，但是现在设计灵感渐趋萎缩。如何激发他们的灵感呢？不断地培训和学习、多渠道的信息交流是激发灵感的有效手段。而这需要公司财务上的支持，比如，从国外邮购婚纱款式样本资料、甚至参加国外相关的培训班等，但这需要不小的开支。

小组的其他成员也纷纷发表了自己的意见。上述意见放在一起，可以看到其中贯穿着一条因果关系链：要想扭亏为盈就要提高产销量；要想提高产销量就必须力图使客户满意；要想使客户满意，员工的学习与成长必不可少。

经过充分沟通，最后大家认为扭亏为盈的关键因素包括以下4点：①连续不断的市场调查，扩大销售，寻找新的客户；②要使企业具备学习与成长的能力，能够持续快速推出令顾客满意的新款式；③提高产量及产品质量；④加强费用管理，降低产品成本。

这些方面的工作把各个部门紧密地联系在一起。

组织设计是有分有合的过程，所谓分，是将组织划分为若干个部门，各司其事，然而分的目的是提高整体效率，因此在分的基础上还必须合。组织关系设计是对于合的制度化处理，但还不够，还必须通过组织运行来实现合的要求，这是组织协调设计的任务。

1.组织协调的发展

关于组织协调问题，明茨伯格的协调方式三阶段论作了详细的研究。明茨伯格认为，组织结构实质上是人们在组织内分工协调方式的总和。随着企业规模的扩大、人员的增加、分工的细化、工作复杂性的提高，协调方式也会发展变化。一般说来，按照协调的内容、形式和发展水平，组织中的协调方式大致可以分为三个阶段：

（1）相互调整。当工作人员很少，例如只有两个人时，协调方式比较简单，只需双方通过直接接触来调整彼此的工作。这种协调方式不必借助规章和条例，通常只需双方进行简单的口头意见交换，甚至只要通过手势、面部表情就能彼此达成默契。

（2）直接监督。当协作劳动的人数增多，例如增加到5人、6人甚至10人以上时，协调工作就复杂了，不仅个人彼此间要协调，而且全体人员的行为都符合统一的要求。这样，只依靠个人之间的相互调整就不够了，必须有管理者负责统一指挥和监督每个人的活动，以达到整体的协调一致。

（3）标准化。当企业规模进一步扩大，管理层次增多、命令链加长，通过纵向联系来调整人员活动就困难了，同时，由于分工细化，横向协调的难度也进一步增加。这时，直接监督方式也不够了，标准化作为协调方式便产生了。

标准化的协调方式又可以分为三种情况：

①工作过程标准化。对工作过程的内容、程序和要求作出详细规定，也就是制定和贯彻标准化的工艺操作规程和管理工作规程，以实现各项业务活动的协调一致。②工作成果标准化。如果工作过程不易分解为标准化的工作内容和程序，可改为控制产出的成果，即对工作的最后成果作出标准化规定。不管作业者按照怎样的程序从事工作，只要产出成果达到一定的标准就为合格。这种方式能保证前后工序的业务活动协调一致。③工作技能标准化。如果工作过程和产出的成果都无法标准化，这时只能对工作人员的技能素质实施控制，即对从事某一工作所必须具备的知识、能力、经验等作出标准化规定，定期加以检查和考核，由此保证工作过程和成果达到统一要求。

2.组织协调的方式

从总体上看，影响部门协调的因素主要有三种，即组织运行、组织结构和人际关系。相应的，部门协调方式也有三种，这就是规范性方式、结构性方式和关系性方式。

（1）规范性方式

采用这种方式协调部门工作，不必改变原有组织结构，也不增设机构和人员，只是强化组织运行的规则，如加强工作标准的管理，强调工作方法的科学化与合理化。规范性方式有两种常用办法：

①工序服从办法。对于每天都重复进行的生产作业活动，可强化工序服从制度。所谓工序服从，是根据各工序在生产流程中的地位和作用，实行相关工序横向之间的指挥和服从。即上游工序服从下游工序并为下游工序服务；一般工序服从核心工序并为核心工序服务；辅助作业服从主体作业并为主体作业服务。这种横向的工序服从，具体表现在生产指挥权上。各工序虽然是平级关系，各自隶属于不同的上级，但在生产的协调和配合问题上，下工序的作业长可以指挥上工序的作业长；核心工序的作业长可以指挥一般工序的作业长；主体作业的作业长可以指挥辅助作业的作业长。实行工序服从，突破了传统管理中单纯依靠“顶头上司”进行垂直指挥的方式，从而大大提高了工作效率。但它又不破坏指挥统一的原则，因为这种横向指挥是由其各自的领导在一定授权下进行的。

②跨部门直接沟通。当一个部门遇到比较简单的例外性工作需要其他部门配合时，可以不经过上级主管人员直接与相关部门沟通处理。由于例外性工作是偶然发生的，无章可循，而且数量少，不需要制定标准化的处理办法，所以，采用跨部门直接沟通是可行的。需要注意的是，这种方式可能会使上级主管人员对某些问题的处理情况不清楚，或者下级人员解决问题的措施不符合整个组织的利益。因此，可根据经验针对不同问题进行一些原则性规定，以防止问题的产生。

（2）结构性方式

规范性协调方式只是改善了具体工作过程，没有改变原有的组织结构，属于非结构性协调方式。当企业组织机构的设置存在缺陷时，非结构性方式便无能为力了，必须采取结构性方式来解决。在实践中常用的办法有：

①设置联络员。在某个部门中设置一名联络员，负责与另一个或几个部门进行业务联系，保持经常沟通，促进彼此间的了解与协调。当两个或几个部门之间相互依赖性强，日常工作接触很多又经常发生矛盾时，可以设置联络员。

②建立临时小组。当某项工作的流程较长，不仅涉及多个部门，而且不同部门都能够对该项工作产生影响时，需要新的联系手段，例如建立临时工作小组。临时工作小组由有关各部门代表组成，他们经过磋商作出对各方均有约束力的决定，然后分头贯彻落实。任务完成后该机构撤销。例如，根据市场行情变化开发某种新产品时，可把设计、生产、采购、销售等部门有关人员组织起来，成立任务小组以便协调相关部门工作。

③建立永久性机构。当多个部门的活动需要长时期的、强有力的协调时，任务小组可以从临时性转变为永久性的常设机构。如提高产品质量是一项需要许多科室密切配合的综合性工作，需要长期坚持下去。TQC委员会就是质量管理常设机构。

一旦协作要求导致了永久性组织的建立，就意味着部门职权界定出现了制度化调整，这是原有组织结构的实质性变化。

（3）关系性方式

前面所述协调方式是通过调整责权关系进行的。除此之外，实际工作中还有一种非制度化的部门协调办法，即人际关系协调。

①大办公室制。即把许多职能科室集中在一间大办公室内集体办公，这同传统的小办公室制、一科一室分散办公不同。实行大办公室的布置方式，虽然机构与人员都没有发生变化，但可以改变人际关系，为加强部门之间协调及内部竞争创造良好的环境和气氛；可以加强科室之间的联系、上下左右之间的监督和竞赛、改进信息管理。

②联谊组织。这是运用非正式组织加强部门协作的办法，通过对自发产生的群体加以引导，使之在企业范围得到有序开展，可以形成横向联谊组织，从人际关系的角度加强部门协作。联谊组织可以有多种形式，例如在基层是班组长研修会，把一个个工序连接起来；在中层是车间主任联谊会，将一个个生产单元串联起来；在上层是厂、部、处长管理研究会，把各部门一个个串联起来。由此形成多层次的横向联系网络。

5.3 企业组织变革

企业实战5-3　　山东航空的“空地勤连体”管理体制

山东航空股份有限公司（简称“山航”）成立于1993年，拥有7架波音737-300型飞机、30多架用于航空支线飞行的英国生产的小型飞机，在240多条航线上运营。该公司当年投入运营、当年盈利，这在中国民航史上还是头一次。几年来，山航运输总周转量和实现利税年年以较大幅度增长。2001年上半年，在全国民航业整体亏损23亿元、只有4家盈利的情况下，山航名列盈利企业之中。

为了进一步扩大经营规模，山航对其组织结构进行了改革。

山航的组织体制改革，中心内容是实行“空地勤联体单机定包管理”，开创了中国民航之先河。“空地勤联体”的“空”指空勤人员，亦称机组人员，包括飞行员和乘务员；“地”指地勤人员，主要指机务维修及辅助人员；联体即将飞行员、乘务员、机务维修人员合理搭配，作为承包小组，结成利益共同体，以单机定包的方式开展工作，即每个承包小组固定使用一架飞机，承担该飞机的飞行、维修和机上服务作业，“人随机走，机留人留”。承包小组一经确定，不得随意改变。公司下达承包指标，逐月进行考核，兑现奖罚。考核指标是“六率”：安全率、航班正点率、航班出勤率、飞机完好率、消耗率、旅客满意率。新的组织形式如图5-2所示。

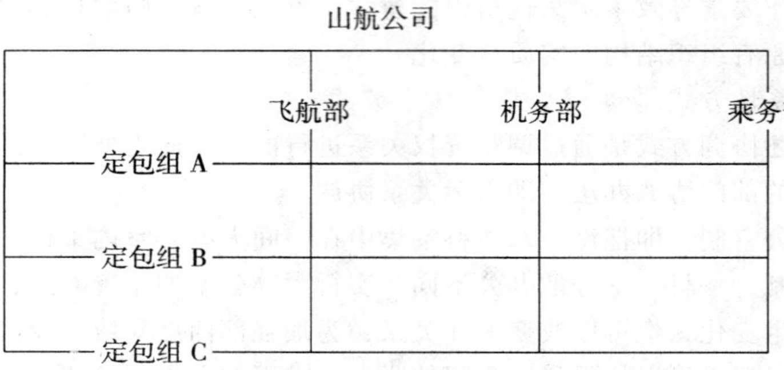

图5-2 山航新的组织形式

我国航空公司的传统组织结构是按职能划分部门，分为飞航部、机务工程部、乘务部等。执行航班任务时，三个部门分别派出人员协同工作，相互间是协作配合关系，不存在领导关系。民航业至今普遍采用这种形式。

山航之所以改革这种组织形式，原因在于：（1）工作协调困难。由于机组人员和机务人属于不同部门，沟通、协调环节多，效率低。相互之间的工作通过“空地勤协调会”沟通，遇有飞机“保留故障”（飞机最低放行清单中容许保留但限期排除的故障）时，机组人员和机务人员对是否可以放行经常发生争执。（2）成本核算不科学。上述方式只能以机型为对象进行成本核算与效益分析。而同一机型的不同单机，由于具体特点，其经济技术性能是不一样的，单位时间创造的价值和运行消耗必然不同，因此以机型为标准进行核算，常常偏离实际。（3）责任制难以落实。由于上述两个方面的原因，使各部门工作职责的落实发生困难，不管是飞航部、还是机务部或者乘务部，都缺乏承担责任的足够条件与主动性，其结果是整个航空公司的总目标无法实现。

针对这些问题，山航认为，仅靠加强规章制度和工作考核是不够的，必须从根本上解决问题，这个根本就是组织结构的调整，办法是以“空地勤联体单机定包管理”补充原有的职能分管体制。这种新组织机制的特点在于：

（1）建立定包小组，飞行、机务和乘务人员结成利益共同体，承担着共同的责任。

（2）由机务人员担任组长、飞行和乘务人员担任副组长，竞争上岗，明确责任人。

（3）打破只有信息纵向传递渠道的局限，小组成员横向沟通、便于协调。

新机制的建立具有重要意义。在中国民航高速发展，行业竞争日趋激烈的情况下，能否确保安全和降低成本，是民航企业竞争的关键。“空地勤联体单机定包管理”的优越性表现在：

（1）按单机建立定包小组，人机关系固定下来，“人随机走”，便于机组和机务人员的协作，确保安全，提高飞机使用率。

（2）“空地勤单机定包”的考核指标，包括航材消耗、机供品消耗、航油消耗。这三项构成变动成本的主要部分，而且是定包组可以控制的成本项目。实行这一考核后，如何正确操作，维护和延长机载设备使用寿命，减少航材消耗，成为定包组所有成员共同关心的事情，从而大大降低了变动成本。

（3）单机定包构建了企业、责任单位和个人三者之间经济利益纽带，明确界定与肯定各责任主体之间的利益差别，将个人收入与责任单位业绩、本人劳动贡献挂钩，彻底打破了大锅饭，调动了员工积极性。

在此基础上，公司根据考核数据，每月计算各定包组奖惩总额和个人奖罚金额，年终根据“六率”考核综合得分，评选先进定包组并进行奖励。

新的组织结构，形成了企业上下为安全、高效完成飞行运营任务共同努力的局面。改革之后，公司追求安全和效益的总体目标通过各部门的共同努力得以落实，企业上下全体员工不仅愿意为此共同努力，而且能够为此共同努力，从而极大地加强了企业的市场竞争力。全局连续6年保持了飞机平均日用率高，飞行事故征候低的良好记录。表5-2列示了山航与全民航B737-300飞机平均日用率对比。

表5-2 **山航与全民航B737-300飞机平均日用率对比**

年份 航空公司	1996	1997	1998	1999	2000
全民航	8.6	8.5	8.5	8.4	8.7
山　航	9.0	9.5	9.3	9.3	9.2

战略与计划必须依靠适当的组织体系来实现。由于企业战略是前导的，根据战略制订的企业计划也是面向未来的，而组织体系一旦建立就具有相对稳定性，因此可能滞后于战略与计划，发生矛盾。一旦出现根本的结构性矛盾，就必

须加以专门处理，通过调整组织结构以适应战略与计划，这是组织变革的任务。如果说，系统的、深层次的组织变革，是关系企业持续发展的重大事件，那么局部的、适应性的组织调整，则是经常性的管理工作。

5.3.1 组织变革的原因及要求

正式组织作为组织设计与运行的结果，具有相对稳定性，不会自然而然地随着生产经营活动的变化而改变。为此需要分析组织的运行状况，根据情况的变化，自觉地改变组织结构以适应战略与计划的要求。

1.组织变革的原因

组织变革之所以必要，是因为组织结构与企业战略之间可能出现矛盾，影响企业的生存发展。对此可以从如下几个方面把握：

（1）计划前导性与组织滞后性之间的矛盾

一般来说，任何计划都具有一定的前导性，其目标总是指向未来的，而组织结构总是为原有任务设计的，其运行方式体现着原有任务的要求。所以相对于计划而言，组织结构具有一定的滞后性。

计划前导性与组织滞后性之间的矛盾，在企业经营管理实践中常常体现出来。经营管理者一旦意识到新的发展机遇，会首先通过计划作出反应。当外部环境不利以及内部条件出现困难时，也会调整计划以适应新的情况。这两种计划调整都要通过组织机制落实。然而，由于已有组织结构是在完成原有任务的过程中形成的，一经形成就具有相对稳定性，往往不能适应变化了的计划目标。即使原有组织设计为计划调整留出了一定空间，也不见得能适应新的计划需求。因此，经营管理者常常面临这样的问题：一个好的计划方案，由于不能通过既有的部门职责划分来落实，而成为难以实施的空想。而既有的部门运作方式，又与企业实际要做的事存在很大距离。在这种情况下，不能不改变组织结构来落实计划。

组织结构的调整以及调整后的机构运转需要一定的时间，这使计划前导性与组织滞后性的矛盾更为明显。例如美国通用汽车公司的几次组织结构调整，都是经历了数月甚或数年时间，才真正“磨合”到与计划相适应的。

（2）计划灵活性与组织稳定性之间的矛盾

计划作为一种行动方案，本质上是动态的。虽然计划一经制订就具有某种稳定性，但这是相对概念，只能相对于具体行为而言。实际上，计划的稳定性是追求特定目标的行为过程稳定性。一旦目标发生变化，计划也必然变化。

在市场经济条件下，影响企业生产经营的因素千千万万，而且每时每刻都在发生着变化，因此计划必须适应环境变化进行周期性调整，不断选择目标和调整目标。而组织作为企业成员之间的分工协作体系，必须具有较强的稳定性。这是因为，作为分工协作体系基础的专业化，只有在工作重复进行的条件下才能实现。同样，作为分工协作体系本质结构的企业成员责权利配置，只有对重复发生的工作才有意义。因此组织结构本质上是要求稳定的。形成一种运行良好的组织结构需要一定时间。这种组织结构一旦形成，就客观上要求加以坚持，以便使工作人员理解和适应这个结构，并形成一定习惯、惯性或者定规，以提高组织的工作效率。持续时间越长的组织结构，其固化程度越高，旧有的惯性越大。

计划适应性与组织稳定性之间的矛盾，在行为主动性与制度约束性之间的矛盾中明显体现出来。组织结构的要求，常常通过制度规范加以实现，而服从组织行为规范与实现企业工作目标，有时候是不统一的。

（3）计划新思想与组织惯性力之间的矛盾

新计划是新思想的集中体现，其有效实施不仅要求企业成员理解接受新事物，而且要求企业成员形成新的行为习惯。但是，人们思想观念的形成不是一朝一夕的事情，行为习惯的塑造更是在一定组织环境中长期熏染、潜移默化的结果。

企业经营管理者作为计划的制订者，由于站得高，看得远，信息多，所以随内外形势的转变调整思想比较容易；而在组织结构中具体位置上工作的人员，由于其工作环境、工作地位、知识层次和信息获取量的限制，常常以适应既定工作职务的要求为行为原则，并由此产生相应的职务行为习惯。这种习惯作为职务适应的结果，作为一种心理行为定势，具有很大的稳定性，很难一下子跟上经营管理计划的调整而加以转变。这就造成了计划新思想与组织旧习惯之间的矛盾。主要表现在，企业员工按旧方式进行新工作，管理人员用旧办法执行新计划，即所谓“穿新鞋、走老路”，从而出现计划目标与组织传统之间的矛盾。

在企业实践中，新计划与旧习惯之间的矛盾是常见的；在推行新计划时，这种矛盾常常会持续一定时间；其持续时间越长，工作损失越大。企业经营管理者必须尽可能缩短这个时间，尽快使企业成员理解适应新计划的要求，使计划真正付诸实践与实现。

（4）计划大目标与个人小利益之间的矛盾

计划追求的是企业整体目标，目的是把企业成员组织起来，为实现共同目标而奋斗。但企业共同目标不等于企业成员的个人目标，二者之间存在着一定的距离。

不同的企业成员，由于其不同的需要特点、不同的组织地位、不同的工作环境，会形成不同的利益要求。不仅如此，这些利益要求会在一定的组织结构中稳定下来，并相互影响，形成一定的利益关系，使企业中的组织结构转化为利益结构。这就使企业计划目标的实现遇到了新的约束条件，即企业成员的利益约束。如果新的计划目标与已有的利益结构发生矛盾，将使新计划的实施遇到困难。实际上，经营计划与组织体制的矛盾，在很大意义上是旧利益关系结构对于新计划目标的阻碍。由于这一矛盾涉及组织机制的核心内容，因此必须加以特别慎重的处理。

从实际情况看，某种组织结构一旦形成，也就意味着企业成员走上了一定岗位，获得了一定权力、地位及利益。其结果，不仅管理人员而且很多职工也成为既得利益者。而新计划一旦要求改变组织结构，自然会对既得利益者造成威胁。当他们感到组织调整会严重危及个人利益时，就会采取抵制的态度，以各种合法的、非法的、习惯的或刁难的方式抵制变革，人为地造成组织结构调整的困难，影响计划目标的实现。

以上四种现象是客观存在的，由此引发了组织变革的必要性。企业经营管理者必须采取积极态度与有效措施，缩短组织变革中“阵痛”的时间。

2.组织变革的要求

那么，怎样进行组织变革以适应战略管理的需要呢?一般说来必须满足三个基本要求，即保证新计划的实施、适应原有计划的不断改进、促进组织内部的发展因素成长。

（1）保证新计划的实施

企业的新计划一旦确定，就要求企业组织予以积极的配合。然而原有组织结构是为完成原有计划目标组建的，如果不适应新计划的要求，就必须进行调整，通过组织变革来保证新计划的实施。因此，组织变革的第一要求，就是保证企业新计划的实施。

但实际上，组织变革与新计划的关系存在两种可能性，一种是能够保证新计划的顺利实施，另一种是不仅没有保证反而阻碍了新计划的实施。这种事例很多，其原因在于很多组织变革是对原有组织的局部调整，以修修补补的方式进行。加之改革组织结构的人大多来自旧的组织，其思想和行为上的惯性，以及知识和经验的限制，都可能使组织变革“换汤不换药、新瓶装老酒”，还是不能适应新计划的要求，反而由于变革中的动荡，使新计划实施遇到了更大的困难。因此组织变革必须解决这一问题，彻底改革不适应的部分。

（2）适应原有计划的不断改进

企业计划是由一个阶段到另一个阶段不断演进的。相应的，组织必须具有适应原计划改进的能力。这是关于企业组织变革的第二个要求。

企业组织变革，当然以适应计划为原则，但这种适应不是简单地追随，而是必须具有前瞻性。就是说，在把计划目标通过具体职责加以落实时，不能仅以适应现有计划为原则，否则将出现组织工作的被动性。这是因为组织变革不像计划调整，能够较快地适应环境变化。一个组织体系的建立，往往需要较长的时间。只有当人们对于新的分工协作秩序不仅有了理解，而且形成了相应的习惯时，新的组织体系才算真正得到了建立。因此，组织变革必须具有超前性，能够预见计划的演进趋势，而不至于时时处在追随计划的被动局面之中。

因此，要从计划的动态角度构造组织结构。即使在相对稳定的情况下，也要及时地微调组织结构，使组织处于动态平衡之中。这种长期的锻炼，造就了组织的弹性化以及对突发事件的应付能力。

（3）促进组织内部的发展因素成长

组织对于计划并不完全处于被动地位，它还可以能动地影响企业发展计划。这方面作用的基础在于组织本身的发展力。

一个健全的企业组织，不仅可以很好地保证企业计划的实现，而且可以促进企业内部的发展因素，促进新计划的形成。这是因为，组织结构是企业成员之间相互作用的机制，这种机制如果合理，就能够通过企业成员之间的沟通与互动，提供企业创新的动力，从而产生新的计划与设想。组织变革的最终目的是促使企业形成这样的创新机制：不仅能够适应环境的变化，而且能够引导环境的变化。

组织结构对企业计划的反作用是不容忽视的，因此进行组织变革时，不仅要适应当前计划以及计划发展的需要，而且要注意企业组织自身的活力，使企业组织从内部形成良性的生长因素，促进内部积极因素的成长。所谓机制重于机会，在理解计划与组织的关系时，表现得尤为突出。

5.3.2 组织变革的分析

组织变革是一个复杂的系统工程，涉及诸多方面的因素。在组织变革实践中，必须解决好两个方面的问题：一是明确组织变革的重点，二是选择组织变革的方式。为此需要对组织变革进行系统分析。

1. 组织变革的内容

企业的组织变革，是分工协作体系的结构化调整，涉及权责重组、利益协调、关系平衡三个方面的问题。其中责任与权力的调整是组织变革的直接要求，由此改变原有的分工协作方式。但责权调整涉及组织成员的利益关系，必须加以协调与处理，否则责权重组难以实现。这种利益关系的调整只有得到组织成员的理解和认同，才能形成新的相互期望和信任，使新的组织结构得以确立。因此，权责重组、利益协调、关系平衡问题的处理，体现组织变革三个不同层面的要求。

（1）权责重组

对组织结构进行调整，必然要重新划定职责，调整权力结构，使之适应新的战略管理需要。也就是说，组织变革的任务，是根据新的战略目标，重新分配权力与责任，形成新的分工协作格局。比如由直线职能组织转向事业部制，就使组织体制由集权转向分权，有助于提高基层单位的自主空间，使高层管理者集中精力于战略发展、业务组合等重大问题，而把日常管理运行交给各事业部负责。这种权责调整的结果，把企业最高负责人全面负责的集权制，变成了由总部与事业部两级分别负责的分权制。这是组织变革的实质内容。

（2）利益协调

组织变革的另一个重点，是利益关系的协调。在一个既定组织中，每个人都有一定的权力、地位和利益。比如各级管理人员的权力、地位、股权、年薪或其他经济利益。对工人而言则是一份固定、熟悉、应付自如的工作和稳定的收入。一旦组织机构进行调整，这些利益必然受到冲击。如果企业扩大规模，能够提供更多的升迁机会，普遍增加工资待遇，当然皆大欢喜。但如果企业战略转移跨度较大，很多人原有的知识和技能将可能变得无用，其劳动力价值将下降，原有的权利和地位将会失去，就会造成心理上和生活上的压力，形成对企业组织变革的强烈抵制情绪。他们会想方设法来保护自己的既得利益，并为此而进行各种合法合理与非法非理的明暗斗争。协调利益冲突是组织调整的最大难题。

(3) 关系平衡

企业组织结构调整，必然使原有组织内的结构失衡，如何在原有结构被打乱之后，代之以新的组织关系平衡，是组织调整中又一工作重点。实际上，组织变革必须打破原有平衡，只有这样才能建立新的平衡，以此促进战略目标的实现。问题在于，打破平衡只是手段，建立新的平衡才是目的。由于失衡状态往往造成工作混乱，因此必须在范围、程度、影响方式上加以严格控制，使失衡成为演进而不是失控。为此，组织变革时必须谨慎操作，尽可能平稳过渡，不要造成过大震荡。新的组织有一个由试运转到灵活运转的过程，人们有一个由不适应到适应的过程，这个过程中暂时的小损失是难以避免的，换来的是长远适应新战略目标的更大效益。

2.组织变革的选择

组织变革是必要的，但组织变革又是具有风险的。如果打破的平衡不能较快被新的平衡所取代，新的分工协作体系迟迟建立不起来，或建立起来的新体制不能有效运转，则企业将面临危险的局面。因此在是否变革、如何变革、何时变革等问题上，企业经营管理者必须慎重考虑，优化决策。

(1) 组织变革的成本效益

任何组织变革都要付出成本，并通过企业成本与个人成本两方面体现出来。在组织变革决策中，关于变革成本的分析具有重要意义。

首先是组织变革的企业成本。组织创新需要打破原有格局，使组织结构以新的面貌出现。这是要付出代价的，即组织变革成本。各种组织结构都是经过利益比较之后形成的，都是较好的利益实现形式。如从手工作坊中师傅带徒弟式的管理方式，向现代工厂管理形式的转变，就是在衡量了脱产出来专事管理与不脱产进行管理何者收益更大时，才作出的决策，由此形成了今天的专职管理者。随着企业发展和组织庞大，管理费用与管理收益的比较成为组织变革的核心问题。当企业发展到一定程度，原有管理形式不能胜任工作了，组织变革就成了必然任务。如何权衡管理成本收益，是组织变革决策的基本问题之一。

其次是组织变革的个人成本。一个人在组织中工作时间长了，会形成适应于该组织的知识和经验，以及一定的人际关系网络，这些对于工作者是有价值的。但组织变革后，由于工作方式发生变换，人们用时间、精力和金钱换来的知识经验会变得无用，或价值降低，这就是个人在组织变革中支付的成本。从实际情况看，有经验的工作者多半反对组织变革，这是因为他们对于组织的“投入费用”较多，比年轻人会持更谨慎的态度。同样，直线人员由于承担组织创新的风险比参谋人员大，所以也比较谨慎保守。组织变革要注意个人的“投入费用”。当变革对于个人效益普遍起反作用时，完成变革任务是困难的。

(2) 组织变革的利益调整

把组织变革的企业成本与个人成本结合起来看，最大问题是利益关系调整问题。

在组织变革中，不同企业成员的投入产出是不一样的。有的人要失去全部或一部分既得利益，有的人既得利益可能不会有多大变化，还有的人可能得到更大利益。这三种人对组织创新的态度自然不同，从而产生对组织创新的反对、无所谓或赞成态度。如果反对者人数很多，能量很大，那组织变革将会遇到很大阻力甚至搞不成功。特别是当一些人处于重要的地位，把持着组织要害部门时，会左右组织变革的局势，这是十分危险的问题。因此，组织变革决策的关键，是寻求企业整体利益与企业成员个体利益的结合点。制订的组织变革方案，应该尽可能使大多数企业成员理解和接受。为此，在变革方向确定的情况下，选择变革的方式、步骤、范围，就成为极为重要的问题。衡量组织变革是否成功的标准，不在于变革决策者有多好的变革意图，而在于这种变革意图能否真正实现，并为企业更多成员带来利益。

卡斯特和罗森茨韦克在《组织与管理》一书中指出："效益、效率和成员满意这三者结合起来，即是我们社会生存的基础。"这一论断对于组织变革是同样适用的。然而在实践中，组织设计者和决策者，往往只注意到组织创新所带来的效益和效率，而却较少考虑相关成员的满意程度。然而任何组织都是由人去操纵的，而人的满意度是十分重要的。人们的利益得失决定了其对组织创新的基本态度，因而忽略个人因素是不行的。在极端情况下，甚至会人为制造出使组织变革不可逾越的障碍，使组织陷于瓦解。

5.3.3 组织变革的方式

组织变革涉及多方面问题，变革的技术基础与社会基础是两个基本方面。所谓技术基础，是指分工协作方式的业务规定性，取决于企业产品服务的生产技术；所谓社会基础，是指分工协作方式的利益规定性，取决于企业产品服务的人际互动。不同的组织变革方式，往往强调不同方面的内容，并以不同方式把这两方面内容结合起来。从企业实践中，已经形成了一些具有普遍适用性的组织变革方式。其中业务流程再造、部门一体化、学习型组织建设，在企业组织变革中具有重要影响。

1.流程再造

"流程再造工程"的概念，最早出现在计算机软件工程中。1990年，美国的迈克尔·哈默博士首先提出了"企业流程再造"的概念，并把流程再造思想引入到企业管理领域获得成功。此后，企业流程再造得到普遍认同，对企业组织变革产生了重大影响。

（1）企业流程再造的含义

迈克尔·哈默博士对企业流程再造所下的定义是：企业流程再造是对企业的业务流程作根本性的思考和彻底重建，其目的是在成本、质量、服务和速度等方面取得显著的改善，使企业能最大限度地适应以"顾客、竞争、变化"为特征的现代企业经营环境。

这一定义强调，企业流程再造的本质特征是以过程为核心、对企业管理进行根本反思、通过重新设计业务流程使企业发生飞跃发展。因此，企业流程再造追求的是一种彻底的组织重构，而不是局部式改进。在实施企业流程再造时要求人们思考："我们为什么要做现在的事?为什么要以现在的方式做事?"这种对企业运营方式的根本性改变，目的是追求绩效的飞跃。

企业流程再造对组织进行彻底重建的依托，是对于生产经营过程的批判性思考。以业务过程为核心，重新组织企业的分工协作方式，是企业流程再造的核心思想，这就从根本上打破了传统的管理职能分工理论。所谓企业流程，是指为了完成某一目标或任务而进行的一系列跨越时空的相关活动的有序集合。通过考察业务过程的发生、发展和终结，确定、描述、分析、分解整个企业分工协作体系，建立与此相匹配的企业运行机制和组织机构，实现对生产经营全过程的有效管理。由于这种管理思路能够使企业真正着眼于企业运营结果，消除了传统管理中只注重某一环节而无人负责全过程的弊端，因而可以大大提高组织运营效率。所以，实施企业流程再造的关键，就是要有全局的思想，从整体上确认企业的作业流程，追求全局最优而不是局部最优。

（2）企业流程再造的组织重新划分

企业流程再造是组织内部和组织之间的工作流和业务过程的重新分析和设计。其特点是突破常规，树立远大目标，创造性地应用信息技术，以流程为导向进行企业组织管理的全面创新。其基本原则有：集成原则，即将分散在各个职能部门的作业，集成为一个整体的工作流程以提高效率；并行原则，即尽可能地以并行方式处理作业；扁平原则，即组织扁平化，减少层级关系，以促进组织内部的信息交流和意见沟通。

传统的组织理论强调，企业等级结构形成的原因，是管理幅度的限制。即当组织规模扩大到一定程度时，必须通过增加管理层次来保证有效领导。但由于组织层次过多而导致的沟通困难，以及随着企业规模扩大和信息渠道延长引发沟通困难时，可能会造成指挥过程的信息失真、时机延误和决策失误。同时这种分散主义和利益分歧，或许能够实现局部利益的提高，但却弱化了整个组织的功效。

企业流程再造的核心任务是整体观念的强化，而组织由"职能型"向"流程型"的转变是实现这一目的的手段。这种新型的管理思维要求摒弃传统的组织方式，不仅要求企业组织改变其设计、构造和运作的原理，还需要员工行为的相应改变。其特征在于力图让顾客和市场来引导员工的行为，而不是靠等级制度和监督来约束员工的行为。相应的，这种新的组织方式更加注重横向关系，倾向于高速度、低成本和善于创新的组织运作方式。

注重横向关系的企业组织，比注重等级控制的企业组织需要更少的监督，因而不仅提高了管理效率，而且降低了管理成本。这种新型管理的核心是领导艺术而非职权结构。领导艺术要求高层经理创建关键系统、确定战略方向，通过员工的主动工作来实现企业的增值。

2.部门一体化

分工与协作是提高组织效率的根本途径。在现代企业中，不仅生产操作要分工与协作，管理工作也要实行分工与协作，这样才能充分发挥不同职位的专长和积极性，同时又能彼此协调配合，从而保证企业总体目标的顺利实现。然而分工协作本身就是一对矛盾，怎样才能在分工的同时加强协作，是组织建设的一个根本问题。对此，部门一体化提供了重要的解决思路。现代企业中，部门一体化随着部门分工的不断加强而日益受到重视，其重点在于部门合并。如何在组织变革中，按照从业务流和物流连续一贯的要求，把职能相关性强的部门归并到一起，是提高组织效率的重要途径。企业经营管理者推行部门一体化的关键问题，是正确地进行部门合并，不能随便把没有联系的科室组合到一起。

根据实际经验，部门一体化的主要方式有三种。

（1）相同工作职能的归并

相同职能的归并，是指把工作目的和工作方式相近的部门合并到一起。例如，北京巴威公司的采购部门合并了生产用料、设备工具、机修配件、基建用料以至办公用品等各类物资的采购。又如，宝钢的运输部也是对全公司内外火车运输、汽车运输、水运港务码头以及全公司内部交通实行统一归并管理。

（2）管理职能同辅助职能归并

这是指企业中具有管理职能和辅助作业职能的部门合并。例如机器制造企业中的设备部，既负责全厂的设备管理，又负责领导机修车间；工具部既负责全厂的工具管理，又可负责领导工具车间。北京松下彩色显像管公司就是如此，其制造部不仅负责计划、调度等生产管理职能，还直接领导各个生产车间。

（3）执行职能同监督职能归并

执行机构同监督机构分开设置是传统组织理论的原则之一，而现代组织理论认为，执行与监督分设总的来讲是正确和必要的，但也有缺点，会导致机构增多、程序复杂、效率下降。因此，对这一传统原则的理解不能绝对化。在一定条件下可以对这一原则加以改进，以保证效率原则的贯彻。

大连三洋制冷有限公司，是中国大连冷冻机股份有限公司与日本三洋电机株式会社合资建立的公司。公司年销售收入5亿～6亿元，利润5 000万～6 000万元，三年即收回了投资。公司的组织机构特点是：机构精干、整合性强。这些优势主要通过组织的部门一体化实现，具体表现为将公司的各个部门归并为三大主要部门，即：生产管理部门、市场营销部门、总务部门。这些部门把执行职能与监督职能合为一体，从而明显提高了组织效率。

3. 学习型组织建设

企业实战5-4　　甲骨文公司的深度汇谈

以人才为核心竞争力的甲骨文（Oracle），借助基于互联网的学习解决方案，促进脑力激荡和深度汇谈，让组织学习蔚然成风。

成立不过27年的全球最大的信息管理软件及服务供应商甲骨文，号称是全球最擅长知识管理的企业。甲骨文上海公司处于寸土寸金的人民广场，即便如此，也硬是在甲级写字楼中辟出两间培训教室。事实上，管理甲骨文这样的庞大组织，除了超强的IT支撑下的知识管理架构外，最重要的是无所不在的"团队学习之轮"的组织文化。软件业是知识经济的典型产业，"赢家通吃"的市场法则，逼得各大企业激烈厮杀，面对微软、SAP这些劲敌，甲骨文只能励精图治。而人才则是甲骨文的核心竞争力。为了找到、培训乃至长期留住最优秀的软件、管理、行销人才，甲骨文对人力资源的培训不遗余力。

在甲骨文，一切强调自助和团队共享。甲骨文的一切福利和培训计划都放在网上，大家有目共睹。

彼得·圣吉在《第五项修炼》实践篇中指出："个人的学习之轮的每一点都对应于团队的学习，'反思'阶段是'公开'的，因为发生在会议桌上。人们会谈到他们的心智模式和信念，温和但毫不放松地挑战彼此的看法。"甲骨文已得圣吉的"深度汇谈"真谛，高管每季度都与主管分享一本书并进行导读，主管再对员工进行导读，"书导读得越多，读书的气氛越浓"。为营造"深度汇谈"的和谐气氛，甲骨文亚太区每隔一段时间，就会邀请各地区总经理聚集在一个酒店里，谈论未来经营模式。那时"完全没有自我，只能挑战问题，不能批评他人"。通过这种脑力激荡，打破地区、体制的限制，往往能获得突破性的思考成果。

人有一种根深蒂固的习性，为了避免因说出自己真正的想法而受窘，或感到威胁，常常把自己藏在壳里。这就是圣吉在《第五项修炼》中谈到的"习惯性防卫"。遇到这种问题时，组织应鼓励一种坦诚讨论问题的风气，让个人毫不隐藏地摊出自己的假设和背后的推理过程。甲骨文一直努力推广的"360度瞭望"计划，正是为了打破员工的"习惯性防卫"心理。该计划提出100多个问题请员工评估自己，另外也会邀请主管、同僚、部属、亲戚朋友，甚至太太对自己进行评价，找出自己和别人的差距，共同把gap（缺口）变小。

在甲骨文，通过"深度汇谈"，主管要"引诱"属下讲出心里真正的心声，达到"改变主管心智模式"，乃至和员工"共享愿景"，辅导其职业生涯规划，协助属下"自我超越"。

资料来源　佚名.甲骨文的学习之道[EB/OL].[2015-05-28]. http://www.sopia.cc/s2/Item/Show.asp?m=1&d=4100.

近一百年来，影响人类较大的管理理论有35种，其中前沿理论之一是“学习型组织”。企业经营管理者有必要对这一组织变革趋势有所了解。

（1）什么是“学习型组织”

学习型组织的创立者彼得·圣吉认为：学习型组织的本质特点，就是通过共同学习突破每一个组织成员的能力上限，培养全新、前瞻并且开阔的思考方式，最有效地实现共同的目的。相应的，学习型组织由以下6个要素构成：

①拥有终身学习的理念和机制，重在形成终生学习的习惯；

②建有多元回馈和开放的学习系统，重在开创多种学习途径，运用各种方法引进知识；

③形成学习共享与互动的组织氛围，重在组织文化；

④具有实现共同愿景的不断增长的学习动力，重在共同愿景，时学时新；

⑤通过工作学习化使成员强化生命意义，重在激发人的潜能，提升人生价值；

⑥通过学习工作化使组织不断创新发展，重在提升应变能力。

（2）建立学习型组织的步骤

通常认为，建立学习型组织有以下步骤：

步骤一：评估组织的学习情况。

①有没有做到鼓舞员工彼此分享学习成果?

②有没有解决实际问题的计划?

③是要我学习?还是我要学习?

④员工头脑中有无组织愿景?能否主动适应愿景需要?

⑤有没有为员工提供资源和条件，促使员工实现自我导向的学习?

⑥是否了解自己也了解大家的学习状况，在进行沟通的同时组织大家学习?

步骤二：增进组织学习积极性。

不能用高压与逼迫的方式组织学习，而应该以关心和谐的态度去动员员工学习，使学习组织具有开放性与协调性。

步骤三：使学习能持续发展。

①保持共识，建立完善的学习体制，使员工采取主动学习的行动。

②通过教育使员工获得成功，而非帮助他们做事。

③提高员工解决问题的能力，把解决问题纳入生活方式。

步骤四：奖励冒险。

每次危机都是学习的机会，可使组织获得更多的成功。平时的危机是进步与成功的原料。在学习组织中建立冒险文化，是组织继续生存与发展的一大要素。

步骤五：使员工成为学习资源。

员工彼此之间是相互学习的最大资源，倘若能善加运用，可以大大提升组织效能。为此，可先由员工进行自我评价，使之深入反思他本人的各项能力与专长，再通过学习小组的资源目录，帮助员工了解彼此的才能，据此达到相互学习共同成长的目的。

步骤六：把学习引入工作。

成功的学习具有三大特点：①学习与工作结合；②学习过程为启发过程；③学习即发现。其结果是通过学习由大家描绘出组织发展远景，并成为员工共同努力的方向与目标。组织的远景由员工群策群力铸成。

步骤七：将组织远景融入生活。

强调把组织远景转化为行动的原则，使之融入整个生活。学习型组织要通过回顾、目标、规则、继续进步、反馈、落实到行动这六个方面的系统努力来建立。

步骤八：明示未来努力的方向。

要使上述所有的步骤得以彻底实行，就必须面对一切挑战带来的机会，不断确定未来的发展方向。

总之，所谓学习型组织，就是通过不断学习来改革本身的组织。学习是在个人、团队、组织和组织之间相互作用的共同体中产生的。学习是持续性的并可以战略性地加以运用的过程，而且可以统一到工作中或跟工作同时进行。学习型组织，是把学习共享系统组合起来的组织。

我国的企业实践中，出现了不少学习型组织建设的经验。中美上海施贵宝制药有限公司就是成功的例子。该公司从管理创新着眼，以“五项修炼”改善企业管理，逐步向学习型企业迈进。如结合“第一项修炼”——“自我超越”活动，开展了“卓越经理证书”培训、“领导才能与团队建设”培训。结合“第二项修炼”——“改善心智模式”活动，开展了高级管理决策层反思总结活动。结合“第三项修炼”——“建立共同愿景”活动，开展了公司“个性系统”设计，其包括：战略目标、形象口号、企业精神、核心价值、信念承诺、经营理念、职业道德、行为规范。结合“第四项修炼”——“团队学习”活动，开展了“绩效伙伴”学习活动、“静思”技能训练。结合“第五项修炼”——“系统思考”活动，对传统管理模式与现代管理模式进行了九方面分析比较，先后组织了五项修炼、时间管理、领导才能、团队建设等活动。

小　结

1.组织是实施计划的保证，作用是明确组织成员的分工协作方式。
2.组织根据实现企业战略的需要建立，必须适应战略管理的要求。
3.组织结构是业务工作的稳定形式，通过责权利的统一加以落实。
4.组织设计是组织工作的重要任务，有助于建立科学合理的组织结构。
5.组织设计的原则有：专业化、权责一致、统一指挥、集分权相结合。
6.组织设计必须符合工作流程要求，包括业务流程和系统流程。
7.组织设计的关键是部门化。部门之间分工协作是组织高效运转的基础。
8.部门协调有三种主要方式，即规范方式、结构方式和人际关系方式。

9.随着企业的发展和战略的转型，需要进行组织变革。

10.企业组织变革的趋势是：流程再造、部门一体化和学习型组织。

问题与思考

1.怎么判断企业是否存在组织问题?组织问题具有什么特点?

2.战略、计划和组织之间是怎样联系起来的?具有什么关系?

3.企业有哪些基本的组织结构类型?各自有什么运行特点?

4.组织设计中责权配置的难点在哪里?如何才能保证组织的统一行动能力?

5.部门化有哪些方式?怎样选择合理的部门化方式?

6.什么叫业务流程重组?它如何影响企业的权力体系?

7.组织的规范性与可变性是什么关系?怎么才能统一?

参考案例

杜邦公司的组织变革

美国杜邦公司（Du Pont Company）是世界上最大的化学公司，建立至今，已近200年。

这200年中，尤其是21世纪以来，该企业的组织机构历经变革，其根本点在于不断适应企业的经营特点和市场情况的变化。杜邦公司所创设的组织机构，曾成为美国各公司包括著名大公司的模式，并反映了企业组织机构发展演变的一般特点。

成功的单人决策及其局限性

历史上的杜邦家族是法国富埒王室的贵族，1789年在法国大革命中化成灰烬，老杜邦带着两个儿子伊雷内和维克托逃到美国。1802年，他们在特拉华州布兰迪瓦因河畔建起了火药厂。由于伊雷内在法国时是个火药配料师，与他成为同事的又是法国化学家拉瓦锡，加上美国历次战争的需要，工厂很快站住了脚并发展起来。

整个19世纪，杜邦公司基本上是单人决策式经营，这一点在亨利这一代尤为明显。亨利是伊雷内的儿子，军人出身，由于接任公司以后完全是一套军人派头，所以人称“亨利将军”。在公司任职的40年中，亨利挥动军人严厉粗暴的铁腕统治着公司。他实行的一套管理方式，被称为“凯撒型经营管理”。这套管理方式无法传喻，也难以模仿，实际上是经验式管理。公司的所有主要决策和许多细微决策都要由他亲自制定，所有支票都得由他亲自开，所有契约也都得由他签订。他一人决定利润的分配，亲自周游全国，监督公司的好几百家经销商。在每次会议上，总是他发问，别人回答。他全力加速账款收回，严格支付条件，促进交货流畅，努力降低价格。亨利接任时，公司负债高达50多万美元，但亨利后来却使公司成为此业的首领。

在亨利的时代，这种单人决策式的经营基本上是成功的。这主要是因为：（1）公司规模不大，直到1902年合资时资产才达到2 400万美元；（2）经营产品比较单一，基本上是火药；（3）公司产品质量占了绝对优势，竞争者难以超越；（4）市场变化不甚复杂。单人决策之所以取得了较好效果，这与“将军”的非凡精力也是分不开的。直到72岁时，亨利仍不要秘书的帮助。任职期间，他亲自写的信不下25万封。

但是，正因为这样，亨利死后，继承者的经营终于崩溃了。

亨利的侄子尤金，是公司的第三代继承人。亨利是与公司一起成长的，而尤金一下子登上舵位，缺乏经验，晕头转向。他试图承袭其伯父的作风经营公司，也采取绝对的控制，亲自处理细枝末节，亲自拆信复函，但他终于陷入公司错综复杂的矛盾之中。1902年，尤金去世，合伙者也都心力交瘁，两位副董事长和秘书兼财务长终于相继累死。这不仅是由于他们的体力不胜负荷，还由于当时的经营方式已与时代不相适应。

集团式经营的首创

正当公司濒临危机、无人敢接重任、家族拟将公司出卖给别人的时候，三位堂兄弟出来力挽家威，廉价买下了公司。三位堂兄弟不仅具有管理大企业的丰富知识，而且具有在铁路、钢铁、电气和机械行业中采用先进管理方式的实践经验，有的还请泰罗当过顾问。他们果断地抛弃了“亨利将军”的那种单枪匹马的管理方式，精心地设计了一个集团式经营的管理体制。在美国，杜邦公司是第一家把单人决策改为集团式经营的公司。

集团式经营最主要的特点是建立了“执行委员会”，隶属于最高决策机构董事会之下，是公司的最高管理机构。在董事会闭会期间，大部分权力由执行委员会行使，董事长兼任执行委员会主席。1918年时，执行委员会有10个委员、6个部门主管、94个助理，高级经营者年龄大多在40岁上下。

公司抛弃了当时美国流行的体制，建立了预测、长期规划、预算编制和资源分配等管理方式。在管理职能分工的基础上，建立了制造、销售、采购、基本建设投资和运输等职能部门。在这些职能部门之上，是一个高度集中的总办事处，控制销售、采购、制造、人事等工作。

执委会每周召开一次会议，听取情况汇报，审阅业务报告，审查投资和利润，讨论公司的政策，并就各部门提出的建议进行商讨。对于各种问题的决议，一般采用投票、多数赞成通过的方法，权力高度集中于执委会。各单位申请的投资，要经过有关部门专家的审核，对于超过一定数额的投资，各部门主管没有批准权。执委会作出的预测和决策，一方面要依据发展部提供的广泛的数据，另一方面要依据来自各部门的详尽报告，各生产部门和职能部门必须按月按年向执委会报告工作。在月度报告中提出产品的销售情况、收益、投资以及发展趋势；年度报告还要论及五年及十年计划，以及所需资金、研究和发展方案。

由于在集团经营的管理体制下，权力高度集中，实行统一指挥、垂直领导和专业分工的原则，所以公司秩序井然，职责清楚，效率显著提高，这大大促进了杜邦公司的发展。20世纪初，杜邦公司生产的五种炸药占当时全国总产量的64%～74%，生产的无烟军用火药则占100%。第一次世界大战中，协约国军队40%的火药来自杜邦公司。公司的资产到1918年增加到3亿美元。

充分适应市场的多分部体制

可是，杜邦公司在第一次世界大战中的大幅度扩张，以及逐步走向多角化经营，使组织机构遇到了严重问题。每次收购其他公司后，杜邦公司都因多角化经营遭到严重亏损。这种困扰除了由于战后通货从膨胀到紧缩之外，主要是由于公司的原有组织对成长缺乏适应力。1919年，公司的一个小委员会指出：问题在于过去的组织机构没有弹性。尤其是1920年夏到1922年春，市场需求突然下降，使许多企业出现了所谓存货危机。这使人们认识到：企业需要一种能力，即易于根据市场需求的变化改变商品流量的能力。继续保持那种使高层管理人员陷入日常经营、不去预测需求和适应市场变化的组织机构形式，显然是错误的。一个能够适应大生产的销售系统对于一个大公司来说，已经成为至关重要的问题。

杜邦公司经过周密的分析，提出了一系列组织机构设置的原则，创造了一个多分部的组织机构。在执行委员会下，除了设立由副董事长领导的财力和咨询两个总部外，还按各产品种类设立分部，而不是采用通常的职能式组织，如生产、销售、采购等。在各分部下，则有会计、供应、生产、销售、运输等职能处。各分部是独立核算单位，分部的经理可以独立自主地统管所属部门的采购、生产和销售。

在这种形式的组织机构中，自治分部在不同的、明确划定的市场中，通过协调从供给者到消费者的流量，使生产和销售一体化，从而使生产和市场需求建立密切联系。这些以中层管理人员为首的分部，通过直线组织管理其职能活动。高层管理人员总部在大量财务和管理人员的帮助下，监督这些多功能的分部，用利润指标加以控制，使它们的产品流量与波动需求相适应。

由于多分部管理体制的基本原理是政策制定与行政管理分开，从而使公司的最高领导层摆脱了日常事务的经营，把精力集中在考虑全局性的问题上，主要研究和制定公司的各项政策。

新分权化的组织使杜邦公司很快成为一个具有效能的集团，所有单位构成了一个有机的整体，公司组织具有了很大的弹性，能适应需要而变化。这使杜邦公司得以在20世纪20年代建立起美国第一个人造丝工厂，以后又控制了赛璐珞生产的75%～100%，垄断了合成氨。而且在30年代以后，杜邦公司还能以新的战略参加竞争，那就是致力于发展新产品，垄断新的化学产品生产。从30年代到60年代，被杜邦公司首先控制的、有着重要意义的化学工业新产品有：合成橡胶、尿素、乙烯、尼龙、的确良、塑料等，直到参与第一颗原子弹的制造，并迅速转向氢弹生产。

"三驾马车式"的体制

杜邦公司的执行委员会和多分部的管理机构，是在不断对集权和分权进行调整的情况下去适应需要的。例如，60年代后期，公司发现各部门的经理过于独立，以致有些情况连执行委员会都不了解，因此又一次作了改革：一些高级副总经理同各工业部门和职能部门建立了联系，负责将部门的情况汇报给执委会，并协助各部门按执委会的政策和指令办事。

60年代以后，杜邦公司的组织机构又发生了一次重大的变更，这就是建立起了"三驾马车式"的组织体制。

新的组织体制是为了适应日益严峻的企业竞争需要而产生的。60年代初，杜邦公司接二连三地遇到了难题：过去许多产品的专利权纷纷满期，在市场上受到日益增多的竞争者的挑战，道氏化学、孟山都、美国人造丝、联合碳化物以及一些大石油化工公司相继成了它的劲敌。以至于1960年至1972年，在美国消费物价指数上升4%、批发物价指数上升25%的情况下，杜邦公司的平均价格却降低了24%，使它在竞争中蒙受重大损失。再加上它掌握了多年的通用汽车公司10亿多美元股票被迫出售，美国橡胶公司转到了洛克菲勒手下，公司又历来没有强大的金融后盾，真可谓四面楚歌，危机重重。

1962年，公司的第十一任总经理科普兰上任，他被称为危机时代的起跑者。

公司新的经营战略是：运用独特的技术情报，选取最佳销路的商品，强力开拓国际市场；发展传统特长商品，发展新的产品品种，稳住国内势力范围，争取巨额利润。然而要转变局面绝非一朝一夕之功，这是一场持久战。有了新的经营方针，还必须有相应的组织机构作为保证。除了不断完善和调整公司原设的组织机构外，1967年年底，科普兰把总经理一职，在杜邦公司史无前例地让给了非杜邦家族的马可，财务委员会议议长也由别人担任，自己专任董事长一职，从而形成了一个"三驾马车式"的体制。1971年，他又让出了董事长的职务。

这一变革具有两方面的意义。一方面，杜邦公司是美国典型的家族公司，公司几乎有一条不成文的规定，即非杜邦家族的人不能担任最高管理职务，甚至实行同族通婚，以防家族财产外溢。现在这些惯例却被大刀阔斧地砍去，不能不说是一个重大的改革。虽然杜邦公司一直是由家族力量控制，但是董事会中的家族比例越来越小。在庞大的管理等级系统中，如果不是专门受过训练的杜邦家族成员，已经没有发言权。另一方面，在当代，企业机构日益庞大，业务活动非常复杂，最高领导层工作十分繁重，环境的变化速度越来越快，管理所需的知识越来越高深，实行集体领导，才能作出最好的决策。在新的体制下，最高领导层分别设立了办公室和委员会，作为管理大企业的"有效的富有伸缩性的管理工具"。科普兰说："'三驾马车式'的集团体制，是今后经营世界性大规模企业不得不采取的安全设施。"

60年代后杜邦公司的几次成功，不能说与新体制无关。过去，杜邦公司是向联合碳化物公司购买乙炔来生产合成橡胶等产品的，现在，它自己开始廉价生产，使联合碳化物公司不得不关闭了乙炔工厂。在许多化学公司挤入塑料行业竞争的情况下，杜邦公司另外找到了出路，向建筑和汽车等行业发展，使60年代每辆汽车消耗塑料比50年代增加3～6倍。70年代初，其又生产了一种尼龙乙纤维，挤入了钢铁工业市场。

所以，可以毫不夸张地说，杜邦公司成功的秘诀，首先在于使企业的组织机构设置适应需要，即适应生产特点、企业规模、市场情况等各方面的需要。而且，这样的组织机构也不是长久不变的，还需要不断加以完善和发展。

资料来源 佚名. 杜邦公司组织机构的演变[EB/OL].[2015-05-28]. http://www.tzrl.com/news/72507.html.

第6章 企业人事

导入案例 力帆集团的人才策略

重庆力帆实业（集团）有限公司（以下简称“力帆集团”）是中国最大的民营摩托车制造企业。

从尹明善等9人于1992年以20万元资金创办重庆轰达车辆配件研究所，到进入世界摩托车制造业500强，历经12载艰苦奋斗，力帆集团到2002年发展为员工4 000余人，总资产11.8亿元的大型企业集团，成为融科研开发、发动机和摩托车整车生产、销售为主业，并集汽车制造、足球产业、金融证券、文化广告、房地产于一体的国家级大型民营企业。力帆集团具备年生产200万台发动机和100万辆摩托车的生产能力，名列重庆市民营企业50强榜首，已进入中国大企业集团500强。

一、企业发展靠什么

力帆集团的崛起是中国摩托车行业的一个奇迹。总结力帆集团的经营战略可以概括为两点：(1) 创新：持续发展的不竭动力。创业初期，力帆集团就坚持创新，在20世纪90年代中期生产出了当时全中国乃至全世界最先进的摩托车发动机。此后力帆集团以更大的精力和财力搞创新，世界首台环保型电喷摩托车就在他们手上研制成功并投放市场。(2) 信誉：竞争制胜的无形法宝。力帆集团深刻地感悟到信誉是一种巨大的市场空间，把一个诚实守信的企业形象展现在消费者面前才能赢得消费者、赢得市场。“塑国际品牌，造百年力帆”是力帆集团的构想。

保证力帆集团十年高速发展的第一推动力是人才。力帆集团提出“求才知才、知才用才、用才留才”的人才观，可以将力帆集团的人力资源战略概括为三点：(1) 确立合理的人才标准。在选拔过程中，企业不一定选聘最好的，但一定要最适用的。最适用的标准是适合企业发展需要及对企业的忠诚。(2) 开辟有效的人才通道。为了适应企业高速发展的需要，在人才来源上，力帆集团坚持内聘与外聘相结合。(3) 提供人才发展的竞争平台。力帆集团提出了“八分人才，九分使用，十分待遇”的用人观，在人才管理上贯彻“引导竞争、大浪淘沙”的原则。业绩突出的人才，工资可以大幅度上升；而业绩平平者，工资上升一定很慢；至于零效劳力和负效劳力，必将被淘汰。这就是力帆集团的人才管理理念：大浪淘沙，是沙自流，是金自存。

为了使人力资源战略支持企业的经营战略，力帆集团在研究企业的目标和经营战略时，同步考虑人力资源政策与配置，从战略角度进行人力资源的开发、培训和使用。比如，力帆集团在实施全球化经营战略的同时，制定人才全球化政策，不惜重金聘请澳大利亚、土耳其、我国香港等地的人才到集团任职。这些人业务精通，外语纯熟，通晓国际贸易规则，拥有许多国家的免签护照，能够快速出击，捕捉商机，抢夺滩头阵地，成为开拓国际市场的空降部队。

二、人才能否靠得住

力帆集团是一家民营企业，1992年，当过大学英语教师，也搞过企业管理咨询和二渠道书刊批发的尹明善，放弃安逸的工作环境，开始了艰难的创业历程。成立时仅有9名员工、20万元资产的力帆集团，经过10年的磨炼，成为中国摩托车行业的“出口老大”，这其中凝聚着尹明善的心血、智慧和汗水。没有尹明善就没有力帆集团今天的成就。

随着力帆集团事业的发展，依靠尹明善个人来驾驭这么一个大规模企业集团，已经显得力不从心，迫切需要寻找有识之士来共同管理企业。力帆集团用人的方针叫贤亲并举。尹明善认为，用人为亲是为了稳定，用人为贤是为了发展。在谈到如何留住贤士时，尹明善说：“我提了一个口号叫‘八分人才，九分使用，十分待遇’，就是说你明明只有八分，但是只要我看中你，把你留下来，我给你的地位就要高出你的预期值，我给你的待遇更要高出你的预期值，让你觉得在这儿比跑到其他地方会获得更多，而跑掉付出的成本更大。”

尹明善主张“任人唯贤”和“用人唯能”，希望用地位和待遇来留住经营人才。然而作为一个民营企业，力帆集团还面临着深层次的问题：（1）信任问题。许多民营企业聘用了职业经理人，但是却不能对职业经理人给予必要的信任，使这些职业经理人难以角色到位。（2）放权问题。民营企业所有者对经营者的授权往往是有限的，不敢充分放权，特别是财权。（3）放手问题。民营企业聘任经营者之后，所有者常常没有真正放手，随意干预企业经营事务，经营者难以开展工作。（4）放担问题。在民营企业中，对经营人才缺乏健全的管理与监督机制，结果除了所有者之外，没有人能承担重大责任。

为了真正做到“人尽其才，才尽其用”，力帆集团正在加紧建立健全企业与人才的契约制度。具体措施包括：（1）董事会建设。不把董事会当成临时性会议机构，而是努力发挥其作为常设机构的决策和监督作用。（2）聘任合同。实事求是地建立企业与经营人才之间的合同关系并使之规范化，使之真正能够约束经营者的行为。（3）期权激励。对经营者进行期权激励，使经营者真正关心企业价值的增长。（4）强化考察。在考察中注重任前考察、道德考察、业绩考察，尽最大的努力防止用人的错误。

三、如何才能留住人才

力帆集团尽管采取了很多措施，作了很大的努力，在人才管理上还是存在很多问题，其中人才流失问题尤为突出。员工高比例的流失，不仅带走了商业技术秘密，带走了客户，使企业蒙受直接经济损失，而且增加了企业人力重置成本，影响工作的连续性和工作质量，也影响在职员工的稳定性和忠诚度。

为解决这一问题，力帆集团加大了人才培养力度：(1) 大胆聘用应届毕业生，将他们的职业发展计划与企业的发展紧密联系在一起，随企业一同发展。(2) 为人才脱颖而出提供宽松的环境和实际的途径。在力帆集团，中层管理者很多是从普通员工中选拔出来的，就是集团的现任总裁、常务副总裁等高层管理人员，以前也是普通的工程技术人员。(3) 开展全员培训。加强职工培训不仅解决了普通技术岗位的用工问题，而且也满足了企业高端人才的储备需求，为企业的可持续发展提供了有力的保证。在学历培训方面，力帆集团目前已输送重庆大学攻读MBA的有十多人，西安交大攻读工程硕士的有十多人，甚至脱产攻读博士学位的也有，他们一律由力帆集团支付学费，并且带薪学习。(4) 进一步采取长期激励措施。如果员工在工作中取得了成绩，不仅能获得重奖，而且可以得到升迁提拔，或者得以深造培训，获得高额福利。力帆集团至今已有20多套住房奖励到员工名下。

问题与思考：

1.企业绩效是靠谁来创造的?

2.如何识别企业的核心员工?

3.任人唯亲有没有合理性?为什么?

4.企业人力资源管理有哪些基本环节?

5.人事工作的重点在哪里?

本章提要

组织工作需要通过人事匹配来落实。如果说组织工作是从事的角度分析解决问题，通过业务分解与责权配备建立制度化的分工协作体系，从而为组织成员开展工作提供平台和空间，那么人事工作则是从人的角度分析解决问题，力图通过人员获取、使用、激励和培养，有效地开展工作和完成工作任务，并通过建立有凝聚力的骨干员工队伍，促进企业持续发展。人事工作的本质是人事匹配，为此需要做好选人、用人、留人、育人等一系列工作。从企业实际工作看，打造管理团队、建设员工队伍、开发人力资源，是人事工作的三项基本任务。

6.1 打造管理团队

企业实战6-1　　汇丰银行的管理培训生制度

一、“生存者游戏”

“每个公司都像一个俄罗斯娃娃。如果公司的老板是最能干的大娃娃，员工是小娃娃，那么公司是没有希望的。

只有反过来——老板是最小的娃娃，每一个员工都是能力最强的大娃娃，公司才会生机勃勃。”奥美广告的创始人，大卫·奥格威曾经这样总结自己公司的用人之道。

问题是，谁会是那些“大娃娃”呢？

当他们沿着职业的阶梯向上攀登，成为资深经理的时候，是否又能为公司找到更大、能力更强的新一代“经理人”呢？

这也许是人力资源经理最想完成的使命。

汇丰银行一百多年以来的管理培训生制度，就是一个能够持续找出“大娃娃”的人力资源“游戏”。不过，是那种极其严苛的“生存者游戏”。

年轻的我国香港人，汇丰银行贸易服务副经理梁锝钊，就是“生存者游戏”的胜出者之一。

二、培训体系

汇丰在我国香港的历史可谓悠久，并且有着举足轻重的影响：名列我国香港的三大发钞行之一，有3/4的我国香港本地成年居民在汇丰开设银行账户。

一直以来，汇丰的主要业务分为两大块：个人理财业务，企业/金融机构服务。

个人理财业务主要为个人客户提供存款业务、房屋按揭、个人贷款和投资服务等。企业银行服务的业务就更为复杂，包括长期及短期的企业融资、贷款，以及贸易方面的服务等。在我国香港这样一个仅有一千多平方千米的土地上，本地从业银行就有二百多家，分支机构一千多家，可想而知银行业的激烈竞争程度。

所以，汇丰管理培训生的目的，就是要招募到最有天分的年轻人，进行严格的训练，然后将他们培养成训练有素的职业经理人。只有依靠这种制度的保障，汇丰的“人力资源”才能得到足够的供应，业务才不会在激烈的竞争中败下阵来。

与其他公司管理培训生不同的是，汇丰的整个管理培训生周期有三年之久。其中包括12~18个月的短期课堂学习，近两个月的国外培训，其余大部分时间为岗位实战。能够顺利入选的管理培训生，可以选择将“个人金融业务”作为自己的发展方向，也可以选择 “企业银行业务”，最近，为了应对电子银行业务的发展，管理培训生又多了一项选择——最新的“信息科技”方向。

“要入选我们公司的管理培训生，可是千里挑一的竞争，整个过程可谓是过五关斩六将。”汇丰银行集团公共事务部企业传讯经理冼少娴如是说。

汇丰银行人力资源部负责管理培训生的经理伍婉华向记者介绍说，在挑选毕业生的时候，并没有专业方向的限制，目的是确保管理培训生来源的多样性。

“我们的一些学生来自文学、历史等专业，当然，大部分还是来自会计、管理等专业。”伍婉华说。

即将毕业的梁锦钊对汇丰管理培训生的“入学考”印象非常深刻。

“没有想到只有二三十个名额的管理培训生，有几千人来赶考。”梁锦钊至今还有一点“挥汗如雨，好不容易杀出重围”的惊险感觉。

三、能力提升

经过才能/性向测试、面试语言和沟通能力、情境测试和个性测试，以及最终面试四轮竞赛的“大浪淘沙”，合格的管理培训生就坐上了“职业直通车”。但是并不意味着他从此就可以一帆风顺、高枕无忧。

梁锦钊在2001年的12月份通过了所有的考试，开始了他长达9个月的第一阶段培训生涯。他当时的正式职衔是汇丰银行服务销售与网络发展部副经理，主要的工作与电子商务和电子银行有关。

“这时候才发现，自己所学到的东西，远远不能解决工作当中的所有问题。”尽管梁锦钊在美国完成IT专业的学业，但是发现学校中学到的东西，与工作所需要的，还是有一定的落差。

好在每个管理培训生有3位“导师”可以请教：第一线的经理、一位资深高层经理以及一位人力资源部的导师。

梁锦钊说：“公司的企业文化在这里得到了很好的体现。因为汇丰银行内部像一个大家庭，鼓励合作，所以当我遇到问题的时候，可以拿起电话直接向其他人请教。”虽然职衔是经理，但是，梁锦钊并没有因为这个职衔而不向有经验的下属员工请教。而这些在某些岗位上长期工作的银行员工，也不会保留自己的工作经验。

当然，作为未来的经理人，除了必需的业务能力以外，梁锦钊还需要展现的是他的管理、规划和解决问题的能力。一个从校园里走出没多久的新人，要想一开始就领导五十多人的工作团队，仍然需要展现自己的过人之处。

“在很短的一段时间内，我就掌握了员工工作内容的70%。然后，我可以很好地协调他们的工作，协助第一线经理的工作。”梁锦钊对自己在培训中的表现还是相当自信的。

2002年9月，梁锦钊完成第一阶段的培训，开始其七周的“英国之旅”。

有一个细节可以显示汇丰对这些“天之骄子”的投入有多大：据汇丰人力资源部的统计，平均每位培训生的英国之行要花费20万港币。加上他们按照经理级别领薪水，从16 500港币到最高35 000港币，39个月的“边干边学”中，花在每位培训生身上至少100万港币。而平均每年光香港地区的管理培训生就有二三十位，在这一项上的花费就相当可观。

“另外，因为有资深经理要投入时间指导培训生，所以这部分的费用更无法计算。”企业传讯经理冼少娴这样告诉记者。

英国之行给梁锦钊留下深刻印象的是：来自全球各地的管理培训生汇聚在一起，带来了许多想法上的交流和冲撞。因为各个地区的商业发展水平及模式均不相同，所以每个人对同一件事情的理解可能都不一样，这让梁锦钊得到了“国际化”的最切身体验。

另外，汇丰培训生制度比较完善的地方是：有一位富有经验的资深经理可以“引领”培训生发展自己的领导能力。当培训生在工作中遇到管理方面的问题，由于经验不足，不知如何处理时，可以向他们求教，缩短培训生自己摸索求解的过程。这些资深经理还可以引领他们思考自己未来的职业发展方向。

有培训生指出：“每一位资深经理会负责两名或三名培训生，而且我们互相之间都认识，可以很好地交流一些心得体会。”这样的网络交际，无疑加快了培训生们成长的速度。

有一个细节也让梁锦钊体会颇深。

当管理培训生汇聚在英国总部，总部的集团主席与他们对话交流时，是以非常平等的态度来进行的。尽管他们还是最基层的经理，但是主席给他们的感觉是：他们就是未来的公司领导人。

四、自我完善

“如果说现在的培训生制度还有需要改善的地方，那就是过早地将培训生分为个人理财和企业银行业务部分。”经过了一年半的培训，梁锦钊对这套制度有了一点自己的想法。

“其实如果能够有一部分交叉，那么培训生对两块不同的业务都会有一点了解，这样，在未来的工作中，就可以更好地与其他部门合作。”梁锦钊说。在实际工作当中，梁锦钊曾经遇到过这样的问题，就是与其他部门的培训生因为业务属性不同而沟通困难。

所以，他建议，将“分科”的工作推迟一点进行，这样，培训生也可以充分了解自己究竟适合在个人金融还是在企业银行部门发展。

伍婉华指出：其实整个管理培训生制度是相当开放的。整个培训体系的内容不断会有修订，以适应不断变化的环境。另外，培训生制度并不会构成“玻璃天花板”，让那些有才华的普通员工“冒不出尖”。在制度面前，他们一样平等，只要通过四个阶段的“考试”，以及同样的三年培训，就同样可以登上“直通车”。

从2003年年初起，梁锦钊开始进行第三阶段的实习，进入商业银行部的贸易服务部担任副经理职务。明年他会是一个负责三十至五十名客户的客户经理，权限是每位客户五百万港币左右的信用额度，而到了2005年，他会正式结束这为期三年的培训计划。

五、四轮搏杀

据伍婉华介绍，整个筛选过程分为四个阶段：第一阶段才能/性向测试(aptitude test)，主要是测试应试者的逻辑推理能力，对统计资料和数字的理解能力，以及对某一观点的评估/分析能力 (the logical evaluation cf argument)。

第二阶段就是第一轮面试，考察的是考生们的语言及沟通能力，主要是讨论考生的职业目标、领导经验及与其他人沟通的能力（how you related to others），以及对待变化的态度（how change oriented you are）。

第三阶段是情境测试和个性测试。模拟一位经理的真正工作，考生面对的是一些经理会面临的真实管理问题。在这个测试中，可以考验考生的规划、组织和分析信息的能力。在这个阶段的第二部分，则是对个人工作风格和偏好的一份问卷测试。这样，考官就会知道大约一个考生未来会是怎样的一个经理人，他的做事风格和领导方式又会如何。

如果一个考生通过了上面的所有测试，他所面临的就是最后一关：测评中心（assessment centre）。其中包括小组讨论和最终的面试。

"这真的是最艰难的一关。因为你既要展现你有别人所没有的能力，但是你又不能显得太主导整个讨论，因为你同时需要展现你的团队合作能力。"梁锦钊这样回忆。

最后的一个测试，则是"最终面试"。在这里，考生需要展示未来成为资深经理人所必须具备的素质：决策力、团队工作能力、沟通能力、适应变化的能力、工作能动力以及灵活性。

资料来源 刘威.汇丰银行的管理培训生制度[EB/OL].[2015-05-28]. http://www.cnrencai.com/article/47284.html.

管理就是用人办事，其中如何根据组织运行的需要，选好用好部门负责人具有关键意义。这是因为，部门负责人拥有制度确认的管理职权，具有指挥员工的特殊地位，是贯彻企业战略意图和推动分工协作的关键，其工作能力和工作态度直接影响生产经营的状况。也就是说，企业人事工作的关键，是对用人办事主体的管理。只有抓好管理人员的选拔和使用工作，打造具有凝聚力和战斗力的管理团队，才能把整个员工队伍带动起来，为实现企业战略目标而努力。

6.1.1 用人办事的主体

企业生产经营活动，通过决策计划与操作执行的相对分离实现，其中前一类工作由管理人员承担，在组织中具有骨干地位。在管理人员中，由于所处的组织地位不同，从事的业务工作不同，又具有不同类型，大致可以分为高层管理者、一线管理者和职能管理者三种。不同管理者从不同角度用人办事，实现经营管理目标。

1.高层管理者

企业高层管理者由董事会、总经理、各业务总监等人员构成。其承担的人事管理职责，是从企业生存发展的角度，对员工队伍的组建和管理进行根本决策，包括以下几个方面：

根据企业战略目标，确定所需的人力资源状况，并从企业实际出发，制定相应的方针政策，协调各方面利益，明确如何从人的角度促进企业发展的根本原则。在此过程中，人力资源政策的制定具有关键意义，体现企业价值观，决定各项人力资源措施的制定和实施。

进行企业核心员工管理，特别是中高层管理者的选拔、任用、考核、激励。这是因为，中高层管理者在企业运行中具有关键地位，承担着把企业决策转化为全体员工行动的任务，并掌握着企业资源应用的权力，其状况如何，从根本上影响企业员工的队伍建设。

确定员工队伍建设的战略规划，包括人员的补充规划、开发规划、激励规划等；把人力资源与其他资源结合起来，选择合适的企业资源匹配方式；根据生产经营活动特点确定员工劳动组织的基本方式。例如是否采用新的生产作业流程、如何进行组织人事体制变革等。

高层管理者的活动对于人事管理具有根本影响，决定了员工对企业抱有什么期望，能在多大程度上信任管理层，以及如何进行工作。另外，高层管理者对下属的态度，尤其是他们为员工营造出的期望前景和对员工提供的反馈，会极大地影响企业的人力资源状况。

2.一线管理者

一线管理者是指带领所属员工进行业务活动的基层生产经营部门管理人员。作为具体生产经营活动的直接指挥者，一线主管在用人办事中处于基础地位。各项人事管理活动，最后都要通过一线主管发挥作用。

具体地说，一线主管的人事管理职责，包括分派适当的人员承担工作任务，指导员工熟悉工作要求和掌握工作技能，帮助下属改进工作绩效，确定员工的薪资报酬，培养员工的协作关系，调动员工的积极性等。除此之外，还要向员工宣传公司的规章制度，控制本部门的人事费用，开发下属人员的工作潜力，维护下属员工的身心健康等。

当企业规模较小时，一线主管可以独立完成上述工作。当企业规模扩大，人事管理的专业性增强时，一线主管需要职能部门的协助，需要人事工作的专业指导和具体建议。

3.职能管理者

企业职能管理者是为高层领导出主意、抓执行的专业管理者，其中专门从事人事工作的职能管理者组成人事部门开展工作。作为企业人事系统的骨干力量，人事部门职能管理者主要从四方面发挥作用。

(1) 参谋作用

人事部门职能管理工作者通常具有人事工作的专业技能，掌握着从人力资源角度促进企业发展的特殊方法和技术。因此职能管理者的首要任务，是从人的角度分析企业发展状况，发现存在的问题，并提出相应的政策和制度建议，供企业高层管理者决策时参考。

（2）指导作用

企业高层管理者的人事工作决策需要贯彻与实施。在此过程中，职能管理者承担着解释政策和制度、推动制度实施的责任。为此，往往需要根据企业基本政策的要求，制订具体的管理规章和工作计划，确保人事工作目标、政策以及程序确实被各级管理人员执行，并对其中出现的矛盾和问题进行协调处理。

（3）服务作用

职能管理者作为专业工作者，要为其他领域的工作人员提供业务支持与服务，帮助其他领域的管理者解决人事管理问题。例如，协助直线经理处理员工选拔、培训、评估、奖酬、晋升和辞退等工作，为之提供和设计相关技术工具；指导直线经理使用人力资源管理工具等。

（4）直线作用

人事部门管理者作为本部门的主管人员，还具有直线管理的责任和职权，必须指挥自己的下属开展工作。能否把整个部门工作者的积极性调动起来，发挥大家的聪明才智，对企业人事管理系统的整体运行具有关键作用。

6.1.2 部门主管的选拔

在企业生产经营活动的分工协作中，各个部门的主管具有关键作用，必须特别重视。企业人事管理的关键环节，在于部门主管的选拔任用。能否合理地选拔使用部门主管，从根本上决定企业组织体系的运行状况和工作效率。

1.部门主管的职位

企业组织由不同业务部门构成，在高层管理者的领导下进行分工协作，因此部门主管是组织结构的产物和组织运行的关键。对于部门主管的选拔与使用，要结合组织结构来进行，了解不同部门主管的职位特点。

（1）直线制下的部门主管

直线制组织结构的特点，是决策权与指挥权高度集中，企业各项业务由高层管理者直接推动与监控。作为中层管理者的部门主管，主要任务是落实与完成企业高层的决策。

相应的，这种体制下的部门主管，特别注重执行能力，以保证管理效率。执行能力包括对于上级指示的理解能力，以及把上级指示转化为部门行动的运作能力。前一方面的能力，不仅要求对于上级意图的真正领会，而且要求对于上级权威的真正尊重。因此，直线制下的部门主管，具有认同等级制关系的素质要求。相应的，在部门工作中，要严格区分管理决策权与事务处理权，严格遵照“办事”的要求开展工作，防止超越权限去“管事”，使管理决策权掌握在企业高层，以保证实现企业总目标。

（2）直线职能制下的部门主管

直线职能制组织结构的特点，是决策权的集中与监督权的分散。

在这种体制下，有两种不同的部门主管，即直线部门主管与职能部门主管。前者的任务，是执行上级领导意图，同时受到业务管理职能部门的约束；后者的任务，是为领导出谋划策，为管理建章立制。一旦规划与制度得以批准，成为正式规章制度，则负责牵头实施。

对这两种部门主管的要求是不同的。对直线部门主管，在要求很强执行力的同时，还要求理解专业化管理。对职能部门主管，在要求很强策划力的同时，还要求具有推行规划与制度的能力。因此，直线职能制对于部门主管提出了更高的要求。

（3）分权制下的部门主管

所谓分权制，是指高层领导把相当部分的决策与指挥权交给中层主管，各部门具有较大的自主行为权力。其中利润中心和事业部制是比较典型的管理模式。

以“利润中心”为例。企业把利润目标分解到各个部门，部门在对利润目标负责的同时，拥有相应的资源使用和控制权。这种管理模式下的部门主管，强调决策能力和综合协调能力。各部门在实现“利润目标”的过程中，既独立负责，又相互影响和制约，特别是上下游部门之间，会出现复杂的协作关系。实际上，分权制下的部门主管，在一定意义上已经是一个独立企业的负责人，需要较强的全局工作能力。

（4）高科技企业中的部门主管

高科技企业强调创新，因而对部门主管的要求也强调创新作用。高层决策机构作为“创新中心”，提出整个企业的创新目标和原则，各部门按其分工对企业创新目标负责，从技术创新、市场创新、制度创新等方面加以努力。

企业采用这种管理模式时，必须给予部门与员工较大的自主空间，给予部门主管开发员工创造力所需范围内的决策权。因此，不仅强调部门主管的自身创造能力，而且强调部门主管开发员工创造力的管理能力。相应的，在管理形式上，注重民主管理、团队精神。

2.部门主管的选用

部门主管具有一定的管理职权，在企业生产经营中起中流砥柱的作用，其能力和素质的高低，不仅直接影响企业计划与组织的工作状况，而且对一般员工的行为选择有示范效应。因此部门主管的选拔，必须依据一定选拔标准、采取合理选拔方式进行。

（1）选拔标准

虽然不同规模、不同性质的企业在不同的发展阶段，部门主管所需要的素质不尽相同，但有一些素质是每一位部门主管所必需的，如主动性、执行力、关注细节、影响力、培养他人的能力、带领团队的能力以及专业知识与技能。

①主动性。主动性是指管理者在工作中不惜投入较多的精力，善于发现和创造新的机会，提前预计到事情发生的可能性，并有计划地采取行动提高工作绩效、避免问题的发生或创造新的机遇。不能积极主动地前进，不敢为人先，集体的成绩就会受到限制。

②执行力。高层很多时候考核部门主管都是衡量自己的决策能否被部门主管很

好地贯彻到基层。执行力的强弱，是衡量一个团队战斗力强弱的重要依据，也是部门主管能否胜出的一个要素。个人执行力是团队执行力的基础，而基础的关键是部门主管的执行力。部门主管作为地方区域的决策者、领导者，承上启下，非常重要。

③关注细节。大多时候，部门主管所做的工作并非是宏图大略的决策，而是由一大堆“小事”组成。如果部门主管没有持之以恒的“举轻若重”，不具备做好每一个细节的务实精神，就达不到“举重若轻”的境界。

④影响力。一个成功的领导者不是指身居何等高位，而是指能够凭借自身的威望、才智，把其他成员吸引到自己的周围，取得别人的信任，引导和影响别人来完成组织目标的人，并且使组织群体取得良好绩效。一个拥有充分的影响力的部门主管，可以在领导岗位上指挥自如、得心应手，带领队伍取得良好的成绩；相反，一个影响力很弱的领导者，过多地依靠命令和权力的领导者，是不可能在分队中树立真正的威信和取得满意的领导效能的。

⑤培养他人的能力。优秀的部门主管更多的关注员工潜能的开发，鼓励和帮助下属取得成功，安排各种工作以提高他的能力，帮助他成长。例如，松下公司的领导者认为，如果指示太过详尽，就可能使部属养成不动脑筋的依赖心理。一个命令一个动作地机械工作，不但谈不上提升效率，更谈不上培养人才。在训练人才方面，最重要的是引导被训练者反复思考、亲自制订计划策略并付诸实行。只有独立自主，才能独当一面。对部门主管而言，最重要的工作就是启发部属的自主能力，使每一个人都能独立作业，而不是成为唯命是从的傀儡。

⑥带领团队的能力。管理从来不是一个人的事情，富有发展潜质的部门主管表现出团队取向的工作风格，他们乐于协同作战，在实际管理工作中，他们是“领头雁”，是足球场上的“灵魂人物”；他们善于营造一种团队协作、平等沟通的文化氛围；他们坚信“1+1≠2”，善于运用头脑风暴放大集体的智慧；他们以开放的心态欢迎批评、面对冲突，从来不放弃寻找最好的问题解决办法；他们彼此欣赏，鼓舞士气，关注团队成员的共同发展。

团队合作对部门主管的最终成功起着举足轻重的作用。据统计，管理失败最主要的原因是部门主管和同事、下级处不好关系。

以上所提到的有关部门主管的素质模型是适用于任何性质和规模的企业的，而最基础的、也是每个部门主管必须拥有的素质——专业知识与技能则每个企业有不同的标准和要求。每个企业可以根据不同的行业性质、自身需求进行有针对性的专业知识与技能标准的制定，包括财务知识、行业知识、专业知识、产品知识、商务经营管理知识和一些行业的相关法律、规定和规则方面的知识，用以选拔所需的部门主管。

（2）选用方式

①外部招聘。当企业产生职位空缺时，一般通过吸收企业外部人员来填补空缺。外部招聘的形式很多，其中人才招聘会、猎头招聘和网络招聘等是选拔部门主管的主要方式。

在企业人员老化离职和业务扩大发展的时候，在变革时代需要通过人员更换改变组织风格适时实施战略转型的时候，在实现人员的丰富化、多样化，甚至是国际化的时候，进行外部招聘具有特殊意义。

然而，直接聘用外部人员管理部门，企业需要承担概率很高的风险。如果受聘人因管理经验、文化磨合等原因最终证实无法胜任这份工作，那么此人在任期间的错误领导，必将给部门工作造成直接的损害。

②内部培育。把内部培育作为部门主管补充的主要途径，其政策倾向是重视企业与员工之间的长期合作、共同发展。内部培育通常意味着赋予员工更多的职责、更丰富的工作内容和更富挑战性的工作机会，是企业开发员工潜能的主要方法，也是常用的激励方法，会推动员工按照企业的标准进行自我塑造。

内部培育方法日益成为企业部门主管选拔的补充方式，因为这种方式对于员工与企业的契合更有好处。首先，内部人才的优点和不足是企业已知的，他们在哪些方面和多大程度上与员工标准相契合，能够为企业清晰地把握，这就为培训开发和工作指导奠定了基础。即使员工不能马上适应标准，也可以通过后续开发来调整。其次，被提拔的员工在企业中的工作经历，使得他们能够比较深入地理解企业文化，对个人目标与企业目标的整合来得更为顺利，在双向促进的道路上具备了更好的前景。最后，内部调整系统的建立，为企业员工发展的一致性提供了依托，能够成为一个目标整合系统，把员工整合到一个管理链之中，保证了企业文化的一致性和企业战略的执行力。

但当企业需要进行变革或者开展新的业务时，内部提拔则有弱点。研究表明，至少保持10%的中上层职位供外部招聘，才有益于组织的发展。另外，内部调整对企业的职业发展规划系统有比较严格的要求，如果不能制定规范的职业发展路径，不能提供完整的职业发展信息（比如完善的职位说明书体系和相应的职业指导），内部提拔的效果就会削弱，甚至被“近亲繁殖”问题所困扰。因此，要运用好内部调整，必须建立规范的任职资格体系和职业发展规划，并在内部调整的基础上保持与外部选拔的平衡。

3.部门主管的培养

一个企业是否具有可持续发展力，关键在于能否塑造一支合格的骨干员工队伍，其中部门主管的培养尤为重要。为此，要针对不同部门主管的特点，确定相应的培养角度与内容。

（1）部门主管的培养角度

从部门主管与企业组织的关系角度看，大致可以分为四类：第一类是老黄牛型的管理人员，他们工作兢兢业业，但眼光不好。很多管理人员属于这一类。第二类是明星型管理者。他们工作成就显著，具有巨大的发展潜力。第三类是问题型管理者，他们虽然暂时工作成绩不佳，但有很大潜力。第四类是老化型管理者，他们目前的工作成绩不佳，而且没有发展潜力。

对于不同类型的管理人员，必须结合其特点制定具体的培训对策。对于老黄牛型的管理人员，应引导他们改善绩效，强化他们的进取意识。对明星型管理人员，应给他们时间以积累经验，开发他们的潜能，提供其发展的机会。对于问题型管理人员，应制订相应和有效的培训和发展计划，集中纠正其行为方面的问题。老化型管理人员业绩不佳又无潜力可挖，因此需要考虑调整。

（2）部门主管的培训内容

基层主管和中高层管理人员的培训，具有不同的内容和形式。

基层主管在一线从事管理工作，负责带领员工执行中、高层管理人员的指示。因此，为他们设计的培训内容，应着重于具体的工作技能和技巧，如怎样组织他人工作，如何为班组成员创造良好的工作环境等。“授人以鱼不如授人以渔”，“鱼”是具体工作业绩，而“渔”则是管理人员的能力。由于基层主管往往从普通员工中提拔上来，因此在观念技能方面，首先应该培养他们如何改变思维方法，由被管理者转变为管理者，由被动地执行具体指示转为主动理解上级意图并转化为对下属员工的工作指令。其次要培训他们掌握组织技巧，使班组成员之间的相互关系融洽，创造良好的工作环境，使每个员工都能心情舒畅地工作。

中、高层主管的培训，重点在于提高他们发现问题、分析问题和解决问题的能力，注意从经营决策能力、组织运作能力、人才使用能力、控制和协调能力等方面加以专门训练。其中，对于中层管理人员的培训，必须要求他们对于本部门工作十分精通，熟悉部门业务的每个环节和具体要求，同时还要帮助他们了解与本部门业务有关的其他部门的工作情况。对于高层管理者的培训重点，则在于决策能力的训练，要使其能力更趋向于具有概括性和洞察力，例如市场分析、经营决策、管理会计、公共关系等。

6.1.3 管理团队的塑造

管理者的特殊地位和作用，使对于管理者的管理成为一个特殊任务，在企业人事管理中占有关键地位。由于管理工作的复杂性和多变性，因此管理人员的管理不能仅仅依靠制度和命令，而要为管理者发挥工作主动性和创造性留下空间。为此必须进行组织环境和人际关系的塑造，使管理团队建设成为企业人事工作的重要任务。

1.工作团队的性质

团队是为了实现共同目标而由相互协作的个体所组成的工作群体。只有得到了非正式组织支持的正式组织，才能形成组织中的工作团队。

（1）团队的含义

团队是一种特殊的工作群体，通过个体之间的积极互动加强分工协作，从而促进群体目标的实现。通常认为工作团队具有八个方面的特征：

一是明确的目标。团队成员清楚地了解所要达到的目标，以及目标所包含的意义。二是基本的技能。团队成员具备实现目标所需要的基本技能，并能够互补。三是相互的依赖。每个人对团队内其他人的品行和能力都确信不疑，并在此前提下开展工作。四是共同的诺言。这是团队成员对分工协作体系中自身责任的承诺，以及对完成目标的奉献精神。五是良好的沟通。团队成员之间拥有畅通的信息渠道，能够进行及时有效的沟通。六是协调的技能。高效团队内部的成员间角色是经常发生变化的，这要求团队成员具有充分的协调技能。七是合适的领导。高效团队的领导，不是对于工作的监督者，而是指导者与支持者，往往起的是教练或后盾的作用。八是内部与外部的支持。其既包括内部结构提供的基础，也包括外部环境给予的资源条件。

（2）团队的运作

团队运作是实现团队目标的活动过程，有效的团队运作需要四个方面的条件：

一是管理者必须善于激发出团队活力，通过管理者积极性与创造性的发挥，使团队成员产生高度的工作热情。二是团队成员必须拥有完成任务所需的知识与技能，包括技术专业、组织运作、行为塑造等方面的知识与习惯，并在工作中发挥不同团队成员的特长，使之体会到优势互补的作用和意义。三是团队内必须有一套为达到目标而形成的规则系统，如自我约束激励、上下之间信息沟通与指导反馈等。这些规则不能停留在外部要求上，而应转化为内在愿望，形成相应的团队行为习惯。四是团队中必须存在一定的命令服从关系，就是说，团队中要有核心成员，这些成员具有较大的影响力，能够影响与支配团队的行动。

与此相应，团队运作具有如下作用：一是创造团队精神，发挥团队智慧，使组织目标易于实现；二是减少摩擦，提高决策速度和工作效率；三是促进员工参与决策过程，增强组织的民主气氛，提高积极性；四是产生新颖的创意，增强企业的创新能力；五是提供更好的人才环境，使群体活动更灵活，反应更迅速。

（3）团队的领导

在团队运作中，领导具有特殊作用，能够以身作则地引导人们加入团队，为团队目标的实现努力工作。从实际情况看，团队领导可以区分为先锋型领导和调整型领导两种类型。

先锋型领导的特点，是以身作则、身体力行，通过榜样的力量灌输给团队成员同样的品质，突出领导对团队的追求与要求。先锋型领导模式的特点，是认为下属缺乏积极性、创造性和主动性，不愿或不敢承担责任，需要领导为其提供相应的方法指导。

调整型领导的特点，强调对工作薄弱环节进行补充。团队欠活力就提供活力，团队欠控制就加强控制。实施调整型领导的基础，是下属具有工作自觉性和成就欲，勇于或敢于承担责任，因此乐于接受挑战性任务，不愿被动地接受他人的管理。

2.管理团队的特点

管理团队是以管理者为主体所形成的工作团队，是企业管理者中愿意为实现企业目标而自觉努力的工作群体，相互之间存在着比较密切的联系，形成了较为稳定的相互理解和信任。由于管理团队由各个层次和不同类型的管理者构成，团队成员不仅仅代表个人，而且代表一个工作机构，因此比一般工作团队更为复杂。

（1）管理团队的特征

管理团队的特征，是管理者为实现组织目标而自觉分工协作，并通过这种分工协作获得归属感和成就感。由于管理者在企业中具有不同范围的决策指挥权，能够支配企业资源来实现一定目标，因此管理者之间能否形成工作团队，对于经营管理状况的影响极大。其中部门主管之间能否相互理解和信任，形成管理团队，是一个尤其重要的问题。

这是因为，部门主管的身份具有两重性。一方面，他是企业组织的中层管理者，以完成组织交付的特定任务为职责。从这方面看，他是执行者，是企业工作体系的一个环节，需要服从整体的安排。另一方面，他又是部门组织的决策指挥者，以体现部门工作的特殊功能为职责。从这方面看，他是领导者，是部门工作体系的运作核心，其需要代表部门的要求。这两重身份在工作中有可能出现冲突。作为部门代表的身份，使其局限于从部门的角度考虑问题，而不能从全局角度来理解自己在整个分工协作体系中的作用，以局部取代整体。其结果是，会由于部门本位主义使企业整体运行出现障碍。这一问题仅仅依靠制度是很难解决的，必须依靠管理者对于共同目标的认同，以及不同管理者之间的理解和信任。

因此，在部门主管的选拔使用与培养中，必须加强管理团队建设，使不同部门主管在组织整体目标的吸引下，形成有序的工作体系，自觉地、主动地为共同目标而努力。这是提高企业整体效率的重要保证，是企业经营管理者人事工作的又一重要内容。

（2）管理团队的类型

管理团队有多种类型，其中比较普遍的有问题解决团队、自我管理团队、交叉功能团队和虚拟团队等。

问题解决团队是围绕某一工作任务产生的团队，这种团队的特点是，由8～10名共同承担责任的员工和主管组成，针对同一问题展开讨论，包括问题产生的原因和解决问题的建议，可能采取一定的纠正性的行动，但是并没有实行解决方案的权力。这种团队在提出解决方案上有很好的效果，因为它集合了有关该方面问题的专业人士，能够很好地提出各种解决方法以及创新的想法。但是这种团队并没有实施的权力，因此在调动员工参与决策的积极性和全身心投入工作方面没有很好的激励作用。

自我管理团队正好具有问题解决型团队所不具有的优势。自我管理团队顾名思义就是拥有一定权力和责任的团队，他们不仅要提出解决方案，并且实施解决方案和对工作结果承担全部的责任。自我管理团队显著的特点是团队承担许多责任，如计划和安排工作日程、分配员工任务、总体把握工作进程，作出操作层面的决策，对出现的问题采取措施等。自我管理团队具有很好的优势，但是采取自我管理团队形式需要一定的环境或条件。需要考虑的因素有组织减员、团队规范的强度和内容、从事的任务类型和奖励结构、文化等。

交叉功能团队是指为了完成某一项任务由来自同一等级但不同工作领域的员工组成的团队。该团队的特点是跨越了部门界限，使组织内部甚至是组织之间不同领域的员工交流信息，激发人们采用新办法解决问题，使人们能有效合作完成较为复杂的工作。其要求成员具有处理复杂性和多样性工作的能力。

虚拟团队是指使用网络技术把实际上分散的成员联系起来，以实现共同目标的团队。

3.团队建设的途径

如何把管理工作的职位特点与管理者之间的理解信任结合起来，围绕组织目标而自觉地分工协作，建设具有凝聚力和战斗力的管理团队，是企业人事工作的战略任务。为此需要从如下方面进行努力。

（1）建立组织共同愿景

任何组织都有目标。“组织目标”有扣动人们心弦的能力。美国管理学家彼得·圣吉以“共同愿景”对这个词加以重新命名，引起了人们的广泛共鸣。所谓“共同愿景”，就是“愿望”与“远景”的结合，既能够体现组织未来发展的远大目标，又能够体现组织成员的共同愿望。人们之所以如此热衷于建立美好的共同愿景，是因为它能带给组织强大的内驱力，激发组织及其员工的创造力，增强组织的凝聚力。伟大的愿景一旦出现，就会推动人们舍弃琐碎的事。而缺乏共同愿景会使组织发展迟滞，甚至引起组织分裂。

共同愿景之所以能够带给组织强大的内驱力、凝聚力、创造力，原因是：第一，其满足了人对“皈依感”的需要。良好的组织愿景告诉人们，实现它是有一定困难的，但充满希望；实现它要承担一定风险，但不是孤立地去承受，你会获得帮助。第二，给人以强烈的目的感，从而规划组织与个人的行动方向。生活中每个人都有自己的人生目标，否则他就会焦躁不安、消极被动，甚至是悲观失望。组织如果没有目的，也会很快衰落。建立共同愿景不但可以部分实现员工个人的目的，还可以使组织始终处在希望中，不断向上追求。强烈的目的感是团结员工的黏合剂。第三，有助于个人寻找自己的人生价值。许多时候个人的价值观仅有一个朦胧的方向，但在参与组织为实现“共同愿景”的工作过程中，可以使个人的价值观清晰起来。

（2）培养组织价值观

组织价值观是组织成员所共有的价值观，其中组织管理者的价值观占有主导地位。美国管理学家罗伯茨说：“价值观是我们对于自己觉得有价值的事情根深蒂固的观点。价值观的来源很多：父母、宗教、学校、同僚，我们敬佩的人和文化都可能影响我们的价值观。”综观人类历史，组织价值观经历了由传统组织的价值观到Z型组织价值观，再到学习型组织价值观的演变发展过程，其中学习型组织价值观强调团队成员间的整体合作精神。

中国有个尽人皆知的故事：“一个和尚挑水吃，两个和尚抬水吃，三个和尚没水吃”。这个故事讲的道理连小学生都知道。把三个和尚比作某些组织，当这些组织有一个和尚时，输出的是一担水，两个和尚时输出的是一桶水，三个和尚时输出的是零——没有水。之所以如此，是因为这三个和尚心目中只有自己的个人利益，而没有大家的共同目标，所以没有形成组织成员的共同价值观；反过来说也一样，正是因为没有共同价值观，所以每人限于自己的个人追求之中。这种缺乏整体价值观的组织，必然缺乏整体效能。在这种群体中，即使个体成员的能力都很大，但形不成合力，能力只会在相互摩擦中抵消。

（3）进行组织内部沟通

善于沟通，可以使团队内部凝聚力增强。传统的金字塔式等级制度限制了人与人之间的沟通。上级是权威的、不可侵犯的，这使得下属对待上司心惊胆战。如此，则不可能产生一个良好的工作氛围。如果人们将工作看成是乏味的、被迫的，工作就变成了一个痛苦的过程，变成了为赚取一点养家钱财而吃苦的过程。团队要改变等级制度带来的压抑感，致力于营造良好的工作氛围。一个善于沟通的领导者是团队的灵魂。因此，企业经营管理者在组建部门经理工作团队时，要把沟通意识带给组织的每一个成员，让每一个团队成员都真正参与，共同努力，这是团队活动的动力来源。

（4）营造尊重与信任氛围

成功的团队建设需要尊重与信任。只有在相互信任和尊重的环境下，不同背景的个人才能组成一个团结一心、运转有效的团队。团队中的尊重包括两重含义：一是团队内部的每个成员能够相互尊重和彼此理解。二是管理者能够为团队创造相互尊重的基调，确保团队成员具有共同努力、协作工作的自信心。人们只有相互尊重彼此的意见和观点，尊重彼此的技术和能力，尊重彼此对组织的全部贡献，才能使共同工作比单独工作更有效率。

团队信任是领导与员工双向的信任。员工必须对领导有足够的信任，才会表达自己的意见而不必担心会遭到嘲笑或责难。领导必须相信团队成员有能力、有愿望兑现自己的承诺，才会为团队成员提供工作的自主空间，而不再事事亲自处理、监督约束。对于团队领导来说，建立信任必须成为日常工作的重要组成部分。

（5）塑造自觉的合作关系

团队能否取得成功的决定性因素之一，是能否真诚地合作。如果没有自觉的协调，以及为提高协调程度而进行的努力，个人力量会被抵消和浪费，从而使管理出现困难。当企业经营管理者能从共同目标出发，协调好各个部门经理之间的关系，使之主动自觉地相互配合时，就会大大减少部门之间的摩擦，形成各部门的共鸣状态。这就像是凝聚成一体的激光光束，而并非漫射的日光灯光。

总之，管理团队的建设，从目标、沟通、理解、信任、协作等角度进行，以此改进管理者之间的关系，提高职位工作效率，促进共同目标的实现。在任何企业中，部门协调都是管理工作的重点与难点，因此管理团队的塑造具有重大意义。

6.2 建设员工队伍

企业实战6-2 联想集团的发展与员工队伍建设

2000年，联想集团在国际著名咨询公司McKinsey的协助下，制定了集团三年发展战略。这份战略不仅是业务上的规划，还有人力资源战略等重要的组成部分，以后各年度人力资源战略都将以该战略为指导，并对其目标进行分解落实。配合公司的中长期经营战略规划，人力资源工作也要制定中长期规划，并通过人力资源的管理工作获得敬业的员工和满意的客户，进而实现企业目标，如图6-1所示。

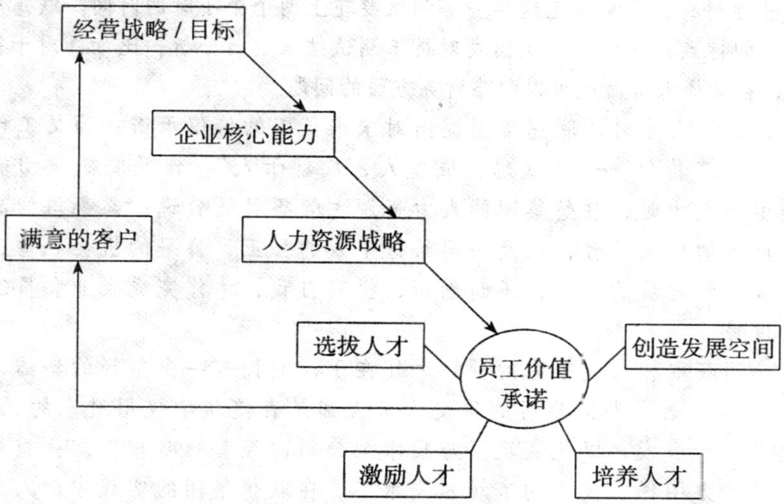

图6-1 联想集团人力资源战略管理的体系

可以看出，联想集团的战略管理的思路是：从企业经营战略这个最高和最终目标出发，把提升企业的核心竞争力作为实现经营战略、促进人力资源管理的关键一环，将人力资源管理战略作为企业员工的价值承诺。正如联想集团对其使命的概括："为员工创造发展空间，提升员工价值，提高工作生活质量。"

联想集团的战略目标是国际化的联想、服务的联想与科技的联想。其推行的是专一化经营战略，注重营销，鼓励创新，重视产品的开发和设计，以品质或科技的领先著称。为此联想集团建立了其特有的员工管理体制：通过选拔人才、培养人才和激励人才，使员工融入企业生产管理中来，为其创造发展空间。通过把握人才这个实现经营战略的核心资源，带来富有绩效的产品和服务，创造出企业经营效益的根本来源——顾客满意度。

在不断发展的过程中，联想集团实现了企业发展与员工发展的良性互动，通过如下方面体现出来。

一、选拔人才

联想集团用人的价值取向是：不重学历重能力，不重资历重业绩，重视员工的基本素质。对员工的素质要求是：①出色的专业素养；②敬业的职业态度；③危机意识；④竞争意识；⑤合作和补台意识；⑥良好的道德素养。

选人必须先识人。中关村是人才争夺"重地"，贝尔实验室、微软研究院、IBM研究中心等外资研发机构纷纷在此"安营扎寨"。在这场人才抢夺战中，联想集团主动迎战，在选人上煞费苦心。首先，联想集团制定有针对性的招聘策略——在人才招聘渠道上加大猎头公司和内部举荐力度，并与全国30多所重点高校合作，成立实验室，合办软件学院等；建立人才信息库，实现资源共享。其次，联想集团有一套严格的面试手段，并从国外引进了一套针对个人的心理测评工具，这套工具能对人的十几个倾向进行判断，通常作完这样一套测试要花上两个半小时的时间。联想集团会根据业务部门的特点，从岗位特点出发对员工测试结果进行分析，比如，对于一个研发人员岗位，在选择人员时就可以忽略财务方面的问题。

同时，选拔人才时，联想集团提出对未来员工的价值承诺：为员工创造发展空间，提升员工价值——"联想，成就人，成就于人"。谈及联想集团能靠什么来吸引和留住人才时，联想集团的人力资源主管鲁灵敏曾说：靠公司的高速发展给每个人提供的广阔平台，以及公司给每个人的公正、公平的机会。员工以企业作为自己成长和发展的平台，不断创新，提高自我，才能完成企业和员工相互的价值承诺过程。

联想集团获取核心竞争力的独特之处在于，它拥有一个年轻的集体，员工的平均年龄为二十七岁半，公司的研发人员大都是直接从学校招进来的，仅2002年就招进了六十多人，以此实现了与技术型公司的经营战略相匹配：重视产品的开发与设计，力图保持技术的市场领先水平。在联想集团的实践中，人力资源工作围绕企业的经营特点，以提高竞争力为标准，制定了相应的选拔人才的标准和方法，使人力资源战略成为经营战略得以实现的有效保证。

二、培养人才

联想集团的教育和培训包括以下几个方面的工作：

1.建立完善的培训体系。明确培训对象，培训方式，培训课程，培训队伍，培训信息，培训制度，培训设施。

2.培训流程的运作。制定年度培训规划，根据不同员工特点确定培训的侧重点。培训项目运营分为四个环节，如图6-2所示。

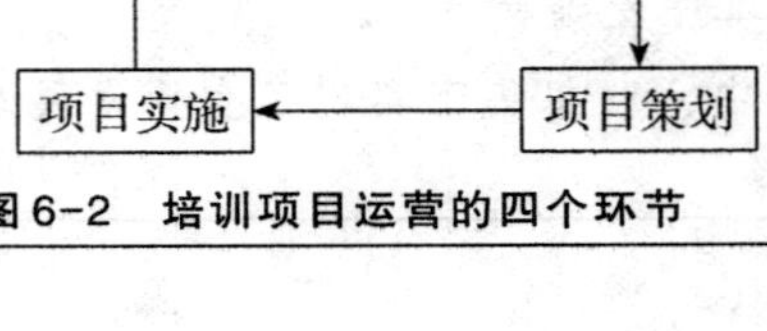

图6-2 培训项目运营的四个环节

3．鼓励和支持员工不断学习。联想集团的人员按照工作类型分为四类：技术开发人员，销售人员，管理人员，行政服务人员。从1995年开始，集团举办了连续四期的干部培训班和每月一期的员工培训班，为他们创造了学习和提高的机会。联想集团的解释是：如果一个企业对于员工的全部激励就是物质的话，那么员工与企业投资购买的设备就没有差别了。

不同于一般生产企业，在IT企业里，研发人员的管理问题经常令管理层困惑。联想集团并不倡导个人带着成果来公司，如果一个企业的核心优势是靠这些渠道得来的，那就永远不会形成自己的核心竞争力。联想集团重视的是培养一个好的技术团队，通过灌输“联想人”的概念，让技术人才找到实现自己价值的舞台，让他们找到自己的定位并培养良好的职业道德，更重要的是团队意识教育，不管每一个人的个性如何，都首先要学会与别人合作。

三、激励人才

1．联想集团的激励机制之一：目标激励。联想集团要求每一个员工符合联想精神的要求，即“清清白白做人，光明正大做事，勤勤恳恳工作”，鼓励形成“求实、进取、创新”的工作价值观。其目标激励在企业不同的发展阶段有不同的特点。第一代联想人100%是中国科学院计算所的科研人员，这一时期的激励体现出事业目标激励、集体主义精神培养和物质分配的基本满足的特点。20世纪80年代末开始，广渠道的人才招聘吸引的多是年轻人，企业正处于蓄势待发的阶段，激励转向注重实现员工个人价值，并且更多的着重物质激励。

2．联想集团的激励机制之二：沟通机制。联想集团提出“沟通四步骤”：遇到问题时，找责任岗位直接去沟通，找该岗位的直接主管沟通，报告自己的上级帮助沟通，找到双方共同上级协助沟通。这种多渠道的沟通有利于企业及时对问题作出反应、处理和反馈。

3．联想集团的激励机制之三：薪酬福利体系。集团根据经营业绩，逐步完善员工的薪酬福利，保证其生活质量随集团发展逐步提高。

采取了年底分红和经营业绩挂钩的办法，除了薪金，联想集团还有股票期权，职员一般工作一年之后可以得到，有良好业绩的工人经过一定时间也可以得到。

定期对集团薪酬在同行中的竞争力水平作调查，进行深入分析，以便及时调整薪酬水平。

针对员工的病、困、独生子女入学等问题建立员工关怀机制，每年组织3次或4次员工到不同国家旅游。

四、员工参与

联想集团提倡员工做企业发展的“发动机”而不是“螺丝钉”。

首先，激励员工关心企业，参与管理，主动发现问题和解决问题，成为企业前进的推动者。为此，公司开展了多种形式的活动，如：职能部门满意度调查、创业工程（创业之星）、持续改善委员会等。

其次，为员工创造发展空间，提升员工价值，提高员工工作生活质量，是联想集团的使命。例如，联想集团为每一位新成员准备了：宽敞明亮、整洁舒适的办公环境、信息化的办公方式以及工作所需的安全及软、硬件条件；签订劳动合同，保障劳动者合法权益；高效的反馈和沟通机制。

五、"人才为本"

一直以来，联想集团一个众人皆知的宗旨是："联想，成就人，成就于人。""联想"的目标是国际化的联想、服务的联想与科技的联想。为此，联想集团提出了自己的崭新理论："珍珠项链"工程。就是说：人才竞争不在于把最大最好的珠子买回，而是要先理好自己的一条线，形成完善的管理机制，把一颗颗珍珠串起来，串成一条精美的项链。管理层深知人力资源是比资金、产品更重要的战略资源，人力资源管理就是要抓住资源，寻找更大、更亮的珍珠——人才。

什么是人才？能适合企业风格、贯彻企业精神的人，才是真正的人才。也就是说，只有与企业的竞争战略相匹配的人才才是企业所需要的资源。在以人为本思想的指导下，联想集团向员工树立了"联想人"概念，塑造了联想集团自己的人力资源品牌，将员工个人追求融入企业长远发展之中。通过对选拔人才、培训人才和激励人才几个方面措施的整合，做到人力资源管理与经营战略、内部结构之间的协调。

在信息行业，联想集团实施以技术为先导的经营战略，尖端技术和尖端人才就是核心竞争力。同时，人才的培育和成长是一个动态的过程，如果企业的经营目标是面向长远未来的，必然要求人力资源招揽的人才具有创新意识，在不断变化的科技领域，为企业提供源源不断的技术动力。联想集团致力于发展成为具有国际竞争力的信息行业领军人物，对于一个以先进技术、尖端人才为支撑的企业，没有人才，就没有技术，就没有生产力，就没有发展，就没有经营战略和目标——国际化的联想、服务的联想与科技的联想。

从这个意义上说，联想集团的成功得益于其核心竞争力——人才的获取和维持。

管理团队固然重要，但企业生产经营的各项工作归根结底还要依靠普通员工来完成。因此，如何进行员工队伍建设，是企业经营管理必须解决的又一基本问题，对此需要全局考虑，整体安排。在员工队伍建设中，明确员工甄选标准、确定员工使用方式、制定员工激励办法、规范员工开发途径，是具有全局性的工作任务。

6.2.1 员工标准

企业生产经营的主体是企业员工。能否具有高质量的员工，从根本上决定着企业生产经营效率，为此必须建立合理的员工标准。不同企业由于不同的企业宗旨和生产经营方式，会提出不同的用人标准，建设具有不同特点的员工队伍。合理地确立员工标准，通过这一标准来选拔人、使用人、激励人、开发人，是撬动员工管理工作的杠杆。

1.员工标准与企业文化

所谓员工标准，是说什么样的员工才能符合企业的要求。由于企业是一个以微观效益为中心的经济组织，因此所提出的员工标准，不仅是工作能力的测评问题，而且是基本素质的测评问题，要考虑人的兴趣、志向、行为习惯等方面，因此在很大的意义上，这是一个文化问题，体现着不同企业的价值观。

（1）员工标准的差异

员工应该符合什么标准?不同企业对这个问题有不同的回答；就算在同一个行业，从事同样的业务，其用人的价值观也不一样。例如，微软公司和英特尔公司都是优秀的电子企业，但对员工的要求就很不同。二者之间的差异可以从表6-1看出来。

表6-1 **微软和英特尔的价值观**

微软对员工的要求	英特尔对员工的要求
个人专长	创造良好的工作环境
绩效	以结果为导向
顾客反馈	以客户为导向
团队协作	严明的纪律
长远目标	质量的保证
对产品和技术的挚爱	鼓励冒险

表6-1中，微软和英特尔只有两个方面相近，即同样以绩效和顾客为导向，但即使在这两点上，两个企业的差异也是明显的。微软强调的是个人技术能力，要求这种技术能力不但是一技之长，而且是作为爱好投入的事业追求。英特尔强调的是基于质量保证的纪律，是一种清晰的行为规范。微软需要的是那种具有天才特质和创造热情的技术领先者，而英特尔则更重视自觉以客户需求为导向的有效工作者。

用人价值观的不同带来了聘任标准的差异。通过对两个企业的人力总监访谈，人们发现：前者需要的是“工作勤奋、能用三十种方法完成工作的聪明人”，而后者认为“严明的纪律和团队精神是十分重要的，态度比能力更为重要”。不同的用人价值观标志不同企业的特征。看微软的用工标准，人们不难联想到比尔·盖茨那灵活创新、聪慧热情的特质；而“严明的纪律”则俨然是英特尔总裁格罗夫执着、严谨作风的写照。同时，我们也能从两个企业的经营重点中找到差异的根源——微软侧重于软件创新以取得优势，而英特尔则是以电脑芯片等硬件研发生产而著称。两家公司在业务上多有重合，但用人价值观的差异却延续至今。

（2）员工标准的产生

不同企业的员工标准，是在企业宗旨的指导下，与企业战略的制定以及职务体系的建立密切相关的，是企业价值观对于具体职务活动的要求。图6-3简要说明了员工标准的形成方式。

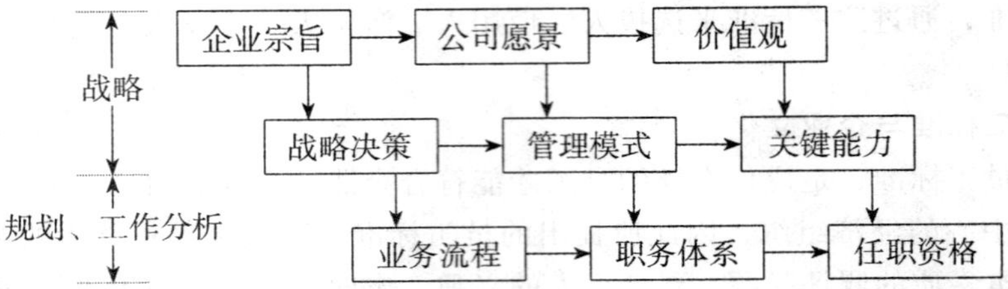

图 6-3 员工标准的产生

图6-3的起点是企业宗旨。就是说，归根结底，只有那些与企业宗旨相吻合的员工，才是企业合格员工。实践说明，企业宗旨作为一种稳定的价值追求，并非表面文章。那些按照自身价值观选拔和塑造员工的企业，具有更强大的生命力。

企业宗旨是关于企业为什么存在的定义，在终极目标上确定了企业的生存依托。比如，肯德基快餐公司的宗旨为："通过满足顾客在高质量服务餐饮场所享用以鸡为主的饭菜需求，成为实际上第一流的餐饮连锁店。"而美国阿姆克公司则力图"成为一个全球化的企业，被雇员、客户、竞争者、投资者以及公众认为是全世界最卓越的企业。我们将成为其他企业衡量其自身业绩的标准。我们的特点将是：人员的改革、创新和团队精神，预料和有效适应变化的能力，以及创造机会的能力"。

企业价值观对于员工标准有着根本意义，它为哪些行为是合适的、哪些行为是不能接受的设立了边界。在履行企业价值观的过程中，会形成相应的行为选择标准，这些标准体现企业所信奉的信条、原则。

可以从表6-2中宝洁公司的例子看到这样的对应关系：

企业价值观的稳定性，为打造长期竞争优势提供了精神动力。詹姆斯·柯林斯在《基业长青》一书中指出，那些长期保持优秀业绩的企业，往往能够在对价值观的执着追求中坚持自身的行为规则。

表6-2 **宝洁公司的用人标准**

公司宗旨	
我们生产和提供世界一流的产品，以美化消费者的生活 作为回报，我们将会获得领先的市场销售地位和不断增长的利润，从而令我们的员工、股东以及我们生活和工作所处的社会共同繁荣	
价值观	成功关键行为
我们尊重每一位员工	诚实正直(honest)
公司与个人的利益休戚相关	主人翁精神(ownership)
互相依靠、互相支持的生活方式	信任(trust)
有策略地着眼于我们的工作	领导(leadership)
创新是我们成功的基石	积极求胜(passion for winning)
我们重视公司外部环境的变化和发展	
我们珍视个人的专长	
我们力求做到最好	

资料来源 作者根据相关资料整理.

2.员工标准与任职资格

仅有价值观界定还不够，对于员工的甄选，还必须与职位要求相结合。基于职位要求的员工标准也就是任职资格，其与员工的职位胜任能力具有密切关系。

职位胜任能力是从职位要求对于员工能力与素质的分析和评价。由于职位工作对于能力的要求，具有一般能力与核心能力的差异，因此对于员工职位胜任能力的分析，也需要从基准要求与胜任能力两个层面进行分析。其中基准要求强调员工一般的操作技能，胜任能力则与员工的素质和价值观相关。对于具有不同重要性的不同职位员工，在任职资格上也有不同的关注重点，其中重要职位的员工，例如中高层管理职位和关键技术岗位，强调的不是基准要求而是胜任能力。

员工胜任能力分析模型如图6-4所示。

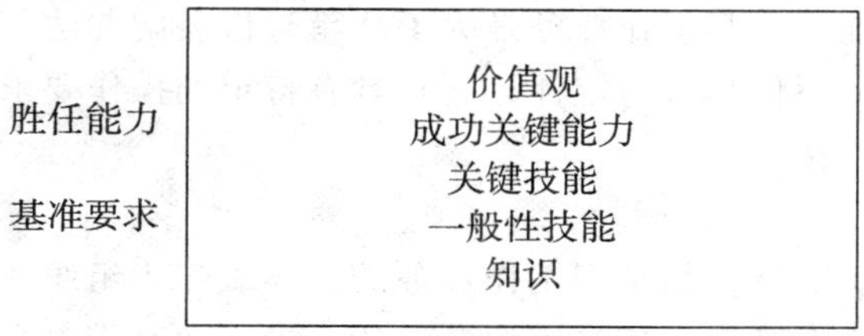

图6-4　胜任能力与基准要求的层次关系

把员工胜任模型应用于实践，一般先确定基准要求，作为员工选择的基础。然后结合职务特点确定职位胜任能力标准，并加以明确的制度化界定，作为职务任职资格。

一般而言，基于职位胜任能力的员工标准，是通过职位工作分析加以定义的。例如对于采购经理，可以按表6-3中的方式把工作职责与所需能力结合起来，界定这一职位的任职资格。

表6-3　**采购经理的职位能力分析**

工作职责和相应行为	基准能力和知识要求
验证原材料和劳动力的市场价格	市场营销知识
评估生产方案，尤化生产效率和生产成本	分析能力
处理同卖方的关系，包括竞标和合同谈判	沟通谈判能力、决断能力
了解施工过程	观察理解能力、影响力
确定对于卖方的绩效要求	决策素质

6.2.2　员工使用

建立员工标准是为了合理地选拔与使用员工，为员工管理提供依据，推动员工为实现企业目标而努力。在员工使用过程中，需要解决用人办事的两个基本问题：一是把人与事合理地结合起来，二是把各项工作纳入组织目标的引导之下。

1.人事结合方式

在企业管理实践中，工作任务的落实过程也是人与事的结合过程。如何把具体工作任务落实到具体工作人员的头上，为每个工作人员发挥自己的能力提供合适的空间，并推动工作人员为完成工作任务而自觉努力，是用人办事必须解决的问题。为此需要理解具体工作任务与工作人员的特点，以恰当的方式加以组合与匹配，从而提高工作活动的效率。

（1）工作任务

所谓工作任务，是人事活动的“事”。组织是为实现特定目标所形成的分工协作体系，在组织目标指导下通过分工协作所确定的工作内容就是工作任务。也就是说，人事关系中的事，是对于企业成员工作任务的安排。理解企业组织中的工作任务性质，要理解它的两个特点：一方面，任务必须为实现组织目标而设立，是结果导向的；另一方面，任务是相对稳定的活动安排，具有一定的结构性。例如，一个冰箱生产线上的装配工，其工作任务是为了冰箱整机装配并达到既定质量要求而存在的。这项工作任务不仅具有稳定性，而且具有特定的操作要求，通过业务流程与上下左右的工作相连接。

（2）工作人员

工作人员是组织成员，是承担工作任务的主体。作为组织成员，工作人员不像其他的物质资源，不会被动地接受资源配置的要求，而是带着自身期望进入组织体系，并以一定的能力、素质为依托与组织进行互动。一般而言，工作人员只有在组织目标与自身期望相统一的情况下，才会较好地发挥自己的作用。管理工作关注的激励活动，就在于塑造人们的期望，使之与组织目标相统一，让工作人员主动高效地投入到工作努力之中去。上面提到的装配工，有着自身发展的需要，如果他能通过高效工作获得较高回报，提高工作待遇和增加培训机会，就会激励他更努力地工作。

（3）工作行为

工作行为是“人”与“事”的结合。具体来说，就是工作人员发挥能动性，运用自身能力实现工作任务的过程。在这一过程中，进行工作的工作人员要按照行为规范来承担责任，指派任务的组织根据工作标准来确定待遇报酬，通过两方面的互动与努力，把工作人员的期望与工作任务的要求统一起来，实现企业与员工的共同发展。在这种双向促进的机制下，工作就是员工自觉按照组织要求进行分工协作、承担并完成组织任务，从而实现组织目标的活动过程。

2.工作激励办法

员工进入企业的目的，是更好地实现自己的利益，因此为了促进员工努力工作，必须满足员工的利益要求。把企业生产经营需要与员工利益要求相结合的方式，是根据员工对于企业的劳动投入和工作贡献，给予相应的物质与精神回报。这是员工激励的任务。为此需要了解员工激励的内容与途径。

（1）从激励内容上分

从激励内容上进行划分，激励有物质激励与精神激励两种。

所谓物质激励，是从满足员工的物质需要出发，对物质利益关系进行调节，从而激发员工的工作积极性与主动性。物质激励多以经济形式出现，例如加薪、奖金和福利。由于员工劳动首先是一种经济行为，因此物质激励在员工激励中具有基础地位。

所谓精神激励，是从满足员工的精神需要出发，对心理活动状态施加影响从而达到工作激励的目的。精神激励多以授予称号、颁发奖状、开会表扬、舆论宣传等形式出现，能够满足人们的成就需要和归属需要。由于精神需要是人的深层次需要，因此精神激励具有激发作用大、持续时间长、影响范围广等特点。

在实际工作中，物质激励与精神激励是相辅相成、缺一不可的，很难截然分开。一般来说，物质激励本身体现着精神激励的作用，精神激励中也往往借助物质形式来实现。

（2）从激励途径上分

从激励的途径上分，有内激励和外激励两种类型。

所谓内激励就是通过启发诱导的方式，激发人的主动精神，使其工作热情建立在高度自觉的基础上，充分发挥出内在的潜力。所谓外激励就是运用环境条件来制约人们的动机，以此来强化或削弱某种行为，进而提高工作意愿。

内激励多表现为进行思想教育工作，教育者本着晓之以理、动之以情、消除误会、融通感情的原则，使受教育者得到启发与触动，真正从思想上提高认识、树立起工作信念。由于人们思想的转化、认识的形成需要一个过程和一定的时间，所以内激励不能操之过急，否则就会违背人的认识规律和心理活动变化规律，使内激励失去作用。外激励多以行为规范的形式出现，通过采取一些措施与制度，鼓励或限制某些行为的产生，比如设立合理化建议奖，用以激发工作人员的创造性和革新精神；建立岗位责任制，对失职行为予以限制。

从激励的两种途径看，内激励具有自觉性特征，外激励具有诱导性特征。在激励工作实践中，要结合使用两种不同激励方式，从不同角度加强员工激励的效果。

6.2.3 员工开发

企业如何建立高质量的员工队伍?主要有两个途径：一是外部吸引招聘，二是内部培训开发。对外招聘可以比较快地获得所需要的人员，而且可能带来新思想；内部培训的人才获得速度要慢一些，但能够调动员工积极性，增强员工归属感，有利于企业的可持续发展。从实践动向看，企业采用后一种途径的越来越多。随着人才竞争的激化，员工培训开发日益受到重视，成为企业管理的重要环节和企业人力资源管理的战略任务。

1.培训开发

（1）培训开发的意义

培训开发是企业为了提高劳动生产率和工作满意度，围绕员工能力和素质的改进所进行的教育培训活动，是一项为了促进企业持续发展而进行的长期投资。随着企业的发展，培训开发日益受到企业关注，培训开发投资也越来越大。以美国为例，企业每年平均投入300万美元用于员工培训。

为什么培训开发如此重要?美国经济学家、诺贝尔经济学奖得主舒尔茨发现，单纯从自然资源、实物资本和劳动力规模的角度，不足以解释经济效率提高的原因，人的知识和能力才是决定性因素。但知识和能力的取得不是无代价的，需要相应的投资，培训开发就是这种投资中最重要的形式。

具体地说，从企业角度来看，培训开发不仅能够更经济、可靠地获得人才，提高企业人力资源的质量，而且能够有效地激励员工，促使员工产生持久的企业归属感。一位管理专家曾经说过："员工培训是企业风险最小、收益最大的战略性投资。"从员工角度来看，学习提高是人的天性，每个人都希望能有机会进修培训。通过培训开发可以使员工获得发展，满足员工自我实现的需要。

现代培训的理念是：工作已经成为一个继续学习的过程，是个人为提高自己的工作价值而进行的努力。员工不仅重视工作任务的完成以及相应报酬，而且越来越看重从工作中学到的新知识、新技巧，重视是否可以通过工作使自己逐步增值，并获得成就感。

（2）培训开发的方式

那么，作为一种特殊投资形式的培训开发，怎样用最短的时间、最小的成本来获得最佳的产出呢?这涉及培训开发的方式问题。对此可以从培训对象、培训内容、培训办法等方面进行分析。

培训对象涉及企业全部员工，但由于不同员工的职位不同，工作要求不同，因此培训也有不同要求。一般来说，在划分培训对象时，要注意管理人才、专业人才、操作人才的区别。

培训内容决定员工往什么方向发展。设计培训内容必须与企业发展战略相联系，强调员工基本素质的提高。同时为了提高工作绩效，也要注重具体技能的训练。所以，培训内容安排要把组织长期发展与当前生产需要结合起来。

培训办法涉及如何有效地使员工掌握培训内容，为此需要采取不同的措施。按时间期限，可以分为长期培训和短期培训；按培训方式，可分为在职培训和脱产培训；按培训主体，可分为组织内培训和组织外培训等。

2.人才竞争

所谓人才，是指既重要又稀缺的工作人员，特别是企业的核心员工。在很多情况下，企业成败取决于少数核心员工，因为核心员工能够创造出两种极为重要的企业优势：技术垄断和人力资源垄断。引进和购买的技术无论多么先进，都可能会受制于人，无法形成垄断，唯有由核心员工创造的自有技术才能形成技术垄断。同时，企业一旦通过核心员工队伍塑造，形成特殊的人力资源垄断，就能为企业创造成本、价格、市场等多方面优势。这两种垄断是竞争对手难以模仿和获得的，直接影响企业的核心竞争能力塑造。不仅如此，核心员工熟悉企业的业务，了解企业的客户，洞察企业的商业机密。如果跳槽到同业其他公司或离开公司自己出来创业，可能变成公司最大的竞争对手。为此必须改进人才管理，加强人才激励，提高企业的人才竞争能力。

（1）人才管理

现代企业竞争的关键在于人才竞争，如何识别、使用、保留、开发人才，建立可靠的核心员工队伍，不仅是企业生存发展的必要条件，而且越来越成为企业生存发展的关键条件。企业必须围绕人才竞争的需要加强员工管理工作。具体包括如下措施：

①招聘把关。越来越多的公司认识到，如果对重要岗位的人员选聘不当，会给企业带来巨大损失，因此科学招聘乃是管理核心员工的第一步。招聘时不仅要考察他们的工作技能，更要注意考察他们的奉献精神和团队合作意识。

②适当分权。不能让某一个核心员工长期控制企业的关键技术和重要权力，例如，在技术研发中应该严格管理各种相关资料，采用技术小组或团队的形式，注意各技术开发人员的相互协调。在经营管理中，应避免过大授权，通过分工合作建立牵制和竞争机制。

③开发人才。即建立有效的人才培养和选拔制度，保证企业中人才源源不断的产生，使员工具有成为核心人才的动力和压力。例如，对管理人员的绩效考核指标，可以把人才的发现、培养和选拔使用作为一项内容。达不到要求的管理者自己不得提拔。

④加强沟通。有效的管理依赖于沟通与理解。企业经营管理者要时刻关注核心员工的状况，同核心员工进行对话交流，了解他们的需求和期望，以发现哪些因素能促进留住和用好人才，哪些因素会丧失人才。通过开放式沟通，一方面可以了解存在的各种问题，听取改进意见；另一方面有助于问题的及时处理，以不断改进企业与员工的关系，避免出现突发性问题。

⑤定期评估。对核心员工状况进行专门分析与工作评估，是一种重要的管理手段。企业应该特别注意核心员工的动态，在客观把握动态的基础上采取相应措施。例如，核心员工的出勤率、流动率、开发率以及关键人才的市场薪酬是否上涨，其他公司在核心员工管理上有什么新动向，公司是否采取了相应对策等。然后根据评估情况，不断完善有关管理工作。

⑥法律依托。关于企业的核心人才管理，要特别注重法律依据。如对员工职务发明和其他技术成果所有权的归属，应制定出合法的规章。在人员聘用合同的条款中，就类似问题明确说明双方的责任和权利，使企业与员工双方在研发工作上，对付出与收益有合理的预期。

（2）人才激励

对于核心员工的开发与管理，根本途径是为人才发展提供条件，使企业成为员工价值提升的组织依托。因此，承认人才价值，促进人才价值提升，加强对于核心员工的工作激励，是人才竞争的根本途径。从实际情况看，对于核心员工的激励通常使用以下方法：

①薪酬待遇激励。核心员工是同业竞争对手争夺的对象，企业应当不拘一格，为核心员工提供有吸引力的薪酬。这种薪酬不仅表现为比本企业的普通员工薪水高，而且要不低于人才市场上的平均水平，否则难以留住他们。在企业实践中，核心员工的高薪，已经越来越多地被人们所理解与接受。从薪酬水平上看，出现年薪数百万元员工的情况，比比皆是。从薪酬关系上看，同一企业中不同员工之间收入相差数百倍的情况，已经不足为奇。

②工作内容激励。让才华出众的员工长期做没有挑战性的工作，会使其感到无聊、没有成就感。这种情况有不同的解决方式。一是岗位轮换。指在企业内进行人事调配，不断拓展员工能力与素质，从而实现人和岗位的动态最佳配置。二是工作再设计。使工作具有挑战性，从而激发核心员工调动聪明才智去分析解决问题。三是培训开发。随着企业的发展，核心员工的素质与能力也要不断提高。培训不仅能帮助核心员工改进技能、提高效率，而且是提高他们对企业认同感的重要手段。

③股票期权激励。股票期权是应用广泛的一种前瞻性激励办法，也是一种风险与机会并存的激励机制。股票期权的潜台词是："如果好好干，公司效益上去了你会得到超额报偿。"目前股票期权已经成为激励核心人才的最重要手段之一。例如深圳华为技术有限公司，作为中国通讯业一家著名企业，其股本结构为：30%的核心员工集中持股；40%的骨干员工有比例持股；低级员工适当持股。又如微软中国研究院，其用股票期权网罗了不少高级信息技术人才，而且将一些在美国留学并在美公司任职的技术尖子挖了过来。

6.3 开发人力资源

企业实战6-3　　摩托罗拉的人力资源管理

跨国公司大多实行矩阵式管理，摩托罗拉人力资源部本身就是一个很复杂的矩阵结构。摩托罗拉人力资源部分为两大块：功能部门和业务部门。功能部门内又有8大职能。

1.组织发展。根据业务发展方向，制订本地区员工的发展计划，然后具体实施。如根据公司的长远发展，预计5年以后本地需要哪些层次共多少名管理者?这些管理者从哪里来?公司内部可以供应多少？如何培养他们?还有多少需要来自外部?与此同时，还考虑怎样留住人才、内部调动、激励方式等。在公司业务发生变化的时候，比如两个部门合并，或者合并进来一家公司，人力资源部门就要负责重新设计组织结构。

2.招聘。人力资源专业管理人员在招聘方面有细致的分工：有人专门负责从各种渠道挖掘人才；有人专门负责校园招聘；有人专门关注"平衡"，在有些国家可能主要侧重于平衡种族比例，在中国则主要是平衡男女比例。

3．培训。摩托罗拉设有专门的培训机构即摩托罗拉大学，它不但培训内部员工，也对外部客户开设培训课程。在培训内容上，有管理方面的，也有技术方面的。

4．薪资福利。摩托罗拉有一套完整的薪资福利制度，包括固定工资、浮动工资、奖金、保险、福利等。人力资源部每年都要进行市场调研，按工种、职位调查同行业的薪资水平，调查当地的经济增长速度，了解有多少大公司将进入当地投资以及整体市场形势如何等方面的信息，从而制定有竞争力的薪资福利体系。

5．信息系统。把与人力资源有关的信息放在网上，使一些程序化的行政工作实现电脑网络自动化，员工可以随时查阅关心的人力资源政策以及个人信息资料。

6．员工关系。这部分工作可以分为主动的和被动的两类。主动的，是指弘扬企业文化，提高员工团结向上的工作态度和主人翁精神。人力资源部有定期出版的刊物、每季度组织管理员工的聚会以及每周随机地推选几名员工与高层管理人员进行交流和沟通。被动的，如婚、丧、纠纷等事情的处理。此外，工会工作也放在这一块。

7．保安。保护员工的人身安全以及公司有形和无形资产的安全。

8．员工服务。其包括对医务室、班车、餐厅、住房的管理。

也就是说，摩托罗拉的人力资源部，把相当于我国国有企业中的人事部、组织部、保卫部、后勤部、党委、工会等部门的职能整合在了一起。

摩托罗拉人力资源部的另一大块职能工作在业务部门内部。摩托罗拉在主要部门都设有或大或小的人力资源机构，其主要任务是根据本业务部门的发展情况，研究解决相应的人力资源问题，比如将要招聘人员报给招聘部执行，上报考核结果并决定员工薪酬和培养计划等。它们既受该区域人力资源总监的管理，同时，又要向上一级业务部门的人力资源主管汇报，还要服从于该区域业务部门的发展需要。

在摩托罗拉公司工作，人力资源部门经常会与你沟通，帮助你设计自己的人生：你可能适合什么？你未来的位置在哪里？要到达哪里？你已具备哪些条件？还有哪些方面需要努力？然后与你共同制订培训计划，在组织内为你提供各种条件和有助于你成长的机会。

摩托罗拉员工流失率很低，只有6.6%。世纪之交，摩托罗拉在重大业务决策过程中犯了方向性错误，不得不精减人员，采取的也是自愿离职的方式，自愿离职者可以获得一笔奖金。可是有些拿了钱走人的员工，在后来摩托罗拉招聘时，宁愿退回这笔补偿金，也要再度回到摩托罗拉。其实这些员工去同行哪家公司，得到的薪水应该差不多，为什么要放弃凭空掉下来的补偿金呢？原来，薪酬可以比，而多年来形成的企业软环境却是不容易拷贝的。

在摩托罗拉工作，如果有谁的业绩一时不太如意，人力资源部就会分析：是不是他没有得到足够的帮助？是不是他的岗位不太适合他？是不是专业不对口？然后再与他沟通，给他适当的岗位或者换岗。总之，摩托罗拉对事不对人，某个员工业绩不好，公司仍要尊重他、培养他。在摩托罗拉，“以人为本，尊严至上”不只是口头上说说而已，其已经成为整个人力资源管理乃至企业所有管理的出发点和基石。以此为出发点设计的绩效评估制度，对员工不再是一种刻薄的监督，而是成为了员工成长的里程碑和加油站。

资料来源　邬适融.现代企业管理——理念、方法、技术[M].2版.北京:清华大学出版社，2008:288-290.

随着知识经济的发展，企业竞争方式的变化，人力资源已经越来越成为企业获取竞争优势所依赖的第一资源，从而人事管理转变为人力资源管理。其特点在于，企业不再把员工当成短期雇用的对象，而是当成长期发展的依托；不再把使用员工的支出仅仅作为经营成本管理，而作为建立企业核心能力的投资加以管理。与此相应，企业人力资源管理强调企业与员工之间的相互依赖，共同发展，通过不断提升员工价值促进企业持续发展。

6.3.1 人力资源管理主线

企业人力资源管理的任务，是建立适应生产经营需要的员工队伍，通过有计划的分工协作提高企业效益和员工价值。在此过程中，必须解决员工由何而来、如何使用、怎样激励三个基本问题。这是企业人力资源管理的主线，涉及人力资源的来源、配置与激励。

1.人力资源的来源

企业人力资源的最终主体是员工，当员工按照管理指令完成工作任务为企业作出贡献时，就成为企业的人力资源。因此企业人力资源的来源问题，是劳动者对于工作指令的服从原因问题，对此的回答要从劳动交易中寻找。在劳动交易的基础上，劳动者与企业签订一定的劳动合同，以取得劳动报酬为条件，作出接受企业指令的承诺。

（1）劳动交易

劳动交易是劳动者对于自身劳动能力的有偿转让，即劳动者以获得一定报酬为条件，将自己劳动能力的使用权转让给企业。关于劳动交易有三个值得注意的地方：

第一，所谓劳动能力转让，不是劳动者交出某种东西，而是承诺在一定条件下按照企业指令使用自己的劳动能力。这是因为，劳动能力作为一种活动能力，无法与劳动者的身体分离。因此对于劳动能力的购买，只能是对于劳动者的雇用。

第二，所谓劳动能力转让，不是瞬间完成的一次性行为，而是一个劳动力转让者在劳动力购买者支配下的行为过程，只有这一过程告一阶段，能力转让才算阶段性完成。这是因为，劳动能力的价值只能体现在劳动活动之中，一旦劳动活动停止，劳动能力也就失去了价值，劳动交易也就没有意义。

第三，所谓劳动能力转让，不仅是市场交易，而且是管理交易。在劳动力转让双方平等交易的基础上，会产生劳动力购买者对于劳动力出让者的管理权。这是因为，劳动力购买的实质，是利用劳动者的能力完成一定的工作任务，这只有通过对于劳动者的行为支配才能做到。因此劳动交易的结果，产生对于劳动者的行为支配权，即管理权。

（2）劳动合同

劳动合同是劳动交易的确认形式，以经济与法律手段保证劳动交易的正常进行。劳动合同一旦签订，劳动能力的有偿转让行为就成为经济与法律事实，与此相关的交易双方，必须各自承担相应的权利与义务。

劳动合同中的权利义务，主要由员工的工作责任和工作报酬构成。其中工作责任是员工的业务和企业的权利，工作报酬是员工的权利和企业的业务。工作责任和工作报酬必须对称，这样才符合劳动能力有偿转让的公平原则。这种对称涉及多方面内容，既与员工的能力特点相关，又与员工的工作状况相关；既与员工的直接收入相关，又与员工的间接待遇相关。如何处理二者之间的匹配关系，是人力资源管理政策设计的重要任务。

在企业人力资源管理中，劳动合同具有基础的地位。

2.人力资源的配置

劳动者通过劳动交易进入企业之后成了企业员工，要以完成工作任务的方式获得工作报酬。如何安排员工的工作任务，使不同员工的能力得到有效使用，通过员工之间有计划的分工协作提高生产经营效益，是企业人力资源管理的中心工作。为此需要建立合理的职位体系，选择恰当的工作人员，在人事匹配基础上有效地开展职位工作。

（1）职位设计

职位设计是在工作稳定化的基础上，设置结构化的工作位置。

如何把企业生产经营目标分解到不同员工，使每个员工在具体岗位上有效地发挥作用，通过分工协作提高企业效益，是经营管理的基本任务。人力资源管理作为经营管理的子系统，要从人事匹配的角度对这一任务进行深入处理，使企业目标的分解与人事匹配的方式结合起来，把分工协作的要求落实为工作职位的界定。

为此必须解决三个环节的问题：职位描述、职位规范、职位评价。也就是说，企业要在合理界定职位工作责任的基础上，确定职位工作人员的任职资格，并对职位在整个分工协作中的地位和作用进行评价。通过这三方面的努力，为员工劳动能力的有效利用建立工作平台。

在实际工作中，职位设计需要一线业务部门与人力资源工作者协同努力。其中人力资源部门的特殊作用在于，能够从人事匹配的角度为职位设计提供技术支持。

（2）人员安排

人员安排是根据生产经营需要选择合适的劳动者，并安排到一定的工作职位上去。

实际生活中的劳动者千差万别，各有自己的特点，包括能力特点、兴趣特点、行为特点等。具有不同特点的劳动者，适宜在不同企业中承担不同职位的工作。如何识别劳动者的特点，把不同劳动者安排到恰当的工作岗位上，是人力资源管理的一项基本工作。为此需要采用专门的人员甄选方法，运用特殊的人事测评工具，进行员工的选拔任免工作。

在实际工作中，人员安排涉及人员识别和人事匹配两个方面的要求，与职位设计密切相关。员工具有什么特点，如何进行类型划分，适宜从事什么工作，往往需要结合职位状况进行分析和处理，参照职位分类方式进行劳动者的类型划分。

（3）职业发展

职业发展是员工以某种专门工作能力为依托所实现的自身价值增长。

员工通过完成工作任务获取劳动报酬的活动，是一个不断循环的持续过程。在这一过程中，随着员工经验与能力的增长，其所作的贡献有可能不断增加，从而导致劳动报酬的不断提高。这是员工的价值增长过程，也是员工的职业发展过程。

关于员工的职业发展，涉及三层含义。

第一，所谓职业，是相对固定的有偿劳动方式，常常需要一定的专业技能。因此员工的职业发展，与其专业技能的提高密切相关。由于专业技能只有在工作领域相对稳定的情况下才能提高，因此职业发展要求工作具有一定的稳定性。

第二，实现职业发展有不同的方式，可以依附于某个组织，也可以不依附于某个组织。如果能够依附于一个组织发展，那么有可能使职业发展与组织发展结合起来，通过二者之间的互动，达到相互促进的目的。

第三，吸引员工与组织一起发展，是现代企业发展的一个重要条件。能否形成一支高质量的稳定员工队伍，关系着企业能否具有核心竞争能力。因此为员工的职业发展创造条件，吸引和促进员工在企业中发展，是人力资源管理的一项重要任务。

通过促进员工职业发展实现企业的组织发展，通过员工价值提升实现企业的价值提升，是人力资源开发的本质要求。

3.人力资源的激励

人事匹配的目的是提高工作效率，增加劳动收益。能否通过工作任务的完成，实现和提高员工的工作回报，不仅对员工的工作状况产生直接影响，而且关系员工与企业之间的劳动交易结果。如果工作回报合理，企业和员工之间就会形成稳定的劳动关系，使二者相互促进、共同发展。否则劳动就无法持续，企业难以留住所需要的员工。

（1）工作业绩

所谓员工工作业绩，是指员工业绩指标的完成状况。对此需要从两个角度来理解。

一是对于企业而言的工作业绩。从这个角度看，员工作为企业内部分工协作体系的一员，承担着企业交付的工作任务，为实现企业目标作出贡献。因此这个意义上的工作业绩，是指员工对于企业的贡献。提高员工业绩的目的，是促使员工为实现企业目标而努力。

二是对于员工而言的工作业绩。从这个角度看，员工作为企业内部分工协作体系的一员，具有对于工作回报的要求，要为实现自身的发展作出成绩。因此这个意义上的员工工作业绩，是指员工为自己作出的成绩。提高员工绩效的目的，是促使员工为实现自身发展而努力。

以上两种不同含义的工作业绩在一定条件下互相转化。如果企业要求员工完成的任务与员工对于自身发展的要求相一致，两种业绩目标就会统一。这种统一是可能实现的。当员工通过完成任务获得的工作回报与自己所期望的工作待遇一致时，就实现了这种统一。

（2）工作回报

工作回报是员工为企业工作所获得的报酬，也是员工向企业转让劳动能力的动因。员工之所以加入企业，是期望通过企业能够获得更好的劳动回报。但什么样的劳动回报更好，是一个复杂的问题，需要从不同角度进行分析和处理。

第一，工作回报的内容涉及多个方面。其有物质回报和精神回报、长期回报和短期回报、直接回报和间接回报，这些不同内容需要组合与平衡。在既定的劳动能力状况下，员工能够获得的工作回报总量是有限的，因此回报内容的合理组合极为重要。如果过分强调某一方面内容，可能产生错觉和偏差，不能促进员工努力工作。

第二，工作回报的水平需要进行比较。同样的工作回报，如果以不同标准进行比较，会对回报的水平作出不同判断。从一个角度看来不错的回报内容，从另一个角度观察可能员工认为很不理想。工作回报的比较标准有两种。第一种是自己与自己比，这时比较的是自己劳动的投入产出情况，希望投入产出效率能够不断提高；第二种是自己与别人比，这时比较的是不同劳动者之间的投入产出情况，希望大家的投入产出能够公平。效率与公平的要求，决定着对于工作回报水平的评价。

第三，工作回报的状况体现管理水平。这是因为，在工作回报的水平上，不管是自己与自己比，还是自己与别人比，都与比较尺度相关。而员工采用什么样的比较尺度，取决于企业制定什么样的规章制度，特别是关于员工劳动贡献的评价制度和关于员工劳动报酬的分配制度。这些制度如果合理，员工就会接受规章制度要求，认同企业分配方式。在这样的情况下，员工不仅会以企业要求的方式提高自己的劳动效益，而且会以企业倡导的方式进行员工之间的收益比较，从而加强企业的凝聚力。

通过管理措施引导员工以多作贡献的方式增加收益，是对于员工劳动能力的利用与开发，也是企业的活力所在。

6.3.2 人力资源管理策略

企业人力资源管理的任务，是通过人力资源的合理配置，提高有计划的分工协作效率，促进企业与员工的共同发展。因此如何处理工作要求与工作人员之间的结合方式，通过恰当的人事匹配提高资源配置效率，是人力资源管理的基本要求。从实际情况看，企业的人事匹配工作有两种基本方式，第一种是因事用人，第二种是因人设事。人们普遍肯定“因事用人”的做法，否定“因人设事”，这是合理的，但不能绝对化。其实“因人设事”的原则，考虑到了企业内部的交易费用，以及企业成员中积累的组织资源，在很多情况下有其合理性。

1.因事用人

所谓因事用人，是把事作为前提，根据事的需要来选择人、使用人。因事用人的工作流程，可以用图6-5来表示。

图6-5 因事用人流程

因事用人是人事管理的基本方式。管理者根据经营发展需要设立工作目标以后，致力于如何使工作任务通过合适的人来完成。人力资源的高层管理者，通常要考虑以下问题：

（1）公司是否有适当的人选来执行这项计划?

（2）如果没有的话，要采取怎样的措施来获得所需要的人才?

（3）怎么样把战略任务与员工管理结合起来?

找到能够完成目标的人，建立能够完成任务的工作团队并保证计划的实现，是战略执行的任务，也是因事用人的流程。

这种因事用人的流程，以获得合适的人为起点，一般有以下几种形式：

（1）职位因为人事流动而出现空缺，需要寻找新员工来承担原有的工作任务。

（2）原有人员素质结构不适应新的工作任务，需要新员工来承担原有岗位的新任务。

（3）因为企业经营战略调整而启动企业变革，需要新员工开展新的工作。

（4）因为临时项目而组建工作团队、开发项目，发挥群体创造力。

由于企业当中的事是通过职务加以确认的，职务实际上是“事”的结构化设置，因此，因事用人往往又表现为因职用人。因职用人，需要建立规范的职务体系，把任职资格作为人力资源管理的基本依据。因此，在因事用人的政策指导下，企业人力资源管理通常具有较强的稳定化和制度化特征。

2.因人设事

人们通常认为“因人设事”与科学管理的要求相去甚远，其经常被认为是人浮于事、权责不清、互相扯皮和效率低下的原因，对这种看法要具体分析。实际上，在企业人事安排中，因人设事的做法屡见不鲜，而且往往带来管理效率的提高。

联想集团的总裁柳传志提出过著名的总经理工作三要素——搭班子、定战略、带队伍。“搭班子”之所以放在“定战略”之前，说明先要有一批志同道合、有着共同理想的人，然后才能基于这批人的特点，定出最能发挥这批人长处的可行战略。可以说，没有柳传志和李勤，就没有“联想”，也就不可能有“联想”今天这样的战略和目标。柳传志认为：在中国很难做到“因事设人”，实际上，企业有什么样的人是要放在第一位来考虑的。是否有合适的人，是事业是否有成的关键。打个比方，可以把人当成阿拉伯数字中的有效数值，把其他资源看成是有效数值之后的0，后面带1个0是10，带2个0是100，3个0是1 000，没有合适的人带头，再多的0也没有用。

也就是说，在人事匹配过程中，并非总是有了事以后才去找人，而是要站在已有人力资源基础上分析应该干什么事，能够干什么事。“有什么人做什么事”，而不是反过来，“有多少事找多少人”。事是没有边的，问题是有没有能力去干。在能力这个问题上，人是最重要的，已有的人是最基本的依靠。如果拥有可以依靠的人，就可以以此为基点确定所要做的事。柳传志认为，杨元庆和郭为都是这样的人。后来联想集团分拆，分别由郭为和杨元庆领军神州数码和联想集团，是“因人设事”的生动例子。

因此，在某种意义上说，企业战略与组织是基于办企业的人而确定的，而不是办企业的人在企业战略的基础上形成。理解这一思想的意义在于，必须从企业已有人员状况出发考虑问题，特别是从企业已有核心人才出发来考虑问题，不能“因事用人”，应以战略实施的技术要求对人员结构进行全盘重组，否则往往行不通。也就是说，要把已有人员状况作为“做事”的前提与依据，而不仅仅是“做事”的手段和工具。其实这一道理是很清楚的。如果说，作为物力投资结果的企业技术设备，都是建立企业战略的前提，是企业选择做什么事的依据，那么作为人力资源投资结果的企业人员结构，为什么不是企业选择做什么事的依据呢?显然不仅是依据，而且是更重要的依据。

6.3.3 人力资源管理策略

管理者的选拔使用、管理团队的形成发展、员工队伍的建设与开发，是事关企业生存发展的根本问题，必须从战略的高度加以处理。与此对应，了解企业人力资源状况，根据企业实际选择合理的人事结合方式，是人力资源管理的要求，其中发挥人才队伍作用和改进人力资源状况是两个基本方面的任务。

1.发挥人才队伍作用

一般来说，企业人事工作在计划和组织的基础上进行，即根据完成企业战略目标的要求，在已有的组织结构框架内，分析和解决人事问题，把计划落到实处，使组织有效运行。但人的问题又会反过来对计划和组织工作发挥影响，在某些情况下，这种反作用具有决定性意义，影响企业战略目标的制定和组织结构的选择。对此需要深入分析。

（1）以人才的目标为决策依据

企业目标归根结底是企业成员的工作目标，不能离开企业成员来理解。而企业核心员工的目标，对于企业目标的选择具有关键意义。

以核心人才的目标为依据决定企业发展目标，可用图6-6表示。

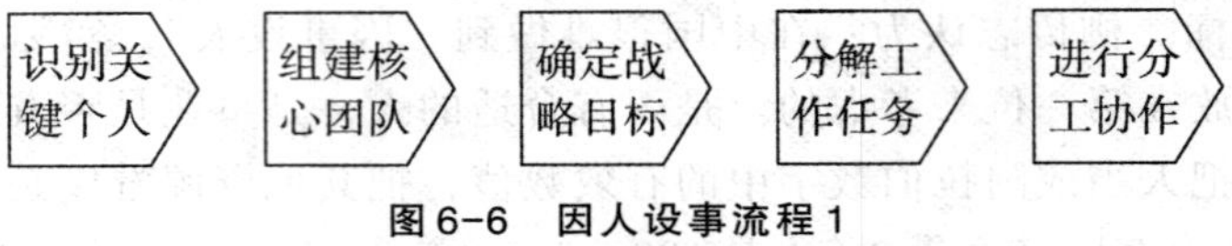

图6-6 因人设事流程1

这种情况通常发生在企业创立或者重要的战略调整过程当中。高层决策者把现有核心人才结构作为战略决策的前提条件，在能够为核心团队理解、把握和运作的前提下，确定企业的经营管理目标，并通过业务分解建立分工协作体系。这里所谓的核心团队，是具有一致利益要求和相近管理理念的团队，它必须具有强有力的领导核心，能够识别和吸引核心人才，凝聚核心人才共同奋斗。

（2）以人才的使用为组织原则

把具有特殊能力的员工放到重要位置，有不同的操作方式。最常见的做法，是把他安排到已有的关键职位上去，这就是因事用人的办法。但常常有这样的情况：已有职位不足以发挥员工的能力，或者根本没有合适的职位，这种情况怎么办?可能出现另一种角度的处理办法：调整原有职位的职能，甚至重新建立新的职位，在必要的情况下，还会重组企业的工作流程与企业架构。这就出现了典型的因人设事情况。这种情况不仅是可能的，而且是必要的。一旦这种情况增多时，企业变革就来临了。

以人才为依据调整企业结构的情况，可用图6-7表示。

图6-7 因人设事流程2

在因人设事的政策指导下，企业人力资源管理具有弹性化和变动化的特征，从而产生不同的企业形式和工作职责。

2.改进人力资源状况

究竟是因事用人还是因人设事?更进一步的问题是：在哪些环节、对哪些对象要因事用人？哪些环节和对象要因人设事?回答这些问题必须进行企业人力资源状况调查，包括考察企业的组织人事工作状况和员工队伍发展情况。

（1）组织人事工作状况

企业的组织人事工作状况，是指企业如何依托组织结构对员工队伍进行管理的状况。由于组织管理的主线是工作部门设置和指挥系统设立，所以离不开部门主管人员的选拔任用与考核激励，并且与人力资源管理密切联系。而员工的选拔任用和考核激励，又必须以职位设置和责权配备为依据，与组织体系的设计和运行密切相关，因此组织人事工作往往要放在一起考察，并与核心员工和关键人才的管理结合起来，形成企业的组织人事工作体系。对于这一工作体系的考察，是人力资源管理的主要依据之一，涉及广泛的内容。从实际情况看，对于如下方面的考察具有重要意义：

①业务流程状况：业务流程的缺陷，可能导致职能效率低下、相互扯皮等现象。对业务流程的分析是人力资源管理的一个重要内容。

②组织结构状况：包括部门设置的方式、管理权限之间的协调等问题。这种对职权、职责关系的调查和了解，有助于找到沟通不畅、效率低下等问题的原因。

③非正式组织状况：企业中的非正式组织，可能因为地缘因素、学缘因素、亲缘因素和利益因素而形成。分析人员结构和交往方式，把握非正式组织的规模和影响，有助于选择合理的员工管理措施。

（2）员工队伍发展状况

员工队伍发展状况是企业人力资源状况的直观体现，涉及人力资源的数量、质量、分布、利用方面的问题，了解这些方面的情况，从中把握企业与员工的关系、普通员工与骨干员工的关系、工作能力与工作态度的关系、人员流动和人才竞争的关系，是进行人力资源管理决策的直接依据。另外，还要通过员工业绩的测评，了解人力资源利用状况和管理效率，从投入产出角度进行分析，研究如何提高人力资源管理与开发的效益。在实际工作中，成本导向的企业关注人工成本控制方法，实行创新战略的企业关注特殊产品服务的开发，为此需要寻找建立差异化优势的人力资源支持。

小 结

1.管理就是用人办事，战略管理和组织建设都要通过用人办事加以落实。

2.在用人办事的过程中，对于管理人员的使用开发具有特别重要的地位。

3.部门主管的选拔、培养与使用，是企业人事工作的关键。

4.加强管理团队建设，能够提高用人办事的整体效率。

5.建立高质量的员工队伍，是提高企业生产经营效益的必要条件。

6.必须结合实际确定员工标准，以此作为员工选拔、使用、开发的依据。

7.员工使用的原则是人事匹配，职位设计、人员甄选和工作激励由此展开。

8.企业竞争的关键在于人才竞争，建立可靠的核心员工队伍能够建立竞争优势。

9.随着企业发展，员工能力已经成为企业第一资源，推动人事管理向人力资源管理转化。

10.企业人力资源管理的特点，是从促进员工价值实现的角度推动企业可持续发展。

11.进行企业人力资源管理，要从人力资源获取、配置、利用三个方面展开工作。

问题与思考

1.什么叫人事工作？其与管理工作有什么联系与区别?

2.人事工作是如何与企业核心竞争力联系起来的?

3.人事管理的重点在哪里?从哪些方面展开?

4.怎么确认核心员工?对其应如何加以开发与保留?

5.人力资源管理的职能有哪些?这些职能如何发挥作用?

参考案例

普华永道的员工管理

人才是会计行业最大的资产。会计师事务所不像传统意义上的企业，有厂房、机器、设备等巨额的有形资产。它最大的资产就是公司的品牌和高素质的人力资源。所以几乎所有的会计师事务所都很重视人力资源管理，普华永道也不例外。

一、普华永道的价值观

普华永道为自己设定了一个目标——成为世界上领先的专业服务机构。为了实现这个目标，其形成了企业的价值观。普华永道认为，在一个大型企业里，一个价值观框架要比一系列规则更能引导员工的行为方式和决策。

普华永道文化和价值观的核心是：卓越、团队精神和领导能力。普华永道的员工认为要在自己的领域里做到卓越不凡，就必须要提供超越客户期望的高质量服务，要不断地给客户这样的感觉：原来这件事还可以这样做，原来这件事可以做得这样好。

1.追求卓越

普华永道永远鼓励员工创新、持续学习并且对变化的环境保持敏锐。普华永道坚持持续教育以发展个人和集体的知识以及公司的专业经验。普华永道追求有活力、对事务变化嗅觉敏锐并且行动迅速，具有一定的灵活性和决策力的员工。

2.团队协作

普华永道认为同事之间以及员工与客户间均应建立起尊重、相互信任和共享的长期关系。基于尊重和信任的强有力关系是一个有效团队的核心，作为一个公司，普华永道一直在创造这样的环境。作为个人，普华永道希望员工与他的同事和客户保持密切的关系以分享知识、经验、资源和机遇。

3.领导才能

普华永道希望能启发并且激励每个人勇于承担责任，争取主动，并且有勇气、想象力，能够坚持正确的事情。

二、普华永道的招聘

普华永道的招聘分为校园招聘和对有工作经验人员的招聘，下面主要对其校园招聘进行介绍：

第一步是校园招聘。由于普华永道的精英策略，它只在少数的几所顶级高校进行校园招聘，开宣讲会，其他的高校学生就要直接进行网上申请，成功率大大低于前者。人力资源部门对所递交的简历进行筛选，从去年的情况来看，英语水平和计算机水平有基本的最低要求，英语一般要求已经通过六级考试，计算机则要求具备熟练的电脑操作能力。尽管普华永道声称对专业不作任何限制，但进入下一轮的学生多集中在商学院、经济学院及外语学院。

第二步是参加英文笔试。英文笔试是一种类似于大学英语六级的测试。题目的形式主要有单选、完形填空、阅读理解、中译英、英译中和作文。测试的难度也与六级类似，只是其中内容多是关于商业的问题。英文测试符合标准，即达到一定的分数就能进入下一轮面试。

第三步是经理面试。面试一般情况下会持续半个小时左右，一半时间用英文，一半时间用中文。面试的内容大多是一般性的，不会涉及太多的专业问题。面试官一般会让你先介绍一下自己，以便面试官找到一个话题使谈话不断地深入下去。最后，面试官会让你问一些问题。

第四步是群体评估。群体评估以8～12人不等的小组进行，时间一般会持续3个小时左右。这部分由互相介绍、辩论和案例讨论三个内容组成。

第五步是合伙人面试。面试20分钟到半个小时不等。在这一轮面试中，基本上不再考察应聘者的英文能力和专业能力，主要考察其整体素质及性格本质，比如看应聘者是否诚实，应变能力如何，承受压力能力如何，有何职业打算等。

三、普华永道的培训计划

普华永道的培训计划，可称得上是中国目前最好的培训计划之一。普华永道拥有全球性的培训网络及由专家组成的小组，这使得普华永道能够在中国提供国际性专业知识和中国专业知识的培训。

1.新毕业生培训计划

对新毕业加入公司的员工来说，第一年的大部分时间并不是培训，而是要全身心地投入到为客户提供合格服务的工作中。因此，新员工进入公司的前九个星期，公司设计了全天的培训课程，并帮助员工通过注册会计师考试。

普华永道新员工的培训内容和时间见表6-4。

表6-4 **普华永道新员工的培训内容和时间**

培训内容	时间
公司介绍	3天
会计知识介绍	7天
考试培训	10天
审计和税务知识介绍	7天
有效率和效果的审计或税务服务	4天
盘点	1天
信息技术培训	6天

新员工还将获得额外的自学时间来帮助其通过注册会计师考试，并且熟悉在培训中学到的知识和技能。公司绝大多数的学习过程是在项目中通过实践完成的。在最初的几个项目中新员工将得到具体的指导和帮助，直到取得了独立工作的经验和技能为止。

2.持续的学习

普华永道历来注重持续学习，除去从工作中获得的培训之外，普华永道提供了大量的内部培训教育课程。对每个员工在每一年中都将给予固定的培训，培训的内容随着员工经验的增加和从事某一行业的不断深入而不断变化，从而确保员工能够在每个时间段都能获得必要的再教育和知识支持。

四、普华永道的工作环境

一个公司对于个人发展的作用，一方面体现在公司为员工设计的专门培训上，这使员工获得必要的职业技能和行业知识；另一方面也体现在公司本身给员工提供的工作环境、业务锻炼以及技术运用上，这给员工的行为方式和思维方式带来潜移默化的作用以及丰富的实践经验。

1.与聪明的人一起工作

其实一个公司对于个人的影响更多地体现为工作在你周围的人的行为方式和思维习惯对你的影响上。在普华永道，当无数的聪明人在你周围工作，当他们以卓越而富有效率的工作方式不断地在你眼前解决一个个的难题，你也将潜移默化地具备他们的能力，这就像是在大学里所受的影响。尤其是当来自不同地区和不同行业的人带来不同的解决问题的方式的时候，员工内在的提升将很快。

2.为卓越的客户工作

在中国乃至全球，普华永道的客户都是其各自领域里最优秀的。普华永道在世界拥有接近半数的世界500强客户，普华永道为它们在中国的很多分支机构提供服务。当员工不断地处理拥有健全的公司财务和内部控制制度的公司的项目时，其将深谙这些优秀跨国公司的运营机制。在帮助这样的客户做得更好以后，员工将成为这方面的专家。同时，为这些卓越的客户工作本身就能给员工带来无比的优越感和自信心。

五、普华永道的内部晋升

作为普华永道的一名员工，职责是深入地了解客户、对客户负责。当然，其所要做的不仅仅是知道表面上的数字，还要了解那些对于客户业务起决定作用的各种因素和环节。因此，普华永道认为员工只有从最基层做起，熟悉每一个环节和程序，才能达到公司的要求。对于刚刚毕业没有工作经验的大学生，从底层做起是必需的，不会有任何人因为关系或者其他原因而受到特殊的照顾。一般情况下，新员工第一年会干一些基础的、琐碎的工作，如打字、复印等工作，在忙季时可能会做些稍微复杂的任务，第二年就可以当审计员。优秀的员工在4~6年的时间可以做到经理这个职位，然后可以升高级经理。从大学毕业顺利任职到升任合伙人，最短的员工要用13年的时间，当然，这就不仅仅是年限的问题了，最重要的是个人的能力和业绩。

普华永道的内部晋升流程如图6-8所示。

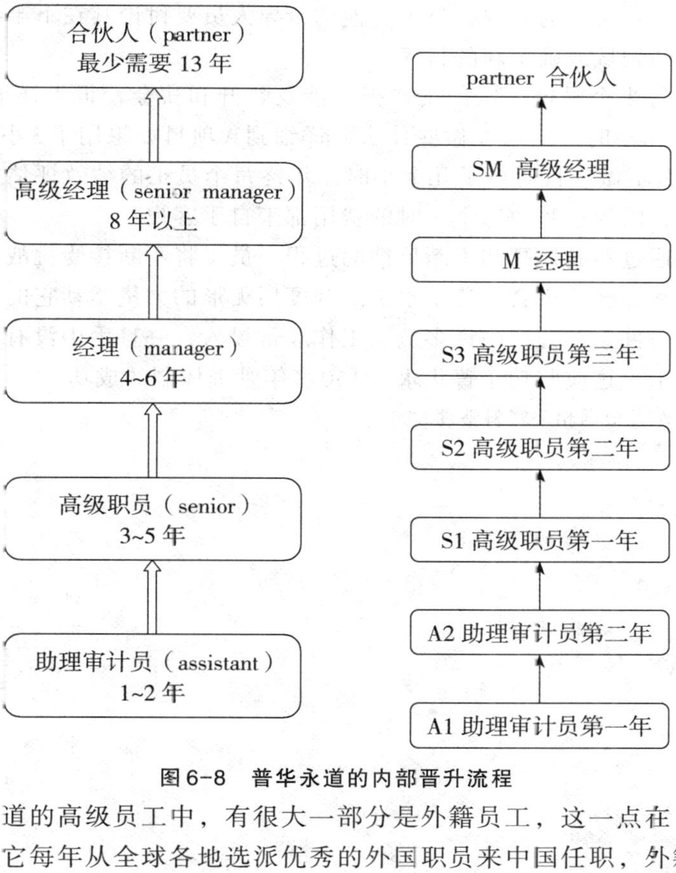

图6-8 普华永道的内部晋升流程

在普华永道的高级员工中，有很大一部分是外籍员工，这一点在“四大”里是比较突出的。它每年从全球各地选派优秀的外国职员来中国任职，外籍员工的比例达到15%，并且一般担任管理层的工作。普华永道中国的一位合伙人曾经说过：“引进外籍员工并非要求他们具体做多少业务，而是要求他们尽快培养本土人才，一个直接的口号就是‘培养一个可以代替你的人’，在许多人看来这并不是容易理解的事，但在普华永道，在特殊的会计师行业，这是个基本的生存法则。”

对于人才的本地化进程，是一个不能着急的过程。在公司里，员工从大学毕业一步步晋升到合伙人，要用十几年甚至二十几年的时间，但是这个过程是必需的，因为会计师最重要的资本在于由经验所带来的职业判断力，所有的员工晋升都不能急功近利，标准也不能降低。

六、普华永道的绩效管理

普华永道的每一个员工都有年度发展计划，担当指导人的合伙人或经理可通过发展计划与员工沟通，明确各个员工不同的事业发展目标，并及时把公司的期望反映给员工。在一个年度内，员工要参与许多项目，在每个项目开始之前，公司员工应当和他的项目负责人就其在这个项目中应该承担的责任和个人发展目标达成一致。在项目结束以后，员工应当和他的项目负责人一起总结其在项目中的表现，同时就下一个项目中应发展的方面进行讨论。每半年普华永道将对照员工的个人发展计划总结他在这一阶段的表现，员工和他的指导人员要讨论其在下半年度的工作中需要重点发展的领域或确定新的目标。

普华永道每半个月填一次的工作报告涉及晋升和薪金，报告详细到两周10个工作日×8个工作小时员工都在做些什么，详细到A项目如果用了3小时，B项目用了4小时，那么不做项目时待了几个小时。年终每个员工的绩效评估完全取决于这些时间的累加，因为这其中每个小时的费用都来自于客户。

普华永道通过不断提高和不断反馈的过程，员工将不断接受挑战，保持进步并得到职位晋升和加薪的机会。普华永道的制度用无形的力量驱动它的员工想办法去做好手中的每一件事，公司中许多员工工作非常投入，一旦手中没有项目时，都着急得四处找活干，这应归功于普华永道150多年管理体制的成功。

资料来源　作者根据相关资料整理.

第7章 企业领导

导入案例 乐百氏的员工“教练”

一、引子

在乐百氏集团成立之时，刚建成的办公大楼前便立起三座汉白玉雕像：天、地、人。天、地立于两侧，人立于天地之间最突出的位置，其寓意为：天地之间，以人为尊。由此表示公司对人才的重视和以人为本的经营管理思想。

乐百氏深知公司要发展，必须依靠人才。因此，乐百氏集团从1990年开始到华南理工大学等高等院校招收大学毕业生，之后两三年间便从北大、复旦、同济、华南理工等全国各地高校招回大学生100多人，大批的大学生为公司注入了朝气和活力。同时，在全国各大人才市场招聘有丰富工作经验的中、高级技术、管理人才，给公司带来了经验。而且，公司还从著名外资企业挖来高级管理人才，给公司带来新思维、新的管理方法。

然而，大量人才吸纳进来以后，怎样让他们人尽其才、才尽其用?怎样才能有效利用人才，而不至于造成人浮于事、人力资源浪费?企业通常遇到这样的两难选择——没有人才的时候，担心企业不能发展；有了人才，又担心发生内耗。

乐百氏该如何应对这一问题呢?为此，乐百氏建立了“教练式”的管理模式。

二、企业为人服务

乐百氏集团总裁何伯权有一句精辟的话：“传统的管理是人为企业服务，而现代企业的管理哲学是：企业为人服务。”也就是说，现代企业应该帮助员工成长，为人才提供更广阔的发展空间，让员工与企业共同发展，这样才能最大限度地发掘员工的潜力。一个好的企业和好的管理者的职责是帮助员工成功，他们最重要的事情就是要用手中的权力、自己的专长以及影响力来帮助员工成功，而不是利用权力欺压员工。

为什么平时表现好的球队在关键时刻会输球?乐百氏认为除了技术外，更重要的是心理素质。运动员要重视心理素质的培养，企业里的员工也同样需要。这种心理素质就是一种健康、快乐的心态。它是从工作中得到的，是在员工与企业共同发展中得到的。如果员工感到自己与企业的发展有很大的距离，感到因为这种距离要被企业抛弃，那么，他会有一种很严重的挫败感与自卑感，就不会有一种正常健康的心态，也就不可能发挥出自己的才干。相反，如果员工始终得到企业的帮助，感到自己在与企业一同发展，感到自己每天都有进步，那么，他会有一种自信心和一种工作的热情，进而获得一种健康的心态。

因此，只有企业帮助员工发展，员工才能具备良好的心态，才能发挥自己的潜能，这也就是为什么企业要为人服务的关键。基于上述思想，乐百氏借鉴了足球管理的方法，在公司内实施“教练式”管理。如同足球队一样，企业也需要教练。企业教练的责任就是帮助、指点员工，训练一大批能驰骋市场的优秀的企业“运动员”。

三、“教练式”管理

在许多渴望成功的企业中，都给人一种高度紧张的感觉。管理者由于工作太努力，事必躬亲，而没有足够的时间考虑企业的人事问题，更没有时间与下属进行交流和沟通。即使他的门总是敞开着，人们还是为要不要去打扰他而犹豫，因为他们总能看到正在埋头苦干的老总的压力。而员工只能一味地接受上面下达的“指令性计划”，日复一日重复着呆板的工作。因此，管理者会因为感到无人可用、殚精竭虑仍不能提高工作效率而苦恼，员工会由于没有得到接受任务所必需的训练、长期从事着毫无发展前途的工作而苦恼。

如何避免或改变这种对任何人都不利的管理局面呢?乐百氏以“教练式”管理改变了这种情况，如图7-1所示。

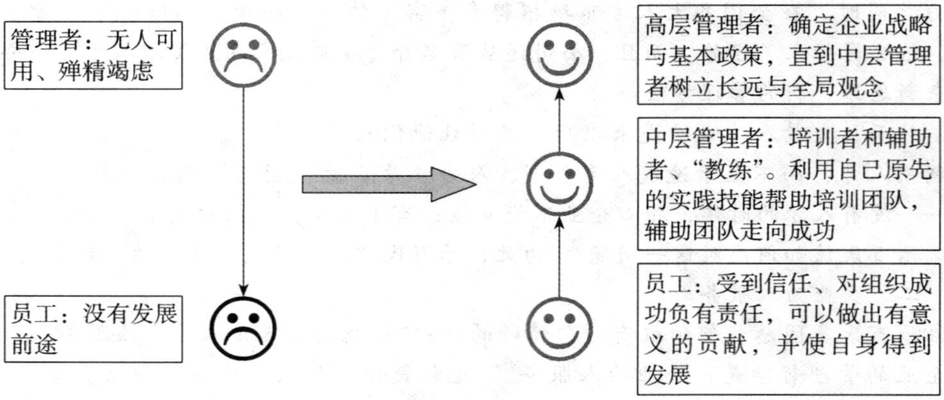

图7-1 乐百氏的“教练式”管理

具体来说，教练式管理由如下环节构成：

1.指导

早在创业之初，教练式管理就呈现雏形：有一些销售人员感到推销很难，似乎有些做不下去。何伯权就教他们“基本功”，要求他们送货时严格按十句话的先后顺序办事：一是见面要说“你好”，若是上午10点以前则必须说“早上好”；二是看看货架上自己的产品还有多少货；三是将自己的货压在别人的货物之上；四是整理一下自己的产品；五是帮助售货员查一下没有存放自己货品的货架或柜台；六是向售货方收上次进货的钱；七是告诉售货方下次必须再订多少货合适；八是与售货方签订供货单；九是告诉售货方下一次会几时再来；十是说“再见”。结果，业务员将信将疑地按十句话去做，竟取得了很好的销售业绩。

2.授权

许多名牌大学的优秀毕业生都到“乐百氏”来应聘，因为他们相信这个企业能为自己提供良好的发展机会。有位年轻的员工说：“来到公司，公司便给你一张白纸和一支画笔，只告诉你画什么，接下来便由你自己发挥，这就是机会。”乐百氏把员工看成专家，当问及和工作相关的问题时，它首先考虑的是向员工征求意见。这样也可以使各个部门不同层级员工的工作主动性得到很大提高，进而改进产品的质量、提高产量。

我们可以套用理查德·帕斯卡尔在本田公司的案例分析中提到的“金色三角形”来描述乐百氏的这种情形——共同的价值观、信任和授权构成了乐百氏发展的良性循环：企业与员工共同的价值观和相互信任是鼓励员工思索问题、参加实践以及自我发展的前提条件。一旦员工清楚组织代表什么，并且清楚他们所承担的责任和所作的努力是合理的，那么他们就会相信企业的价值观是值得信赖的，因而能够开始真正努力以提高自身素质、谋求更大的发展。此时，只要管理者为这些员工提供机会，他们就可以展现出过人的工作能力。

3.学习

企业在人才“自我实现、自我发展”的原动力推动下迅速发展，企业的迅速发展又为员工提供了更多的机会，并向员工提出了更高的要求，迫使员工不断提高自身的工作能力和综合素质，企业发展与人才成长便形成了良性循环。企业与员工都要不断学习，这成了“乐百氏”公开的成功秘诀。乐百氏集团的员工手册明确提出五个“反对”：反对坐吃老本不求进步；反对轻视学习自以为是；反对讲求享受不求拼搏；反对只顾小我各施其政；反对不自量力冒险急进。

4.团队

1997年，何伯权和几位高层决策者带头自费参加香港举办的城市精英培训班，这个培训班在一般人眼里办得好笑，是一个爱心培训班。到了年底，何伯权花了近10万元请来12名香港人力技术公司的人际关系导师，辅导员工怎样用爱心去欣赏人、关心人，怎样用爱心同家人、朋友建立亲情、友情等。在外人眼里，何伯权的做法简直不可理解，企业又不是慈善机构，但只通过一天半培训出来的员工却感悟到：公司如此慰劳员工，教你如何去爱人，其实是期望与你共进，不愿有人落伍，更期望大家能有团队合作精神。足球比赛是团体的比赛，而不是某一个人的。某一个人进了球，功劳也不是他独占的，而是集体的。因此，公司强调团队精神和凝聚力，认为一个集体不是简单地把全部人才堆砌起来就可以作出成绩的，而是希望产生整体大于局部之和的效应，即1+1 > 2。

乐百氏要求管理使管理者亲和于员工，让管理者与员工的心理距离拉近，让管理者与员工彼此间在无拘无束的交流中互相激发灵感、热情与信任，这样才能加强企业团队的凝聚力，达到“教练式”管理的真正目的。

5.培训

要真正做到亲和于员工，不是在表面上与员工拉近距离，而是要真正关心员工，不单是关心员工的家长里短，更重要的是关心员工的前途和未来，包括员工的学习机会、得到认可的机会和得到发展的机会等。乐百氏集团采用三种培训方式：一是专业培训，请有关专家、教授以及著名管理机构来为员工作培训；二是心理素质方面的培训，如成功心理学；三是实际工作中的培训，每个主管都负责对下属的培训，主管本身参加各类高级培训班和研讨会。例如，1998年、1999年公司投巨资组织举办了企业教练培训班，请香港汇才人力资源有限公司对企业高层和中层骨干共20多人进行了心理培训。

四、从管理到领导

乐百氏的“教练式”管理，立足点是使员工的自我发展需要得到满足，并通过一定的企业制度，将员工发展与企业绩效联系在一起，为实现“双赢”提供必要的指导、支持和奖励。为此，“教练式”管理对管理者提出了特殊的要求，并要求在不同情形下有不同风格：

首先，管理者应是支持型的“教练”，对员工友善，并了解和关心员工真正的需求；

其次，管理者应是指导型的“教练”，要让员工知道对他们的期望，并对员工如何完成任务给予具体的建议与帮助；

再次，管理者应是参与型的“教练”，与员工共同磋商，在决策前充分考虑下属的建议；

最后，管理者还应是成就取向型的“教练”，能够为员工设置富有挑战性的目标，并期望员工实现自己的最佳水平。

总之，“教练式”管理的核心思想是：管理者的任务是帮助员工达到他们的目标。为此必须提供必要的指导和支持，以确保员工目标与企业目标相一致，通过企业的制度途径来实现它的自身目标。也就是说，管理者通过指明工作目标和提供必要条件来帮助员工，并为员工清理各种路障和危险，从而使员工提高自身价值的努力更为顺利。

因此，管理者的本质不是管理，而是领导。

问题与思考：

1.乐百氏为什么重视员工发展“教练”？

2.“教练式”管理的特点是什么？

3.怎么理解领导者的职责与作用？

4.领导工作作为管理职能的特点是什么？

5.如何才能成为一个有效的领导者？

本章提要

如果说，计划工作规定员工行动方向，组织工作以制度化的分工协作体系确定员工行动空间，人事工作从人事匹配角度为员工提供发挥作用的途径，那么领导工作则以具体任务的安排和指导，推动员工为实现企业目标而努力工作。与其他管理职能相比，领导工作的特殊性在于具体性，即具体问题具体分析和具体处理。由于具体问题错综复杂，难以通过程序化、结构化的办法来处理，因此领导工作具有较强的艺术性。与此相应，领导工作所依托的权力，常常不是直接来自明确的规章制度，而是领导者的个人影响力和威信。在复杂多变的企业竞争中，管理者只有加强随机应变的领导能力，才能提高企业生产经营效益，获取市场竞争优势。为此需要从目标管理、授权管理以及权变管理等角度进行努力。

7.1　领导工作

如何提高企业效率?实践证明，仅靠制度化的职位权力是不够的，在用人办事的过程中，要大量依靠管理者的素质与能力，根据实际情况进行管理沟通与工作指导。这是因为，制度规定不仅很难对工作内容和形式作出详细规定，而且很难随着工作情况的变化进行相应调整。为此，需要加强领导。领导工作的特点，是通过职位权力的灵活应用和职务外影响力的综合应用，引导下属为实现共同目标而自觉努力。在此过程中，管理者不仅是完成工作任务的指挥者，而且是实现员工目标的指导者。

7.1.1　领导工作的性质

卓越领导是企业获得成功的重要条件之一。在一定意义上可以说，没有卓越的领导就没有成功的企业。松下幸之助、卡内基、亚科卡、李嘉诚等著名企业家的实践，以及他们创建的企业王国，已经充分证实了这一点。相反的实例也反复说明，领导失误往往是断送企业的致命因素。

1.领导的含义

领导包含动词与名词两种含义：作为动词的领导，是影响他人为实现组织目标而共同努力的活动；作为名词的领导，是指能有效影响他人活动因而具有稳定追随者的人。不管动词还是名词，都与对于他人的影响力相关。因此，可以简单地说，企业领导就是对于企业成员工作状况具有较大影响力的人，以一定的方式影响他人在有计划生产经营过程中的活动。为此要理解领导力和领导效率。

（1）领导力

企业领导对于他人行为的影响力称为领导力。为了准确把握领导力的内涵，需要明确两个概念：权力与职权。所谓权力，是指影响他人行为的能力。当一个人或者组织能够使他人采取按其本来意愿不会采取的行为时，就体现着对于他人的权力。权力的来源是多方面的：有可能是某种组织授予的制度化权力，例如资源调配权、考核奖惩权；也有可能是某种个人具有的特殊能力和魅力，例如较多的学识、较高的威信；还有可能是某种情景或者机会，例如偶然获得的某种重要信息等。因此，人们可以通过不同的途径建立自己的权力。所谓职权，是指一种特殊的权力，即正式组织通过制度途径赋予的权力。这种权力总是与一定职位相结合，通过一定的职位权力体现出来，具有非人格化的特点。一个人是否具有某种职权，不取决于他的个人特点，而取决于他所处的职位。

企业领导力同权力与职权有关，是以职权为中心的权力统一体。

企业领导通常具有职权。这是因为，企业是一个正式组织，企业的运行机制以正式建立的规章制度为依据，这种规章制度的基本内容是关于企业组织结构的规定，是关于企业组织中的不同职位的权力划分。不同企业成员的地位与作用，根据他在企业组织中的不同职权来确定。相对应，不同职权的获得，也就决定了他对其他人行为影响力的大小。职权等级越高，对其他人的影响力就越大，就越有可能获得追随者，从而成为企业领导人。然而，企业领导又不能仅仅只有职权。这是因为，企业运行状况受企业成员之间的关系影响极大。这种关系的一个基本内容，是企业成员相互要求及其实现方式的心理契约。不同企业成员的地位与作用，根据他在其他企业成员心目中的形象来确定，根据他所得到的信任程度和广度来确定。不同的形象与威信，决定了他对其他人行为所具有的影响力大小。一个人的威信等级越高，对其他人的影响力就越大，就越有可能获得追随者，从而成为企业领导人。

然而，在实际工作中，职权影响力与个人影响力不会自然而然统一。具有职权但没有威信，或者具有威信而没有职权的情况，是常常存在的。如何把二者统一起来，是提高领导力的关键环节之一。

（2）领导效率

领导效率是领导力的作用结果，指通过领导活动实现预定目标的有效程度，也称领导有效性。在领导过程中，职位权力与个体能力为领导工作提供了条件，利用这些条件实现领导目的的程度，体现了领导工作的效率。对于领导效率通常从以下几个方面进行考察：

①目标实现。领导效率最终通过是否实现企业目标反映出来，既包括经济社会效益的整体目标，也包括企业成员的个体目标。

②下级支持。员工是否主动而非被迫地执行管理者的要求，不论这种执行是出自感情需要还是利益考虑。

③激励程度。员工能否因自身价值实现而焕发出较高的工作热情和积极性，使潜能得到充分利用。

④员工评价。是否大多数员工能高度评价所在企业或群体的价值，并以成为该企业或群体的一员而感到自豪。

⑤沟通效果。经营管理者与员工之间能否及时、顺畅地沟通信息，并以此作为调整领导方式的依据。

上述几个方面的内容，是领导者、被领导者和环境三方面因素相互影响的过程与结果，因此提高领导效率要从领导者、被领导者与环境之间的匹配与协调入手。

2.领导的方式

领导工作的特征，是引导他人与自己一起努力实现共同目标，以对他人的影响力为基础。如何根据不同情况的特点，有针对性地塑造和发挥对于他人的影响力，是领导工作的关键。

（1）领导者的特征

领导者拥有权力，但绝不仅仅依靠职权。管理者失去职权就失去了指挥他人的基础，也就不再成其为管理者了。但没有职权的普通人，依靠其特殊的个人影响力，照样可以向其追随者发号施令，引导他们追求某一目标，从而成为领导者。

由此可见，管理者与领导者是一对交叉概念，二者都有指挥他人行为的影响力，但有不同的影响力来源，分别是职位权力和个人特征。二者之间可能结合，也可能分离，由此出现不同的领导者和管理者。一般而言，可以分为四类：既没有职权又没有个人影响力的管理者；有职权但没有个人影响力的管理者；有个人影响力但没有职权的领导者；既有职权又有个人影响力的管理者。后一种管理者能够依托其个人影响力，更有效地实现职位工作的目标，使个人能力成为组织管理能力的重要组成部分。

在企业管理活动中，领导活动的特征具有重要意义。研究领导活动的特征，是为了更好地发挥管理者的个人影响力，促进企业生产经营效益的提升。为此，应关注领导力的结构、来源、应用范围和培养方式。

（2）领导工作的途径

在领导工作中，管理者对他人施加有意识的影响，促使其心理和行为发生预期的改变，从而为实现工作目标而积极努力。在此过程中，管理者可以从不同途径发挥影响力，从而使领导工作出现不同的方式。

①利益的影响。人们加入分工协作系统的目的，是更好地满足自身的物质或精神需要。在企业中，当经营管理者运用权力使员工利益得到满足时，可以有效地激发员工的工作动机，形成驱动感，激励他们自觉采取积极的行为方式，提高工作绩效。

②理性的影响。理性是人们合理确定目标并加以有效实现的能力。如果管理者能够引导员工更好地识别自己的利益，帮助员工找到实现利益的更好途径，就能够得到员工的信任和支持，引导员工按照一定的方式努力工作。

③感情的影响。感情是联结人与人之间关系的稳固的纽带，也是影响他人心理与行为的有效途径。当员工感受到领导者关心、尊重他们，并与之建立起超越正式组织关系之上的更为密切的人际关系时，就会产生一种亲密感、知己感，因而从感情上自愿接受、支持其领导。运用感情的力量进行影响，有时可以达到理性力量无法企及的深度。

④传统的影响。传统是一种影响人们行为选择的习惯力量。人们在长期的社会

生活中，会形成一定的行为习惯，包括行为选择的默认前提，对于人际关系的处理方式，以及对于某些人的信任与服从。管理者可以利用传统观念的影响，增强其对于员工的影响强度。

⑤恐惧的影响。趋利避害是人类的本能之一。当人们意识到领导者握有某种惩罚权力，能够使他陷于生理或心理上的痛苦时，便力求迎合领导者的愿望，遵从其旨意，避免受到伤害。建立在惩罚权基础上的影响，使被领导者产生某种恐惧感、强迫感，领导者可以利用这种影响，防止违抗命令的行为发生。

7.1.2 领导工作的作用

领导者必须具备想象力和感染力，想象力激励领导者勇往直前，使他怀着一种令自己激动并奋斗不息的使命感，从而不畏惧艰难险阻和挫折失败。感染力像一团不熄的火焰，在员工的眼前和心目中熊熊燃烧，激励着他们紧随领导者向既定的目标迈进。想象力和感染力的发挥，使领导工作在管理职能中具有特殊的地位和作用。

1.领导与管理的关系

从总体上来说，领导与管理的关系在于：领导的任务，是保证组织拥有明确的前进方向，并使相关的人理解和坚信它的正确性，因此领导要为实现远景目标制定战略，不断推动企业进行各种创新；管理的任务，是保证组织拥有向既定目标前进的程序与方法，并使员工明确自己在此过程中的责任与权力，因此管理通过计划、组织、人事和控制等职能进行，以此维护企业的工作秩序，使组织高效运转。南加利福尼亚大学的沃伦·本尼斯教授说：“管理人员的目标是把事情办妥，领袖人物的目标则是去做应该做的事。”

领导与管理的差别见表7-1。

表7-1 **领导与管理的差别**

工作内容	领导	管理
确定任务	明确方向——确立一幅未来的图景，为实现目标，制定变革的战略	计划和预算——为达到所期望的结果，设立详细的步骤和时间表，然后分配所需要的资源，开始行动
发展组织	联合群众——将所确定的企业经营方向传达给群众，争取有关人员的合作，并形成影响力，使相信远景目标和战略的人们结成联盟，并得到他们的支持	组织和人员配备——根据完成计划的要求建立组织机构，配备人员，赋予他们完成计划的职责和权力，制定政策和程序对人们进行引导
落实工作	激励和鼓舞——通过唤起人类未得到满足的需求，激励人们战胜变革过程中遇到的主要障碍	控制、解决问题——详细地监督计划的完成情况，如发现偏差点，则制定控制措施、组织人员解决问题
评价结果	引起变革，并形成有效的改革能动性(例如生产出顾客需要的新产品，寻求新的劳资关系协调办法，增强企业竞争力等)	实现预期计划，维持企业秩序，为各种各样的利益相关者提供所期望的结果(例如为顾客按时交货，为股东分红)

随着企业的发展，知识型员工队伍的扩大，领导工作的地位越来越重要。例如，美国通用电气公司的前任首席执行官杰克·韦尔奇，热衷的不是管理而是领导。他非常推崇有效的领导。他介绍自己从事领导工作的六大准则为：

◆掌握自己的命运，否则将受人掌握；

◆面对现实，不要生活在过去或幻想之中；

◆坦诚待人；

◆别只是管理，要学习领导；

◆在被迫改革之前就进行改革；

◆若无竞争优势，切勿与之竞争。

2.管理者的领导任务

领导工作的任务，是开发员工动力，启迪员工觉悟，明确共同努力的方向和分工协作的原则，从而保证组织成员为实现组织目标而积极努力。

（1）管理者的领导职能

管理者的首要任务是确定“应该做的事”，表现为依据企业的战略目标，确定自上而下的目标体系，推动员工为实现目标而自觉努力地工作。

在企业经营管理中，高层管理者必须考虑长远的、整体的目标。中层和基层管理者可以为今天的、短期的目标而工作，但必须既能说服下属，又能感染下属。因此，所有管理者要善于创造一种“领导势”，使大家自觉不自觉地融入组织目标之中，共同为实现目标而努力工作。也就是说，管理者不仅是员工的控制者，而且是员工的指导者与推动者，就像韦尔奇所说的，应该是一个有威望的教练员。

与此相应，作为一种管理职能的领导工作，其关键在于结合生产经营活动的具体情景，把企业发展目标转变为可操作的工作任务，并发挥自身的个体影响力，带领和促进企业成员为实现工作目标、完成工作任务而自觉努力。

（2）管理者的领导任务

为了有效地发挥领导作用，管理者必须做好三个方面的工作：第一是为企业成员的分工协作明确工作目标；第二是促使员工为实现这一目标而自觉努力；第三是帮助员工找到实现这一目标的合理途径。

也就是说，管理者要善于确定目标，让下属明确目标，并以此激发出推动企业前进的力量。但是，仅仅把企业成员的使命感和积极性激发出来还不够，还必须为之提供发挥作用的合适舞台，以支持员工把工作做好。因此，为下属进行恰当的职权配置极为重要，能够调动和发挥员工的积极性。不管目标塑造还是职权配置，都必须结合工作实际，适应具体工作要求和面临的约束条件。领导工作与计划、组织、人事工作的最大区别之一，就是具体问题具体分析、具体处理，针对不同情况采取不同的对策。

对于企业高层管理者来说，面对的都是复杂多变的形势和问题，很难采取结构性的处理办法，因此发挥领导职能、加强领导工作尤为重要。与此相应，在实际工作中，目标引导、工作授权和权变领导，是企业领导的常用方式，它们相互关联，促进领导工作的开展。

7.2 目标管理

企业实战 7-1	某机床厂的目标管理

某机床厂从1981年开始推行目标管理。为了发挥各职能部门的作用，调动职能人员的积极性，该厂首先对厂部和科室实施了目标管理。经过一段时间的试点后，逐步推广到全厂各车间、工段和班组。多年的实践表明，目标管理改善了企业经营管理，挖掘了企业内部潜力，增强了企业的应变能力，提高了企业素质，取得了较好的经济效益。

按照目标管理的原则，该厂把目标管理分为三个阶段进行。

第一阶段：目标制定阶段

1．总目标的制定

该厂通过对国内外市场机床需求的调查，结合长远规划的要求，并根据企业的具体生产能力，提出了20××年“三提高”、“三突破”的总方针。“三提高”是指提高经济效益、提高管理水平和提高竞争能力；“三突破”是指在新产品数目、创汇和增收节支方面要有较大的突破。在此基础上，该厂把总方针具体化、数量化，初步制订出总目标方案，并发动全厂员工反复讨论、不断补充，最后送职工代表大会研究通过，正式制定出全厂20××年的总目标。

2．部门目标的制定

企业总目标由厂长向全厂宣布后，全厂就对总目标进行层层分解，层层落实。各部门的分目标由各部门和厂企业管理委员会共同商定，先确定项目，再制定各项目的指标标准。其制定依据是厂总目标和有关部门负责拟定、经厂部批准下达的各项计划任务，原则是各部门的工作目标值只能高于总目标中的定量目标值，同时，为了集中精力抓好目标的实现工作，目标的数量不可太多。为此，各部门的目标分为必考目标和参考目标两种。必考目标包括厂部明确下达的目标和部门主要的经济技术指标；参考目标包括部门的日常工作目标或主要协作项目。其中，必考目标一般控制在2～4项，参考目标项目可以多一些。目标完成标准由各部门以目标卡片的形式填报厂部，通过协调和讨论最后由厂部批准。

3．目标的进一步分解和落实

部门目标确定以后，接下来的工作就是目标的进一步分解和层层落实到每个人。

（1）部门内部小组（个人）的目标管理，其形式和要求与部门目标的制定相类似，拟定目标也采用目标卡片，由部门自行负责实施和考核。要求各个小组（个人）努力完成各自目标值，保证部门目标如期完成。

(2) 该厂部门目标的分解是采用流程图方式进行的。具体方法是：先把部门目标分解落实到职能组，再分解落实到工段，工段再下达给个人。通过层层分解，全厂的总目标就落实到了每一个人身上。

第二阶段：目标实施阶段

该厂在目标实施过程中，主要抓了以下三项工作：

1.自我检查、自我控制和自我管理

目标卡片经主管副厂长批准后，一份存企业管理委员会，一份由制定单位自存。由于每一个部门、每一个人都有了具体、明确、定量的目标，所以在目标实施过程中，人们会自觉地、努力地实现这些目标，并对照目标进行自我检查、自我控制和自我管理。这种自我管理，能充分调动各部门及每一个人的主观能动性和工作热情，充分挖掘自己的潜力，因此完全改变了过去那种上级只管下达任务、下级只管汇报工作完成情况，并由上级不断检查、监督的传统管理办法。

2.加强经济考核

虽然该厂目标管理的循环周期为一年，但为了进一步落实经济责任制，即时纠正目标实施过程中与原目标之间的偏差，该厂打破了目标管理的一个循环周期只能考核一次、评定一次的束缚，坚持每一季度考核一次和年终总评定。这种加强经济考核的做法，进一步调动了广大职工的积极性，有力地促进了经济责任制的落实。

3.重视信息反馈工作

为了随时了解目标实施过程中的动态情况，以便采取措施、及时协调，使目标能顺利实现，该厂十分重视目标实施过程中的信息反馈工作，并采用了两种信息反馈方法：

(1) 建立“工作质量联系单”及时反映工作质量和服务协作方面的情况。尤其当两个部门发生工作纠纷时，厂管理部门就能从“工作质量联系单”中及时了解情况，经过深入调查，尽快加以解决，这样就大大提高了工作效率，减少了部门之间的不协调现象。

(2) 通过“修正目标方案”来调整目标。内容包括目标项目、原定目标、修正目标以及修正原因等，并规定在工作条件发生重大变化需修改目标时，责任部门必须填写“修正目标方案”提交企业管理委员会，由该委员会提出意见交主管副厂长批准后方能修正目标。

该厂在实施过程中由于狠抓了以上三项工作，不仅大大加强了对目标实施动态的了解，更重要的是加强了各部门的责任心和主动性，从而使全厂各部门从过去等待问题找上门的被动局面，转变为积极寻找和解决问题的主动局面。

第三阶段：目标成果评定阶段

目标管理实际上就是根据成果来进行管理的，故成果评定阶段十分重要。该厂采用了自我评价和上级主观部门评价相结合的做法，即在下一个季度第一个月的10日之前，每一部门必须把一份季度工作目标完成情况表报送企业管理委员会（在这份报表上，要求每一部门自己对上一阶段的工作作出恰如其分的评价）。企业管理委员会核实后，也给予恰当的评分。如必考目标为30分，一般目标为15分。每一项目标超过指标3%加1分，以后每增加3%再加1分。一般目标有一项未完成而不影响其他部门目标完成的，扣一般项目中的3分，影响其他部门目标完成的则扣分增加到5分。加1分相当于增加该部门基本奖金的1%，减1分则扣减该部门奖金的1%。如果有一项必考目标未完成则扣减至少10%的奖金。

该厂在目标成果评定工作中深深体会到：目标管理的基础是经济责任制，目标管理同明确的责任划分结合起来，就能深入持久，具有生命力，达到最终的成功。

领导力作为一种影响力，首先是影响他人的目标选择，因此目标管理是领导工作的首要方式。企业目标管理（management by objectives，MBO）作为一种管理理论与方法，由管理学家德鲁克于1954年提出。他认为，企业的“目的和任务必须转化为目标”，“一个领域没有特定的目标，则这个领域必然会被忽视”。管理者不仅要善于确定组织目标，而且要善于引导员工根据组织目标制定个人目标并努力实现，从而积极主动地为组织作出贡献。

7.2.1 目标管理的含义与要求

目标管理在计划、组织与人事工作的基础上进行，强调工作者的主观能动性，力图通过帮助员工合理地确立和实现目标，激发员工的工作动力和创造力，提高工作效率。

1.目标管理的含义

在调动组织成员工作自觉性与能动性基础上，通过企业目标的层层分解以及不同层次之间的目标链接，形成实现企业整体目标的合力，以此推动企业高效有序运行，是目标管理理论与方法的基本含义。

2.目标管理的特征

德鲁克认为，管理工作应该以目标为基础，应该受所要完成的目标的指挥和控制，而不是受制于老板。一个管理者只有了解了部门和企业的目标，才能左右自己的活动，他说：“能做到这一点的唯一法宝就是目标管理和自我控制……它以更严格、更为动人也更为有效的内部控制取代了外部控制。它激励管理者行动起来，并非是因为有人告诉他要做什么……而是目标对他的工作需要他这样做。”

在德鲁克看来，企业目标及企业成员目标的塑造与实现状况，是企业能否有效运行的关键。在一个企业中，如果没有有机统一、方向一致的各层次目标来指导每个人的工作，则企业的规模越大、人员越多，发生冲突和浪费的可能性就越大。各级管理人员只有通过目标对下级进行领导，并以目标来衡量每个人的贡献大小，才能保证一个企业总目标的实现。

因此，目标管理强调组织计划的系统性，即通过组织计划的系统性来保证组织各项活动的逻辑联系，这实际上是通过计划指标体系领导企业的过程。因为目标管理所强调的计划，是在企业成员之间上下互动、协调沟通基础上制订的计划，在此过程中，企业管理者对于企业成员的影响力具有关键作用。

与此相应，目标管理强调目标制定过程的激励性，因为人的积极性来自于他对目标价值的认同和对该目标实现可能性的估计。建立在理解工作意义基础上的热情，要胜于由金钱刺激出来的干劲。韦尔奇认为，管理就是激励。通过目标管理，企业管理者可以为企业各部门和员工指出努力方向，可以不断激励员工为实现这些目标而努力。因此，利用目标管理，可以极大地调动员工的工作热情。

3. 目标管理的要求

由于目标管理的特点是通过目标的建立与整合来推动企业经营管理，因此进行目标管理具有特定的要求：

（1）目标的正确性

所谓正确的目标，首先是指与企业使命相一致的目标。如果目标不正确，推行目标管理只会给企业带来更大的损失。相反，符合企业使命但不完善的目标是合理目标，这往往与企业的约束条件有关，不应因为目标不够完美而忽略目标管理的可行性。

（2）目标的过程性

由于目标实现是一个过程，需要经历不同阶段，因此要注意目标实现不同阶段的综合效应，防止不同阶段的目标脱节。为此，必须明确目标的不同阶段的要求、相应阶段的时限及时限内的客观环境和条件。不存在超越时空条件的、绝对的、不变的目标。

（3）目标的结构性

目标往往由多重内容构成，为此要防止目标的片面性。用具体目标代替管理职责是不合适的，把目标与手段混淆起来也是有害的。因此，要区分目标与实现目标的形式、方法与过程的差别。不能简单地将所有内容列入目标进行管理，以防止目标与手段的混同甚至颠倒。

7.2.2 目标管理的应用与实施

1. 目标管理的应用

目标管理是一种整体管理制度，以整体实施为佳，但在实际工作中，要一下子全面应用是有困难的。在组织规模大的企业，如果一下子应用于全体员工，不但费时费力而且难以保证效果。例如，高层管理者热心推动，而中层管理人员却不热衷，对此有不安或反对，或员工素质不佳，误解目标管理的用意，凡此种种，均有可能会发生。因此，引进目标管理的时候，必须决定恰当的实施范围。其中有几种选择方式：

◆ 以业务类型为依据（先在分公司或工厂等实施）；

◆ 以部门划分为依据（以各部门为贯彻单位，如先在技术部门或营业部门或制造部门等实施）；

◆ 以计划内容为依据（依计划分别加以实施，如在新产品开发、大量制造产品、人员合理化等业务中实施）；

◆ 以管理层次为依据（以管理阶层或具特定资格者为对象实施）。

2.目标管理的实施

由于不同企业的不同特点，目标管理具有不同方式。一般来说，可以按如下步骤加以实施：

（1）目标设立

建立目标体系要从企业战略开始。首先要提出组织发展的方向，明确组织内部各部分的作用，随后发动全体成员讨论总目标，由各部门、各层次提出自己的分目标。在讨论组织目标体系的过程中，企业经营管理者能够得到许多有益的启示，同时可以审视和调整组织人事结构，这是落实目标体系的组织保证。在自上而下和自下而上的反复协商中，目标体系和组织结构能够逐步配合，融为一体。

目标管理中的目标，应该是对期望成果的简要概括，且是明确的、可以衡量和评价的目标。如降低部门成本5%，保证维修人员在10小时内上门服务，等等。此外，制定目标时应当鼓励下级人员根据指导方针拟定自己的目标，然后由上级批准，努力做到上下级共同选择目标，并对如何衡量绩效达成切实可行的协议。

（2）目标落实

目标管理必须强调系统性和激励性。为此，企业管理者要根据目标体系的结构，在给下属一定方向指导的前提下，以下属自报公认的指标为基础，落实相应的权限和工作条件，使下属能够独立自主地实现目标。企业管理者的工作重点是综合性的协调与推动，主要靠执行者的自我控制来完成目标。

目标管理重视结果导向，强调自觉、自愿、自主。当然，这并不是说确定目标后可以放手不管，而是要在放手的基础上来管。企业管理者的管理工作主要表现在沟通、指导、协助上，通过提出问题、提供情报以及创造良好的工作环境等方面，来保证目标的完成。

（3）目标反馈

目标管理强调反馈，通过给有关人员提供及时的、准确的、持续的反馈，使他们能够有效地控制和修正自己的行为。与此同时，要给以阶段性评价和相应的物质和精神鼓励，不断激发下属的目标认同感和工作自豪感。需要注意的是，关于目标实现状况的反馈，要以不断促进工作改进为原则，而不是以监督控制为原则。也就是说，要在尊重下属自觉能动性的基础上进行反馈和评价。与此相应，考核评价要注重目标的实施结果，而不仅仅是工作过程和努力程度。

图7-2说明了企业目标管理的全过程。

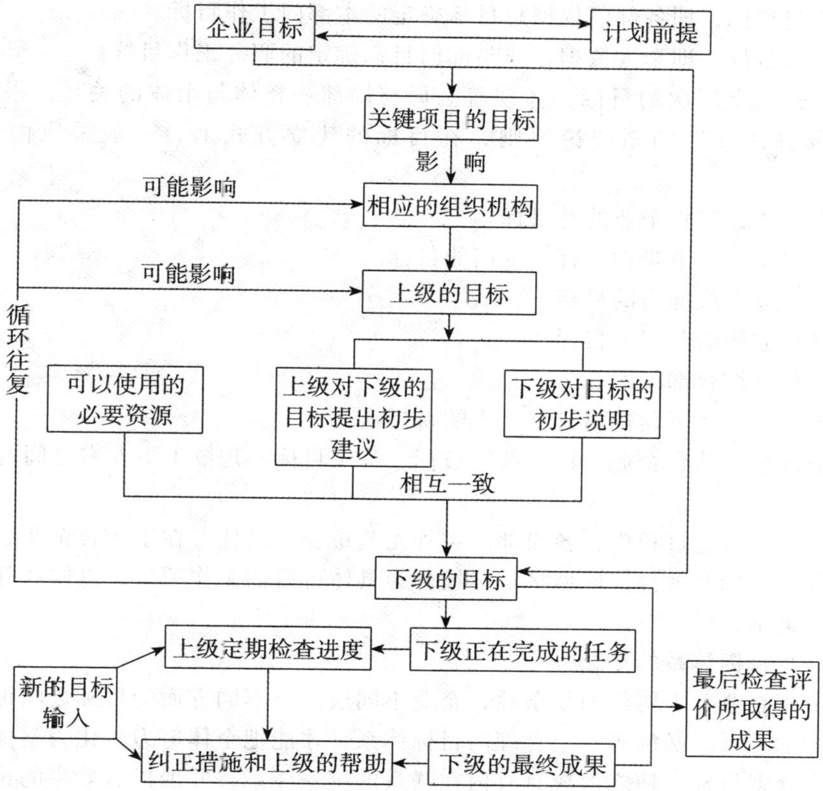

图7-2　企业目标管理过程

7.2.3　目标管理的关键、难点与措施

企业是一个有计划的分工协作体系，企业的整体目标必须分解落实到每个部门和员工，才能通过组织成员的共同努力加以实现，在此过程中，每个部门和员工都要在企业目标的指导下，明确自身的工作目标，为实现工作目标而自觉努力。

1.目标管理的关键

目标管理的关键是建立一套合理有效的目标体系，即在企业战略的指导下，把组织整体目标分解落实到各个部门与员工，建立层层衔接的目标体系，作为企业成员分工协作的依据。

(1) 目标体系的内容

目标管理的主旨，是使每一个工作者在企业分工协作体系中，明确认识到自己的地位和作用，从而把职务责任转化为职务目标，通过有意识的自觉努力提高工作绩效。也就是说，每个部门和员工都应该有自己的目标，不同目标之间必须相互联系，形成统一体系。由此形成的“目标体系”，通常由企业目标、部门目标、个人目标三个层次构成：

企业目标，即整个企业经营管理的总目标，是全体员工共同努力的方向。

部门目标，即各部门依据总目标确定的本部门工作目标。

个人目标，即个人依据企业与部门目标确定的职务工作目标。

上述三个层次的目标，体现着全局与局部、整体与个体的关系。根据“整体大于部分总和”的系统论原则，在目标的建立方式上，一般采取由上而下的方式：

第一步，订立企业的总目标。

第二步，往下延伸，订立部门的目标。

①订立直线部门的目标。

②订立职能部门的目标。

③订立综合部门的目标。

第三步，往下延伸，订立个人的目标。

第四步，整合企业目标、部门目标、员工目标，理顺上下左右之间的关系，形成目标体系。

在目标制定过程中，各级部门主管尤其重要，其任务在于结合企业总目标，认清本部门目标及地位，然后将目标细分为具体可行的工作项目，以便和部属协商落实员工个别目标。

（2）目标体系的整合

由于企业分工协作的复杂性，企业不同层次、不同方面的目标之间也存在着错综复杂的关系，必须有一个合理的目标体系，才能把个体努力转化为整体效率。如何整合众多目标，使之形成具有内在联系的统一体系，并加以有效率的执行，成为目标管理的关键环节。在此过程中，要以企业组织结构为参照系，找到“企业目标”、“部门目标”、“员工目标”之间的关联方式，使之结构化。为此可以采用纵向和横向两种不同的途径。

一是目标体系的纵向整合，即目标体系上下结合，形成一个纵向结构，按照企业目标—部门目标—小组目标—个人目标的结构来设定。每一个较低层次的目标，作为上层目标的组成部分而存在，并从特定角度对上层目标起支持作用。所以，目标的纵向结构关系体现着“组织目标—个人目标”、“全体目标—部分目标”、“上级目标—部属目标”的关系。

二是目标体系的横向整合，即按照不同部门目标—不同小组目标—不同个人目标的结构，设定左右结合的横向目标结构。在企业分工协作体系中，同一层次的部门以及同一层次的员工之间，必须加强沟通与协调，相互支持与协作，才能保证企业整体目标的实现，因此目标体系还必须进行“横向”整合。

由此整合而成的目标体系，在实践中有如下意义：首先，对于管理者而言，可以全盘掌握各方面工作重点以及部属的目标，有助于进行重点管理与综合平衡。其次，对于被管理者而言，可以看清各层次目标之间的关系，以及自己所具有的作用，增强对企业的认同感和职务责任感。最后，对于所有企业工作者而言，都可以清楚地了解各同事和有关人员的目标及其实现状况，有助于加强联系与相互协助。

2. 目标管理的难点

由于目标管理是一个涉及多方面关系的工作，要在复杂的互动过程中把企业整体目标与企业各部门以及具体员工的目标统一起来，因此存在很多困难，需要作出很大的努力。其中，需要特别注意和着重解决的困难有三种，即目标冲突、机制不顺、指标泛化。

（1）目标冲突

目标管理的最大阻力在于目标不一致。

传统管理是单向的，一切目标和计划均来自高层，低层目标是上级目标的分解和落实，因而只存在目标是否能落实的问题，不存在目标冲突的问题。目标管理不同，强调由下而上的目标整合，这就出现了下级目标能否自然而然指向上级目标的问题。回答显然是否定的。不同的行为主体和管理层次，其努力的方向不同，目的也不一致。于是目标冲突就成为必然的现象。如何协调目标管理与高层管理的策略规划，使两者协调一致，是企业管理者必须解决的问题。这是因为在目标管理下，组织的使命和策略性计划是统合较低层次目标的主要指针，高层管理者必须以此把各部属的目标结合成一个整体，以免后者支离破碎、分崩离析。

（2）机制不顺

实施目标管理需要发挥下属的工作主动性，强调员工对于工作目标的理解和认同。但有的组织并不是如此，仍然以自上而下的监督为主要管理方式，因而不能体现目标管理的要求。造成这种现象的原因很多。例如，未理解目标管理的精神，不愿意放弃对考核与奖惩系统的控制，甚至利用一些非公开标准评估部属。一个从正常标准来说已达到目标的部属，如果发现考核结果不如他本人的预期，而原因仅仅在于上司的个人偏好，肯定会对组织产生极大的不信任。所以，推行目标管理时，必须立足员工的目标承诺，使工作考核为目标管理服务。

（3）指标泛化

目标的建立和测评不是一件容易的事，有些目标主要是定性目标，很难建立精确的表述和衡量方法，这是目标管理的又一难点。例如职能部门的工作目标，往往只能从定性的角度加以界定，与此相应，对于工作目标实现状况的测量与评价，也不容易给出定量的结论。这种情况需要加强组织成员的共同价值观，以默认的行为规则补充成果刻画的不足。为此需要作出大量的努力。

3. 目标管理的措施

针对目标管理可能遇到的问题，可以采用下列方法加以防范与改进：

（1）宣传目标管理的本质精神

如果从事目标管理的人员不了解目标管理的本质要求，则目标管理将只是一种既无目的又难以产生积极成果的空头理论。

（2）授予相关人员适当的职权

目标的实现需要相应的资源，包括人力资源和物力资源，这就需要明确授权，使工作人员具有实现目标的资源条件。

(3) 把握目标网的性质与结构

管理者应设法使各项目标协调统一，在此基础上建立统一的目标体系，否则目标管理中的协调工作将很困难。

(4) 加强目标的可验证性

虽然要使所有目标都可精确验证有困难，但应尽量提高目标的可验证性，设定可实行、可测评的目标。

(5) 设定有激励性的目标

如果目标容易达成，则该目标将由于缺乏挑战性而不易受到重视，也无法激发员工积极性；如果目标极为困难，甚或无法达成，将造成挫折感。

(6) 确定实现目标的时限

目标的完成总是有期限的，目标管理重视目标设定及其完成期限，以此来衡量工作进程。

(7) 共同设定目标

上司对部属之目标虽拥有最终的决定权，但在设定目标的过程中，应与部属充分沟通，共同设定，这是获得部属承诺的必要条件。

(8) 同意变更目标

当环境变迁致使原定目标不切实际时，即应变更目标，以符合实际，但变更目标时应审慎从事，同时考虑对他人之目标的影响。

(9) 了解目标管理的范围

虽然目标管理是有效管理的一个重要方式，但它无法涵盖所有的管理工作，不能使管理工作局限于此。

7.3 工作授权

企业实战7-2　　诊断南都

一个发展迅速的企业，犹如一辆高速行驶的汽车，环节之间的不适和摩擦将会成为制约其继续前进的关键问题。

杭州南都电源有限公司是一家生产密封蓄电池的企业，创建于1994年，近年来发展迅速，由一个不起眼的后起者成长为在行业内名列前茅的领先者。

南都电源的一个重要特点是不讳疾忌医，而是不断地将问题提出来并通过内外诊断的方式进行改正，从而达到完善管理的目的。南都电源若干管理环节存在的一些“病症”，主要是公司成长速度过快而出现的不适应症状，特别是人力资本现状与公司的发展速度有些脱节。这些问题的解决是企业持续迅速发展的关键。

管理环节的摩擦

1. 高层领导者与中层管理团队之间、中层有关职能部门之间缺乏有效而持续的沟通，以致有时强大的学习能力不能转化为强大的执行能力公司总裁王宇波是一个很有个人魅力的企业领导者，在企业内的威信很高，南都电源的高层经营团队也是一个比较团结的团队。由于王宇波还兼任南都集团其他企业的职务，常常不在公司，加之高层经营团队人员几经变化，领导层的分工变化频繁，以至高层领导者与中层管理者之间缺乏足够的沟通时间和沟通渠道。中高层见面或召开会议一般是就事论事，直接解决问题的时间多，而沟通的时间少，使得中层管理者常常不能有效地领会高层管理者的意图，即使是布置下去的工作也由于缺乏明确的说明和沟通不足而使完成的效果不理想，往往出现只有总裁督战和反复说明才能有效完成工作的执行不力的现象。虽然王宇波个人的学习能力和对问题的理解比较透彻，但许多中层管理者限于职责和具体工作，往往对理论的学习有所忽视，更侧重于具体的执行，以至有时出现中层管理者对领导层提出的超前理论和做法不太理解而陷入茫然的情况，双方就此缺乏必要的沟通，使强大的学习能力不能有效地转化为执行能力。

中层职能部门之间因不能相互理解和利益问题时常发生冲突，这一点突出地体现在营销和研发两个部门之间。营销部门认为研发部门对市场需求不了解，对客户的要求也不能迅速满足，有时客户提出的技术问题得不到研发部门的有效支持，而研发部门则认为营销部门销售不力，不了解研发的规律和苦衷，以至有时不能及时解决销售过程中出现的问题，引起客户的不满。生产环节与研发部门在实验安排以及工作程序方面也相互产生摩擦。

2．高层领导者对中层管理者授权不明确，中层管理者有时显得缺乏明确的工作目标，工作的效果不理想

南都电源一个有趣的问题是，高层领导认为授权已经很充分，很信任中层管理团队，而中层则认为授权不够，常常觉得工作杂乱无章，很多具体事情不能具体决定。考察发现，造成这个问题的主要原因在于授权不明确，中层不太了解高层对自己的授权边界在什么地方，同时也是由于高层与中层的“反向互动”造成的：从调查的情况看，高层领导对中层管理者的授权在制度上是明确的，但高层与中层对授权的边界有不同的理解，这在实践中往往是由双方在具体的决策执行过程中体现并形成“判例”的。有时一件事情，本属于中层管理者的决策范围，由于高层比较重视而进行过问并自然地拿出自己的意见，这种意见可能是征求意见型的，但中层管理者可能认为这是指示，虽然自己有了解决方案，也不敢向高层提出，只好按高层提出的“意见”办理，结果是，以后再遇到类似事情，首先请示高层，而高层认为这应该是中层的授权范围，以致双方在授权方面形成理解上的误区，中层管理者显得缺乏明确的工作目标，自主决定能力薄弱，工作效果不理想。

3．职能部门分工明确，但分工落实和相互间的补位不够，工作的积极性和创造性受到阻碍

从规章制度方面看，南都电源的职能部门分工是比较明确的，在具体的执行

过程中也基本上是能够明确的，问题出现在部门之间的协作往往不够，有时出现一些事情因没有明确规定属于哪个部门而无部门具体负责的情况，一些部门不愿承担职责，只好因人而做，结果，与部门分工产生了一些具体的矛盾。

4. 有些关键环节较长且复杂，企业的决策时间和反应时间加长，导致企业供应链和需求链的滞缓

南都电源是比较重视程序的，有的决策程序或决策链条过长，不利于形成对市场的快速反应能力，比如新产品开发链长。一般情况下，销售部门将市场调研报告提交研发部门，研发部门与生产部门协调，提出可行性分析报告，报告提交技术委员会进行评审，评审通过后，由研发项目小组提出费用计划，将费用计划交财务部审核批准，然后进入研发程序，之后是中试、批试、内审，最后进入生产阶段，大约是10个环节，时间要6个月以上。尽管这不是所有产品都要经过的链条，但常常增加了供应链上的时间和运营成本，特别是在终端的销售服务环节，反馈速度缓慢，关键是用户反映的产品技术问题往往得不到及时解决，直接导致需求链的反应时间加长，有时则延误了机会。

解决之道：让管理环节润滑起来

1. 确立系统的沟通机制，形成有效的协调功能

既然沟通问题是目前抑制人力资本增值的一个主要环节，就应该直接从这个环节入手解决问题，建立一套系统的沟通机制，而不是依赖于个人的主动性，以免沟通再次受到人为因素影响而被忽视。只有系统的沟通机制，才能保证高层与中层、中层与中层、中层与基层的沟通持续进行，相互间的意见顺畅转达，而不因某个人的原因而停滞，也不因某个团队的问题而阻塞。

这种机制的基本内容是：首先，确立一位具有权威的高层领导者直接负责协调利益密切相关的两个部门，如可由一位副总裁直接主管生产与研发，而目前两者由各自独立的高层主管领导；其次，对内部运营计划（生产计划与研发计划、营销计划与生产计划）进行调整，以便形成一个整体，在必要的情况下，设立由有关人员参加的协调会议和联席组织，如营销人员参加研发计划的调整、研发人员参与营销部门的客户服务中心工作、生产人员参与研发过程等；最后，建立“沟通桥”机制，即遇到以上制度不能解决的问题时，由利益直接相关的两个部门负责人直接协调。

这一沟通协调机制的关系是：在计划调整和固定的情况下，利益相关部门双方的常规问题首先按照协调制度进行；制度以外的临时问题通过“沟通桥”机制解决（规定什么问题使用“沟通桥”）；在上述机制不能发挥作用的情况下由主管高层领导协调。如果将应该属于上述制度和机制解决的问题仍然上交主管领导，有关责任方在业绩考核时将被扣分，如果扣分到一定程度，该责任者将被替换。

2. 完善授权体系，确立明确的目标管理制度，突出绩效考核，强化管理层的竞争意识，重视模糊区域的管理技术

从实际调查来看，高层经营者对中层管理者有授权不明确的现象，为此，应进一步完善授权体系，对授权范围内明确的岗位职责通过目标管理机制进行监督考核，对于不能积极主动完成授权职责的管理人员进行年度淘汰。

为了增强目标管理体制的效力和授权体系的有效性，南都电源可以在某些管理岗位进行公开招聘，直接将竞争原则引入制度体系中，建立“管理团队竞聘机制”，使每位管理者始终体验“不进则退”、“生于忧患”的竞争理念，从而更加主动地完成授权职责。

为了解决部门职责交叉区域相互推诿或无人承担责任的局面，建议采取强化模糊区域管理的技术：一方面，鼓励每个部门和员工多做一点，对于主动承担“额外”职责的部门给予奖励，年终对承担更多交叉职责的部门和个人予以奖励，对于不愿承担“额外”职责的部门和个人给予提示，对于长期不能承担“额外”职责的相关责任者予以批评或更换；另一方面，可以设立接口工作责任人制度，类似于矩阵管理制度中的交叉点职责承担人，该责任人对于部门间的交叉业务负有处理和调配资源的权力（可由相关部门轮流担任）。

3. 简化运营链条，确立快速反应机制

为了解决关键环节复杂的问题，应从简化决策链和缩短供应链入手。

首先，强化产品设计的市场导向，确立研发人员与客户直接接触机制，研发人员定期走访重点客户并提交意见报告，进行意见跟踪，将营销人员和研发人员的此种活动纳入业绩考核范围，同时让客户参与新产品设计与研发以及老产品的改造并对此进行跟踪考核。

其次，取消销售人员直接向研发中心提交市场调研报告的制度，研发人员深入市场一线，在营销人员的配合下，定期或不定期提交市场需求和初步调研报告。原来10个环节的研发决策链可简化为研发人员直接到市场调研部门提交报告—技术委员会（不仅仅是一个技术人员的组织，将参与者扩大到财务人员、生产人员、重点客户、营销人员）评审——项目小组启动—中试—批试—生产等6个环节。

最后，扩大、充实服务队伍，增派年轻技术人员加入服务队伍，强化专家型营销，从而缩短需求链，以确立市场竞争的差异化优势。

目标指导与工作授权密切相关。这是因为，在帮助部门和员工明确工作目标的同时，必须赋予相应的工作权力，否则目标就难以实现。领导工作的重要特点是在职权之外发挥对于他人行为选择的影响力，因此可以根据工作需要，把制度化职权合理地授予下属，与此同时从个体影响力的角度发挥对于下属的引导和促进作用。工作授权是企业领导的又一常用办法。

7.3.1 授权管理

随着市场竞争的日益激烈，如何加强市场反应能力，提高反应的准确性与及时性，对于企业的生存发展越来越重要。由于企业中最接近市场和顾客的是员工和基层管理者，因此给予基层工作者较大权力，已经成为企业管理的发展趋势。只有理解员工、善于把员工要求与组织目标结合起来，才能引导下属恰当地使用权力，通过授权管理提高员工的积极性与主动性，加强组织应对环境变化和市场竞争的活力。因此，工作授权对管理者提出了更高的要求。

1.工作授权的性质与作用

所谓工作授权，是职权拥有者把自己的某些职权委托给他人行使，让他人代表自己处理该权力范围内的工作，与此同时对被委托人应用权力产生的后果负责。因此，工作授权的特点是授权不卸责。

（1）授权的特点

授权与分权既有联系又有区别。二者的相同点在于，都强调把更大的权力放到基层，使下属具有更大的工作自主空间；二者的区别在于，分权是一种权力下放的结构化形式，属于组织工作的范畴，与组织设计密切相关，授权是一种权力下放的非结构化形式，属于领导工作范围，与领导艺术密切相关。

也就是说，分权是关于组织系统各部门、各层次、各职位之间职能、权力和责任的制度化规定，与权力的配置相应，是责任的落实。谁拥有相应的权力，谁就必须承担相应的责任。反过来，谁承担一定的责任，谁才拥有相应的权力。因此，权力与责任是对称的。而授权不同。授权是领导者把自己的某些职务权力授给下属行使，让下属代表自己处理本该自己处理的某些工作，但这种权力传递不能免除自己原有的责任。不仅如此，如果授权的必要性消失，授权者还可以把所授权力收回。

由此可见，授权虽然涉及职权调整，但不是结构性调整而是临时性调整，与职权拥有者的个人决策相关，本质上属于一种领导艺术。

（2）授权的作用

正确、恰当的工作授权有如下作用：

第一，有利于从繁杂的日常事务中解脱出来，集中精力抓大事，作好战略决策。如果一个企业高层管理者事无巨细，事必躬亲，必然陷入日常事务的泥潭之中，耗费时间和精力。为了提高工作效率，高层管理者应当“大权独揽，小权分散”。

第二，有利于发挥下属的积极性与创造性。调动人的积极性，除了物质利益手段外，一个极为重要的手段，就是为人们提供发挥其聪明才干的空间，而授予权力是一个直接有效的手段。下属会因为得到了机会和信任而更好地发挥自己的作用。

第三，有利于培养下级管理人员。管理水平的提高需要实践，管理实践的开展需要有相应的职权支持。授权是培养下级管理人员常用的方法。对有才干、有前途的管理人员，有针对性地委以重任，授予权力，可使其在管理实践中有效提高管理水平。

第四，有利于形成和谐友好的组织团队。恰当地授权可改善上下级关系，相互信任、理解，形成合作共事、互相支持的组织团队。

第五，有利于稳定组织体系的结构。任何组织体系一旦建立，都需要相对稳定，才能提高运行效率，但情况的变化又要求组织具有较强的适应力。授权虽然涉及职权的重新配置，但这是一种机动性调整，具有可恢复性，不涉及组织结构的变化，因此能够在加强组织适应性的同时保证组织的稳定性。

2.工作授权的原则与方式

在实际工作中，许多管理者不善于授权。他们要么只相信自己，不愿授权；要么名义上授了权，实际上时时干预，使授给下属的权力有名无实；要么授权不当，过大过小、过松过紧，或者授错了人，结果不得不收权，反反复复，造成损失。所以，工作授权必须小心谨慎，科学合理。在实际工作中，作为一种重要的领导艺术，工作授权要掌握一定的原则，选择科学的方式。

（1）工作授权的原则

从实际情况看，工作授权需要掌握如下原则：

①相信下级。授权以信任为前提，下属是否可以信任，取决于用人是否得当。在确信用人正确的前提下，管理者就应用人不疑，大胆授权。授权艺术与用人艺术密切相关，要授好权，先要用好人，管理者要正确地评定下属的能力和长处，不能以领导者自己所在职位的标准来评定下属，而应以能否运用授予的权力解决问题从而推动工作为标准。同时还要明白，能力不是天生的，是靠实践锻炼获得的，不给下属锻炼的机会，其能力永远也不会提高，所以领导者一旦授权，就不再拥有该项权力，应放手让下属开展工作，在允许下属犯错误和改正错误的同时，积极指导下属提高工作能力。

②承担责任。授权的特点，是在把权力委托给他人后对他人的行为负责，承担由此产生的责任。也就是说，企业管理者把职权授给下属时，不能把责任转嫁给下属。因此，授权的结果是，授权者的权力小了，责任没变，被授权者的权力大了，但并不独自承担与权力相应的责任。这种责任与权力的不平衡，是授权产生的结果。正因为如此，授权对于提高组织的效率、加强人才的培养，具有特殊的作用。因此，管理者授权不卸责，在授权的同时有效地负起责任，是必须坚持的一个原则。

③明确关系。工作授权与组织结构直接相关。对授权者来说，向谁授权、如何授权，是必须解决好的问题。对被授权者来说，必须知道自己被授予了谁的职权，如果遇到问题应该向谁请示。职权的授予是为了提高工作效率，为此调整了原有的组织体系运行方式，改变了原有的权力布局。因此，被授权者应该按照授权范围，积极主动地进行工作决策，只有超出所授职权范围时，才可以把问题上报。

④统一指挥。一个下级只有一个直接上级的原则，是保证企业统一行动的重要条件。工作授权不能改变这一原则。这就要求授权关系的双方，在已有的组织框架

内运作，不对原有的指挥链产生太大的影响。也就是说，工作授权最好在直接的上下级关系中进行，因此被授权者仍然只对自己的直接上级负责。如果两个以上的上级同时向一个下属授权，有可能会在职权和责任方面出现矛盾，结果是“一仆二主”，可能导致多头指挥的混乱局面。

（2）工作授权的方式

为了防止授权不当，必须选择合适的授权方式，其中如下要求具有普遍意义：

①明确授权的原因。授权是手段，不是目的，因此授权之前，首先要明确授权的目的，弄清楚为什么要授权。管理者的职权有些可以授，有些不能授。向下属授权的工作，应该是一些自己熟悉的、有把握控制的工作，或一些不会影响全局的特殊工作。管理者在授出部分权力后，必须具有对授权加以牵制的手段，防止所授权力失控。

②选择授权的对象。权力必须授给合适的人，才能发挥应有的作用。根据授权的需要，以才能大小、工作兴趣、性格品质等因素为依据来选择合适的授权对象，防止因人设事或以亲疏好恶授权；否则，不但不能促进工作，反而会把事情弄糟。

③落实授权的任务。授权过程也是分配任务的过程。授权时必须向被授权者说明所要完成的工作内容、目标、评价标准等问题。要防止权力下授之后任务不落实，出现反授权的现象，即被授权者把应承担的任务推回给授权者，把应由自己解决的工作问题反推给上级。

④排除授权的障碍。授权结果是权力的重新配置，因此授权后要对被授权者行使权力提供保障，使其拥有必要的自主决策空间。充分相信下属的能力，不等于放手不管。当被授权者遇到困难时，特别是遇到他人不合作的情况时，要积极帮助被授权者排除障碍，避免放任自流的现象发生。

⑤防止授权的失控。为了保证授权之后的工作质量，管理者要建立有效的反馈系统，一旦出现重要偏差，应立即采取措施纠正。合理授权应该授权而不失控。所谓授权失控，是指授权后领导者对下属没有约束力，下级不听命于上级，出现越权现象。下级越权是必须严防的事，因为越权的下级既不具备上级的能力，又不能对其行为负责，会使组织出现混乱局面。进行授权管理要注重越权约束，做到能放权也能收权，加强对被授权者的监督控制。

⑥评估授权的绩效。当下属完成交付的工作后，企业管理者要进行授权工作的检查验收。对表现突出、成绩优异者要给予奖励，对成绩不理想者要帮助其总结经验教训，只有这样才能促进授权工作的良性循环，不仅达到通过授权提高工作效率的目的，而且达到通过授权加强人才培养的目的，使工作授权对企业管理者的经营管理起更大的支持作用。

3.工作授权的认识与改进

授权虽然具有很多好处，却并非在所有组织中都能实施，因为存在着各种约束条件。但从总体上说，有效授权的关键还是在于授权者。因此，推进工作授权要从领导者自身入手。

(1) 提高授权认识

对于企业管理者来说，要合理授权，首先要使自己对授权有合理的认识，防止出现下面的情况：

一是权力欲过强。有的管理者事事都要亲自拍板，认为只有这样才是权力的有效运用，才能显示自己是有权力的人。这样的管理者不仅不愿授权，就是下属职责范围内的事也要插手。这是权力欲过强的心理特征，是授权的最大障碍。

二是对下属不信任。有些管理者过分相信自己的能力、经验和精力，总认为什么事情都只有自己才能干得好，担心授权后下属滥用权力或能力不及，做不好事。这是对于下属的认识问题和信任问题，关系到整个管理方式的选择，是授权的又一基本障碍。

三是担心职务竞争者。少数管理者害怕授权，是出于畏惧下属的潜力，担心授权后下属才能得到发挥，工作表现出色，会对自己的职务构成威胁。这是对于企业的态度问题，影响如何处理个人利益与组织利益的关系。如果嫉贤妒能，其结果不仅有害于企业利益，而且对自身发展也会造成障碍。对这样的人，如果不能促其改变，就应通过组织措施加以调整。

(2) 加强授权管理

高层管理者不仅要学会自己有效授权，而且要能够推动各级管理者有效授权，为此可以从多种角度采取措施。

①以身作则，作出表率。许多中下层管理者之所以拒绝授权，就是因为他们的上级并没有授权。他们认为："既然领导可以如此，我为何不可？"因此，管理者尤其是高层管理者在授权中要起模范作用。

②提高工作任务标准。授权是提高工作效率的重要途径，因此为了促进授权，可以提高各级管理者的任务标准，通过任务压力促使管理者加强对下属的开发与使用，从而推动授权。与此同时，必须善于挑选合适人员并加以训练，规定明确的政策，寻找有效的途径进行授权。

③强化人才开发指标。如果管理人员的晋升标准中有一个硬指标，即只有当下属人员能够接替被晋升者的位置时才予以提升，就可以对管理授权起直接的促进作用。为了实现晋升目的，管理者不得不通过向下授权的方式培养人才。实行与授权挂钩的提升政策，可以有效地消除"囤积职权"的现象，从而推动工作授权。

7.3.2 冲突管理

授权的结果是权力下放，使越来越多的决策权落到了基层。但基层人员是分工协作的一个环节，会自然而然从所在角度看问题，因此相互之间可能发生矛盾与冲突。如何在通过工作授权发挥基层人员工作主动性和积极性的基础上，进行不同部门、不同环节之间的协调与平衡，是领导工作的又一重要任务。为此，必须重视冲突管理，通过引导冲突、解决冲突、利用冲突来提高组织的运行效率。

1.冲突的类型

所谓冲突，是指由于目标或者手段不一致所引起的碰撞。在企业经营管理中，各种冲突是经常发生的，除了在市场竞争中发生的外部冲突，还有在企业组织中发生的内部冲突。其中，工作部门之间的冲突和企业成员之间的冲突，是与授权管理相关的两种企业内部冲突。

（1）部门冲突

部门冲突指两个以上部门之间的意见不一致和利益抵触，它是影响组织内部关系的最重要因素。这种冲突如不及时解决，不仅影响工作的顺利开展，而且可能造成组织的机制性障碍，甚至使组织瘫痪。部门冲突的主要形式有：

①一线部门与职能部门的冲突。一线部门和职能部门承担着不同的任务。前者的主要工作是应用资源生产出合格产品；后者的主要工作是保证前者的生产活动符合企业整体发展的要求。因此，前者是后者赖以存在的基础，后者是前者合理运行的保证。由于这种保证是通过计划与监督实现的，前者的需要必须通过后者的审查与调整来实现，这就有可能造成二者之间的冲突。这种冲突主要是由于工作不协调产生的。在很多情况下，部门之间由于交流或者沟通不够而导致工作上的矛盾。例如，生产部门和质量部门之间就会产生这种冲突。生产部门的原料需要质量部门检测后才能领取，而质量部门由于对生产部门所需材料的先后次序没有准确了解，在生产部门急需原料的时候还未检测，从而导致两个部门产生冲突。

②一线部门之间的冲突。一线部门之间的冲突，经常表现为部门之间对资源的争夺。一个企业的既定资源总是有限的，各个部门为了本部门利益最大化，总是力图为本部门争取最多的资源。问题在于，即使资源争夺对企业价值最大化无益，关于资源的争夺倾向仍然存在。这种倾向影响着企业资源配置的合理性，需要重点关注。

③职能部门之间的冲突。职能部门之间也会出现冲突，这种冲突更多的是由于分工协作方式而产生的。例如，人力资源部门和财务会计部门之间，就可能因为工资预算的制定发生冲突。人力资源部门从企业对关键人才的需求出发，要求增加预算；财务会计部门从资金调拨的困难角度出发，要求削减预算。这种分歧关系着企业的运营方式的合理性，需要特别关注。

（2）个人冲突

个人冲突有两种：一种是自我冲突；另一种是人际冲突。

①自我冲突。自我冲突是个人内部冲突，一般发生在相互排斥但各有利弊的行为选择中。目标管理和工作授权强化了员工的自主性，在加大员工决策空间的同时，也使自我冲突的频率大大提高。员工必须在更多的场合，依靠自己的选择来决定工作目标与方式。

②人际冲突。人际冲突是不同个人之间的冲突，常常由于人们对目标及手段的不同看法而产生。随着权力的下放，每个企业成员表达意见的机会都增加了，因而相互之间发生冲突的可能性也大大增加。这种冲突，不仅来自对于工作的不同理解

和处理方式，而且与人们之间的利益诉求和个性差异有关，表现着人们不同的个人喜好。

2.冲突的状况

不同的冲突有不同的产生原因，并对企业产生不同的影响，必须认真分析、区别对待。其中，对于部门冲突的协调和处理，是企业领导工作最重要的任务之一。

（1）部门冲突的原因

产生部门冲突的原因很多，常见的有如下几种：

①相互依赖。这是导致部门间冲突的首要原因。工作冲突来自于相互依赖，互不依赖也就互不冲突。相互依赖是指各部门的工作不可分割。在企业分工协作体系中，任何部门为了发挥自身功能，都必须相互协作与支持。根据部门之间相互依赖的程度，可以把部门关系分为三种：联营的、连续的，以及互易的。联营的部门关系，指的是各部门独立地致力于完成共同的组织目标，但相互之间没有明显的依赖关系。连续的部门关系，是指一个部门的产出物是另一个部门的投入物，通过不同部门的连续工作，才能完成组织的整体任务。互易的部门关系，指的是第一个部门的产出物成为第二个部门的投入物，反过来，第二个部门的产出物又变成第一个部门的投入物，必须通过互为因果的协作活动，才能完成企业的整体任务。上述三种部门关系中，互易的关系最为紧密，发生冲突的可能性也最大。

②资源争夺。这是导致部门间冲突的第二个原因。任何组织的资源都不是无限的，企业更是如此。如何使有限资源产生最大的效果，是经营管理者致力于研究的中心问题，其中一个重要环节，就是在企业分工协作体系中，如何把资源合理地分配到各部门，使之相互支持、均衡发展，取得最大整体效益。在目标管理和工作授权的情况下，由于各部门的自主性和能动性得到了强化，在更好地实现部门目标的推动下，对于资源的争夺会以更直接的方式体现出来，从而产生部门间的冲突。

③信息障碍。缺乏信息是部门间冲突产生的另一个原因，发生在某项工作需要部门之间协作，但关于协作所需的信息不足、不准、不及时等情况下。随着企业竞争的激化、组织的扁平化发展、专业分工的进一步细化，信息在分工协作中的地位日益重要，已经成为企业一项最重要的资源。与此相应，因为信息障碍所发生的部门冲突也越来越多。这与部门之间缺乏足够的沟通或沟通方式不正确有关。不管是哪种情况，都会导致信息障碍，从而导致部门间产生误解和冲突，因为它们在分析同一问题时是根据各自对“事实”的了解来进行的。

④任务模糊。这也是导致部门间冲突的常见原因。当各部门的活动目标及相应责任缺乏清楚规定时，部门之间的协作方式也就难以进行明确的界定，一旦出现问题，就会出现处理方式的混乱，从而导致冲突。其结果是，要么重要的工作没人做，各部门之间互相推诿；要么互相指责，谁也不愿承认这是“自己”责任范围内的任务。当几个部门共同承担一项任务，但没有明确划分各自具体的工作范围以及实施方式时，这种情况极易发生。

⑤定位差异。这种导致冲突的原因，是指不同部门对于组织目标的理解不同，

或者对于相互间在组织系统中的地位和作用的理解不同。例如，当一个部门对短期结果感兴趣而另一个部门更关心长远利益时，或者当一个部门的作用与其他部门对它的期望存在很大差异时，部门间的冲突就会产生。

（2）部门冲突的影响

部门冲突会给组织体系带来重要影响，包括部门内部和部门之间关系的影响。

首先是部门内部的变化。当一个部门与其他部门发生冲突时，每一个部门内部都会发生变化，表现在：部门要求它的成员对组织更忠诚，并且阻止“圈外人”的影响；部门成员更加关心部门情况，从追求个人需求转变为追求部门目标；部门领导强化自己的权威，冲突使部门需要有权威的领导来指挥部门行为，以便应对来自其他部门的压力，并能使部门成员团结一致；部门结构变得更加固定，以保证任务的完成以及为指挥式的领导风格提供基础；部门变得更具有凝聚力，为了齐心协力地对付外来威胁，部门内部的冲突将会缓和，部门成员为了部门利益而联合起来。

其次是部门之间关系的变化。当部门卷入冲突时，部门之间的关系也会发生重要的变化，表现在：各部门只看到自己的优点和对方的缺点，认为本部门工作是积极的，而对方是消极的；部门之间降低互相影响及互相沟通的程度，随着冲突的加强，部门成员之间互相交往的兴趣也在下降，这就更加促使他们互守自己的成见，使分歧的解决变得更加困难；各部门都把工作重心从解决问题转移到要“赢”这场冲突上，他们在心理上把自己和对方划分为“我们”和“他们”，并以自身的利益为中心，从各自的角度来判断问题；部门之间的敌对情绪增强，这是互相否定、沟通减少以及以“我们-他们”方式进行思维的结果。

因此，必须对部门冲突加以及时、合理的解决，以保证在权力下放的情况下，组织仍然能够高效、统一运行。

3.冲突的认识

发生冲突的原因很多，冲突本身并不一定就是坏事，但如果处理不当，任何冲突都会变成坏事，影响组织的有效运转。对此，必须具有科学的认识。

（1）冲突的作用

冲突具有积极作用和消极作用，需要分别考察。

冲突的积极作用表现在它对实现组织目标的促进。冲突可以引发创造力，促使组织作出更好的决策，具体表现在：增进组织的知识与技能；显示探求新方法的趋势；促进人们之间相互了解；使认识及信息更加准确；解决长期的误解和宿怨。当人们认识到冲突的积极意义时，会更积极地向传统挑战，包括否定过时的制度和方针。这些创新、向上的思想，以及组织对于创新的鼓励和提倡，有助于改进组织状况和促进组织发展，同时提高员工的组织归属感和劳动积极性。

冲突除了对组织发展有促进作用之外，也有明显的消极作用，这种消极作用对于组织也许是“致命”的，表现在：使沟通中断，由于误解的加深而扩大冲突范围；影响相互间的协作和团队工作；增加了压力、挫折和焦虑，影响人力资源作用的发挥；降低了工作的满意程度；转移了员工对工作的注意力，使其更注重赢得冲突的“胜利”。在这种情况下，如果不采取适当的措施进行冲突管理，这种冲突可能会螺旋式地上升，甚至变得无法控制。

（2）正确认识冲突的性质

由于冲突的作用具有两重性，因此不能对冲突采取简单否定的态度，而是要在了解其根源的情况下，采取合适的措施，使其发挥积极作用，防止和减少其消极作用。在企业经营管理中，如果能对冲突进行适当处理，冲突不仅不是“洪水猛兽”，相反还会有利于发现和解决运作过程中的问题，从而促使企业的整体运作协调有序。

要对冲突实行有效的管理，使之成为组织发展的动力之一，关键在于充分认识到冲突的客观性和作用两重性。这就意味着：首先，必须对广大管理者提供解决冲突的技能培训，尤其是对于部门经理和主管；其次，要求高级管理层认真考虑组织结构的改进，从而确保这种结构不会在冲突产生时使其向着消极方向发展，而且有助于组织内部沟通的畅通。对管理者提供处理冲突的技能培训，以及对组织结构的完善，将有助于使冲突产生积极的作用，从而推动组织的发展。

总之，冲突是组织生命中不可避免的一部分，它对组织发展既有积极的作用，又有消极的影响，而这种作用及影响的大小取决于冲突管理的状况。

4.冲突的处理

实践证明，冲突是不可避免的，而冲突本身并不可怕，可怕的是处理不当。对有些冲突，如部门凝聚力、工作努力的承诺等，可以等待其发展到一定阶段再加以合理的解决。对有些冲突，如部门间的误解和积怨，如不及时处理则可能会造成混乱，甚至危及组织的生存与发展。因此，不同冲突需要不同的处理方式。

（1）冲突的原因分析

冲突是行为活动的状况，受行为动机的影响，因此可以从人们的认知、情感及行为三个层面，分析冲突的产生原因和表现形式。

①认知层面，包含冲突双方对冲突的认识，即有关冲突的事实、知识及信念等。主要有知觉的冲突强度、归因偏误以及刻板印象等。

②情感层面，包含冲突双方对彼此的感情或情绪，尤其指对对方的评价。调查发现，冲突会引发不信任、威胁和烦恼等情感反应，严重影响企业整体业绩的实现。

③行为层面，指冲突双方针对对方反应而实施的行动倾向。冲突一方可能以干扰、夸张以及激化矛盾的方式等来应付对方。这种状况一旦出现，会造成严重后果。

（2）冲突的处理方式

为了解决冲突，要分析冲突的原因，找出谁是冲突的相关者，明确冲突发展到了什么程度，需要什么处理方式。在此基础上才能选择适当的方法，使冲突处理达到双赢的结果。从实际情况看，常用的冲突解决办法有：

①避免冲突。这种方法的特点是在冲突还没有真正形成时加以防范和化解，一

般通过两种途径来完成：一是完全抹杀冲突；二是促使冲突双方接受一种解决的办法。管理者一般比较偏爱后者，即通知冲突当事人解决这一问题的方式，并促使他们接受这一方式。在争端的早期采用这种办法，有利于避免有害冲突的发生。

②缓和冲突。这种方法的特点是通过为冲突双方提供缓和的手段，使冲突进入可管理的范围。为了消除冲突的危险性，管理者可能会强调部门之间的相似点及陈述冲突的利害，以努力调和争端。作为替换物，管理者往往会用更高级的目标来吸引各部门的注意力。这种方法要求管理者把人们的注意力从现行冲突转移到各部门共同完成的一个重要目标上。例如，在一个面临倒闭的企业中，管理者会号召各部门团结起来，共同挽救企业的命运，共渡难关，而不要钩心斗角。

③牵制冲突。所谓牵制冲突，是指把冲突控制在一定程度内，以便于用系统方法处理这一争端。交涉是牵制的办法之一，即冲突当事人对某一问题互相让步以便达成某些折中的解决办法。这是常用的冲突解决办法，但不是最有效的办法，因为没有消除冲突产生的原因。在部门之间加强相互影响，是对冲突进行牵制的另一种途径，有助于消除分歧产生的原因。

④排解冲突。这种方法是使冲突当事人直接、马上解决冲突，在共同努力达成解决办法的基础上，对所有的争端进行公开的讨论。为此，必须寻找“双赢方案”。这种方法为冲突当事人提供了公开讨论的机会，使他们能够直率地表达自己的想法并相互交换信息。这种方法对处理工作上互相依赖，但由于任务模糊以及对部门定位不同而引起的冲突最有效。

7.4 领导权变

目标引导与工作授权需要一定的条件。如何从实际情况出发，对不同的下属采取不同的引导和控制方式，是领导艺术的集中体现，权变领导理论与方法由此产生。这一理论把领导者、领导行为、领导工作情景结合起来，分析三者之间如何配合才能提高领导效率，对于企业领导实践产生了重要影响。对于权变领导的分析，可以围绕三个问题展开：以何为变、因何而变、如何应变。

7.4.1 以何为变

以何为变说的是变什么的问题。简单地说，变的是领导风格，即管理者如何对待工作和工作人员。在实际工作中，由于管理者对于工作任务和工作人员有不同态度，对于管理职权有不同使用方式，因此具有不同领导方式和领导风格。不同的领导风格不仅可以培养，而且可以选择使用。

1.基于职权应用的领导风格

管理者是正式组织中的决策指挥者，具有制度赋予的工作职权，对于这一职权的不同应用方式，产生不同的领导风格。其中，专制型领导、民主型领导和放任型领导是三种最基本的领导风格。

（1）专制型领导风格

专制型领导风格的特点是：领导者倾向于集权，采用命令方式告知下属承担什么工作任务，使用什么工作方法，作出单边决策，限制员工参与。这种方式的优点是决策制定和执行的速度快，可以迅速解决问题；缺点是抑制了下属的创造性和积极性，使其依赖性变大，而领导者的负担较重，容易出现决策失误。

（2）民主型领导风格

民主型领导风格的特点是：领导者决策时关注员工态度，鼓励员工参与工作决策，把反馈当做指导员工的机会。这种风格在实行目标管理的企业中比较普遍，高层管理者制定战略目标，各层级工作者根据战略目标协商制定自己的工作目标。这种风格的优点是集思广益，能制定出更好的、为更多人所接受的决策，从而减少执行的阻力，同时增加了下属的自信心和积极性；缺点是决策时间长，过程复杂，协调成本高。

（3）放任型领导风格

放任型领导风格的特点是：领导者给群体充分的自由，让下属自己决策并按照他们认为合适的做法完成工作，有点像中国人所称的“无为而治”。这种做法能够培养下属的独立性，使领导者有更多精力投放在对全局问题的把握上，但也易造成下属各自为政，组织运行难以统一。

2.基于工作重点的领导风格

管理就是用人办事，但不同的管理者对于人和事之间的关系有不同的处理办法，体现出不同的工作重点选择。从这个角度考察，可以将领导风格区分为关心任务式和关心人员式，即以任务为中心和以人员为中心两种领导风格。

（1）以任务为中心的领导风格

这种领导风格的特征是，领导者关心工作任务的完成，总是把任务放在首位，而对人际关系不甚关心，为了完成任务不怕损害上下左右的关系。这类领导者利用自己的法定权力，命令下属工作并指挥他们做好工作，会密切注视和掌握下属的工作进程及在工作中的表现。因此，以任务为中心的领导者往往表现专制型的领导风格。

（2）以人员为中心的领导风格

这种领导风格的特征是，领导者把精力重点放在下属身上，关注他们的能力、需要和相互之间的关系，以及员工的成长和发展。其领导权力多是建立在专家特长和模范表率作用之上。这类领导者与其说是通过指令，还不如说是通过指明方向来使下属完成预期目标。他们尊重、体谅、关心和支持下属，通过建立良好的人际关系去推动工作任务的完成。

7.4.2 因何而变

因何而变说的是依据什么改变领导风格的问题。简单地说，依据的是领导情境。所谓领导情境，是指影响领导工作结果的约束条件。由于领导工作是从实际出发对他人施加影响力，引导大家为实现工作目标而努力的过程，因此领导情境因素主要涉及环境条件和下属素质，以及管理者与下属之间的关系状况。

1.领导情境的意义

领导情境是管理者进行领导工作时遇到的具体情况。本来，任何管理工作都要从实际出发，实事求是，但由于领导工作与计划、组织、人事工作不同，不能通过对未来的预测进行事先安排，更为强调对具体情况的具体处理，因而对情况变化格外关注。领导情境研究由此产生。

领导情境理论的主要观点是，没有适应于一切条件的领导素质和领导风格，不同的领导素质和领导风格分别适应于不同条件。该理论对这种情况作了详细的描述与分析。首先，它解释了领导行为的作用差异，即为什么类似的领导行为有不同效果，或者为什么不同的领导行为有相似的效果。其次，它说明了领导情境是领导行为发挥作用的约束条件。不同的领导情境为领导行为划定了作用界限，要求领导者依据不同情境选择与之相适宜的行为，做到“通权达变”。此外，领导情境是领导行为选择的依据。领导情境在限制领导行为的同时，也为领导行为选择提供了依据，指出了领导者应该选择哪种领导方式而放弃另外的不合理方式。

由此，提出了领导方式对特定情境的适应性标准：与特定情境相适合的领导方式是有效方式，反之则往往是无效的。所以，不存在普遍适用的领导方式，任何一种领导方式有效与否都是因情境而权变的。

2.领导情境的类型

影响领导成效的因素复杂多变，是否存在普遍发挥作用的因素，因而可以加以结构化处理呢?对此的研究结果指出，影响领导成效的最普遍因素可以分为两大类：被领导者特征和环境条件。

（1）被领导者特征

领导是对于他人的影响过程和结果，因此选择领导方式时必须考虑被领导者的情况，即考虑被领导者特征。其中，下属的工作能力、工作意愿、自我控制点和知觉能力，是最为重要的内容。工作能力指员工是否具备完成工作任务所需要的知识和技能。工作意愿指员工是否有动力去主动完成工作任务。自我控制点指员工对于自身工作成就来源的看法，即是来源于外部力量还是个人努力。知觉能力指员工对自身能力的自信程度。

被领导者特征直接影响领导方式的选择。比如，如果下属的能力很低，则领导者难以实施授权管理，需要采取专制型领导方式，加强对下属的指挥。

（2）环境条件

领导对他人的影响是在一定环境中进行的，主要的环境条件包括工作任务结构特征、领导者与下属的关系状况，以及领导者职位权力的大小。工作任务结构特征指任务的明确化及结构化程度，例如企业经营管理中存在一些例外事件，需要一线工作人员灵活处理，采用命令式领导方式会损害工作效率。领导者与下属的关系指员工对管理者的信任和忠诚程度。获得员工普遍信任的管理者，即使采取专制型领导风格也比较容易成功。领导者职位权力指领导者具有什么样的制度化职权，以及上级和组织对他的支持力度。

显然，不同环境条件下，需要选择不同的领导风格。

7.4.3　如何应变

领导权变理论主张，没有最优的领导方式，只有合适的领导方式。如何选择与领导情境相匹配的领导方式，是领导权变理论考虑的重点。通过对实际工作情况的考察和概括总结，产生了不同的领导权变主张，出现了一些具有普遍意义的领导权变选择模型。

1.基于员工特征的权变领导

在领导方式选择中，首先要考虑的是被领导者的情况，了解领导对象的特征。所谓情境领导理论，就是将员工成熟度作为主要的领导情境因素，主张根据员工成熟度的不同情况选择领导方式。其基本思想如图7-3所示。

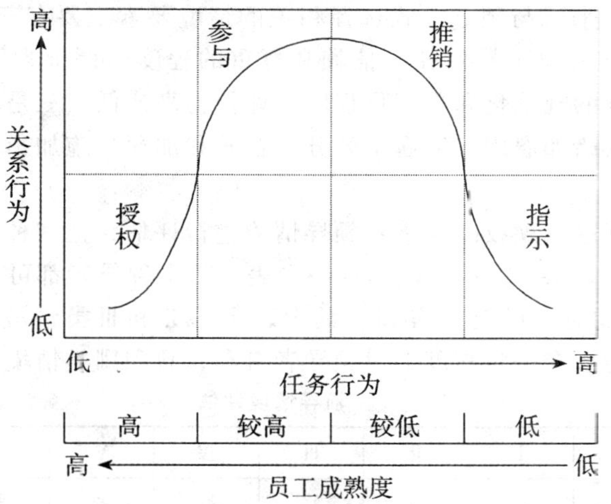

图7-3　情境领导理论模型

图7-3中，员工成熟度指员工能够并愿意完成具体任务的程度，可以分为四种情况：

①无能力而且不愿意。这些人对于承担工作任务既无能力又不情愿，他们既不胜任工作又不能被信任。

②无能力但愿意。这些人缺乏能力，但愿意从事工作。他们有积极性但缺乏足够的技能。

③有能力但不愿意。这些人有能力却不愿意干领导者希望他们做的事情。

④有能力而且愿意。这些人有能力同时也愿意干领导者希望他们做的事情。

与此相应的合适的领导方式也可以分为四种：

①指示（高任务、低关系）：领导者界定角色，明确告诉下属应该干什么和怎么干。

②推销（高任务、高关系）：领导者同时提供指示性行为与支持性行为。

③参与（低任务、高关系）：领导者与下属共同决策，为下属提供便利条件与沟通渠道。

④授权（低任务、低关系）：领导者极少进行工作干预，只提供支持性行为。

也就是说，情境领导理论认为：如果下属既无能力又不愿意承担任务，领导者需要提供清晰和具体的指令（指示）；如果下属没有能力但愿意工作，领导者既要表现出高度的任务取向以弥补下属能力的不足，又要表现出高度的关系取向使下属领会领导者的“意图”（推销）；如果下属有工作能力但无工作意愿，领导者需要进行沟通说服，运用引导支持的领导风格（参与）；如果下属既有工作意愿又有工作能力，领导者不需要作太多的干预（授权）。

2.基于环境条件的权变领导

对于环境特征及领导方式的研究，以弗雷德·费德勒为代表。费德勒在总结前人研究的基础上，对领导情境进行分析和概括，提出了一个综合的领导权变模型。

在费德勒看来，与领导方式选择相关的情境要素主要有三个：一是领导者-成员关系，即领导者对下属信任、信赖和尊重的程度。评价为好或差。二是任务结构，即工作任务的规范化和程序化程度。评价为高或低。三是职位权力，即领导者运用权力活动（诸如雇用、解雇、处分、晋升和加薪）施加影响的程度。评价为强或弱。

费德勒根据这三项权变因素对领导情境进行评估，把三种变量汇总起来得到八种可能情境，如表7-2所示。运用这一量表，每个领导者都可以找到自己所在的情境，并了解情境对自己是否有利。其中，Ⅰ、Ⅱ和Ⅲ类情境对领导者非常有利；Ⅳ、Ⅴ和Ⅵ类情境在一定程度上对领导者有利；Ⅶ和Ⅷ类情境对领导者十分不利。

表7-2 **领导情境评估**

类型	Ⅰ	Ⅱ	Ⅲ	Ⅳ	Ⅴ	Ⅵ	Ⅶ	Ⅷ
领导者-成员关系	好	好	好	好	差	差	差	差
任务结构	高	高	低	低	高	高	低	低
职位权力	强	弱	强	弱	强	弱	强	弱

为了确定什么样的领导情境需要什么样的领导方式，费德勒研究了1 200个工作群体，针对8种情境类型中的每一种，对比了关系取向和任务取向两种领导风格。他得出的结论是：任务取向的领导者在非常有利和非常不利的情境下效果较好；关系取向的领导者在中间情境下干得较好。

在费德勒看来，管理者的领导风格是很难改变的，因此提高领导有效性只有两条途径。第一种是选择适应情境的领导者。例如，如果群体所处情境十分不利，而且目前又是关系取向的领导者，那么替换成任务取向的领导者能提高工作绩效。第二种方法是改变情境以适应领导者。这可以通过重建任务或提高/降低领导者权力（诸如雇用、解雇、处分、晋升和加薪）而做到。

3.综合员工特征和环境条件的权变领导

如何把员工特征和环境条件结合起来，选择恰当的领导方式，是更为复杂的问题。对此，罗伯特·豪斯开发的目标领导理论作出了回答。

这一理论认为，领导者的工作是帮助下属实现他们的目标。领导者要提供必要的指导和支持，确保下属目标与群体或组织目标保持一致。目标领导理论来自于这样一种信念，即有效的领导者通过指明道路可以帮助下属实现他们的目标，并通过为下属理清路程中的障碍和危险使下属愿意服从领导。由于领导者的指示和支持方式受到情境影响，因此要根据具体情境选择合适的领导方式。

目标领导理论指出，有两种影响领导成效的权变变量：一类为下属不可控的环境变量，包括任务结构、正式权力系统、工作群体等因素；另一类为下属可控的个人特点变量，包括控制点、经验、认知能力等因素。环境因素决定需要什么样的领导行为类型，员工因素决定个体对于环境和领导行为如何解释。该理论认为，如果下属将领导行为视为获得自身满足的源泉或手段，则领导行为就是可接受的。因此在以下条件下，领导行为具有激励作用：①它使下属的收益取决于工作业绩；②它提供了获得业绩所必需的辅助、指导和支持。

与此相应，有四种不同的领导行为风格。一是指示型领导，他们让下属知道领导对他的期望是什么，以及完成工作的时间安排，并对如何完成任务给予具体指令。二是支持型领导，他们十分友善，表现出对下属的各种需要的关怀。三是参与型领导，他们与下属共同磋商，并在决策之前充分考虑他们的建议。四是成就导向型领导，他们设置富有挑战性的任务目标，并期望下属实现自己的最佳水平。

目标领导理论认为，同一领导者可以根据具体情境选择任何一种领导风格。情境因素作为调节变量，影响不同领导行为风格的领导效果。领导行为、领导成效、领导情境变量之间的相互关系如图7-4所示。

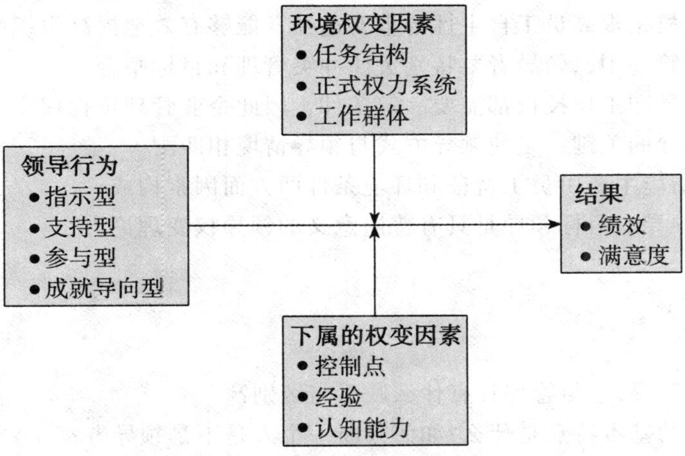

图7-4　目标领导理论模型

在目标领导理论的基础上，可以对领导方式的选择作出下列推断：

◆与高度结构化和设计规范的任务相比，当任务不明或压力过大时，指示型领导会带来更高的满意度。

◆当下属从事结构化任务时，支持型领导会导致高工作绩效和满意度。

◆对高智力或经验丰富的下属来说，指示型领导可能被视为累赘、多余。

◆组织中的正式职权关系越明确、越官僚化，领导者越应该展现支持型领导行为，减少指示型行为。

◆当工作群体内部存在实质的冲突时，指示型领导会带来更高的员工满意度。

◆内控型下属对参与型风格更为满意。

◆外控型下属对指示型风格更为满意。

◆当任务结构不明时，成就导向型领导风格将会提高下属的预期水平，使他们相信通过努力可以提高绩效水平。

对这些假设的检验表明，当领导者可以弥补员工或工作环境方面的不足时，会对工作绩效和员工满意度产生积极影响。如果任务本身已经十分明确，或者员工已经具备工作能力和动力，领导者还花时间进行解释和干预，下属会把这种行为视为累赘甚至是侵犯。

小　结

1. 现代企业注重领导的作用，管理者要当好教练员。
2. 领导活动是引导他人为实现共同目标而努力的过程。
3. 领导工作的特点，是强调具体问题具体分析，具有较大的灵活性。
4. 在企业管理中，目标引导、工作授权、权变领导是常见的领导工作方式。
5. 目标引导关注员工自主性，强调管理者帮助员工明确和实现工作目标。
6. 工作授权是提高员工自主性的重要途径，能够有效地提高组织应变能力。
7. 在授权管理中，领导者要特别关注冲突管理和目标整合。
8. 目标引导和工作授权都需要一定条件，因此企业管理重视权变领导。
9. 权变领导的关键，是使领导方式与领导情境相匹配。
10. 领导情境主要由员工特征和环境条件两方面因素构成。
11. 情境领导、目标领导是具有普遍意义的领导权变理论。

问题与思考

1. 什么叫领导?它与管理具有什么联系与区别?
2. 领导者的基本特点是什么?如何判断一个人是不是领导者?
3. 在企业经营管理中，领导工作具有什么特殊作用?
4. 为什么目标管理是一种典型的领导方式?

5.目标管理是不是目标分解？二者有什么区别与联系？

6.授权与分权是不是一回事？为什么要进行授权？

7.合理授权的原则是什么？如何防止权力失控？

8.为何需要权变领导？如何进行领导权变？

参考案例

北电网络的领导风格

消除级别

北电网络尽量在公司内部进行一项消除级别的运动，在组织架构上尽量让组织结构扁平化，使整个公司的领导层次比较少。“在公司内部，头衔已经不重要，大家直呼其名，叫头衔很刺耳，我们注意的是员工的工作表现，而不是头衔。”人力资源总监张咏儿觉得叫头衔在北电是刺耳的。北电网络的每个位置都有很清楚的描述和活动范围，将职位的重点工作告诉管理者。每个人在职位上又有较大的发挥空间，管理者甚至员工在自己的位置上有他自己可以发挥的事情，不会只有人说你可以做什么不可以做什么。北电网络的人力资源部专门有一种消除级别的工作，他们从表面的称谓到许多待遇方面都开始实行消除级别。

消除级别的方式

北电网络公司没有非常严格地将人才区分为技术人才和管理人才。在高技术人才领域，不喜欢带徒弟、只是自己专心钻研工作的还是大有人在。还有一类人是通过管理别人来贡献自己的才能。北电网络不会特别将两条发展道路分开，但会给这两种人往高层次发展的机会，所以北电网络区别这两种人为个人贡献者（individual contributor）和管理者（people manager）。这两条道路里面分有不同层次，个人贡献者的待遇可以达到总监级别，这是非常高的待遇。

为了消除简单的级别关系，北电网络采取“消除级别”方式，对每个工作都有职位描述，称之为JCI（职位复杂性指标）。这些指标一方面代表了员工的工作职责，同时通过职位分析和人才市场的行情，对这个职位进行薪酬定价。不同的JCI，薪水不一样；不同类别的JCI，其级与级之间的差别也不一样，例如JCI for Professional（专业技术级别）分为JCI1～JCI5，管理级别（JCI for administration）也分为JCI1～JCI5，但是专业技术级别的JCI1的待遇不一定比管理级别的JCI5低，彼此的分级不一样。这样既区别了不同工作的待遇和员工发展的方向，又消除了级别的概念。一个JCI1专业人员完全可以管理一个JCI5管理人员，JCI1专业人员的薪水也完全可以高于他带的JCI5管理人员的薪水，这是非常正常的事。

按需配备

在北电网络，并不是到了经理级就一定有一个办公室，也不是升到哪一个级别就会有什么样的笔记本电脑，在办公条件上，不按照级别来定配置。“我们一定要看那个 job requirement（工作需要）。”北电网络从工作的需求去想、去看问题，例如一个销售人员在工作中应该需要什么就一定会配备给他，不管他的级别有多低。经常有很新的人力资源政策从北美过来，公司在全球都保持非常一致的管理风格，公司文化也保持了全球一致，同时也保留了地方的特色。据说，一个在中国工作的员工调到北美工作不会觉得文化上有何差异。一个新政策下来，人力资源部就会给各级经理开会，将新政策的好处讲给经理听，相当于动员大家实施新政策。“不可能说经理的办公间就一定要比员工的大，我们觉得这样没有意思。”

靠魅力领导大家

做人力资源工作，非常需要公司CEO的支持，如果他没有这个观念，不去带动，就很难做。如果CEO对人力资源工作非常有信心，人力资源部就可以高效开展工作。

在北电网络，消除了级别，许多象征权力的特权消除之后，领导层靠工作方面的经验，靠带人的素质，靠个人的人格魅力来带领员工一起往前走。权力有很多不同来源，“一个人的位置可以带来权力，另外是他的经历和背景以及他对工作的知识、经验带来的权力，还有一种个人的魅力，有人觉得跟你共事是非常重要的事，能够学到很多东西”。人力资源总监张咏儿认为，在人和人之间，真正能够赢得人心的权力恐怕就是个人做事的魅力，所以北电网络的管理层往往是走在最前头的人。

时刻消除心中抱怨

有时候由于信息传递的效率和理解的偏差，员工在工作和生活中难免会遇到困难和情绪，在北电网络有许多可以排遣抱怨的途径。员工首先可以和自己的经理进行沟通，接下来是公司的人力资源部。公司还专门设置了一个处理员工关系的部门——员工关系（employee relations）小组，帮助员工解除疑问，回馈抱怨，员工遇到工作问题不必分先后，可以和任何一方交谈。一旦有比较明显的问题，人力资源部首先会主动介入。北电网络在每个业务部门都有人力资源部的人跟踪，如果这个部门的员工遇到情绪问题，就可以直接找跟踪该部门的人力资源部员工，这个人力资源员工既不属于该部门，又对部门成员非常熟悉，所以大家之间沟通起来方便、及时。人力资源部还专门有一个人是做员工满意（employee satisfaction）工作的，这个人每个月召集每个部门负责人力资源方面的人来讨论部门人力资源问题。每个月人力资源部召集的午餐会议，由这些人来参加，大家通过很轻松的方式，来了解对于最近人力资源部做出来的新项目，员工有什么反应。人力资源部的年终报告里面专门有内容来谈员工关系。

人力资源人盯人

“在部门里面HR要走进来，HR在员工心目中是比较中立的部门。每个部门都有一个HR在跟踪，所以很多情况大家比较坦率地说出来，比如员工跟老板有问题，就可以跟HR的人说。”

北电网络的每一个部门都有一个特定的人力资源员工跟进，对该部门的员工有大概的了解，同时非常了解该部门的工作。员工在工作上、情绪上的问题，不会积累到非常严重的程度，当然不会出现“惊讶”（surprise）的结果，问题在过程中就解决了。

对人力资源工作者最基本的要求是保持资料的保密性，员工的资料和谈话内容要对任何人保密。

调查细节反映实情

北电网络每年都开展员工意见调查，通过调查给人力资源部一个整体的员工情绪指数。每个业务部门都通过非常有针对性的调查，来了解本部门有什么问题。随着变化的加快，北电网络现在半年就作一次员工调查，对现代人力资源工作来说，以1年为一个项目执行单位已经不能适应快速变化的人力资源市场。

调查问卷设计得非常细，有不同的问题组别，有科学的分类，调查完毕，通过报告分析就会得出非常清楚的员工士气结果。一个员工待在一个部门快不快乐往往跟经理有非常大的关系，所以如果一个部门经理本身存在问题，对手下员工来说是非常糟糕的事情。由于人力资源部长期坚持建立一个很开放的环境，员工有什么事情会很快就反映出来，不会出现一个部门领导一手遮天的情况。

不会等到员工走时才留

在北电网络，员工因为种种原因提出辞职时，公司通常会执行一个辞职面谈流程，人力资源部会跟这个员工面谈，了解这个人应不应该挽留，如何去通过面谈来获得具体的管理方面的建议。通常，在公司的办事流程、业务发展等方面，通过面谈，员工能给人力资源部提供可供参考的建议，对公司改进管理效果明显。员工离职的反馈对人力资源工作具有重要价值。如果发现一个非常优秀的人才需要挽留，人力资源部会找出公司方面存在的问题，给员工留下来提供机会。

信任是管理的真谛

“我们北电不考勤，充分信任员工，我们也信任经理。”人力资源部很少将精力花在员工考勤方面。每个部门的经理要通过培训熟练掌握一些行为方针，如果一个员工离行为规则太远，经理就会提出来。

每一个季度北电网络都召开全体员工大会，公司的高层领导会来参加，大会一方面是报告业务方面的事，另外员工有什么问题也在会上提出来，领导层和员工进行直接问答。而且，每个部门和团队都有他们的部门会议。“我们做事的时候一直特别强调沟通，因为我们本身就是做通信的公司，我们对客户的口号是‘How the world shares ideas?’我们自己要做到的是‘How we share ideas?’”

第8章 企业调控

导入案例　　云翔公司的企业变革

2002年7月10日，云翔公司并购转制半年的日子，总裁王总海遭到了收购后上任以来最严重的危机：工人在行政总监的带领下，在厂区内进行了集体性抗议，生产为之停顿。

云翔公司转制前是部队企业，由于国家政策，部队不再允许从事营利性生产经营，云翔公司被转让。王总海看好企业的发展潜力，迅速收购了云翔。然而，全面进入云翔的经营管理后，王总海感受到了掌控企业的艰难：经营了近20年的厂子竟然连完整的财务账都没有，更不用说各项管理规范。企业各项费用开支惊人，单单一个职工食堂，在职工吃饭要交钱的情况下，一年竟然要补贴280万元!

王总海迅速派遣两个事业伙伴进入企业，任命为财务总监和采购部长。两人都是与王总海生死相交的朋友。三人大刀阔斧进行管理改革，然而两个月后却没有起到任何作用，因为没有员工听从三人的指挥!

员工的心态普遍是愤怒，认为被部队领导出卖了，而且很多员工还是部队干部的随军家属，在企业工作多年，习惯了作为企业主人，根本不听外人的“指导”。他们按部就班地延续自己的工作，进行无声的抵抗。

王总海考虑之后，认为自己对于医药行业的生产管理不熟悉，造成了管理上的被动，于是高薪从同行中挖来了技术总监和生产总监，召开了全厂会议，让两人强势进入企业管理层。然而又有两个月过去了，技术总监完成的GMP管理文件被放入资料柜，没能在生产管理中推行；生产总监的铁腕政策遭到各车间主任不满，多次告状到王总海处，并引发了多名核心技术员工离职，生产管理愈发危急。更糟糕的是，财务总监、采购部长和生产总监发生了意见分歧，感觉到彼此掣肘，对王总海的用人方式和职务安排都感到不满，甚至在高层会议上相互指责，成为企业笑柄。

王总海不得已采取了更大举措：调离采购总监，扩大财务总监职权；同时满足生产总监的要求，从医药院校应届毕业生中招聘了10名学生，试图再从当地招聘

① 本案例根据管理实践改编，企业名称和人名都为虚拟。

20多名合同工，重整生产系统；对于原有员工的政策是，不听从安排就下岗。这一举措激化了危机，行政总监作为留任员工的代表，领导了集体抗议。在企业原来主管单位的干预下，这场危机得以平息，然而员工却有了与新老板对抗的底气。

王总海发觉他一天天地失去了对企业的控制权。他带着困惑专程跑到北京，拜访当年读MBA时的导师，某著名高校管理学教授李辉，请李教授为企业提供咨询，帮助他解决面临的危机。

李教授以帮助云翔推进GMP质量认证的名义带着项目组进入企业，没有触动职工们敏感的神经。项目组到达的第一天，在座谈室内召开了全公司中层干部会议。会上对干部发放了满意度调查问卷，并让干部填写自认为企业不足的地方。结合每个干部的问卷，项目组进行了密集的一对一访谈，详细落实了每个不满意点的产生原因和具体表现，由此迅速地把握了中层干部的思想动态。李教授专门与王总海沟通，确定云翔的发展定位和战略规划。

一个星期后，第二次中层干部会议召开。会上李教授发言："在来之前，我不知道这里有云翔这样一个公司！作为一个军队企业，在几乎没有现代管理的情况下，又遇上了改制的思想冲击，去年还能做到1亿元的销售，有1 000多万元的净利。这说明了什么？这是企业潜力的体现！如果管理跟上了，大家齐心协力，云翔会有更大的天地！"王总海随之提出了云翔的5年发展规划，表示将把自己的另外两家公司（医药批发公司和连锁药店公司）合并到云翔，组建云翔医药集团，5年后做到4亿元的规模，然后争取上市。

这个会议上没有任何批评，对抗的双方也没有检讨，然而在企业目标的引导下，各方从自己的角度进行定位，使利益磨合有了初步规则。会后第二天，发展规划通过中层干部传递到每一个员工，改制后的云翔第一次出现了全体员工到岗上班的场面。外聘的各总监也都通过书面形式表示了继续服务、努力工作的决心。

借着企业成员的心态变化，以集团建制为契机，项目组迅速强化了工作理念，把企业矛盾定位为管理磨合问题，而不是利益冲突和人事冲突问题，由此推进了三个板块的工作：全面深入生产现场，绘制生产业务流程图；配合财务总监，全面盘查企业资产和资金运动情况；全面了解员工和干部信息，考察主要干部的素质和能力。

根据调研结果，项目组进一步认识了云翔的情况：云翔从军队企业转制而来，其原有管理特征表现为：有分工但协作不充分，行政隶属关系切断了生产管理上的连贯性和协同性；集权程度高，企业内部信息沟通不充分；组织结构僵化，缺乏应对市场的活力。上述情况综合在一起，使企业的技术优势和品牌效应未能充分发挥。

具体而言，云翔的组织特征是：横向上按照职能进行部门分工，行政职能占据了重要位置；纵向上按照管理幅度划分，管理层次过多；按照逐级指挥的命令链进行管理，实行各层级首长负责制，容易出现指挥不当的问题；部门界限分明，小群体观念比较盛行。由此带来的问题是：企业结构庞杂，关键部门权责不够，非关键部门干扰企业运行；生产低效，费用过高，效益较差；过于行政化的管理模式阻碍了企业创新，难以适应市场竞争要求。

基于这些认识，项目组提出了企业变革方案，主要内容是：进行组织结构调整和关键职位设计，以现有员工为基础进行人事调任；结合现有生产流程和国家GMP认证要求规范生产业务流程，对工作进行标准化；建立基于职位和业绩的绩效工资制度，3个月后实施。

调整后的组织结构和正在运行的组织结构的区别有如下几点：

（1）成立总经理办公会，由公司的总经理、经营副总、管理副总（常设人员）以及与决策事件相关的其他人员（非常设人员）组成，对企业发展战略方向等重大事件进行决策。

（2）成立管理委员会，成员是云翔各主要部门的负责人。管理委员会是云翔重要事件的决策议事机构，也是云翔核心员工沟通想法和协调工作的主要平台。管理委员会的工作方式是会议，每两个星期开一次会，讨论半月来的工作得失，讨论下半月的工作开展和工作协调要求，以及更长时期的工作规划。管理委员会不是决策机构，作用在于统一企业思想，使步调协调一致，为经理层的决策提供科学的参考依据。

（3）将生产运营和管理监控区分开来，分属两个副总掌管。把生产运营视为一线管理，把管理辅助和监控视为二线管理，这样在保证生产连贯性和指挥灵活性的同时，使监控系统独立于生产流程。

（4）进行生产系统重组，建立三大车间，归属生产副总直接管理；成立生产经营部，负责生产计划、采购计划的编制，协调采购部、动力车间与主体生产车间之间的衔接关系，协助生产副总开展工作。

（5）成立企业管理部，综合信息收集、标准测定、制度订立、绩效考核和干部管理多重功能，承担推进企业质量管理的责任。通过工作标准、业绩标准和绩效考核，提升企业内的市场意识，明确工作好坏与实际奖惩的联系，有助于强化工作激励，发挥企业能力。

结合组织方案和现有干部的考察评估，项目组给出了人事配备方案，将原技术总监任命为经营副总，原财务总监任命为管理副总，原生产总监任命为管理部部长；原工会主席、胶囊车间主任改任生产经营部部长，原输液车间副主任改任固体制剂车间主任，原动力车间主任改任液体制剂车间主任，原动力车间副主任担任动力车间主任，原采购部副部长担任部长。

这样的安排有如下几点考虑：原工会主席任生产经营部部长，能发挥其在职工中威信高、带队伍能力强的特点，能够配合经营副总将运行决策落实到生产一线。而且作为企业老员工，他对云翔公司的情况十分熟悉，容易协调车间之间的关系。固体制剂是企业的拳头产品，该车间小团体情况比较严重，需要新的管理力量打破原有惯性，于是将原输液车间副主任调至固体制剂车间。将各车间考核分配方案审核权移到管理部，能打破车间运作的黑箱，加强对企业的监管力度。

在这次组织调整中，财务总监提升为管理副总，工作内容和工作范围变动较大，是云翔变革的焦点人物，其作用发挥得好坏直接影响企业变革成败。下属的管理部负责预算管理和绩效考评，是企业监控的中心。原生产总监任管理部部长，是考虑到其工作风格——对事不对人——比较适合，并且对企业管理有系统的改进意见，擅长企业的成本控制和制度建设。由其进行考核制度的设计，能够有针对性地解决企业弊端。但其直白、简单的工作方式容易造成关系紧张，因而需要在管理副总的领导下开展工作。

由于组织设计严谨，人事匹配恰当，管理沟通充分，该方案很快获得企业上下的理解和认同，在职工代表大会上一致通过。张榜公告时，经营副总、管理副总、生产经营部部长、采购部部长、固体制剂车间主任、液体制剂车间主任、动力车间主任、管理部部长的大相片在公示栏上清晰夺目，被员工们戏称为“云翔八大金刚”。在八人中，五人是原来企业的资深干部，三人是外聘进入的干部。2个月前还针锋相对的对手，现在已经成为密切合作的团队伙伴，云翔公司形成了前所未有的凝聚力。

2002年12月22日，云翔一次通过了国家GMP质量认证，云翔集团正式挂牌成立。而且当年9月、10月、11月连续3个月创出了产量和销量的历史新高，生产成本大幅降低，员工的收入也有了很大的提高。在庆功会上，王总海特意把李教授再次请到了企业。王总海感慨地说：“刚接手企业的时候我恨不得什么事情都能管过来，然而越管越出乱子。现在已经有足够精力考虑收购别的公司，想想集团文化，想想发展战略。人还是那些人，却是令人振奋的绩效提升，难以置信的团结凝聚。”李教授的回答是：“企业家不能仅仅是市场机会的把握者，而且要成为事业发展的领导者。进行企业管理，不要仅仅看经济利益要求，不能在利益矛盾中搞你死我活，而要用发展的愿景来吸引人、推动人。没有平衡不了的利益，没有化解不了的对立。”

问题与思考：

1.云翔公司面临什么样的问题?其生产经营活动正常吗?

2.云翔公司的问题是如何解决的?能否在原有制度框架下解决?

3.云翔公司的企业变革任务是什么?需要处理哪些关键问题?

4.云翔公司的企业变革是如何进行的?怎样有效地化解变革的阻力?

5.在企业变革中，组织调整和人事匹配是怎样结合的?需要遵循什么原则?

6.为了成功地推进企业变革，领导者应该如何发挥作用?

7.企业发展的最终动力是什么?云翔公司的发展动力是如何形成的?

本章提要

企业管理是为了实现企业效益，这是一个持续努力的过程，必须不断检查生产经营状况，防范和纠正可能出现的偏差，保证各项工作正常进行。管理控制由此产生。其任务是根据工作计划及其衡量标准，检查工作的进展情况，发现问题，采取措施，提高效率。当环境变化巨大，不仅原订计划难以实现，而且原有组织结构也难以适应企业发展要求时，企业变革就来临了。企业变革有不同的方式，其中主动变革比被动变革更有利于企业发展。为此，必须了解企业变革的规律，进行变革管理。成功的变革是企业发展的助推器，能够帮助企业跨越生命周期的障碍，往做大、做强、做久的方向不断发展。企业管理的最终成效，是通过企业本身的不断创新，适应不断变化的环境要求，打造持续发展的常青企业。

8.1 企业控制

企业实战 8-1　　麦当劳公司的控制系统

麦当劳公司以经营快餐闻名遐迩。1955年，克洛克在美国创办了第一家麦当劳餐厅，其菜单上的品种不多，但食品质量高，价格低廉，供应迅速，并且就餐环境优美。连锁店迅速发展到每个州，至1983年，美国国内分店已超过6 000家。1967年，麦当劳在加拿大开办了首家国外分店，以后国外业务发展很快。到1985年，国外销售额约占公司销售额的1/5。在40多个国家里，每天都有1 800多万人光顾麦当劳。

麦当劳金色的拱门允诺：每个餐厅的菜单基本相同，而且“质量超群，服务优良，清洁卫生，货真价实”。它的产品，加工和烹制程序乃至厨房布置都是标准化的、严格控制的。它撤销了在法国的第一批特许经营权，因为那些特许经营权尽管盈利可观，但未能达到在快速服务和清洁方面的标准。

麦当劳的各分店都由当地人所有和经营管理。鉴于在快餐饮食业中维持产品质量和服务水平是其经营成功的关键，麦当劳公司在采取特许连锁经营这种战略开辟分店和实行地域扩张的同时，特别注意对连锁店的管理控制。如果管理控制不当，使顾客吃到不对胃口的汉堡包或受到不友善的接待，其后果就不仅仅是这家分店将失去顾客的问题，而是将会影响其他分店的生意，乃至损害整个公司的信誉。为此，麦当劳公司制定了一套全面、周密的控制办法。

麦当劳公司主要是通过授予特许权的方式来开辟连锁分店的。其考虑之一就是使购买特许经营权的人在成为分店经理人员的同时也成为该分店的所有者，从而在直接分享利润的激励机制中把分店经营得更出色。特许经营使麦当劳公司在独特的激励机制中形成了对其扩展中的业务的强有力控制。麦当劳公司在出售其特许经营权时非常慎重，总是通过各方面调查了解后，挑选那些具有卓越经营管理才能的人作为店主，而且事后如发现其能力不符合规定，则撤回这一授权。

麦当劳公司还通过详细的程序、规则和条例规定，使分布在世界各地的所有麦当劳分店的经营者和员工都遵守一种标准化、规范化的作业流程，麦当劳公司对制作汉堡包、炸土豆条、招待顾客和清理餐桌等工作都事先进行翔实的动作研究，确定各项工作开展的最好方式，然后再编成书面的规定，用以指导各分店管理人员和一般员工的行为。公司在芝加哥开办了专门的培训中心——汉堡包大学，要求所有的特许经营者在开业之前都接受为期一个月的强化培训。回去之后，他们还被要求对所有的工作人员进行培训，确保公司的规章条例得到准确的理解和贯彻执行。

为了确保所有的特许经营分店都能按照统一的要求开展活动，麦当劳公司总部的管理人员还经常走访、巡视世界各地的经营店，进行直接的监督和控制。例如，有一次在巡视中，巡视者发现某家分店自作主张，在店厅里摆放电视机和其他物品以吸引顾客，这种做法因与麦当劳的风格不一致，立即得到了纠正。除了直接控制外，麦当劳公司还定期对各分店的经营业绩进行考评。为此，各分店要及时提供有关经营成本、利润等方面的信息，这样总部管理人员就能把握各个分店经营的动态和出现的问题，以便商讨和采取改进的对策。

麦当劳公司的另一个控制手段是在所有分店中塑造公司独特的组织文化，这就是大家熟悉的“质量超群，服务优良，清洁卫生，货真价实”口号所体现的文化价值观。麦当劳公司共享价值观建设，不仅在世界各地的分店，在上上下下的员工中进行，而且还将公司的一个主要利益团体——顾客——也包括进这支建设队伍中。麦当劳的顾客虽然被要求自我服务，但公司特别重视满足顾客的要求，如为孩子开设游戏场所、提供快乐餐厅和组织生日聚会等，以形成家庭式的氛围，这样既吸引了孩子，也增强了成年人对公司的忠诚感。

资料来源 王凤彬，朱克强．MBA管理学教学案例精选[M].上海：复旦大学出版社，2009：268-270.

企业管理是确定企业生产经营目标并加以实现的过程。在这一过程中，由于企业内部与外部因素的影响，会出现各种障碍和问题，必须及时发现与处理，控制工作由此产生。控制工作的任务，是在把握企业运行实际情况的基础上，通过不断地自我调适保证其始终朝正确方向前进。为此，必须把握企业控制的性质与工作机理，建立合理的管理控制体系，通过有效的控制工作保证企业按计划实现生产经营目标。

8.1.1 企业控制的性质

控制是管理的又一基本职能。企业在生产经营活动中，即使制订出周密的计划，具有合理的组织结构和人员安排，能够领导员工积极主动地开展工作，也仍然不足以保证生产经营目标的实现。这是因为，在实现生产经营目标的过程中，外部环境和内部条件在不断变化，对各项工作发生这样那样的影响，会妨碍生产经营活动按计划有序进行。为此，必须进行控制，即通过监测企业环境和工作过程，不断发现问题、处理偏差，保证企业运行状况与计划安排不断适应，从而通过生产经营活动的动态调适最终实现企业目标。

1.企业控制的要求

企业控制至少有三个方面的要求：

（1）环境变化

如果企业面对的是一个完全静态的市场，市场供求关系永远不发生改变，企业每年都能够以同样费用取得同样性质和数量的资源，同时又以同样价格向同样的客户销售同样品种和数量的产品，那么管理人员的任务就简单了，只需要年复一年地以相同方式组织企业经营，以相同的技术和方法进行生产作业。这样一来，管理工作就变成了计算机的编程与运行规则。然而，这样的情形是不存在的。

（2）权力分散

只要企业经营达到一定规模，最高管理者就不能直接地、面对面地组织和指挥全体员工。时间和精力的限制要求管理者委托其他人帮助自己工作，这是企业管理层次形成的原因。为了使助手们有效完成委托的部分任务，高一级主管必然要授予他们相应的权限。因此，任何企业的管理权限，都制度化或非制度化地分散在各级管理部门和管理层次当中。企业分权程度越高，控制越有必要；每个层次的主管都必须定期或不定期检查下属的工作开展情况，以保证权力的正确利用，保证任务符合计划要求。

（3）员工差异

即使企业建立了全面、完善的计划，经营环境在一定时期内相对稳定，控制仍是必要的，这是由于不同组织成员的认识和工作能力存在差异。计划的实现要求每个人严格按照计划协调进行。然而，由于员工在不同的时间和空间进行工作，他们的认知能力不同，对计划的理解可能发生偏差。即使他们能正确理解计划的含义，由于能力差异，实际结果在数量和质量上也会不尽相同。某个环节产生的计划偏离现象，可能会影响到整体工作的状况。因此，加强对员工的管理控制是十分必要的。

2.企业控制的机理

在管理职能中，控制起着工作保证的作用，意义在于使工作目标在工作过程中得到持续实现。控制职能与计划、组织、领导职能密切相关，需要从与其他职能的关系中把握。

首先，控制与计划的关系极为密切。控制要发挥作用，依据的就是计划中事先制定的标准，在控制过程中，要将实际情况与预定标准进行比较。如果偏离了标准，则要采取措施进行纠偏。此外，除了纠偏以外，控制还有调适作用，即当工作计划与现状变化发生严重冲突时，控制工作有责任修改标准或目标。总的来说，控制与计划密不可分。在没有计划的情况下，任何控制都是无意义的，因为除非人们具有目标，否则无法确定他们是否在为实现目标而努力。

其次，控制与组织职能密切相关。依据标准对实际业绩进行衡量的结果，只有传递给能够采取纠正行为的工作人员时，才具有可改进的价值，控制才能实际进行。在这个意义上，组织结构明确了各个部门以及个人的任务以及权限，为控制提供了依托。如果没有组织，在由谁控制、谁作评价、怎样采取纠正措施上，就无法加以有序安排。

最后，控制离不开领导职能。衡量结果只是指出了行动偏离计划的信号，只有采取了纠正行动才能产生成效。领导职能明确纠偏工作的具体任务，提供人们改进偏差的行为动力。没有有效的领导，即使有成堆的衡量报告，那也不会对实际工作产生影响。

所以，必须把各种管理职能活动协调起来，在此基础上开展控制工作。

控制与计划的密切联系如图8-1所示。

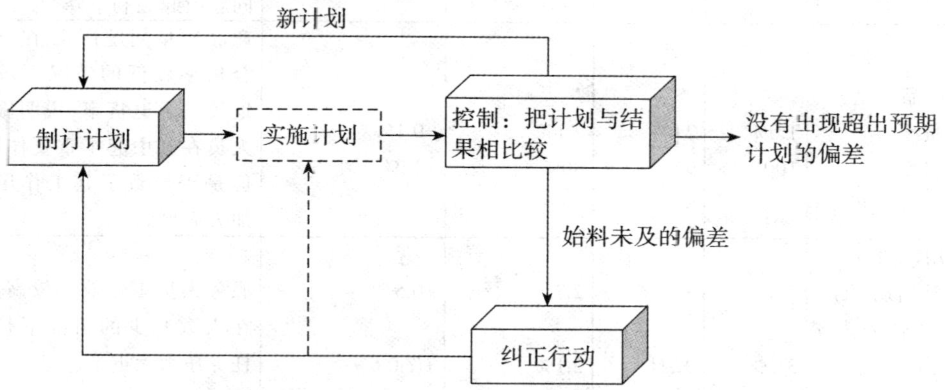

图8-1　控制与计划的密切联系

3.企业控制的方式

企业经营管理在一定条件下进行，条件的变化能够引起经营管理体系的变化，因此控制工作从条件控制入手，通过改变工作条件达到调整生产经营状况的目的。由于企业生产经营活动作为有计划的分工协作体系，以共同目标的形成为基础，通过资源统一调配和工作统一指挥加以实现，因此从战略引导、资源配置、信息提供以及行为塑造入手，能够有效控制分工协作状况。与此相应，战略控制、财务控制、信息控制、绩效控制是基本的控制方式。

（1）战略控制

战略控制是对战略实施情况的检查与纠偏。为此，必须检查企业实现战略目标的各项工作情况，并与战略目标与绩效标准相比较，寻找战略差距，分析产生偏差的原因，制定纠正偏差的措施，使企业战略更好地得到实施。战略控制的目的，是在问题严重之前提醒高层管理者加以解决，以保证战略的顺利实施，达到预期目标和实现企业使命。

由于战略控制不同于一般计划的控制，面对的不确定性较大，因此基于过去经验建立的预测模式，不能成为战略控制的完全依据。与此相应，企业不应该过早固化自己的战略，把它作为不可变更的前提，而应该在战略实施过程中不断加以适应性修正。

例如，某公司拟订了五年战略计划，欲成为一家提供高质量产品、以用户服务为中心的企业。现在时间过去了两年，该公司对计划执行情况进行审查，以商讨将来的对策。表8-1是该公司五年战略计划头两年执行情况的简要报表。

表8-1 **某公司五年战略计划头两年执行情况简表**

战略成功因素	经营目标		执行情况	偏差鉴定	差异原因分析及处理
	五年目标	头两年目标	头两年业绩	(+有利,-不利,(?)不确定)	
1.成本控制:间接费用对直接费用比率 销售毛利率	10% 39%	15% 40%	12% 40%	+(?)3% 0	是间接费用削减幅度过大，还是计划目标过于保守?在销售额增加的情况下,直接费用是否超标?是否因质量问题引起毛利下降
2.产品质量: 退货率 合格率	1.0% 100%	2.0% 92%	2.1% 80%	-0.1% -12%	产品质量问题严重!在产品合格率较低的情况下较好地控制了退货率,说明服务人员在其中起了重要作用,但是否导致了其工作压力加大而离职
3.用户服务: 安装周期(天) 用户服务人员占销售人员比率	2.5 3.2%	3.2 2.7%	2.7 2.1%	+0.5 +(?)0.6%	服务人员工作效率较高,但在人数减少的情况下是否任务压力太重了
4.服务人员士气: 缺勤率 离职率	2.5% 5%	3.0% 10%	3.0% 15%	0 -5%	服务人员规模难以维持与间接费用降低有密切关系。服务人员离职可能是因为工作量太大,责任、压力过重,还可能与公司用人、奖惩制度有关
5.总体绩效: 公司人均销售额(美元) 新产品数	12 500 6	11 500 3	12 100 5	+(?)600 +(?)2	销售额增加是否因为市场增长迅速?市场占有率如何?企业提高生产率的同时是否忽略了产品质量?新产品目标是否过于保守
6.竞争形势: 竞争对手新投放市场的产品数	6	3	6	-3	竞争对手力量相当雄厚,对本企业不利

资料来源　王凤彬，李东.管理学[M].3版.北京：中国人民大学出版社，2007：247.

根据差异分析结果，公司可能采取两种反应措施：

一是负反馈。在继续执行原计划的前提下采取纠正偏差的行动，着眼于改进用户服务和产品质量。这时，确保产品合格率比追求销售额增长更重要。而为了保持期望的用户服务水平和服务队伍规模，适当提高间接费用开支和强化对服务人员的激励，就成为基本对策。

二是正反馈。鉴于公司经营实力与既定战略目标的要求相距甚远，而且面临强大的竞争对手，可以考虑采取修正战略计划的正反馈控制措施，即将公司战略方向从原定的高质量、强服务转变为提供标准化、低价格的产品，在继续进行成本控制的同时，适当放宽对产品质量、用户服务和新产品的开发要求。这样就使偏差问题不那么重要，从而对纠偏措施的需要相对降低。

这个案例说明，正反馈和负反馈控制考虑的角度不同。战略控制应该站在更高的角度看待问题，而不能像低层次控制活动那样，仅局限于矫正眼前的、内部的具体执行工作。

（2）财务控制

生产经营活动作为投入产出活动，不仅表现为物质形态变化，而且表现为价值水平提高。为了衡量和控制投入产出效率，需要对成本收益进行计量和比较，财务控制由此产生。

每个企业的首要目标都是获取一定利润，为此必须进行财务控制。比如，查阅每季度的收支报告，发现多余的支出；也可能进行常用财务指标的计算，以保证有足够资金支付各种费用，保证债务负担不至于太重，所有资产都得以有效利用。这是财务控制降低成本并使资源得以充分利用的例子。

财务管理以货币为计量单位，便于定量分析和比较。财务管理以会计记录为计量基础，对企业经营管理的成本收益进行预算、统筹资金安排、进行价值计量，在此基础上加以分析控制。财务控制中比较常见的分析方法有比率分析、预算分析等。

比率分析是以相关财务数据之间的比率反映企业财务情况。多种比率结合、比率之间横向和纵向比较，以及与标准值的差异分析等，能够提供有价值的财务信息。这些财务数据取自于资产负债表、利润表和现金流量表。常见的财务比率分析内容包括偿债能力分析、盈利能力分析、运营效率分析、股东利益分析等。

预算分析是对于计划实施情况的数量分析。预算作为一种计划和控制手段，特点是用数字表示预期结果，以此为标准发现和处理工作中的偏差。企业预算的内容很多，例如费用预算、投资预算，以及反映现金收支、资金融通、预计损益和资产负债情况的财务预算等。预算为管理者提供了分析标准，通过比较实际情况和标准值之间的偏差，发现问题，采取行动。假如企业某部门年初制定的开支预算是20万元，并且为分项开支列出了标准，年末时发现总开支比预算超出1万元，于是要对比各分项的标准，查出是哪几项花费超额，根据其产生原因采取相应措施，下年度或在这几项上节约开支，或增加这几项的开支预算额。

（3）信息控制

生产经营活动依靠一定的信息进行，通过信息收集、整理、传递与分配，可以有效地控制企业工作状况。信息控制从信息管理角度入手，对企业生产经营活动进行监控与调整。

企业每天都会产生大量未加工的原始资料，这些资料作为数据对管理是没有用处的，只有经过分析处理变成信息以后，才能成为支持生产经营活动的资源。信息能够引起反应，加强沟通，指导行为。信息资源如今已经成为第四大资源。对管理者来说，大量的外部环境信息和内部工作信息既提供机遇也提出挑战。不精确的、不完整的、过多的或延迟的信息，将会严重阻碍管理工作。

信息管理是企业管理工作的重要组成部分，在全球经济信息化的今天，加强信息管理对企业发展具有非常重要的作用。所谓企业信息管理，是指企业利用科学的方法、手段，开发、收集各种有用信息，并将企业收集、生成和使用的信息系统化、结构化、网络化，以服务于企业经营管理的需要，提高企业竞争力。在实际工作中，通过建立信息管理系统、决策支持系统等来实现对信息的传输与处理，从而达到对生产经营状况的控制。

（4）绩效控制

绩效管理是评价企业绩效和提升员工业绩的过程。现代企业的绩效管理通常实行目标管理，在目标管理基础上进行绩效考核，考核结果是薪资分配、职位调整、培训开发或员工辞退的依据，也是员工总结经验教训、改进工作状况、提高自身职业能力的依据。

绩效管理是一个控制系统，由如下几部分工作构成：

①绩效计划，即经理与员工合作，就员工应该履行的工作职责、各项任务的重要性等级和授权水平、绩效的衡量标准、所需的组织帮助、可能遇到的障碍及解决方法等一系列问题，进行探讨并达成共识。

②动态、持续的绩效沟通，即经理与员工在计划实施过程中随时保持联系，全程追踪计划进展情况，及时排除遇到的障碍，必要时修订计划。

③绩效评价。按照既定工作标准，对工作实际情况进行检查比较，找出存在的不足。绩效评价不是工作监督，应该在改进工作业绩的共同愿望基础上、在融洽和谐的气氛中进行。

④绩效诊断与辅导。一旦发现绩效问题，必须找出原因，采取具有针对性的办法，通过工作者与管理者的共同努力，解决问题，改善绩效。

⑤回到起点——再计划。前一轮考评工作的结果，为下一轮计划的制订和实施提供改进的依据。

在企业生产经营活动中，绩效控制既是控制的目的，也是控制的方式，应用得最为普遍。

8.1.2 企业控制的机制

把握管理控制的性质和特点，有助于建立合理的企业控制体系。首先，必须明确控制工作的职责和权力，使不同管理者从不同角度发挥控制作用，形成有序的控制活动；其次，由于资源条件的限制，任何控制都不可能面面俱到，必须选取关键控制点，以达到“四两拨千斤”的效果；最后，要把握不同控制措施的特点，整合起来加以系统使用，其中市场控制、科层控制和自我控制，是企业控制的三种基本途径。

1.企业控制的层次

如果说，企业的战略和计划是企业控制的依据，那么企业的组织结构和职权划分则是企业控制的依托。按照企业的管理层级以及控制任务，可以把控制工作分为三个层次：

（1）高层管理者的战略控制

高层管理者是以首席执行官为中心的高管团队，进行企业战略决策并对决策结果和决策实施负责，为此必须具有对战略实施过程的控制权。战略控制不仅是高层次控制，而且是不确定性很强的控制，因此不仅负馈控制是必要的，而且可能出现正馈控制。就是说，在战略控制过程中，由于情况的重大变化，可能引起原定战略的重大修改。因此，掌握战略控制的原理和方法，对于提高企业经营绩效有着重要意义。承担战略控制责任的高层管理者，通常是“总监”、“副总裁”职位之上的管理人员。他们有战略眼界，以时间跨度较大的整体工作报告为例行控制依据。除此之外，他们还需要处理事关全局的例外问题。

（2）中层管理者的战术控制

中层管理者包括职能部门和直线部门的负责人，他们处于承上启下的地位，从不同角度和不同层面负责落实企业战略规划，提高工作绩效。所谓战术控制，是指在既定目标的前提下，围绕如何实现目标进行过程管理，分别从自己负责的角度和层面，发现问题，分析原因，采取措施。由于对于不同问题的处理有不同策略，因此在控制过程中，中层管理者有选择控制方式的空间，尤其是职能部门负责人，分别从不同类型的资源配置和不同业务流程的工作环节入手，在控制方式方法的选择上，具有很大的选择余地。在实际工作中，中层管理者通常以月报例行控制。除此之外，还需要在战略规划的框架中，按制度处理本部门工作范围内的例外问题。

（3）基层管理者的操作控制

基层管理者是指挥下属完成具体作业任务的一线主管，例如车间主任、班组长等。他们位于生产经营的第一线，承担用人办事的直接责任，对工作过程的具体情况直接负责。因此，基层管理者的控制责任，是根据各种规章制度的规定，按照作业计划的要求，保证按质、按量、按时完成工作任务。由于基层主管位于生产经营一线，对于各种情况的了解最为直接，因此在整个控制系统中具有基础地位。在实际工作中，基层主管一方面按照自己的权限，对业务操作情况进行检查和指导，负责在职权范围内消除偏差；另一方面，对于较大的问题，超越自身职权范围的问题，负责及时上报，寻求上级的工作指示。因此，企业控制工作的效果如何，最终取决于基层管理者的控制基础工作做得如何。

2.企业控制的途径

进行企业控制，需要按照企业战略的要求，结合实际情况的变化，动员整个组织的力量，分工协作，共同努力。在实际工作中，企业控制是一个复杂的系统管理过程，不仅要依靠组织运作，而且要利用经济、社会和文化因素，是科层控制、团队控制以及市场控制综合作用的结果。

（1）科层控制

企业作为有计划的分工协作系统，具有层级式组织结构，以上级对于下级的命令、指挥作为组织行为的基本线索。这种自上而下的权力结构，为管理控制提供最直接的依托。因此，企业控制首先是科层控制，以权威运用为基础，通过正式职权和行为规则体现出来。运用规章制度和行政权力，实现工作结果、工作方式、工作过程的标准化，是科层控制的特点，以此保证有计划分工协作的秩序。在任务明确和结构清晰的组织中，使用科层控制效果较好。如果情况复杂多变，任务不清晰，这种方式就不够了。

（2）团队控制

团队控制的特点是以工作群体中的相互理解和信任为依托，保证工作计划的有效实施。这是因为，即使是有计划的分工协作，也不可能把所有的工作标准和工作方式都明确界定出来，很多制度无法规定的具体问题，需要工作者结合实际情况和自身工作经验加以灵活处理。在这种情况下，如何借助群体力量维护工作秩序，保证工作目标的实现，具有重要意义。分工协作需要人们之间的理解信任，包括彼此之间对于工作目标、工作能力、工作方式的理解和信任。建立良好的工作团队，能够有效地提升这种理解和信任。在复杂多变的情况下，团队控制的作用尤其重要。

（3）市场控制

企业是一个微观效益组织，时时刻刻受到市场的影响。如何利用价格机制促进分工协作，保证企业目标的实现，也是必须高度关注的问题。为此，需要把分工协作要求与企业成员的利益结合起来，使完成工作任务成为工作者实现自身利益的条件。也就是说，应用一定的价格手段，对工作任务进行内部定价，吸引人们为此而努力。例如，很多企业推行内部核算价格，对不同的工作业绩按质付费，通过内部市场保证企业目标的实现。这样的控制方式，在资源竞争激烈，各个部门都有独特产品、服务的企业中，有较好的使用效果。通过这样的方式，把市场行为和科层管理结合起来，提高企业的控制效率。

8.1.3 企业控制的流程

在控制框架下，需要采用科学的流程开展工作。一般而言，控制工作大致包括如下环节：确立标准、衡量工作、测量偏差、分析原因、采取措施。通过这些环节的不断循环，排除干扰，保证生产经营活动有序运行。在此过程中，控制与计划的关系尤为密切。计划为控制提供标准和依据，控制就是按照计划确定的标准监控生产经营的情况，纠正偏差，确保计划目标的实现。广义的控制工作还包括对于计划标准的修订。这样一来，控制就成了计划改进的动力。

1.确立标准

计划是控制的依据，因此整个控制流程从计划开始。由于计划的详略不同，管理者也不可能事无巨细一律过问，这就需要在计划基础上制定专门的控制标准。这些标准是计划中的关键内容，遵循关键点控制原理进行确认。

在企业实际工作中，作为控制依据的关键点具有复杂多样的内容，其中最重要的有物理标准、成本标准、收益标准、进度标准，以及作为战略控制点的战略标准等。

(1) 物理标准

企业通过提供产品、服务实现经济效益，因此在使用原材料和劳动力生产产品、服务的生产经营活动中，物理标准很常见，例如，生产一单位产品所耗费的劳动工时、原材料数量等。在产品、服务的质量上，物理标准也极为重要，例如，强度、公差、耐磨力等。

(2) 成本标准

企业作为微观效益组织，需要进行经济效益的度量，因此货币度量手段不可缺少，其中成本标准极为重要，应用广泛。例如，每生产一单位产品所需的直接成本和间接成本，每单位产品所耗费的劳动工资等。

(3) 收益标准

收益标准源于对企业收入状况的货币性度量，是企业为市场提供产品、服务所获得的回报，例如，销售收入、销售利润、单位顾客平均销售额等。

(4) 进度标准

在生产经营过程中，什么时候完成什么工作任务，完成到什么程度，需要加以明确界定。在有计划分工协作的情况下，进度标准保证不同部门和不同环节的工作衔接，是整体工作有序进行的基本条件。

(5) 战略标准

战略目标的实现是一个过程，需要进行过程控制，包括对战略控制点的监控和以此为基础展开的战略调整和修正。

恰当地确定控制标准，是控制工作的首要任务。

2.衡量工作

实施控制的过程也是依据控制标准检查实际工作情况的过程。如何及时准确地了解工作实际，对于控制工作具有决定性意义，为此需要确定信息收集的恰当方式。从实际情况看，为企业控制提供支持的信息收集方式主要有四种：个人观察、口头汇报、书面报告、统计分析。将它们结合起来，可以大大扩展信息来源并提高信息质量。

(1) 个人观察

这种方法灵活方便，应用广泛，但存在一些缺点。它不仅受个人时间、精力和条件的局限，而且可能受个人偏见的影响。一个人看到的问题在另一个人眼中可能看不到，或者不被认为是问题。随着控制范围的增大，这种缺陷越来越显著。

（2）口头汇报

信息可以通过口头汇报获得，例如，会议、谈话或者电话等。这种信息收集方式直接、快捷，可以通过语言和词汇传达各种信息。口头收集信息的缺点是不便于存档和重复使用。可以借助信息技术把口头汇报的内容保存下来。

（3）书面报告

这种形式比口头汇报更为正式，也比较精确和全面，同时易于分类存档和查找。书面报告作为一种正式的信息传递方式，在制度渠道中运用，对于管理控制具有直接支持作用。但这种信息交流形式比较烦琐，成本较高。由于书面报告常常揉入了报告者的分析与判断，因此不仅是情况汇报，而且是意见交流方式。

（4）统计分析

统计分析比书面报告更为严谨，以数字和图形的方式对情况进行综合描述和分析，因此更为精确。但这种分析不仅成本更高，而且具有比较严格的使用条件。只能在对情况有了定性判断之后，才能通过有针对性的使用提高统计分析的效率。

上述四种方式各有优缺点，在控制活动中常常综合使用，以确保信息真实、有效、及时。

3.测量偏差

了解情况之后，需要测量实际工作情况和既定标准之间的偏差。在生产经营活动中，偏差难以避免，因此确定可以接受的偏差范围是非常重要的。如果偏差超出了这个范围，就应该引起管理者的注意，以采取必要的改进措施。而偏差允许值之内的小问题，可以作为正常情况不加干预。例如，生产零件时，如果直径允许比标准值多或少1%，那么只要不超出这个范围就算运行正常。所以，在控制工作中，确定适当的偏差范围极为关键。只有当偏差超出这个范围的时候，才需要管理者采取措施（如图8-2所示）。

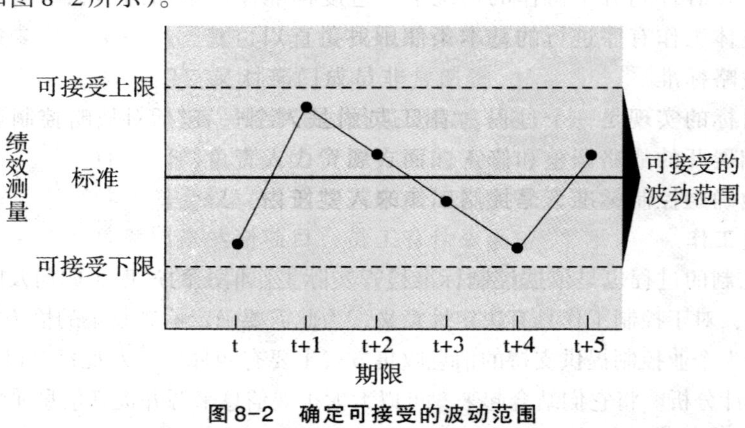

图8-2　确定可接受的波动范围

资料来源　罗宾斯.管理学[M].孙健敏，等，译.7版.北京:中国人民大学出版社，2004:538.

4.分析原因

如果发现了必须采取干预措施的偏差，就必须分析偏差产生的原因，这是控制工作中的关键一环。一般而言，任何偏差都是诸多要素综合作用的结果，如原材料、员工技能、环境变化等。管理者需要综合考虑这些要素，分析导致偏差的关键原因，才能采取有效的措施。例如，销售收入明显下降，原因不容易一下就抓准：到底是销售部门营销工作的问题，还是生产部门制造质量下降和不能按期交货，或是新产品开发进度太慢致使产品老化、竞争力下降?如此等等，需要认真分析。一般来说，对于生产经营活动中的偏差，可以从三个方面寻找原因：

（1）计划的执行问题

这是指由于计划执行者的原因导致偏差产生，如工作不认真、缺乏责任心、玩忽职守，或能力不足、不能胜任工作等，由此造成计划执行中的偏差。

（2）环境的重大变化

当企业的外部环境发生突变时，如爆发金融危机或者自然灾害等，原定目标和计划难以实现。对于这类原因，管理者无法控制，只能在客观分析基础上采取应对和补救措施，调整企业战略，应对挑战，以消除不利影响。

（3）计划本身不合理

有些计划本身存在问题，导致难以实现。例如，在计划制订过程中，由于决策者的想法和实际不符，或者盲目乐观，制订出了高指标的计划，或者盲目悲观，制订出了过于保守的计划。

5.采取措施

在查明偏差原因后，有三种方案可以选择：什么也不做；纠正偏差；修改标准。

（1）什么也不做

如果偏差的性质是有利的，或者偏差虽然有害，但发生在可允许的范围内，那么管理者可以不采取任何行动。

（2）纠正偏差

如果偏差是不利偏差并且超过了可允许范围，管理者就应该采取纠正行动了，包括：调整管理策略，如重申规章制度，明确责任，加强约束、激励措施等；调整组织结构，包括调整人事安排，重新分配员工职位工作等；采取其他方面的方式方法，落实有针对性的补救措施。需要注意的是，在采取纠正措施之前，要决定纠偏措施的性质是应急还是一劳永逸，是治标还是治本。如偏差十分严重，治本措施来不及，则应采取应急措施，待偏差引发的危机缓解后再治本；如偏差发生的原因清楚，且有充足的时间标本兼治，则推行治本措施。

（3）修改标准

工作中的偏差也可能来自于不现实的标准，也就是说指标定得太高或太低。在这种情况下，问题出在工作标准而不是工作表现上。但要注意，标准的制定和修改都是极为慎重的事，必须科学分析，谨慎对待，否则会使计划失去权威性。这是因为，控制标准源于目标，而目标是在制订计划时得到的，是控制的基础，引导控制工作展开。

8.2 企业变革

在管理控制过程中，当环境变化使既定计划难以实施时，必须采用变革方式来应对。因此，企业控制与企业变革相关。控制和变革都是为了应对实际情况，采取相应措施，提高企业绩效，促进企业发展，只是发挥作用的角度不一样。如果说，控制对于企业发展的作用方式，是维持企业与环境的原有平衡，那么变革则是通过建立新的平衡，进行生产函数的创新。为此，需要把握企业变革的性质，了解变革活动的方式，加强变革管理以实现变革目标。

8.2.1 企业变革的性质

在企业生存发展的过程中，内外部环境始终在变化，例如，市场需求、经济政策、利益相关者结构、员工队伍状况等。这些方面的变化，有可能使企业原有目标难以实现，组织运行出现障碍。如果问题严重，不进行组织目标与结构的调整，企业就难以生存与发展，这就会驱动企业作出相应的变革。企业变革不是单一因素的改变，而是系统性的模式转换，涉及战略、结构、人员、技术、任务以及文化等诸多内容。

1.企业变革动因

在充满不确定性因素的现代社会，企业必须根据情况变化及时调整与变革，才能在激烈的竞争中拥有自己的位置。驱动企业变革的原因，大体可分为外部环境因素和内部环境因素两个方面。

（1）生产经营环境

引发企业变革的外部环境变化主要体现在以下几点：

首先，消费者需求的改变。企业是为了满足消费者需求而存在的，消费者需求的改变会影响企业的生存和发展。随着科技发展、社会进步和生活丰富，消费者需求的变化越来越快，越来越复杂。在充满个性化的时代，企业必须不断地进行产品、服务的推陈出新，既要发现和满足消费者现有需求，还要挖掘和创造消费者潜在需求，并通过维系与消费者的关系，创造顾客价值，迎合消费者求新求变的心理。

其次，科学技术的发展。科学技术被誉为“创造性的毁灭力量”，它对人类的生产和生活产生了全方位的影响。在过去20年间，科学技术以前所未有的速度向前发展，知识作为最重要的生产要素极大地改变了工业经济时代的生产方式，人类社会步入知识经济时代。现代科学技术以计算机和互联网为典型，对企业生产经营方式进行了彻底改造，使技术领先成为企业发展的必要条件。科学技术的飞速发展，要求企业作出相应变革。

最后，市场竞争的激化。在竞争日趋激烈的今天，所有企业都面临着来自竞争对手的威胁。随着经济全球化的发展，竞争的方式也越来越多。竞争对手在新产品开发、价格制定、渠道选择、广告促销、售后服务等方面的策略，都会对企业的经营管理产生重要影响。企业若想适应竞争的要求，就必须顺势调整，争取主动，才能立于不败之地。

（2）企业内部状况

在生产经营条件急剧变化的同时，企业本身的状况也在不断改变，从而影响企业的运行方式，形成企业变革的动力。推动企业变革的内部因素主要包括以下几点：

首先是企业目标。每个企业都有自己的运行目标。在企业发展的不同时期，企业目标也不尽相同。企业结构是为企业目标服务的，当目标发生改变时，组织结构也要随之调整。例如，单一的战略目标和多元化战略目标，对于组织结构会提出不同要求。因此，战略目标的转变是企业变革的重要原因之一。

其次是企业规模。在企业生命周期的不同阶段，由于规模不同，运行方式不同，对于企业组织结构与管理方式的要求也不同。例如，企业发展初期，在规模较小且产品单一的企业中，往往实行集权型的直线职能制组织结构。随着组织规模的增大，产品种类不断增多，生产批量急剧增大，需要建立分权型的事业部制组织结构。这就引起了企业变革。

最后是企业管理。提高管理效率的要求，也是企业变革的重要原因。企业长期保持的运行方式，往往会导致结构僵化、反应不灵。为了在不确定性因素增多的情况下提高决策质量和管理效率，必须调整信息沟通渠道与决策指挥体系，对决策过程中的各个环节进行调整，以保证分工协作的有效进行。这也会引起企业变革。

（3）经济社会变化

除了对企业生产经营发生直接影响的内外部条件，经济社会环境的一般变化也会推动企业变革，并且这种推动作用往往是稳定的、长期的。

①经济状况。随着全球经济一体化的发展，不仅国内的利率、通货膨胀率、证券市场指数、经济周期因素等会影响企业发展，国际经济形势的变化也会对企业的运营产生重大影响。例如，全球金融危机对中国出口型企业造成很大冲击，迫使这些企业作出变革。

②法律状况。企业行为必须符合国家法律法规，从事跨国经营的企业还必须遵守东道国的法律。这些法律规定企业能做什么、不能做什么，并对设立企业、聘用雇员、产品质量、发布广告、防止污染、限制垄断等诸多方面作出原则性规定。无论是新法规的出台，还是原有法规的修订，都会对企业经营产生重要影响，可能导致企业发生变革。

③社会环境。不同社会在生活方式、交往方式、消费方式上有不同特点，不仅如此，同一社会在不同阶段也有重要差异，这些变化往往影响企业行为。例如，20世纪与21世纪的中国社会就有显著的变化。“80后”、“90后”逐渐进入社会，成为

消费者和劳动者的重要部分，给企业的生产经营方式带来了重要影响，推动着企业变革的发生。

2.企业变革的程度

企业变革涉及多方面内容，具有复杂的结构，需要从战略、结构、人员、文化等角度加以分析。在不同情况下，企业变革具有不同的广泛性和深刻性，在不同程度上影响企业的发展，大致可以区分为整体变革和局部变革。

（1）整体变革

整体变革是企业发展方向和生产经营方式的转变，包括战略变革、组织变革、文化变革。这些变革需要企业全员参与，从根本上改变企业的运行状况。

企业对其长期发展战略所作的变革是战略变革。当企业外部环境尤其是所从事行业的业态发生较大变化时，或当企业步入新的成长阶段需要对生产经营与管理模式进行根本调整时，或以上二者兼有时，企业必须对内外条件的变化进行战略平衡，选择新的生存方式与成长路径，以推动企业发展模式的战略转型。战略变革由此产生。莱维（Levy）和莫瑞（Merry）认为，战略转型是“涉及组织核心流程、精神意识、创新能力和进化”的全面飞跃，其中涉及的战略要素可以是业务、逻辑、模式、能力等。例如，从红海战略到蓝海战略的逻辑转变就是战略变革；从家电制造向多元化经营的转型也属于战略变革。

企业对组织结构所进行的重大调整是组织变革，包括责权配备、协调机制、集权程度、职务与工作再设计等因素的变化。随着战略的转变，需要进行组织变革，以适应新的战略需要。不仅如此，即使在原有战略情况下，由于战略执行力不够，也可能需要进行组织变革，对如何制订工作计划、界定工作责任、授予工作权力以及进行工作协调等方面进行调整。组织变革一般从工作专业化、部门化、集权化与分权化等方面进行，可以针对这些结构要素中的一个或多个加以重新安排。

企业成员价值观的改变是企业文化变革的中心线索。不同的组织结构和分工协作方式会带来不同的行为习惯和心理契约，确立了人们应该做什么、不应该做什么的标准，成为企业成员普遍认可和遵循的默认规则。企业文化由此产生。作为企业成员公认的行为规范和价值标准，企业文化的形成需要相当一段时间，但一旦形成，就具有相对稳定性，成为相对牢固和不易改变的东西。由于观念是行为的先导，因此企业变革不仅必然涉及文化变革，而且往往以文化变革为先导。企业文化有强弱之分，强势企业文化会对变革带来显著的推动或者妨碍作用，需要特别关注。

（2）局部变革

局部变革是指企业某一层面或某一领域的变革，不改变企业的战略目标和经营管理模式，但影响企业实现战略目标的行动方式。对于企业局部变革，可以从业务调整和职能调整两个方面把握。

业务调整与企业经营范围的局部改变相关。一个企业的经营范围和经营重点，需要根据情况变化不断调整。如果是较大的企业，特别是多元化经营的企业，每种业务都有相对独立的市场环境和不同的影响因素。与此相应，当情况变化时，需要进行调整。例如，在相关市场进行重新定位，采取差异化或者低成本竞争策略等。由此，导致企业的局部变革。

职能调整与企业管理体制的局部变革相关。企业作为有计划的分工协作组织，通过多方面资源配置获取经营效益，由此产生不同的业务管理工作。这些业务工作针对不同的问题进行，受到不同的条件约束，因此相互之间具有一定的独立性。当面临的约束条件发生变化时，也会出现调整，即某种管理职能的调整。例如，在财务、营销、制造、技术及人力资源等方面，如何适应情况变化实现管理的目标，往往需要从不同的角度努力。例如，一些家电企业进行营销变革，撤销自行设立的营销公司，实行销售代理制，这就是企业职能变革的体现。

8.2.2 企业变革活动

企业变革的目的，是通过自身战略与组织的自觉调整，解决所面临的深层次问题，从而在新的情况下实现继续发展的目标。在此过程中，明确变革任务、确定变革方式等，是保证变革活动取得成效的几个基本环节。

1.企业变革任务

现代社会中，情况变化迅速，企业常常处于非均衡发展状态，使变革成为常态。由于企业是一个微观效益组织，通过为市场提供适销对路的产品、服务赢得生存发展的空间，因此企业变革的基本任务是适应环境变化，提高运营效率，促进企业发展。

(1) 适应环境变化

信息时代的到来、社会要求和客户需求的变化、市场竞争的激化等诸如此类的因素，要求企业具备灵活应变的能力，对环境变化作出迅速反应。詹姆斯·钱皮在《改革管理》中指出："为什么要变革?因为市场和顾客一直在变。顾客不断对价格、质量、服务新颖性和时髦性等各方面提出要求。同时我们也应作出反应，并利用我们行业中由于技术、政治和社会的改革而引起的变化。"IBM咨询公司、安达信咨询公司和经济学家情报社（EIU）联合出版的《未来组织设计》一书也指出："不容回避的全球化、紧缩成本、生产合作关系、互补的技术、分散风险、更薄的利润所带来的管理压力，迫使企业要么变革、学习，要么消亡。"

(2) 提高运营效率

外部世界的持续改变，动荡的商业环境，要求企业不断调整自身以应对变化，这意味着企业内部结构不是恒定的东西，需要进行持续的调整性管理。当然，调整性管理并不意味着随时进行根本改变，而是要根据环境变化的状况，确定是否维持原有的战略目标与组织结果。也就是说，虽然环境在不断变化，但如果变化没有达到一定程度，原有的战略与组织就仍然能够有效应对；只有变化积累到一定程度，使原有战略与组织难以保证生产经营效率了，才会产生变革的要求。因此，企业变革的任务不是贯彻某种管理思想，而是提高运营效率。

（3）促进企业发展

企业是一个在市场竞争中生存发展的生命体，不同阶段有不同的生命特征。例如，小型企业成长为中型或大型企业，单一品种企业成长为品种多样化的企业，简单产品生产企业成长为高新技术企业等，在企业发展的不同阶段，要求不同的战略与组织与之相适应。为了跨越生命周期的不同阶段，企业必须在适当的时机进行变革。例如，企业发展的初始阶段，快速增长使业务迅速扩张，管理和组织能力往往跟不上发展速度，需要进行企业变革以提高管理规范化水平和增强组织能力；随着企业的发展壮大和实力增强，会逐渐缺乏创新意识和活力，这时需要进行企业变革以打破官僚主义等。也就是说，企业发展的不同阶段，需要通过企业变革来加以实现。

2.企业变革方式

在不同的情况下，出于不同的变革目的，企业变革也会出现不同的方式。从实际情况看，变革方式大致可以分为两种：渐进式变革和激进式变革。两种变革方式具有不同的活动特征，分别适应于不同的情况。

（1）渐进式与激进式变革的特征

渐进式变革的特点是把变革作为一种常态工作，对变革进行有计划的安排与实施，从而达到一定的变革目的。也就是说，企业变革是一个逐渐改变原有战略与组织的自觉过程，通过这个过程使企业由旧系统向新系统过渡。在实际工作中，体现为由点到面的循序渐进变革，每次行动的变革幅度都比较小，规模也不太大，但变革的内容在往某种确定方向不断积累，最终达到从根本上改变战略与组织状况的目的。如果企业在市场和技术相对稳定的环境中发展，那么渐进式变革方法能够保证平稳过渡，具有很大优势。

激进式变革的特点是把变革看成一种例外情况，通过急剧动荡和激烈冲突达到迅速改变现状的目的。在一个越来越动态和不确定的商业环境中，激进性变革受到了广泛重视。例如，迈克尔·哈默和詹姆斯·钱皮在《改革公司——企业革命的宣言书》中指出，变革不是拼拼凑凑和大杂烩，不是给现有制度配备应急装置使它们运营得更好些，而是抛弃长时间以来所运用的工作程序，重新探索使公司推出新产品、新服务的经营活动机制。因此，从规模和范围来看，变革涉及企业所有层次；从频率和幅度看，变革往往在比较紧急的情况下进行。由于市场竞争激烈和技术飞速发展，激进式变革的频率会越来越高。

（2）渐进式与激进式变革的实践

理查德·L.达夫特在其著作《组织理论与设计精要》[①]中，对渐进式变革和激进式变革作了简要的比较，见表8-2。

① 达夫特.组织理论与设计精要[M].李维安，等，译.北京：机械工业出版社，1999:145.

表8-2　　两种变革措施的比较

渐进式变革	激进式变革
持续进步	突破框架
维持平衡	达到新的平衡
影响组织局部	转变整个组织
贯穿于正常的结构与管理过程	创立新的结构和管理
新技术	突破新技术
产品改进/生产新产品	创造新市场

渐进式变革和激进式变革是企业常用的两种变革方式。在实际工作中，如果不是遭受重大生存危机，企业在变革过程中常常交替使用这两种方式。这是因为，企业在大多数情况下需要相对稳定的生产经营秩序，但即使在稳定时期，也不是不需要调整和变革，只是幅度较小，有序进行。这就是渐进性变革。因此，大多数企业在大多数时间里，只需要采取渐进式变革方法，但不排除在某一个特定的时间里，由于问题的积累和诱因的出现，使企业面临危机，从而产生激进式变革的压力，进入快速和彻底的变革时期。

因此，渐进式变革和激进式变革没有孰优孰劣的问题，问题在于如何根据企业的具体情况，对这两种方式加以合理的运用。

8.2.3　企业变革管理

企业变革不是无序的被动过程，而是可以预测和引导的，由此产生变革管理的任务。企业如何对待变革，对于变革有什么样的准备程度，体现了不同的变革管理水平。积极应对变革的要求，加强对变革过程的管理，对于提高企业效益、促进企业发展具有重要意义。

1.企业变革的模式

企业应对变化的不同方式形成了不同的变革模式，大致可以区分为被动模式、预测模式、领导模式三种，体现了对于变革的不同管理程度和管理水平。其中，被动模式消极地承受变化的压力，应对变革产生的问题；预测模式提前作好准备，以应对可能出现的重大变化；领导模式采取主动措施发动和引导变革，通过有计划的变革来实现企业发展目标。

（1）被动模式

在激烈竞争的市场上，有许多因素左右企业的行动。按照迈克尔·波特的观点，供应商、竞争对手、潜在的竞争对手、顾客需求和替代品等因素，都会威胁企业的生存。许多企业只看到顾客的表面需求，而对于顾客潜在需求没有仔细分析和研究，或者对于竞争对手的政策缺乏有效应对措施，从而处于被动状态。在这种情况下，变革是迫不得已的措施，企业被环境条件拉着鼻子走。

（2）预测模式

有些企业在市场竞争中关注未来，对可能的变化和发展方向高度警觉，根据对于未来可能状况的预测，对自己所处的位置和行动方式进行事先规划，主动地选择和决定企业发展目标和主攻方向。例如，在打印机市场，发动机是关键零部件。佳能公司预见到了市场竞争的重点，提前进行战略安排，组建相应的生产系统，抓住了这一商机，成为世界上生产这种发动机最多的公司。佳能公司通过把激光打印机的发动机销售给苹果、惠普和其他公司，使核心产品的份额占据了市场领导地位。

（3）领导模式

面对迅速多变的市场，有些企业以开放的方式加以应对，主动发起变革来促进企业成长。在这种情况下，变革就成为一种特殊的管理方法，企业变革的领导模式由此产生。例如，美国英特尔公司根据对于“摩尔定律”（指每18个月计算机CPU的运算速度提高1倍，同时生产成本降低50%）的认识，在CPU的研发制造上采取动态改进办法，通过主动地不断否定自己来获取成长。英特尔公司如今已是CPU市场的领导者，其技术壁垒和资本壁垒使得只有少数公司能够涉足这一领域。

不同的变革模式具有不同适用范围，企业应该根据自己的条件进行决策。表8-3[①]是三种变革模式的比较。

表8-3　**变革模式比较**

变革模式	变革内容	变革战略	变革性质	优缺点
被动模式	随情况变化而变化	无明确的变革战略	消极应对	没有预见性
预测模式	基于适应性而产生的变革	有明确的变革战略	主动应对	有预见性，对判断能力的要求较高
领导模式	基于知识领先而发动的变革	有明确的变革战略	积极应对	主动促进企业发展，对创新能力的要求较高

2.企业变革的领导

在变革的领导模式中，如何主动地发起和引导变革过程，是提高变革成功率的关键。其中，高层管理者的权威和领导风格，对于保证变革的有序进行具有关键作用。随着变革的常态化，形成了与此相应的领导风格，即变革型领导。其特点是通过构建共同愿景，营造支持探索、试验、冒险和交流思想的环境，不断突破原有战略与组织的局限，促进企业持续变革，包括平时的局部变革和特殊情况下的全局变革。通过这样的方式，把渐进性变革和激进性变革统一起来，使变革从量变走向质变。

由于变革是对现有秩序的调整，涉及组织成员的利益关系，因此只有人们不仅愿意为实现新目标而付出时间和精力，而且愿意承受可能出现的压力和艰辛时，企业变革才能吸引大家参与从而获取成功。因此，提出明确的、有吸引力的愿景目标，通过愿景目标展现新构想、新方法、新风格的优越性，是引导变革的必要条件。只有这样，才能使员工理解变革的合理性和必要性，参与变革，积极地应对变革可能带来的秩序混乱和紧张情绪。

① 陈又星.企业变革比较研究[M].广州:暨南大学出版社,2009.

一般说来，变革获得认同要经历三个阶段。第一阶段，员工通过正式渠道或个人关系获得将要变革的信息，觉察到变革对他们工作和利益的可能影响，开始关心变革。第二阶段，领导者要帮助员工认识变革的影响，理解变革的意义和带来的积极效果。当员工对此有了必要认识时，适时作出实施变革的决定。这样就进入了变革的第三个阶段，即投身变革的阶段。这时真正的认同开始了。为了促进变革认同和参与，这一阶段通常分为变革启动和变革制度化两个步骤。变革启动的任务是发现问题和寻找解决办法，为全面推行变革作好准备。在此过程中，要引导员工切身体验变革的意义，逐步认识、理解和参与变革行动。变革制度化的任务是对变革状况进行协调，以制度化的方式把变革成果稳定下来，从而实现从旧战略和结构向新战略和结构的转化。通过制度化，使员工接受和认同变革产生的新东西，把变革成果转变为组织运营的正常组成部分。

在今后几十年中，企业变革的压力可能增大。因此，领导变革的能力将成为企业管理最重要的技能之一。正如中欧国际工商学院教授Jaume Ribera指出的那样，所有经理人的日常事务可分为两类：一类是与职能或部门有关的事务；另一类则是要变革企业经营方式，甚至业务经营模式本身。因此，变革领导集中体现了管理者的领导职能。

3.企业变革的控制

企业变革是对现有状况的改变，常常遇到来自各个方面的对抗。为此必须认识企业变革中可能出现的阻力，并采取相应的对策，以保证变革按照既定方案顺利实施。

（1）企业变革的阻力

在企业变革过程中，遇到的阻力来自多个方面，除了利益关系和制度结构之外，组织惯性、价值观念和对变革不确定性后果的担忧，是影响变革的重要原因。这些因素构成了变革中的个人阻力和团体阻力。

个人阻力包括：第一，利益上的影响。变革可能会威胁到某些人的利益。例如，组织机构撤并、管理层级扁平化等，不仅会使某些企业成员失去原有位置，而且会给很多企业成员造成压力和紧张感。不仅如此，变革要求人们调整关系结构和知识结构，更新工作任务和工作方式，使员工面临新的压力。第二，心理上的影响。变革意味着原有的平衡系统被打破，要求成员调整已经习惯的工作方式，承担新环境中的工作与生活风险。对未来不确定性的忧虑、对失败风险的惧怕、对绩效差距拉大的恐慌，以及对公平竞争环境的担忧，都可能产生心理上的变革阻力。

团体阻力包括：第一，组织结构变动的影响。组织调整会打破已有的管理层级和职能机构，对责、权、利进行重新安排和配置，这就必然触及某些群体的利益和权力。如果变革与这些群体的目标不一致，就会面临不合作的抵制态度。第二，人际关系调整的影响。企业变革意味着原有关系结构的改变，包括企业成员之间个人关系的变化。非正式团体的存在使这种关系调整需要一个较长的过程。在新的关系结构未被确立之前，企业成员之间很难磨合一致，一旦发生利益冲突就会对变革产生怀疑和动摇。特别是部分能力有限的员工，在变革之中处于不利地位，随着利益差距的拉大，会对企业变革产生抵触情绪。

（2）变革阻力的处理

为了确保变革顺利进行，必须对变革中的种种阻力进行分析研究，采取相应的管理对策。在实际工作中，人们总结出了很多化解变革阻力的办法，其中如下办法具有普遍意义：

首先，处理好变革中的矛盾关系。美国管理学家勒温提出，可以运用力场分析方法研究变革的阻力和动力。要点是：把支持变革和反对变革的所有因素分为推力和阻力两种力量，前者发动并维持变革，后者反对和阻碍变革。当二力均衡时，企业维持原状，当推力大于阻力时，变革向前发展，反之变革受到阻碍。管理者应当分析推力和阻力的强弱，采取有效措施，增强支持因素，削弱反对因素，推动变革的深入进行。

其次，通过文化建设引导和促进变革。企业变革不仅是制度变革，而且是文化变革，与组织成员的心理重塑具有直接关系。组织行为学中的冰山理论指出，如果把水面上的冰体比作组织结构、规章制度、任务技术、生产发展等显见因素的话，那么，水面下的冰体便是由企业价值观体系、企业成员态度体系、组织行为模式等因素组成的企业文化。二者之中，后一方面的因素更为持久和具有广泛影响力。因此，企业变革不能忽视企业文化重塑，而要重视企业文化的导向作用，加以积极自觉的应用。只有进行企业文化创新并渗透到每个成员的行为之中，才能使露出水面的制度改革具有扎实的基础，使变革成果稳定和持久化。

由于企业变革是一个涉及多方面关系的复杂过程，具有较大的不确定性，因此需要谨慎安排，周密组织。为了避免变革的重大失误，必须设计周密可行的变革方案，削减企业成员特别是利益群体的抵触情绪，从小范围逐渐延伸扩大，提高员工的参与程度。

8.3 企业成长

企业变革与企业成长是紧密相连的。企业成长需要企业变革，企业变革是企业成长的关键环节。在适当时机进行有效的变革，会使企业以可控方式做大、做强、做久。任何企业的长期增长都是极为困难的事，需要处理好相对稳定和关键跨越的关系，把正常状态下的生产经营管理与特殊阶段中的变革管理结合起来，以周期性的方式促进企业发展。因此，必须明确企业成长目标，把握企业成长规律，采取综合有效的方式实现企业可持续发展。

8.3.1 企业成长的目标

不同企业可能存在规模、行业、所有制性质等差别，但生存与发展的目标是相似的，可以归结为做大企业、做强企业、做久企业。

1.做大企业

所谓做大企业，即扩大企业规模，实现由小到大的飞跃。

大企业与小企业相比，具有更大的市场影响力，更能在市场竞争中占有优势地位，因此把企业做大是很多企业的追求。衡量企业规模的常用指标有企业的销售额、资产总额、从业人员数等。销售额反映企业的经营规模和市场地位；资产总额反映企业占用的资源量和生产要素；从业人员数反映企业的劳动力队伍状况。上述三项指标不仅具有代表性，而且简单明了，容易操作，因此是衡量企业规模的通用指标。表8-4是国家按企业类型划分的企业规模标准。

表8-4　　中国企业规模划分标准示例①

行业名称	指标名称	计算单位	大型	中型	小型
工业企业	从业人员数	人	2 000及以上	300～2 000以下	300以下
	销售额	万元	30 000及以上	3 000～30 000以下	3 000以下
	资产总额	万元	40 000及以上	4 000～40 000以下	4 000以下
建筑企业	从业人员数	人	3 000及以上	600～3 000以下	600以下
	销售额	万元	30 000及以上	3 000～30 000以下	3 000以下
	资产总额	万元	40 000及以上	4 000～40 000以下	4 000以下
批发企业	从业人员数	人	200及以上	100～200以下	100以下
	销售额	万元	30 000及以上	3 000～30 000以下	3 000以下
零售企业	从业人员数	人	500及以上	100～500以下	100以下
	销售额	万元	15 000及以上	1 000～15 000以上	1 000以下
交通运输企业	从业人员数	人	3 000及以上	500～3 000以下	500以下
	销售额	万元	30 000及以上	3 000～30 000以下	3 000以下
邮政企业	从业人员数	人	1 000及以上	400～1 000以下	400以下
	销售额	万元	30 000及以上	3 000～30 000以下	3 000以下

2.做强企业

所谓做强企业，强调的是提高企业竞争力，获取市场竞争优势。

企业竞争力的大小，不仅取决于企业规模的大小，更取决于企业对于资源的吸引和优化组合能力。因此，对于企业竞争力的刻画，主要通过企业效益指标体现出来。由于在不同情况下，对于企业效益的刻画有不同侧重点，因此企业强弱的衡量标准也不一样。一般而言，企业投入产出能力和市场竞争地位是企业强弱的集中体现．与此相应，资产收益率和市场占有率是衡量企业强弱的常用指标。《财富》杂志进行世界500强排名时，主要依据就是公司销售额。

“做强企业”不同于“做大企业”。大企业不一定都强；小企业一般较弱，但也可能具有很强的竞争能力，是迅速成长的明星企业。这一点在今天的信息社会尤其明显。未来学家奈比斯特甚至认为，“大就是美”的神话已经打破，“小而强”的时代已经来临。

① 国务院国有资产监督管理委员会办公厅.关于在财务统计工作中执行新的企业规模划分标准的通知（国资厅评价函〔2003〕327号）.

3.做久企业

所谓做久企业，是实现企业的可持续发展，做到基业长青。

企业在市场竞争中要服从优胜劣汰的规律，因此能够长期生存发展的企业，必然具有特殊的竞争能力和竞争优势。作为一个动态的时间目标，“做久企业”要解决的问题是如何在剧烈的环境变化和激烈的市场竞争中，保持企业持续经营、长盛不衰。然而做久企业是十分困难的，在一定意义上比做大和做强企业更难。美国《财富》杂志报道，美国大约62%的企业寿命不超过5年，中小企业平均寿命不到7年，一般的跨国公司平均寿命为10~12年，世界500强企业平均寿命为40~42年，世界1 000强企业平均寿命为30年，只有2%的企业存活达到50年。而在日本，企业平均寿命为30年，而始终名列百强的企业只有一家。2011年，中国企业500强的平均寿命仅为23年。2012年5月，在北京召开的首届中华老字号发展与创新论坛公布了一组令人惊讶的数字：我国老字号企业平均每年消失230多家，在现已认定的1 100多家中华老字号企业中，七成经营困难，两成濒临倒闭。从世界通信公司到安然公司，从雷曼兄弟到通用汽车，美国也有不少巨头倒下了，损耗了不计其数的财富。

根据全球100家老企业排行榜，历史最久的企业是日本大阪寺庙建筑企业金刚组，已经有1 400多年的历史，传了40代。这些长寿企业，从规模上来说大多属于中小企业。[①]

从实践情况看，做大企业不容易，做强企业更不容易，做久企业则难上加难。“做大企业”可以通过兼并重组，可以借助偶然机遇；“做强企业”则要持之以恒地培育竞争优势，塑造核心能力；而“做久企业”的要求是，企业不仅要在一段时间内具有竞争优势，而且要在不同情况下应对局势的变化，持久地保持竞争优势。那些短期内对培育企业竞争优势有利而从长期来看不利于企业发展的策略和行动，不符合“做久企业”的要求。

8.3.2 企业成长的规律

如何在做大、做强企业的基础上，实现企业的长久发展，是企业经营管理的最终目标，也是极为困难的任务。在此过程中，不仅需要企业管理者的合理决策，而且需要企业成员的协同努力；不仅需要常态下的稳定发展，而且需要特殊情况下的根本变革。为了综合处理好这些问题，必须认识企业作为一个生命体的基本特征，把握企业成长的过程和内在规律。

1.企业成长的方式

作为一个有计划的生产经营组织，企业具有做大、做强、做久的要求，并以此推动企业的不断发展。与此相应，企业成长具有一定的方式。

从实际情况看，企业成长主要通过四种方式实现。一是通过业务拓展扩大企业

① 佚名.富不过三代:全球家族企业普遍面临穷子孙问题[N].中国青年报,2006-06-08.

的经营规模与运作范围，包括纵向一体化、横向一体化与业务多元化等方式，使企业扩大规模，增强实力。二是通过资本运作扩大企业规模与范围，包括内部积累、股票发行、银行贷款等手段，在资本市场上进行兼并与收购，迅速促进企业发展。三是通过空间或地域的拓宽促进企业发展，包括企业在当地发展、外地发展和向国外发展等方式。四是通过改组和整合促进企业发展，包括新建、合并、合作等企业重组方式。

上述四种企业成长方式，可以用图8-3表示。

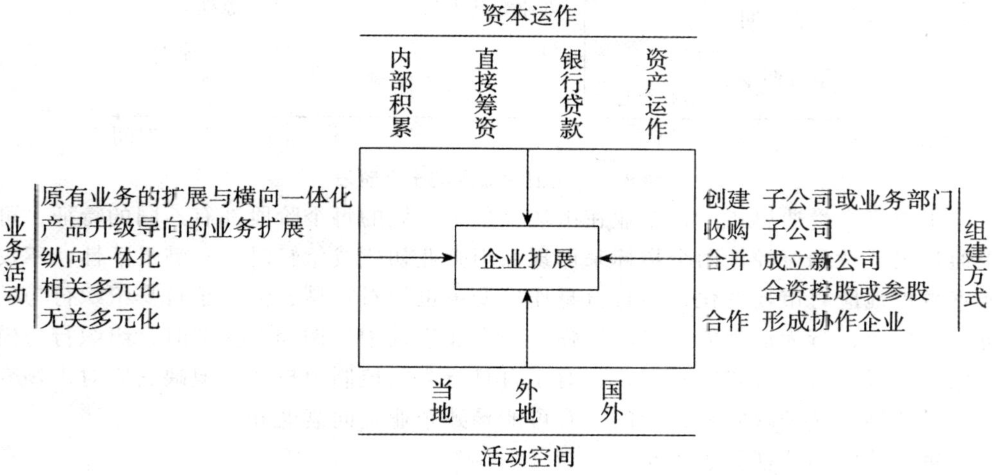

图8-3　企业成长方式分析

资料来源　毛蕴诗.公司经济学[M].大连:东北财经大学出版社，2002:278.

在企业发展的实际过程中，这四种成长方式是联系在一起的。不同企业在不同情况下对于这些方式的不同应用，形成该企业特定的成长方式组合；而不同企业发展阶段的这些成长方式组合之间的关联和替代，形成了企业的成长路径。

2.企业成长的阶段

企业作为一个有计划的生产经营组织，是一个具有独立目标和意志的法人组织，在环境约束下通过发挥自身功能争取生存与发展。因此，与自然人一样，企业法人也具有自己的生命，服从生命体的发展规律。也就是说，企业与人一样，要经历诞生、成长、壮大、衰退直至死亡的过程。在此过程中，不同阶段及各阶段之间的更替关系，构成一个企业的生命周期，左右着企业发展的轨迹。虽然不同企业的寿命有长有短，但各个企业在生命周期不同阶段表现出来的特征却具有很多相通的地方，存在着企业生命周期的共性。了解这些共性，把握企业所处的阶段，从而自觉地调整自己的状态，可以帮助企业实现做大、做强、做久的目标。

（1）企业生命周期

企业生命周期理论的创立者为美国管理学家伊查克·爱迪思（Adizes，1989）。他在《企业生命周期》一书中把企业生存发展过程分为十个阶段，即孕育期、婴儿期、学步期、青春期、盛年期前期、盛年期后期、贵族期、官僚初期、官僚期以及死亡期（如图8-4所示）。

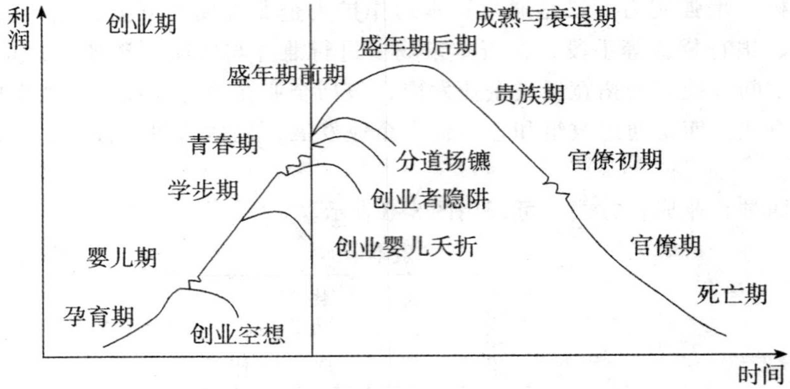

图8-4 企业生命周期十个阶段

伊查克·爱迪思指出，企业在市场竞争中发展的每个阶段都有不同的特征，可以通过灵活性和可控性两个指标来体现：当企业初建或年轻时，充满灵活性，不仅能够敏锐地应对市场变化，而且自身作出变革也相对容易，但对于自身组织行为的可控性较差，行为活动的不确定性强；当企业进入中年期和老化期时，组织行为模式已经形成，行为方式比较固化，对于自身行为的控制力较强，但缺乏应对市场变化的灵活性。这种缺陷是致命的，有可能导致企业走向衰老和死亡。

每个阶段的特征见表8-5。

表8-5 企业生命周期的阶段及特征①

企业所处阶段	企业在每个阶段的特征
孕育期	此时企业尚未诞生，仅仅是一种创业意向
婴儿期	机会驱动使企业缺乏规章制度和经营方针，表现不稳定，易受挫折，管理工作受危机左右；缺乏管理深度，缺乏授权
学步期	被动的销售导向；快速成长；管理缺乏连续性和重点；往往因人设事
青春期	合伙人或决策制定者之间、管理型与开拓型人之间发生冲突，暂时丧失远见；创业者控制了企业，授权摇摆不定；制定的政策没有坚持；董事会对管理人员加强了控制
盛年期前期	企业制度和组织结构能够充分发挥作用，视野的开拓与创造力的发挥已经制度化，注重成果；企业能够满足顾客的需求；能够制订并贯彻落实计划；能够承受增长所带来的压力；分化出新企业，衍生出新事业
盛年期后期	对成长的期望值不高；对占领新市场、获取新技术的期望越来越小；企业开始沉醉于昔日的辉煌，对构筑发展远景失去了兴趣，对变革产生疑虑；肯听话的人受到表扬，人际关系的兴趣超过了创新的兴趣

① 爱迪思.企业生命周期[M].赵睿，等，译.北京:中国社会科学出版社，1997:29-119.

续表

企业所处阶段	企业在每个阶段的特征
贵族期	企业强调做事的方式，而不问所做的原因和内容；在衣着和称谓方面越来越注重形式，拘泥于传统；"别兴风作浪、少惹麻烦"成了企业中司空见惯的现象；缺乏创新；企业资金充裕，成为潜在的被并购对象
官僚初期	强调的是谁造成了问题，而不关注应该采取什么补救措施，各种冲突和内讧层出不穷；偏执狂束缚了企业，每个人都推卸责任；注意力集中于内部的地盘之争，外部反应反倒成了令人生厌的、多余的东西
官僚期与死亡期	制度繁多，行之无效；与世隔绝，只关心自己；没有把握变化的意识；要想与企业行之有效地打交道，顾客必须绕过或者打通层层关卡

因此，在伊查克·爱迪思看来，如何处理好灵活性与可控制的关系，加强以内部计划应对外部变化的能力，是企业成长的基本规律。

（2）企业组织发展金字塔

美国加利福尼亚大学洛杉矶分校管理学教授厄威克·G.弗莱姆兹（E. G. Flamliolt）对企业生命周期作了新的界定。他从企业的业务发展方式角度，将企业生命周期划分为七个阶段：新建、扩张、巩固、多元化、一体化、衰落和复兴。其中，前四个阶段是企业从新创阶段成长到成熟阶段，后三个阶段是企业从成熟阶段进入衰退阶段。

厄威克·G.弗莱姆兹认为，企业发展是从一个阶段向另一个阶段的过渡。由于每个阶段的特征不同，因而需要进行组织和管理上的变革。企业发展的过程，也就是企业为了提高经营效率与利润水平而不断变革的过程。适当的组织变革能够帮助企业成功地从一个阶段进入另一个更高阶段，包括从成长期的较低阶段进入较高阶段，以及从衰退期的较后阶段获得新的活力，回复到前面的成长阶段。

在企业成长与变革的过程中，有六个因素至关重要。这些因素密切相关，具有不同的功能，构成企业发展的金字塔（如图8-5所示）。

图8-5　组织发展金字塔

上述六方面因素中，塑造企业文化处于最高层面，也是最后形成并且最具有影响力的方面。如何从市场定位出发，通过一系列中介因素的处理，最后形成合理的企业文化，是企业发展的一般规律。因此，在厄威克·G.弗莱姆兹看来，企业成长的实现途径，就是从实际情况出发，处理好上述因素之间的关系。

(3) 组织生命周期模型[①]

对于企业生命周期，丽莎·弗里德曼（Lisa Friedman）和赫尔曼·基尔（Herman Gyr）有不同的看法。他们从管理体系和管理方式的特点出发，提出了新的组织生命周期模型。在这一模型中，组织的发展过程被分为四个阶段，如表8-6所示。

表8-6 组织生命阶段及特征

组织所处阶段	组织所处生命阶段的特征
探索阶段	从组织使命到具体工作、关系和任务，每一事项都缺乏清晰的定义；组织期望和设置是松弛和流动的；组织的表现形式多为反应型和混乱型
系统阶段	秩序逐步建立，工作惯例与企业调控机制得以建立；组织发展变得可以预见；组织的表现形式为操作型和僵化型
风险阶段	权力在清楚定义的参数和监控范围内被下放，鼓励员工以更大的自主权去实践日益增长的才干；组织的表现形式为授权型和鲁莽型
整合阶段	形成了有力的共同远景，为组织的多元努力提供方向和动力；进行组织整合以提供优先事项的序列；组织的表现形式为联合型和亢奋型

丽莎·弗里德曼和赫尔曼·基尔的组织生命周期模型，为企业的组织结构设计和组织行为塑造提供了比较直接的参考依据。

3.企业成长的动力

企业不仅是有计划的生产经营组织，而且是围绕风险责任和风险收益建立起来的风险契约组织。如何防范和控制风险，最大化地实现风险收益，是企业生产经营的目的，也是企业生存发展的动力。因此，为了从根本上理解企业发展的原因，把握企业成长的规律，必须分析和把握企业利益相关者的愿望，把握不同利益相关者对于企业发展的要求。

(1) 投资者

投资者是企业的所有者，投资者的要求是企业成长的首要动力。如果没有股东的资本投入，企业就不能产生与发展。不同企业股东的效用最大化目标不同，例如，私人开办企业的主要目的是赚取利润，而国家投资开办的企业的目的不仅如此，还必须实现国家目标，如弥补市场缺陷、克服市场失灵等。虽然两者之间有区别，但是毫无疑问都要求企业具有成长趋势。股东对企业成长的推动主要通过两种途径实现：一是通过增加、减少或者撤出资产以影响企业资源配置；二是通过选择优秀的经营管理者，考察和影响企业的生产经营决策状况，达到促进企业发展的目标。前一种方式称为用脚投票；后一种方式称为用手投票。

(2) 管理者

与投资者不同，管理者投入到企业中的不是物力资产，而是自己的经营管理能

① 弗里德曼，基尔．企业活力[M]．范宁，译．北京：北京工业大学出版社，2000：201.

力，即人力资本。在现代社会中，这种资本具有稀缺性和创新性。管理者运用自己的人力资本，通过资源优化配置和决策指挥工作，引导分工协作活动，从而实现企业效益。在此过程中，不仅需要运用生产经营的管理手段，通过研发、生产、营销、服务等环节的合理安排，提高企业效益，而且要运用资产经营手段，通过企业并购、重组、筹资等活动，促进企业加速发展。推动管理者提高企业效益的动力，首先是从中获得经济回报，其次是管理者的事业心和成就感。后一方面的作用越来越明显。

（3）劳动者

员工加入企业，是希望通过劳动能力的有偿转让更好地实现自身利益，包括促进自己的成长。员工直接参与企业生产活动，是最为活跃的生产要素。员工通过个人体力和智力投入，把原材料资源变为适销对路的产品、服务，实现了企业的社会功能。没有员工劳动就没有企业产品，也就没有企业的生存、发展和成长。随着信息时代的来临，员工能力作为重要的资源要素，对企业效益的影响越来越大。员工个人素质的高低、员工能力的发挥状况，直接影响企业的成长状况。促进员工为企业发展而努力的动力，是员工从中获得的自身发展机会和经济社会回报。

（4）市场竞争

企业在市场中生存与发展，与不同的市场主体发生联系，受到这些主体的影响和约束。在与企业发展相关的市场主体之中，竞争对手、消费者和供应商具有特别重要的地位。不同市场主体为了实现自身利益，依靠多种手段进行竞争，从而对企业成长形成压力和动力。在这种压力和动力的影响下，企业必须参与竞争，必须进行技术创新、机制创新、管理创新，否则就难以实现经营效益，就会在市场中失败。

（5）环境和社会责任

社会责任即企业作为一个独立法人，对于各种利益相关者应该承担的义务，包括对于员工、股东、消费者、供应商的责任，以及对于社区、环境、整个社会应尽的义务。按照履行义务时能否获得直接回报，可以对企业的社会责任进行层次划分，如图8-6所示。

图8-6　企业的社会责任结构①

① 许晓明.企业成长——打造“百年老店”的战略选择[M].上海:复旦大学出版社,2007:138-140.

在图8-6中，虚线以下部分是企业必须履行的强制性责任，这种强制性来自于国家法律约束和企业生存需要。虚线以上部分是非强制性责任，企业往往在生存得到保障之后才会考虑。其中，战略责任是企业愿意履行的带有隐性经济目的的长期行为；道义责任是企业出于社会责任感而无偿承担的责任。企业通过履行社会责任，才能得到社会的认可和支持，使企业的持续发展得以实现。随着经济社会的发展，企业承担的社会责任越来越大。如何把履行社会责任这一压力转化为动力，已经成为企业成长的重要条件。

8.3.3 企业成长的管理

企业成长是一个复杂的过程。为了把企业做大、做强、做久，解决企业不同发展阶段的问题，促进企业在激烈的市场竞争中不断发展，必须在把握企业成长规律的基础上，结合生产经营活动的时间、地点和条件，从实际出发采取综合措施，进行不懈努力。在此过程中，科学的决策与管理具有关键意义。已有实践证明，明确企业使命、进行战略定位、建立管理体系、塑造企业文化，是企业可持续成长的关键环节。

1.明确企业使命

企业使命是企业对于自己在社会中的功能作用的定位。企业作为一个营利组织而存在，但营利不是企业的使命，而是完成企业使命的前提条件。仅仅为了营利而存在的企业，不是一个能够持续发展的企业。就像一个仅仅能走路的人，不见得能够走到一定的目的地。只有设定了目的地，走路才有意义。德鲁克说，企业的功能在于创造顾客，这才是对于企业使命的本质界定。对于不同企业来说，在什么领域中以什么方式创造什么样的顾客，是确立企业使命的根本要求。实践证明，凡是成功的企业，对此都有明确的定位。

也就是说，明确企业使命的意义在于，说明企业的根本作用和存在的理由，界定企业的经营领域和经营思想，为企业战略的制定提供依据。对此可以从三个方面加以把握：

（1）企业使命是企业存在的原因或者理由，即企业生存发展的社会目的

这种原因可能是“提供某种产品或者服务”，也可能是“满足某种需要”或“承担某个不可或缺的责任”。

（2）企业使命是企业行为方向的确认，为企业确立经营指导思想、原则、方向

它不是企业战略目标，不一定表述为文字，但影响经营者的决策和思维，体现企业的价值观：经营思想是什么，如何认识我们的事业，怎样对待市场、顾客、员工、伙伴和对手，等等。

（3）企业使命是企业在社会上的形象定位，反映企业试图为自己树立什么样的形象

例如“我们是一个愿意承担责任的企业”、“我们是一个有效率的企业”、“我们是一个在技术上卓有成就的企业”等。

企业使命足以影响一个企业的成败。著名领导学家弗兰西斯女士认为：一个强有力的组织必须要靠使命驱动。企业的使命不仅回答企业是做什么的，更重要的是为什么做，是企业终极意义的目标。崇高、明确、富有感召力的使命，不仅为企业指明了前进方向，而且为企业成员明确了工作意义，激发内心深处的工作动机。

2.进行战略定位

企业使命通过战略定位予以落实。战略定位的主要任务是从某一阶段的实际情况出发，界定生产经营的业务重点和资源配置基本原则，从而在市场竞争中获取竞争优势。

进行企业战略定位，要思考企业的顾客群是谁，必须尽力满足的社会需求是什么，能够采用什么样的方法技术，以及面对的主要竞争对手是谁，开展什么样的活动才能取胜，自己在市场中占有什么地位等。例如，美国邮政服务公司将其经营范围界定为："在全球范围内为所有类型的邮件发送者提供邮件递送服务。"相对来说，美国联邦快递的经营范围界定就要窄一些："为时间比较紧和不期而遇意外事件的顾客提供隔夜邮件递送服务。"经营范围宽窄与企业的经营焦点、经营意图相关。企业应该综合考虑自身的资源、能力以及外部环境因素，从战略层面界定企业的经营范围。

企业的战略定位受企业使命影响，进而关系到企业产品、服务的定位，竞争对手的关系处理，以及营销、财务、运营计划的制订，在企业经营管理实践中起着提纲挈领的作用。

3.优化管理体系

战略的实现需要一定的组织结构和管理体系。如何根据战略目标的定位，结合企业实际情况，建立恰当的组织结构与管理体系，是保证企业生存与发展的基本条件。这是因为，企业作为有计划的生产经营组织，其功能的发挥依赖于业务流程、工作部门、人员队伍的建立，这些都离不开管理工作。

企业管理是经营管理，直接目的是利用市场机会实现微观效益。只有在此基础上，通过投入产出效益的不断提高，才能谋求市场竞争中的生存与发展，从而发挥创造顾客的社会功能。因此，如何为社会提供适销对路的产品、服务，是企业管理的中心工作。计划、组织、领导、控制、变革等管理职能由此形成，战略管理、运营管理、业务管理、作业管理等管理层次由此展开。企业管理体系，也就是保证企业生产经营活动有效进行的决策指挥体系。

由于企业作为一个生命体，有一个诞生、发展、壮大的过程，存在着失败与衰亡的危险，因此管理体系必须适应内外环境的变化，不断加以改进和调整。在实际工作中，管理体系的变革是企业发展的一个关键环节。

4.塑造企业文化

在一定使命推动下生存发展的企业，不仅是一个生产经营组织，而且是一个具有一定价值观念的文化聚合体，企业成员在一定组织结构中为实现一定的目标而自觉努力。这种行为选择能力及工作积极性，是企业生存与发展的根本保障。

企业成员走到一起，通过一定的契约关系确定相互之间的协作方式，虽然首先是经济利益的推动，是为了实现各自利益的最大化，但对经济利益的追求是以一定方式进行的，不仅要进行生产经营项目的选择，而且要进行分工协作方式的选择。在此过程中，需要建立一系列行为选择规则，并加以自觉遵循与维护，由此产生企业成员的共同价值观念。一个具有生命力的企业，不仅是在生产经营项目选择上作出正确决策的企业，不仅是有序、高效进行生产经营活动的企业，而且是能够在复杂环境下进行正确决策的企业，是能够动员企业成员为促进企业发展而自觉努力的企业，这就要依靠企业建立自觉的行为准则，建立与企业成员个体理性不同的整体理性。企业价值观念和整体理性的建立，是促进企业持续发展的文化杠杆和精神动力。

与此相应，进行企业文化建设，塑造企业价值观念，是企业经营管理的重要环节，也是企业可持续发展的必要条件。如何通过文化价值观的塑造，提高企业的凝聚力和创造力，在适应环境变化的过程中，不断自我更新和发展，需要企业管理者进行长期的、持之以恒的努力。正如《基业长青》一书作者柯林斯所说，企业家的任务不是报时，而是造钟。而钟的运行需要自身的动力机制，企业文化就是这种机制的动力来源。

小　结

1.企业的有效运行需要控制，管理者必须具有控制能力。

2.控制的任务是纠正工作进程中的偏差，保证战略目标和工作计划的实现。

3.进行控制的依托是反馈，即对于战略和计划实施情况的及时把握。

4.在企业控制中，质量控制、财务控制、信息控制是主要内容和途径。

5.广义控制包括按原计划排除偏差和对原计划进行修订。后者属于战略控制。

6.当情况发生重大变化，原有战略目标难以实现时，必须进行战略调整。

7.战略调整往往要求组织结构作出相应变化，由此引发企业变革。

8.企业变革的作用是通过结构与功能的改变，使企业在新的环境下继续发展。

9.由于变革程度和方式不同，因此存在着渐进性变革与激进性变革的差异，分别适应不同情况。

10.企业变革是一个复杂过程，需要积极应对与管理，选择恰当的变革管理模式。

11.变革的目的是促进企业不断发展，必须符合企业发展的规律。

12.企业作为一种法人组织，具有自己的独立生命，并表现出生命周期特征。

13.在企业生命周期中，如何把企业灵活性与可控性统一起来，具有根本意义。

14.企业的生存发展过程也是企业成员的利益实现过程，这是企业发展的原动力。

15.在企业的生存发展过程中所形成的企业价值观，是企业可持续发展必需的精神条件。

问题与思考

1.什么叫企业控制?其任务是什么?

2.为什么企业控制以质量控制、财务控制、信息控制为重点?

3.企业控制是如何进行的?与其他企业管理职能具有什么关系?

4.企业变革的原因是什么?具有哪些不同的形式?

5.什么叫变革管理?其重点和难点是什么?

6.怎么理解企业发展?有哪些不同的发展目标?

7.什么叫企业生命周期?如何从生命周期的角度促进企业发展?

8.为了促进企业的可持续发展，需要从哪些方面进行努力?

参考案例

从小作坊发展到大集团公司①

张清海像往常一样早早来到那间仍保留着创业初期风格的办公室兼接待室中，快速地处理完待批的文件，准备接受《中国企业家》杂志记者的采访。对于采访，不需要准备，但却是一个整理思路的好机会，尤其是面对能对话的记者。

在他这间光线略显灰暗的办公室外，有一面大窗户，透过窗户可以看到科迪集团数万亩的高效农业园区。碧绿田野里，三三两两的农民在田间锄草，毫无掩饰地大声说笑。能看到这样的场景，或许是张清海一直不肯搬到新办公室的原因。面对着窗外的景色，张清海又一次静静地回忆。

张清海的家乡河南虞城县利民乡张楼村位于黄河故道南大堤脚下，故道人终日面朝黄土背朝天顽强地生活。在这片多长茅草少打粮的盐碱地上，不管你付出怎样的辛劳，“贫困”都像枷锁一样摆脱不掉。

1976年，生产队长张清海组织当地农民去东北打工，然而他们不但没有挖到“金山”，反而挨冻受饿，吃尽了苦头。这一次尝试的失败，使张清海懂得了创业的艰辛。1985年春天，张清海从外地返家，乡亲们的苦恼触发了他的灵感——家乡有大片的果树林，果子丰收时，总是削价处理，甚至烂掉许多，办个罐头加工厂做水果罐头岂不一举两得：一来利用充足原料办起厂子；二来乡亲们不再为卖果子而发愁。说来也巧，张清海的几位朋友曾联合办了一个家庭罐头厂，因经营不善而倒闭了，设备正准备出售。于是，他凑了900元钱，购回了那套设备，把自己住的两间茅草房腾出来当厂房，找了几个亲戚当帮手，一个小罐头厂就这样开张了。买不

① 案例编写参考了科迪集团网站提供的内容。

起煤就用木柴代替，购不起原料就先赊着。为了推销产品，他骑着自行车一天转十几个代销点。有一次去安徽涡阳送货，因风雪交加，路滑翻车，差一点把命丢掉。就这样辛辛苦苦干了3年，家里有了几万元积蓄。

1987年，国内罐头食品销售很火爆，然而张清海却敏锐地意识到：随着短缺经济时代的结束，小作坊工厂不会太长久。于是，他又作出了一个大胆的决策：上机械化铁听罐头生产线!但任何一项事业成功的背后，都伴随着无尽的酸楚。1987年上半年，张清海东拼西借，用尽全力，上了一条机械化的铁听罐头生产线。由于资金短缺，一台主要设备——真空封罐机——没能及时到位，加上技术和管理跟不上，生产线到1988年下半年才投入正常运转。1989年，经济急剧回落，通货膨胀严重，张清海的企业债台高筑，讨债者踏破了门槛，几乎到了破产倒闭的边缘。

张清海清醒地意识到，企业如大海中航行的船，充满着风险，有时会攀上巅峰，有时又会跌入波谷，只有谨慎驾驶，才能踏浪前行。于是，通过控制企业财务风险，埋头做好管理内功，提高员工素质，在乡亲们的支持下，张清海带着企业慢慢走出了经营的漩涡。

进入20世纪90年代，整个国民经济开始复苏。国家一大批出口转内销的罐头冲开了农村市场，激起了老百姓对罐头的消费热情。张清海将前期库存的罐头全部抛向农村市场，企业开始走出低谷。张清海抓住这一机遇，瞄准农村市场，实施农村包围城市的战略，由原来的1条铁听罐头生产线扩大到10条，生产能力由原来的日产10吨扩大到日产150吨。

6年时间过去了，这个靠一台罐头压盖机和一口大蒸锅起家的乡村加工厂，变成了河南省罐头制品业第一位的食品加工企业。张清海清楚地知道，成功得益于他厚重的乡土优势，得益于他民营的机制——原来规模比较大的周口和漯河两家罐头厂，由于机制的原因都先后“趴下了”，而他却从这个被他称为“夕阳工业”的领域里赚到了他当初创业时想都没敢想过的大钱。

企业发展不能停步，通过不断加强技术改造，开发新产品，迅速提高产品质量、扩大品种，科迪罐头成功占领了东北整个市场和华北大部分市场，1994年产值突破亿元大关，利润更达到了1 050万元。

张清海完成了“原始积累”，开始了二次创业。大部分乡镇企业做大以后，往往自觉不自觉地就渐渐跳出农门，除了解决一点当地人的就业，便跟土地和土地上的农民再没什么关联。而科迪的转向，恰恰是把自己重新跟农民、土地连在了一起。1994年，科迪在选择新的投资方向时，没有“按原计划转向高科技”，却在反复论证后决定“跳回农门”，上了速冻食品生产线，加工出口特种蔬菜，蔬菜的来源就地解决。

这一设想引来了食品业巨头的青睐。上海冠生园提出参加，双方共同投资2 400万元上了年产3万吨方便面、年产万吨速冻食品生产线。而当地廉价的农产品资源和劳动力资源成就了张清海和科迪的事业。又是短短的6年，科迪的产值提升到了10亿元的规模。罐头产品内销连续10年居全国第一位，出口连续3年居河南省第一位，出口20多个国家和地区，在东南亚不仅市场占有率第一，而且占总销量6成以上；速冻蔬菜出口在全国名列前茅；方便面和逗冻微波食品产销量和市场占有率均居同行业前列；甜玉米年加工量近万吨，产销量居全国榜首。科迪成为农业部等八部委联合确定的151家农业产业化国家重点龙头企业，是河南省重点企业和综合经济实力百强企业。

当初的小公司更是衍生为拥有河南冠生园科迪食品有限公司、科迪方便面厂、河南科迪罐头食品有限公司、科迪速冻食品厂、科迪调味品厂、河南科迪便民连锁超市有限公司、科迪农业开发公司等10多家生产型企业、近百家便民连锁店和2 000多个营销网点的大型集团。

秘书走进办公室打断了张清海的回忆，记者已经到了。张清海点了点头，秘书知趣地退了出去。对于采访的内容，记者已经事先跟张清海沟通过，是关于乡镇企业和家族企业对职业经理人的聘用问题。而前天，张清海刚刚到北京面见了3名有丰富从业背景的经理人，结果却是没有结果。

的确，企业的快速扩张，让张清海也感到了管理能力不足的压力，为了吸引更高层次的管理人才，他提供了优厚的薪金和福利，并建了一栋公寓楼，内有几十套面积为120多平方米的公寓，以及数栋单套面积达320平方米的别墅。然而这并没有收到很好的效果，现在吸引来的主要还是技术和研究人员。在关键的管理岗位上，他还是信任创业的元勋和伙伴。在企业的控制权上，张清海更是牢牢地掌控，不容旁落。

其实张清海不是不放心职业经理人的能力和道德，而是介意这些外来的“高人”能否理解自己的乡土情结，能否理解科迪的成长路径。科迪是从国务院直接对口扶持的重点贫困县走出来的企业，作为创业者，张清海把科迪看成了他对于这片土地潜力的理解，看成了对某种命运挑战的实现，承载了乡亲们祖祖辈辈想要实现的愿望，而对于这些，他不知道那些毕业于高等学堂的管理精英们能否理解。如果让他们进入科迪的管理决策层，是否会让科迪在产值或利润最大化的时候泯灭了其最初创设的价值?

“48岁。”蓦然之间张清海记起了自己的年龄，在不惑之年，他面对着中国大多数创业者同样困惑的难题。

“让记者进来吧。”张清海按下了电话通知秘书。

主要参考书目

[1]达夫特.组织理论与设计[M].王凤彬，译.11版.北京:清华大学出版社，2014.

[2]秦志华.人力资源管理[M].4版.北京:中国人民大学出版社，2014.

[3]高静波.现代企业运营管理体系[M].2版.北京:经济管理出版社，2013.

[4]秦志华.提升企业价值[M].大连:东北财经大学出版社，2012.

[5]刘丽文.生产与运作管理[M].4版.北京:清华大学出版社，2011.

[6]王凤彬，李东.管理学[M].4版.北京:中国人民大学出版社，2011.

[7]巴纳德.组织与管理[M].曾琳，等，译.北京:中国人民大学出版社，2009.

[8]普拉哈拉德.企业成功定律[M].林丹明，译.北京:中国人民大学出版社，2009.

[9]周阳，等.战略管理[M].北京:科学出版社，2009.

[10]任浩.战略管理——现代的观点[M].北京:清华大学出版社，2008.

[11]赵有生，等.企业战略管理[M].北京:经济科学出版社，2008.

[12]杨俊青，等.管理学通论[M].北京:经济科学出版社，2008.

[13]王关义，等.现代企业管理[M].2版.北京:清华大学出版社，2007.

[14]泰勒.科学管理原理[M].马凤才，译.北京:机械工业出版社，2007.

[15]明茨伯格.战略历程[M].魏江，译.北京:机械工业出版社，2007.

[16]孙耀君.西方管理学名著提要[M].南昌:江西人民出版社，2007.

[17]秦志华.首席运营官——企业经营与管理[M].北京:中国人民大学出版社，2006.

[18]德鲁克.管理的实践[M].齐若兰，译.北京:机械工业出版社，2006.

[19]宋承先.西方经济学名著提要[M].南昌:江西人民出版社，2005.

[20]柯林斯.基业长青[M].真如，译.北京:中信出版社，2005.

[21]米肖.首席执行官[M].郭金林，译.北京:经济管理出版社，2005.

[22]爱迪思.完美管理者[M].张春翊，译.北京:华夏出版社，2004.

[23]博西迪.执行——如何完成任务的学问[M].刘祥亚，译.北京:机械工业出版社，2003.

[24]蒋学伟.持续竞争优势[M].上海:复旦大学出版社，2002.

[25]秦志华.企业是如何控制的[M].北京:中国社会出版社，2002.

[26]鲍尔，等．企业政策——战略过程管理[M].尹可，等，译．大连:东北财经大学出版社，2001.

[27]罗伯特．超越竞争者战略思考的力量[M].李准，译．北京:机械工业出版社，2001.

[28]普特曼，等．企业的经济性质[M].孙经纬，译．上海:上海财经大学出版社，2000.

[29]德鲁克．现代管理宗师——德鲁克文选（英文版）[M].北京:机械工业出版社，1999.

[30]颜光华．企业再造[M].上海:上海财经大学出版社，1998.

[31] 圣吉．第五项修炼[M].2版．郭进隆，译．上海:上海三联书店，1998.

[32]巴纳德．经理人员的职能[M].孙耀军，等，译．北京:中国社会科学出版社，1997.

[33]爱迪思．企业生命周期[M].赵睿，译．北京:中国社会科学出版社，1997.

[34]罗宾斯．管理学[M].黄卫伟，等，译．北京:中国人民大学出版社，1997.

[35]波特．竞争优势[M].陈小悦，译．北京:华夏出版社，1997.

[36]雷恩．管理思想的演变[M].李柱流，等，译．北京:中国社会科学出版社，1997.

[37]顾光青，贝敏．现代企业制度概论[M].上海:东方出版中心，1996.

[38]孔茨．管理学[M].郝国华，等，译.9版．北京:经济科学出版社，1993.

[39]西蒙．管理行为[M].杨烁，等，译．北京:北京经济学院出版社，1991.